태봉학회 총서 2

# 6·25 전쟁과 철원

# THE KOREAN WAR AND CHEORWON

태봉학회
한국군사사학회
 철원군
Cheorwon

태봉학회 총서 2

# 6·25 전쟁과 철원

## THE KOREAN WAR AND CHEORWON

태봉학회
한국군사사학회

철원군
Cheorwon

지 뢰
MINE

주류성

# 총서를 펴내며

　올해는 6·25 전쟁이 일어난 지 70년이 되는 해이다. 6·25 전쟁은 남북 모두에게 큰 피해를 주었다. 많은 사람들이 죽거나 다쳤고, 가족과 헤어져야 했다. 경제적 피해도 막심하였다. 정전 후에는 분단이 고착되었고, 대립과 분쟁이 격화되었다. 오늘날 남북한을 둘러싼 여러 가지 문제들의 연원은 6·25 전쟁과 직간접적으로 연결되어 있다고 해도 과언이 아닐 것이다.

　6·25 전쟁 중 철원은 이른바 철의 삼각지 중의 한 곳으로서 중부전선 최대의 격전지였다. 백마고지를 비롯하여 여러 곳에서 고지전이 치열하게 벌어졌고, 수많은 사상자가 발생하였다. 철원군민들의 삶의 터전은 파괴되었고, 피난길에 올라야 했다. 옛 철원 중심지의 무너진 건물들은 전쟁의 참상을 알려 주고 있다.

　1953년 7월 27일 정전협정이 체결되면서 군사분계선과 비무장지대가 철원을 남북으로 갈라놓았다. 철원은 군사적 대치의 현장이 되었다. 하지만 이제 철원은 남북화해의 출발점이 되었다. 2018년 4월 27일의 "판문점 선언"과 "9월 평양공동선언" 및 "역사적인 판문점 선언 이행을 위한 군사 분야 합의서"에 따라 진행되고 있는 화살머리 고지의 6·25 전사자 유해 발굴 사업이 그 예이다. 비무장지대 내에 있는 태봉의 철원도성에 대한 남북공동연구를 기대하는 이유이기도 하다.

태봉학회에서는 6·25 전쟁 발발 70년에 즈음한 학술회의를 구상하였다. 한국군사사학회 이재범 회장과 국방부 군사편찬연구소 조성훈 소장의 도움으로 구체적인 프로그램을 짤 수 있었다. 철원역사문화연구소 김영규 소장은 강원서부보훈지청과 철원군의 후원을 얻었으며, 여러 가지 실무를 처리하였다. 그리하여 2020년 7월 14일 철원에서 "6·25 전쟁 70주년의 역사적 의미와 철원"이라는 주제로 학술회의를 열게 되었다.

학회에서는 학술회의에서 발표된 논문들(제 2부, 제 3부)과 6·25 전쟁을 조감할 수 있는 논문들(제 1부)을 모아 총서 제 2권을 발행하기로 하였다. 6·25 전쟁 중 철원 지역의 이모저모를 촬영한 사진들도 함께 싣기로 하였다.

여러 가지 어려움이 많음에도 불구하고 원고를 내주신 필자 여러분들과 사진 자료의 게재를 허락해준 국사편찬위원회에 감사드린다.

2020년 12월
태봉학회 회장 조 인 성

# 목차

제3부

# 정전체제의 변화와 극복    257

**부록**

# 전쟁 중 철원의 모습

국사편찬위원회 소장 자료; 김영규 제공

미 3사단 철원지역 주민 소개작전
(1951년 6월 17일)

미 3사단 철원지역
주민 소개작전
(1951년 6월 17일)

미 3사단이 점령한
철원 학저수지
(1951년 6월 19일)

철원 학저수지를
경계하는
미 3사단 병사들
(1951년 6월 19일)

운송수단을 기다리는 철원지역 피난민들(1951년 6월 26일)

운송수단을 기다리는 철원지역 피난민들(1951년 6월 27일)

전방에서 철원으로 남하하는 피난민들(1951년 6월 27일)

주민 소개작전으로 차량에 오른 철원 피난민들
(1951년 7월 4일)

미 공군 B-29 폭격기 폭탄 투하 모습
(1951년 7월 13일)

철원농민들이 밀 수확하는 모습(1951년 8월 22일)

밀 수확해 타작하는 철원농민들(1951년 8월 22일)

밀 수확하는 철원농민들(1951년 8월 22일)   수확한 감자를 담는 철원농민들(1951년 8월 22일)

철원농민들이 수확한 밀을 쌓는 모습(1951년 8월 22일)

미 2사단 병사들이 재탈환한 불모고지(1952년 7월 24일)

철원 백마고지 전투에서 부상당한 9사단 병사들(1952년 10월 8일)

철원김화지구 올드파파산 – 현재 고암산 일대(1953년 3월 15일)

철원 구릉지대 – 현재 평화전망대 부근(1953년 4월 10일)

적 포병이 매복한 철원 구릉지대 – 현재 오성산 일대(1953년 4월 19일)

백마고지(1953년 8월 3일)

태봉학회 총서 **2**

제1부

# 전쟁의 발발과 정전

## 6·25 전쟁과 철원

THE KOREAN WAR
AND CHEORWON

# 6·25전쟁의 기원과 발발: '복합전'적 성격과 관련하여[*]

이완범

한국학중앙연구원 정치학과 교수

## 목차

## Ⅰ. 서론

1950년 6·25전쟁이 일어난 지 70년이 지났다. 전후(戰後) 세대가 인구의 절반을 훨씬 넘어서 전쟁은 체험이 아닌 역사로서 존재하게 되었다. 이제 전쟁의 의미를 되새겨 보는 것이 가능한 시간적 거리가 충분히 확보되었다고 할 수 있다.

6·25전쟁이 내전이냐 국제전이냐는 성격을 둘러싼 논쟁은 전쟁이 끝

---

[*]이완범, "6·25전쟁의 성격과 개전 책임문제"(『북한학보』 제 34집 1호, 2009)를 대폭 증보한 것임.

난 이후부터 제기되었다. 2000년대 노무현 정부 시절 과거사청산에 뒤이은 역사전쟁이 불붙자 성격 논쟁이 재연되었다. 그러나 과거사청산을 소모적으로 인식해 그리 바람직하지 않게 바라보았던 이명박 정부가 출범한 이후 2012년에는 성격에 대한 논쟁이 다소 소강상태에 놓이기도 했다. 그러나 문재인 정부 들어와 과거사청산이 또다시 국정과제의 중심으로 등장하면서 2020년 역사전쟁은 남·남 갈등의 형태로 재연되었다.

이에 이 연구에서는 6·25전쟁의 기원과 발발을 전쟁의 성격과 관련해 살펴보고자 한다. 기존 연구들에 나타난 성격 규정에 주목하면서 필자의 견해인 '복합전적 인식'을 전쟁 성격 규명의 한 가설로 제시하고자 한다.


## II. 6·25전쟁의 기원과 성격 규명을 둘러싼 논쟁 : 전통주의와 수정주의, 외인론과 내인론

'전쟁의 기원' 문제에 관해 미국 국제정치학계를 중심으로 여러 논쟁들이 있었다. 정통(orthodox) 이론인 전통주의(traditionalism)적 견해를 수정하려는 수정주의(revisionism) 출현으로 본격적인 논쟁이 벌어졌던 것이다. 수정주의는 제1차세계대전의 기원에 관한 '세계대전 수정주의', 제2차세계대전의 기원에 관한 '우파수정주의', 냉전의 기원에 관한 '좌파수정주의' 등이 있다.[1]

냉전의 기원문제와 관련해 본다면 전통주의자가 '공격적 소련과 방어

---

1) Athan G. Theoharis, "Revisionism", Alexander DeConde, ed., *Encyclopaedia of American Foreign Policy*, vol. III(New York: Charles Scribner's Sons, 1978), pp.900~914.

적 미국'이라는 시각에서 냉전의 출현을 해명하는데 비하여 좌파수정주의자는 공격적 행동을 보인 쪽은 미국이며 오히려 소련이 방어적·수세적 대응을 보였다고 주장했다.[2] 이러한 책임전가식의 대립구조 속에서 개디스(John Lewis Gaddis)등의 탈수정주의(후기수정주의; post-revisionism[3])자들은 미·소 모두에게 책임이 있다는 양비론(兩非論)적인 견해를 제시했다.

전통주의와 수정주의는 6·25전쟁의 기원과 성격을 보는 견해에서도 아래와 같이 서로 대립적인 입장을 보였다.

소련이 6·25전쟁 관련 자료를 공개하기 전부터 스탈린이 전쟁 도발을 주도했다(한국전쟁=스탈린의 전쟁)는 전통주의가 서방의 정부와 학계, 언론계를 지배했었다(소련을 비롯한 공산권은 정반대의 입장을 개진했으며 이는 미국의 초기 수정주의와 연결되었다). 스탈린이 김일성의 남침을 사주했다는 주장까지도 나왔었다.

전쟁 발발 당시 미국지도자들은 북한이 국제적으로 인정된 38선을 파괴했을 때 '직감적으로' 소련에 의한 대리전이라고 파악했다. 시간이 지남에 따라 이 전쟁을 미·소간에 전개되었던 세계적인 대결의 일부로 파악하게 되었다. 1950년 6월 25일 미국의 정부당국자는 "적의 남침책임은 소련에 있다"는 담화를 발표했다.[4] 1980년대 이전까지 대다수 한국 학자들도

---

2) William Stueck, "Revisionism and the Korean War", *The Journal of Conflict Studies* vol.22 no.1(Spring 2002), pp.17-27.

3) 이를 후기수정주의가 아니라 탈수정주의로 번역하기로 한다. 냉전후 시대(post Cold War era)를 탈냉전기로 부르지 후기냉전기로 부르지 않기 때문이다. post-revisionism은 수정주의에 대해 연속성보다는 단절성이 더 두드러진다. 따라서 post-revisionist는 전통주의의 계승자로 볼 수 있다. 김명섭 교수는 『전쟁과 평화: 6·25전쟁과 정전체제의 탄생』(서울: 서강대학교 출판부, 2015)에서 수정주의(revisionism)의 좌편향성을 비판하면서 새로운 대안을 제시하고자 했다.

4) 『한국동란1년지』([장소미상]: 대한민국국방부, 1951), p.B11. "Memorandum by the Planning Adviser, Bureau of Far Eastern Affairs(Emmerson) to the Assistant Secretary of State for Far

오랜 기간동안 강대국들의 세력 다툼에 고통을 당한 한국역사를 연상하면서 6·25전쟁의 기원을 국제적 요인에서 찾았다. 전통주의나 1980년대 이전의 초기 수정주의 학파 모두 국제적 요인을 중시했던 것이다.

　6·25전쟁에 관한 한 전통주의 시각은 소련 스탈린(I. V. Stalin)의 공격적이며 팽창주의적인 대외정책이 6·25전쟁의 원인이 되었다고 주장(김일성이 스탈린의 대리전을 수행했다는 대리전론)한 반면, 초기 수정주의 시각은 제2차세계대전 이후 미국의 '제국주의적 야욕'이 6·25전쟁의 원인이 되었다고 주장(이승만의 대리전론)한다.[5] 전통주의자들은 소련대리전론을 주장하고 초기 수정주의자들은 미국대리전론을 주장하고 있었던 것이다. 즉 전통주의와 초기 수정주의자들은 전쟁발발 당시 남한이나 북한이 스스로

Eastern Affairs(Dean Rusk)", 8 Nov. 1950, U. S. Department of State, *Foreign Relations of the United States*, 1950, Vol. VII, Korea(Washington, D.C.: U.S. Government Printing Office, 1976), pp.1098-1100. 이하에서는 FRUS, 연도, 권호의 순으로 약하여 인용함.

5) 수정주의 학자들은 미국을 중심으로 한 자본주의적 제국주의 세력이 소련보다 강력한 군사력과 경제력으로 세계를 지배하려는 데 대해 소련이 불가피하게 대응하면서 냉전이 확대되었다고 주장했다. 그런데 초기 수정주의의 시조격인 스톤은 이승만의 역할을 비교적 강조하고 있어 외인론적 수정주의에서 다소 이탈해 있다. 이에 비해 콜코 부부(Gabriel and Joyce Kolko)는 미국의 역할을 강조하여 외인론적 수정주의를 대표하고 있다. 예방전쟁론을 주장한 콜코 부부는 1945년에서 1950년까지의 미국의 대한점령정책에 대해 매우 비판적인 시각에서 분석하면서 당시 미국의 정책은 보수적이고 반동주의적 세력을 지원하는 정책이었다고 평가했다. 그들은 북한의 공격을 기정사실로 보면서 이승만의 고의적 퇴각을 강조했다. 콜코 부부는 이승만이 남한군대에게 급히 후퇴하도록 명령하고 맥아더(Douglas MacArthur)에게 전문을 보내 구원을 요청했다는 사실을 내세웠다. 그들은 미·소 점령군 철수가 38선상에서의 분쟁을 야기시켰고 남북한군이 경쟁으로 치닫게 되었으며, 이런 상황이 전쟁으로 이어졌다고 주장하고 있다. 이점에서 내전적 기원을 무시하지는 않았지만 콜코 부부가 더욱 강조한 것은 미국의 영향이었다. 미국의 NSC 68은 한국전쟁을 미리 예견하고 대비했던 정책이라고 암시하는 것이 그 예이다. 이들이 『후르시초프 회고록』이나 다른 공산측 인사들의 증언자료들을 간단히 제외시키면서 '소련무지설'을 강조하고 있는데 이는 치명적인 오류이다. 그의 이론은 전통주의자들의 스탈린주도설을 전면 부인하기 위한 일종의 반작용이었다. Joyce and Gabriel Kolko, *The Limits of Power: The World and United States Foreign Policy*, 1945-1954(New York: Harper & Row, 1972), pp.600-617. 이러한 수정주의자들은 대개 맑스주의에 호의적이다. 사회의 발전을 내재적 발전논리에 따라 바라보는 맑스주의에 입각해 볼 때 6·25전쟁과 같은 갈등도 외적인 충격보다는 사회구성체 자체에 내재해있는 모순의 폭발로 보아야 한다는 것이다.

의 운명을 통제할 능력이 없었다고 보았다. 외인론적 해석에 치중한 분석은 남·북한의 정책들이 그들의 동맹국인 미·소의 정책을 수행한다고 믿어 왔다. 김일성(전통주의자)과 이승만(수정주의자)을 행위자로 언급하면서도 이들 자신이 아닌 배후의 국제적 세력이 전쟁을 주도했음을 강조했던 것이다. 즉 미·소 양 강대국이 남·북한을 지배하였으며 6·25전쟁은 '미·소간의 대리전' 성격을 가지고 출발했다고 보았다.

분단 문제 연구와 같이 6·25전쟁의 기원과 원인을 다룬 기존 연구는 크게 국제적 요인을 강조한 견해(외인론)와 내전적 요인을 강조한 견해(내인론)로 분류할 수 있다.[6] 1980년대 이후 전쟁의 기원과 관련한 중요 쟁점은 전쟁이 내전적 기원을 가지고 있는지 아니면 내쟁적 힘보다는 국제적인 힘에 의해 시작되었느냐는 것이었다. 그런데 외인과 내인은 논의의 편의를 위해 분간해서 보는 것일 뿐 실제로는 서로 유기적으로 결부된 것이다. 한국에 분단과 전쟁이 귀결될 때 내인과 외인은 서로 없어서는 안 되는 조건이었다.

1980년대에는[8] 6·25전쟁 발발배경을 국제적 상황 설명으로 일단락

---

6) 외인론적 경향을 가진 연구로는 다음과 같은 것이 있다. 김영호, 『한국전쟁의 기원과 전개과정』(서울: 두레, 1998); James I. Matray, *The Reluctant Crusade: American Foreign Policy in Korea 1941~1950*(Honolulu: University of Hawaii Press, 1985). 국내적 요인을 분석한 대표적 연구로는 김점곤, 『한국전쟁과 노동당전략』(서울: 박영사, 1973); Bruce Cumings, *The Origins of the Korean War*, in 2 volumes(Princeton: Princeton University Press, 1981-1990); Man-Ho Heo, "La Constance de l'Unite Nationale Coreenne: essai d'une nouvelle interprétation de la guerre de Corée"(한민족의 단일성의 지속성: 한국전쟁의 새로운 해석을 위한 한 시론), Ph. D. Thesis, École des Hautes Études en Sciences Sociales, 1988; 허만호, "한민족의 단일성의 지속성: 한국전쟁에 대한 새로운 한 해석", 『한국정치학회보』 제23집 1호(1989); 허만호, "6·25전쟁의 국내적 요인: 국가건설과정에서의 폭력의 심화", 한국국제정치학회 학술회의: 6·25전쟁의 재조명: 전쟁의 원인, 수행과정 및 결과, 한국국제정치학회-동북아전략연구소 공동주최 학술회의 발표문, 1999년 6월 17일; 신복룡, "한국전쟁의 기원: 김일성의 개전 의지를 중심으로", 『한국정치학회보』 제30집 3호(1996) 등이 있다.

지으려는 연구경향을 비판하면서 한반도의 내적(domestic)인 요소를 상대적으로 강조한 연구들이 주목을 받았었다. 이러한 흐름에 편승한 대표적인 수정주의자들로서 브루스 커밍스(Bruce Cumings)와 존 메릴(John Merrill) 등을 들 수 있다.[8]

6·25전쟁이 발발한지 25년 가량 지난 1970년대 중반 미국이 전쟁 관련 비밀자료를 공개하자 서방 학계를 중심으로 수정주의가 강화되었다. 초기 수정주의가 6·25전쟁 발발에 미국의 책임을 묻는 외인론적 경향을 견지했음에 비해 커밍스 등의 1980년대식 수정주의는 남북대립이라는 내전적 상황을 전쟁의 기원으로 강조했으며 미국의 책임은 전쟁 유발(provoke)의 차원에서 언급하고 있다. 커밍스는 전쟁의 원인을 한반도 내에 내재해 있던 사회·경제적 모순에서 야기된 계급투쟁적 요인들과 여러 세력들 간의 상호 관련성 속에서 찾고 있다. 해방 직후 사람들이 공산주의에 매력을 느끼기도 하는 등 다양한 정치활동에 참여하였으며 대외적으로는 미국과 소련이라는 새로운 초강대국이 등장하는 가운데 급격한 속도로 국제정세가 움직이고 있었다. 결국 한국인들에게는 유감스럽게도 양 강대국이 한반도 중앙에서 서로 맞섰던 것이다. 이러한 상황 속에서 좌·

---

7) 초기(1945년)부터 분단과 전쟁의 근원적인 계기를 제공한 것은 외인(외세)이다. 외인이 없었다면 전쟁의 전제조건인 분단부터 없었을 것이므로 전쟁은 일어나지 않았을 것이다. 그런데 일제 이래의 좌우대립은 전쟁의 원인(遠因)이라고 할 수 있다. 원인(遠因)은 직접적 原因이 아니라 간접적으로 멀리서 영향을 미쳤던 요인이다. 그러나 좌우대립이 있었다고 모두 다 전쟁으로 전화되는 것은 아니었으므로 좌우대립은 전쟁의 직접적 원인(原因)은 아니며 가장 근원적인 원인(原因)은 외인이다. 그런데 아무리 강요한 분할이었지만 좌우대립이 없었다면(좌우가 단합해서 내인을 만들지 않았다면) 분단과 전쟁으로 전화되지 않았을 것이다. 따라서 내인과 외인은 분단과 전쟁에 있어 서로 없어서는 안 되는 조건이라고 할 수 있으며 분단이 전쟁으로 치닫는데 있어서 서로 상호상승작용했던 것이다.

8) William Stueck, "Revisionism and the Korean War", *The Journal of Conflict Studies* vol.22 no.1(Spring 2002), pp.17-27.

우익의 대립, 민주주의와 전체주의, 자본주의와 공산주의와의 대립 등으로 냉전시대의 문제점들이 한국 내에 과다하게 집중되었다는 것이다.

구체적으로 커밍스는 한국전쟁이 내란과 혁명으로서 시작되었다고 주장했다.[9] 한국전쟁은 식민잔재청산과 사회개혁에 성공한 한 지역(북한)이 그렇지 못한 다른 지역(남한)을 해방시키고자 한 혁명전쟁(내전)이었다는 것이다. 한국 민중의 통일자주국가 수립 열망이 미국의 봉쇄적 세계전략 속에서 좌절되면서, 처음에는 남한 내에서의 투쟁으로 시작되었다가 1949년 이후로는 남북직접대결에 의한 갈등으로 이어진 내전(civil war)으로 한국전쟁을 파악했다. 그런데 그는 한국전쟁의 원초적 원인을 제공한 미국의 책임을 누구보다도 강조하고 있다. 커밍스는 한국전쟁을 내전이자 혁명전으로 보지만 한국전쟁의 기원을 외부로부터의 개입에서 구하고 있으므로 내인만을 유일한 원인으로 강조하여 외세의 분단책임을 한민족에게 전가시키는 식의 내인론자는 아니다.[10] 전통주의자들은 한국전쟁이 국제전으로 시작되었다는 것을 강조한데 비해 커밍스는 한국전쟁이 내란으로 시작되었음을 강조했을 뿐이다(한편 콜코 등의 초기 수정주의자들도 국제적 환경에 비중을 두었다). 커밍스는 전쟁이 발발할 때 이미 강대국이 각축을 벌이고 있었음을 지적하고 있다. 커밍스는 내전이 있게 한 기원으로 미·소의 분할점령을 지적하므로, 전쟁의 보다 근본적이며 원초적 요

---

9) Bruce Cumings, *The Origins of the Korean War*, vol. I(Princeton: Princeton University Press, 1981), p.xxi. 그의 혁명적 내전설은 Bruce Cumings, *The Origins of the Korean War*, vol. II(Princeton: Princeton University Press, 1990), p.xviii, p.772에도 나온다.

10) 이완범, "한국전쟁연구의 국내적 동향: 그 연구사적 검토", 손호철(외), 『한국전쟁과 남북한사회의 구조적 변화』(서울: 경남대학교 극동문제연구소, 1991), pp.225-227(한편 필자는 위의 글 p.227의 각주 57에서 "커밍스는 전쟁이 내인에 의해 일어났다고 주장한 곳은 없다"고 단정했는데, 이것은 수정되어야 한다).

인은 내인이 아닌 국제적 요인에 있다고 해석할 여지가 있다. 따라서 커밍스는 국제적 요인의 틀에서 내부적 요인을 강조하는 전쟁 기원론을 견지하고 있다고 평가될 수 있다. 커밍스는 스탈린 주도설을 주창했던 전통주의자들이 내인에 대해 소홀히 했던 것에 대해 반론을 제기한 것이었다. 또한 한국전쟁이 오로지 내전의 측면만으로 가지고 있는 '시종일관한 내전'이라고 단정하지는 않았다. 커밍스는 내전이 다양한 원인으로 일어나며 먼저 한국을 아무 생각 없이 갈라놓고 식민지 정부기구를 재건한 미국에 책임이 있다고 주장했다.[11] 그렇지만 그는 한국전쟁이 내전임을 명백히 주장하기는 했으며[12] 내전이었지만 한국인들끼리의 단순한 내부충돌은 아니었다고 평가했다.[13]

한편 전쟁의 구체적 발발과 관련하여 커밍스는 세 모자이크를 제시했는데, 그것은 ⑴ 전면남침설, ⑵ 남침유도설, ⑶ 전면북침설로 정리할 수 있다. 커밍스는 분명하게 밝히지는 않았지만 두 번째 모자이크의 설명력에 강조점을 두었다. 그는 미국내 롤백주의자들과 대만의 장개석, 남한의 이승만정권(특히 이범석계) 삼자간의 음모에 의한 소규모 선제공격 가능성을 주목했다. 또는 미국과 남한이, 혹은 미국만이라도 북한의 남침을 사전에 알면서 기다렸고, 북한의 남침을 롤백으로 전환시킬 호기로 삼았을 가능성도 추적했다. 이러한 커밍스의 주장은 적극적−직접적 유도설은 아니며 포괄적 유도설이다. 미국의 동아시아정책은 1948−1949년을 거치

---

11) Bruce Cumings, *Korea's Place in the Sun: A Modern History*(New York: W. W. Norton, 1997); 브루스 커밍스, 『한국현대사』 김동노(외역) (서울: 창작과 비평사, 2001), p.333.
12) 위의 책, p.369, p.3.
13) 위의 책, pp.417-418.

며 소극적 봉쇄에서 적극적 봉쇄로 전환되면서 군사력 투입에 의한 롤백 가능성을 내포하기 시작했다. 이러한 상황에서 북의 남침은 공산세력과의 대결이라는 점에서 그리스나 터키, 대만에서의 경우와 큰 차이가 없었다. 따라서 미국이 북한의 남침 가능성을 미리 인지했다고 해도 그것을 사전에 막기 위한 예방조치를 취했다는 것이 아니라, 사전포석을 미리 깔아 놓은 상태에서 사건이 터지기를 기다리고 있었고(다시 말해 실제로 사건이 터지더라도 놀랄 일이거나 별 문제될 것이 없었고), 사건이 실제로 터지자 기본전략에 따라 즉각적인 조치를 취할 수 있었다. 커밍스는 이것을 애치슨의 전형적인 외교스타일로 간주했다. 또한 애치슨라인은 중국대륙의 포기, 남한에 대한 지원, 중국우선주의자들의 무마와 호전적 이승만 제어라는 다목적 목표를 지닌 것이라고 커밍스는 해석했다.[14]

자신을 신수정주의로 규정한 메릴은 '내인론'과 '외인론'을 균형있게 조화시켜 한국전쟁의 기원을 분석해야 한다고 주장했다. 메릴은 과거 수정주의와 전통주의에서 나타난 결함들을 메우려는 노력했다. 그는 전쟁의 기원을 지나치게 내부적 요인에서만 찾는 내인론이나 국제적 요인만을 강조하는 외인론 모두 그 자체만으로 결코 정확한 분석이 될 수 없다고 주장했다. 메릴은 남한에서 1948년 정부수립 이후 빈발하였던 빨치산과 국군과의 비정규전적 내전에 인민군이 개입함으로써 내전적 상황(internal warfare)이 끝났다고 주장했다.[15] 내전론자로 평가되는 메릴도 내쟁적 요

---

14) Bruce Cumings, *The Origins of the Korean War*, vol. II(Princeton: Princeton University Press, 1990), chapter 13.

15) John Merrill, Korea: *The Peninsular Origins of the War*(New York: University of Delaware Press, 1989). 이러한 남쪽에 한정된 '내'의 범위에 비하여 시몬스식 내전(civil war) 개념에서 내전은 남북간의 내전이다. Robert R. Simmons, *The Strained Alliance: Peking, P'yongyang, Moscow*

소와 국제적 요소를 모두 전쟁원인으로 고려하면서 남북한간 전쟁전의 갈등을 고려해야 전쟁의 기원을 보다 잘 이해할 수 있다고 학계에서 주장했을 뿐이다.[16] 외인론자들의 주장이 주류였던 학계에 대한 일종의 반론이었던 점에서는 커밍스와 유사하다. 내전적 요소와 국제적 요소를 모두 전쟁원인으로 고려하면서 남북한간의 전쟁전의 갈등을 고려해야만 전쟁의 기원을 보다 잘 이해할 수 있다는 것이다.[17]

이와 같이 6·25전쟁은 내전적 성격과 국제전적 요소를 모두 갖고 있다. 따라서 국제냉전의 복합 속에서 일어난 '국제적 내전'이라는 일본 도쿄교육대학의 국제적 수정주의 학자 나가이 요노스케(Nagai Yonosuke; 永井陽之助)의 주장도 특기할 만하다.[18]

6·25전쟁의 내쟁적 요소를 중시하는 수정주의자들은 1950년 6월 이후 6·25전쟁이 본격적으로 전개된 상황보다 그 이전에 6·25전쟁이 배태

---

*and the Politics of the Korean Civil War*(New York: The Free Press, 1975).

16) John Merrill, Korea: *The Peninsula Origins of the War*(Newark, Delaware: University of Delaware Press, 1989), p.54.

17) John R. Merrill, Korea: *The Peninsula Origins of the War*(Newark, Delaware: University of Delaware Press, 1989), p.54; 존 메릴, "한국전쟁의 기원", 『시사논평』 제32호(1988년 12월); "한국전쟁의 기원: 대답없는 질문", 김철범·제임스 매트레이(공편), 『한국과 냉전: 분단과 파괴와 군축』(서울: 평민사, 1991).

18) Yonosuke Nagai, "The Korean War: An Interpretative Essay", *The Japanese Journal of American Studies* Vol. 1(1981). 또한 오꼬노기 마사오 교수도 한국문제의 '국제화'와 국제문제의 '국내화'의 과정을 거쳐 한국전쟁이 일어났다고 주장했다. 小此木政夫, 『韓國戰爭: 美國의 介入過程』, 現代史研究室(역) (서울: 청계연구소, 1986), p.404. 피터 로우도 한반도의 내전에 영향을 준 '냉전 국제정치'의 요소를 중시했다. Peter Lowe, *The Origins of the Korean War*(London: Longman, 1986). 스튜엑도 내전에서 시작되어 국제전으로 변화되었다고 주장하므로 국제적 내전설의 일종이라고 볼 수 있다. William Stueck, The Korean War: *An International History*(Princeton: Princeton University Press, 1995), pp.10-13. 이호재 교수 등도 미소냉전과 남북냉전을 복합시켜 보고자 한다. 이완범, "한국전쟁연구의 국내적 동향: 그 연구사적 검토", 손호철(외), 『한국전쟁과 남북한사회의 구조적 변화』(서울: 경남대학교 극동문제연구소, 1991), pp.231-234.

되었던 상황적 조건에 큰 관심을 가졌다. 커밍스는 1950년 6월 25일은 한국전쟁의 시작이 아니라 1945년 해방이후부터 시작되었던 갈등에 대단원(denouement)의 막이 이루어진 계기라고 주장하기까지 했다.[19]

이렇듯 6·25전쟁에 내전적 요소가 없었던 것은 아니지만 미국과 중국이 개입함으로써 국제전으로 전환되었던 데다가 전쟁의 기원(1948년 분단체제 구축) 면에서 '국제적 성격이 우세한 복합형 분단'이 배경으로 존재했고 발발국면에도 외인이 작용했으므로 6·25전쟁을 내전으로만 규정하기에는 무리가 있다(그렇지만 국제전으로만 본다면 한국인의 희생을 경시하게 되므로 이것도 문제라고 아니할 수 없다).

1994년 본격 공개된 구소련문서 등에 근거하여 보다 세밀하게 본다면 내전이 격화되어 6·25로 상승된 측면도 있지만 6·25 전쟁 직전 정찰시 발생한 소규모의 충돌이 아닌 대규모의 국경 분쟁이 1949년 12월부터 없었던 점에 비추어 보면 국경출동이 6·25로 직접 비화된 것은 아니다. 스탈린이 1949년 말 이후 대규모 국경분쟁이 일어나지 않도록 김일성을 통제했으므로 충돌은 일어나지 않았던 것이다.[20] 당시 북의 대규모 도발도 소련이 조종한 것이었다. 또한 1949년 9월공세의 실패이후 북의 유격투쟁 전략은 북로당 빨치산 출신들이 주장했던 국지전 전략으로 전환되었으므로 대규모 정규군 수준의 유격대를 남파했으나 대부분 강원도 태백산

---

19) Bruce Cumings, "Introduction: The Course of Korean-American Relations, 1943-1953", Bruce Cumings, ed., *Child of Conflict: The Korean-American Relationship, 1943-1953*(Seattle: University of Washington Press, 1983), p.41. 1950년 6월 이전에 이미 10만여 명의 인명이 손실된 한반도에서의 상황에 주안점을 둔 메릴은 전쟁은 1948년 초부터 1950년까지 점차 고조-에스칼레이션되었다고 주장한다.

20) 이완범, 『한국전쟁: 국제전적 조망』(서울: 백산서당, 2000), pp.69-71.

지구에서 한국군의 포위망을 뚫지 못해 실패했다.[21] 게다가 북이 예상했던 남한 내의 자생적 유격대 투쟁 및 남로당원 봉기는 현실적으로 불가능했으므로 전쟁은 외부적 지원 없이는 불가능했다. 이런 상황에서 스탈린이 1950년 1월 30일 김일성의 남침에 대해 동의[22]했으므로 전쟁이 일어났다. 만약 동의하지 않았다면 국경충돌에 그쳤을 뿐 대량살상의 전면전은 일어나지 않았을 것이므로 내전적 상황은 전면전 발발에 있어 종속변수에 불과하다. 따라서 전쟁의 직접적 발발 원인은 북방 3국 소련·중국·북한 국제공산주의자들의 공모[23]에 있었으며 남북간 갈등은 부차적 변수였다. 만약 분할점령이 없었다면 좌우간의 갈등은 있었을지라도 전면적은 물론 내전도 일어나지 않았을 것이므로 전쟁의 근본적 책임은 미·소에게 있다(그 중에서도 분단을 먼저 획책하고 전쟁을 사주한 소련에게 압도적으로 더 큰 책임이 있다). 따라서 국제적 규모의 갈등과 관련해 볼 때 내전적 상황은 중요한 원인(原因)이 아니라 하나의 작은 배경일 뿐이다. 이렇게 국제공산주의자들의 주도에 의한 전쟁이었으므로 6·25전쟁은 국제전적 내전(국제전으로 전화된 내전; internationalized civil war; 나가이의 '국제적 내전' 이론을 변형함)이 아니라 '내전적 상황을 이용한 국제전'(혹은 '내전을 가장한 복합형

---

21) 정병준, 『한국전쟁: 38선 충돌과 전쟁의 형성』(서울: 돌베개, 2006), pp.474-475.

22) "Ciphered Telegram from Stalin to Shtykov", 30 January 1950, Archive of the Foreign Policy of the Russian Federation, Fond 059a, Opis 5a, Delo 3, Papka 11, listy 82, in *Cold War International History Project Bulletin 5*(Spring 1995), p.9. 이 전문의 두 번째 항목은 소련에 부족한 납을 김일성에게 부탁해 보내달라는 것이었다.

23) 션즈화, 『마오쩌둥 스탈린과 조선전쟁』 최만원(역) (서울: 선인, 2010), pp.35-36에 의하면 스탈린과 마오쩌둥의 중소동맹(공모)에 의해 전쟁이 발발한 것은 절대 아니라고 주장된다. 1950년 초 중소동맹 문제를 토론하고 있을 때 스탈린은 마오쩌둥을 압박해 각종 양보를 강요했으므로 한반도 정책에서도 중·소간에 이견이 발생하기 시작했다는 것이다. 6·25전쟁의 발발은 이러한 이견을 덮어버렸고, 중국의 전쟁 개입 후에야 비로소 중소동맹이 가동하기 시작했다고 주장했다.

전쟁')에서 출발했다고 할 수 있다. 즉 남한에서의 내전상황에 북한과 소련, 중국이 개입해 결국 남북간의 전면적인 정규전이 일어났다고 할 수 있다. 미·소간의 세계적 대립인 냉전체제가 한반도에도 침투하여 내전적 상황까지 상승된 국면에서 국제적 전쟁으로 전화되기 위해서는 외세의 개입이 필수적이었다. 처음에는 내전으로 출발했던 것처럼 보이지만 국제적 성격이 우세한 분단이 그 근본적 배경이었고 스탈린의 승인이라는 외인이 발발의 결정적 영향을 미쳤던 복합적인 전쟁이었다고 할 수 있다. 초기에는 내전과 국제전이 복잡하게 얽혀있는 복합전쟁이었고 미국과 중국의 개입으로 국제전적인 성격이 강화되었으므로 국제전적 요소는 결코 간과될 수 없다. 종합적으로는 국제적 성격이 우세한 복합전이었다고 할 수 있다.[24] 내전[만약 남한과 북한이 서로 상대방을 국가로 인정한다면 쌍방의 전쟁은 국가간의 국제전이 될 수 있다. 그러나 남한은 북한을 반국가단체인 북한공산집단이라고 규정하고 북한도 남한을 남조선괴뢰도당으로 규정한다. 따라서 대한민국의 입장에서는 북한공산집단이 유엔에 의해 승인된 대한민국의 국가체제의 전복을 기도한 내란{만약 亂이 아니고 전쟁이라면 내전}이라고 할 수 있다]에서 시작해 국제전으로 끝난 것이 아니라 처음부터 국제전적 성격을 내포한 채 시작된 것이라고 할 것이다.

한편 북에서는 조국해방전쟁이라고 주장한다.[25] 처음부터 미국이 개입하여 조국해방전쟁이 되었다는 것이다. 미제와 조선민중 간 대립이 전

---

24) 김학준 교수는 한국전쟁에 민족 내쟁과 국제 냉전이 중첩되어 있다고 규정했다. 김학준, "한반도의 분단과 통일의 정치경제사", 동국대학교 건학 100주년 기념 DMZ 생태평화 국제학술회의, 2006년 5월 2일 발표논문, p.5.

25) 류상영, "북한의 한국전쟁 인식과 성격규정", 최장집(편), 『한국전쟁연구』(서울: 태암, 1990); 정해구, "한국전쟁에 대한 인식", 안병우(외), 『북한의 한국사 인식』 2(서울: 한길사, 1990).

쟁으로 비화되었다고 주장한다. 조국해방전쟁승리[26] 40돐을 기념하여 허종호가 전영률, 강근조, 리정인, 리준항 등과 분담하여 쓴 『위대한수령김일성동지께서 령도하신 조선 인민의 정의의 조국해방전쟁사』(평양: 과학백과사전종합출판사, 1993), 전3권의 1편 p.10의 서두에서 "조선전쟁은 미제국주의자들에 의하여 강요되었다. 미제는 세계제패야망을 실현하기 위한 첫걸음으로 조선전쟁을 도발하였다"고 적고 있다. 또한 같은 책 p.10과 p.88에는 "미제와 남조선괴뢰도당이 공화국북반부에 대한 전면적인 무력침공"을 함으로써 조선인민의 정의의 조국해방전쟁이 개시되었다고 적혀있다. "미제가 강점한 빼앗긴 땅을 도로 찾는 정의의 전쟁"이라는 것이다.

1989년 3월 광주 조선대학교 학생들이 발행한 교지에 6·25전쟁은 "미제의 불의의 침략에 항전하여 조국의 해방과 통일, 민주주의를 쟁취하고자 한 민족해방전쟁으로서의 성격"을 가진다는 구절이 실려서 논란의 대상이 된 적이 있었다.[27]

한편 강정구 교수는 일찍이 1990년 민중이 바라보는 한국전쟁과 민중이 겪었던 한국전쟁에 걸맞는 설명이 필요함을 전제하고 조국해방전쟁이자 혁명전쟁이라는 북의 규정을 소개함과 동시에 당시의 주류적 인식을 비판했다.[28] 그는 2005년 7월 27일 '6·25는 북한 지도부에 의한 통일전

---

26) 이기지 못한 전쟁에서 승리했다고 평가하는 것은 자신들의 도발을 은폐하려는 의도가 깔린 해석이다. 즉 미국의 침략을 격퇴해 조국을 해방시키고 승전했다는 것이다. 비교적 중국편향적인 홍콩 교과서에서도 승패를 가리지 못했다고 기술했다. 『新編 世界歷史』, 2(香港: 雅集出版有限公司, 2006), p.112.

27) 민족사학회(편), "미제침략백년사", 『민주조선: 조선대학교 교지』 창간호(1989년 3월); "사설: 비뚤어진 현대사 시각: 반이성적인 「민족해방전쟁론」," 『중앙일보』 1989년 4월 15일; "6·25는 민족해방전: 조선대교지 북한주장 그대로 실은 경위 조사" 『동아일보』 1989년 4월 14일.

28) 강정구, "한국전쟁의 성격에 대한 재인식: 한국전쟁을 바라보는 새로운 시각을 중심으로", 『현대사회』 제10권 1호(1990년 봄-여름 합본호), pp.3-18.

쟁'이라고 단정했다 해서 국가보안법 위반혐의로 사법처리 되었다.[29] 구체적으로 그의 글에는 "6·25전쟁은 통일전쟁이면서 동시에 내전이었다(물론 외세가 기원한 내전). 곧 당시 외국군이 한반도에 없었기에 집안싸움이었다. 곧 후삼국시대 견훤과 궁예, 왕건 등이 모두 삼한통일의 대의를 위해 서로 전쟁을 했듯이 북한의 지도부가 시도한 통일전쟁이었다"[30]는 표

---

29) 2006년 2월 8일 동국대는 그를 직위해제했다. 2006년 5월 26일(1심)과 2007년 11월 13일(항소심) 법원은 징역 2년에 집행유예 3년, 자격정지 2년이라는 같은 형량을 선고했다. "북한의 대남 적화혁명론에 동조하는 적극적이고 공격적인 주장에 해당한다. 자극적 표현으로 국가의 존립과 안전을 해칠 수 있는 선동적 표현을 한 데 대해 엄격한 사법적 판단이 필요하다"고 판결했던 것이다. 이에 보수단체는 더 강한 처벌이 필요하다고 주장했고 진보단체는 국가보안법 폐지를 주장하면서 충돌했다. 2010년 12월 대법원은 최종적으로 '유죄'라는 결론을 내리면서 원심의 형을 확정했다.

30) 강정구, "맥아더를 알기나 하나요", 『데일리 서프라이즈』, http://www.dailyseop.com/data/article/29000/0000028303.aspx(검색일 2006년 2월 16일). 그런데 Robert Simmons, "한국전쟁"(Korean 'Civil War'), 프랭크 볼드윈(편), 『한국현대사, 1945-1975』(Without Parallel) (서울: 사계절, 1984); 로버트 시몬스, 『한국내전』 기광서(역) (서울: 열사람, 1988), p. 201에 의하면 "북한은 민족통일을 위해 투쟁하였다"고 나온다. 송광성 교수는 2005년 10월 "한국전쟁은 통일전쟁이라고 말한 사람은 세상에 많다"며 "와다 하루키도 그랬고 이승만의 북진통일 주장과 김일성의 국토완정 주장도 그렇다. 한국전쟁을 김일성은 조국해방전쟁이라 했고 이승만은 민족해방전쟁이라고 했다"며 송 교수는 "한국전쟁은 북한 인민군이 통일을 하려고 남침한 것이다"라고 주장했다. 송광성, "이재봉의 분단과 전쟁에 관한 논평", 국가보안법과 강정구 교수 필화 사건 토론회 발표문, 2005년 10월 15일(검색일 2010년 9월 7일). 그런데 이승만이 국토를 수복하자고 여러 차례 주장했으며 북한동포들을 赤狗의 압제에서 해방시키자고 주장했지만 6·25를 민족해방전쟁이라고 불렀는지는 확인해야 할 부분이다. 한편 만약 맥아더(Douglas MacArthur)의 주장대로 전쟁을 수행했다면 한반도는 원폭투하장이 되고 제3차대전이 일어났다는 개디스의 주장을 인용했던 조갑제는 맥아더보다 트루먼을 평가해야 한다고 주장했다. 조갑제, "[조갑제 칼럼] 서울 수복 61주년을 맞아 - 과대평가된 맥아더, 과소평가된 트루먼: 대한민국, 맥아더가 아니라 트루먼이 살렸다! 트루먼이야말로 호국의 은인...미군 참전 결정했고 한국 포기 여론에 굴하지 않았다", 『뉴데일리』 최종편집 2011.09.28 09:14:22, http://www.newdaily.co.kr/news/article.html?no=92766(검색일 2011년 9월 30일); 趙甲濟, "6.25 때 맥아더가 하자는대로 하였더라면 가디스 교수: 한반도는 원폭투하장이 되고 제3차대전으로 갔을 것", 『뉴데일리』 최종편집 2011.09.28 09:14:22, http://www.newdaily.co.kr/news/article.html?no=92766(검색일 2011년 9월 30일)에는 존 루이스 개디스, 『냉전의 역사: 거래, 스파이, 거짓말, 그리고 진실』 정철-강규형(역) (서울: 에코리브르, 2010)에서 만약 맥아더가 원자폭탄을 투하했다면 어떻게 되었을까하는 다음 가정이 인용되어 있다. "1950년 11월 30일 워싱턴에서 트루먼 대통령은 기자회견을 열고 있었다. 중공군은 북한지역에서 총공격을 퍼붓고 있었다. 맥아더 장군이 지휘하는 유엔군은 남쪽으로 총퇴각중이었다. 트루먼은 이렇게 말했다. "우리는 항상 그러했던 것처럼 군사적 상황에 대처하기 위하여 무슨 조치라도 취할 것이다." 한 기자가 물었다. "원자폭탄의 사용까

현이 나온다. 통일내전이라는 성격 규정에는 다음과 같은 커밍스의 주장
이 인용되고 있다. "미국의 제국주의적 개입이 없었다면 민족의 분단과
전쟁도 없었을 것이다. 곧, 커밍스가 논증한 대로 분단과 전쟁의 기원은
바로 미국에 귀착된다"[31]는 것이다.

또한 미국의 개입이 없었다면 전쟁은 조기에 끝났을 것이며 희생도 줄
었을 것이라고 강정구 교수는 주장한다.[32] 그러나 애초에 전쟁을 도발한

---

지 포함한 말씀입니까?" 우리가 보유하고 있는 모든 무기를 다 포함해서 하는 이야기입니다. 전선(戰
線) 사령관이 무기의 사용권을 갖고 있습니다. 관례에 따라서." 이틀 뒤, 트루먼 대통령이 위임한대로
맥아더 유엔군 사령관은 미(美) 공군에 명령하여 다섯 개의 원자폭탄을 남진(南進)하는 중공군을 향
해서 투하하도록 했다. 15만 명의 중공군과 공산군에 포로로 잡힌 수 미상의 미군과 한국군 병사가
죽었다. 중공군의 남진(南進)은 저지되었다. 유럽의 NATO(북대서양조약기구) 국가들이 즉각 반발
하고 나섰다. 미국 정부가 자신들과 사전에 협의하지 않은 데 대해서 분노했다. 미국은 유엔 안보리
에서 거부권을 행사하여야 했다. 6개월 전에 있었던 한국방어 유엔결의를 취소시키자는 제안에 동
맹국들도 동조했기 때문이다. 스탈린의 소련은 마오쩌둥의 중공(中共)으로부터 원자폭탄을 사용하
여 보복해달라는 압력을 받았다. 소련이 마오쩌둥의 요구를 거절하면 국제공산주의 사회에서 소련
의 리더십은 결정적인 타격을 받을 것이다. 소련은 미국 정부에 최후통첩을 보냈다. 48시간내에 한
반도에서 모든 군사적 행동을 중지하든지 '가장 심각한 결과를 각오하라'는 것이었다. 12월 4일 시한
(時限)이 지났다. 두 대의 소련 폭격기가 블라디보스톡에서 이륙했다. 원시적이지만 작동가능한 원
자폭탄을 싣고 있었다. 목표는 미군의 보급기지인 인천과 부산항이었다. 원폭이 투하되었다. 약30
만 명이 죽었다. 보급기지의 기능은 사라졌다. 맥아더는 즉각 일본에 있던 미군 폭격편대에 대해서
블라디보스톡과 심양, 그리고 하르빈에 원폭(原爆)을 투하하라는 명령을 내렸다. 원폭투하가 이뤄지
자말자 일본에선 반미(反美)데모가 일어났다. 일본은 소련 폭격기의 행동반경 안에 들어 있었다. 영
국, 베네룩스 3국, 프랑스는 NATO에서 탈퇴한다고 발표했다. 소련은 서독(西獨)의 프랑크푸르트와
함부르크에 원폭(原爆)을 투하했다." 물론 위의 글은 사실이 아니다. 트루먼 대통령의 기자회견만이
사실이다. 트루먼은 영국 정부 등의 항의를 받고 위의 기자회견 내용도 취소해야 했다. 그는 "한국에
서 원자폭탄을 사용할 계획이 없다"고 공언했다. 미국이 한국전쟁 때 중공군의 남침을 저지하기 위
하여 원자폭탄을 썼어야 했다는 주장을 하는 이들에게 참고가 될 만한 假想(가상)이다. 트루먼은 맥
아더가 하자는 대로 하면 3차세계대전이 터진다고 생각하여 한반도에서 무승부 전략을 세웠다. 결
국 맥아더는 해임되었다. 그 뒤 휴전선으로 분단된 한반도에서는 '어느 체제가 민족을 행복하게 만드
느냐'라는 명제를 내건 새로운 형태의 전쟁이 계속되고 있다. 이 전쟁에서 남한은 이기고 있다. 그런
데 조갑제 기자는 "내부의 적(敵)[남한 내 종북적인 좌익; 인용자]이 문제"라고 주장했다.

31) 강정구, "맥아더를 알기나 하나요", 『데일리 서프라이즈』 http://www.dailyseop.com/data/arti-
cle/29000/0000028303.aspx(검색일 2006년 2월 16일).
32) 그런데 이러한 주장은 이미 시몬스가 했던 말이다. 시몬스는 미국의 개입에 대해 "미국이 한국내
전에 개입함으로써 미국과 한국(남북한) 모두에게 참혹한 결과를 낳았다. 신속하고도 상대적으로 덜

것은 북이었으므로 북이 도발하지 않았다면 희생은 없었을 것이라는 가정도 가능하다. 따라서 미국의 개입으로 인한 국제전으로의 비화와 막대한 희생도 1차적으로는 전쟁을 시작한 자들에게 책임이 있다. 한편 2006년 3월 10일 공판에서 강 교수는 6·25는 통일전쟁이었다는 주장에 대해서 "전쟁의 성격은 전쟁 주체자의 목적이 무엇이었느냐에 따라 결정된다"면서 "전쟁 당시 주체들이 모두 통일을 목적으로 상정했기 때문에 당연히 통일전쟁으로 볼 수밖에 없다"고 주장했다.[33] 침략이지 통일전쟁은 될 수 없다는 보수진영의 강정구 교수의 단죄에 대해 이재봉 교수는 6월 25일에 국한해 보면 통일전쟁이기도하지만 동시에 침략전쟁이기도 하다고 주장했다.[34]

그렇지만 미국이 도발했다고 주장하는 북에서는 통일전쟁이라는 말은 사용하지는 않는다. 조국해방전쟁이라는 말은 미국이 북을 침공했다든가 한국을 강점하려고 시도했을 경우에나 사용할 수 있는 말인데 미국이 북의 침공을 유도한 측면은 있을지 몰라도 전면 침공하지는 않았으며 미국은 이미 1949년 6월에 철군했고[35] 강점하려고 하지도 않았으므로 북의 조국해방전쟁 규정은 설득력이 떨어진다. 미국이 철군했지만 1950년은

---

유혈적인 통일의 길이 있었으나 (미국의 개입으로 인해) 그것이 그만 대량 참사로 전환되고 말았다"고 말했다. 로버트 시몬스, 『한국내전』 기광서(역) (서울: 열사람, 1988), p.266. 한편 김일성은 1950년 7월 16일 평양방송을 통한 연설에서 "미 제국주의자들이 우리의 內政에 개입하지 않고 무장침략을 하지 않았다면 우리나라는 전쟁을 끝마치고 이미 통일이 되었을 것입니다"고 단언했다. 앞의 책, p.182.

33) 양정아, "강정구 공판 "분단은 美 주도적 책임, 소련은 보조" 주장 "외세개입 없었으면 南 사회주의 확신", 『데일리 NK』(검색일 2010년 4월 24일).

34) 이재봉, "'6·25전쟁'도, '한국전쟁'도 틀렸다: [이재봉의 법정증언] 분단의 원흉은 누구인가", 『프레시안』 2014년 9월 4일, http://www.pressian.com/news/article.html?no=119966(검색일: 2014년 9월 27일).

35) 따라서 강정구 교수도 해방전쟁이라는 말보다 통일전쟁과 내전이라는 성격 규정을 사용한다.

실질적인 강점 상황 중이었다고 북이 평가했으며 맥아더(Douglas MacAr-
thur) 등이 이승만과 공모하여 도발했다고 역시 무리하게 주장했다.

또한 노무현 전 대통령은 현직에 있을 때인 2006년 11월 20일 캄보디
아 방문 중 동포간담회에서 "우리가 옛날에는 식민 지배를 받고 내전도
치르고 시끄럽게 살아왔는데 대통령이 돼서 보니 여러 나라를 지원하고
있다"고 말했다. 이에 언론들은 '6·25=내전'이라는 인식은 좌파적 시각
이라면서 즉각 비판했다.[36] 그러자 2006년 11월 21일 당시 청와대 윤태영
대변인은 "동족간에 전쟁을 치렀다는 점에서 캄보디아 역사의 공통점을
얘기한 것"이라며 "이를 좌파적 용어로 보도하는 것은 아주 온당치 않다"
고 말했다.[37]

이러한 내전론에 대해 홍관희 안보전략연구소 소장은 2009년 6월 16
일 북한연구소-북한학회 주최 2009년도 전반기 학술회의에서 "6·25 전
후(前後)사의 재인식"을 발표하면서 내전이라는 평가는 북의 도발을 희석
시킨다고 주장했다.[38]

한편 북에서는 미국이 도발했다고 주장하므로 통일전쟁이라는 말은
사용하지는 않는다. 그런데 조국해방전쟁이라는 말은 미국이 북을 침공했
다든가 한국을 강점하려고 시도했을 경우에나 사용할 수 있는 말인데 미

---

36) "[사설]6·25에 대한 대통령의 비뚤어진 역사관", 『중앙일보』 2006년 11월 22일; 김영호, "6·25
가 내전이라니" 『조선일보』 2006년 11월 22일.

37) "韓·캄보디아 문화교류 활성화 기대", 『서울신문』 2006년 11월 22일.

38) 한편 내전론은 국제전론보다 김일성의 책임을 부각하며 소련의 문서공개로 김일성의 책임이 더
부각되면서 김일성을 영웅시하는 결과를 초래한다는 비판도 가능하다. 냉전시대 서방세계의 지배
적 가설인 스탈린 주도설은 김일성의 책임을 행동대장 급으로 경감시키는 측면이 있었다. 보수진영
내부의 2009년 6월 16일자 논의에 대해 이완범은 내전과 국제전 양면을 가진 복합적인 인식으로
해소할 것을 주장했다. 또한 김일성을 영웅시하는 논리는 대한민국에서 그렇게 큰 영향력을 가지지
못했다고 평가했다.

국이 북의 침공을 유도한 측면은 있을지 몰라도 전면 침공하지는 않았으며 미국은 이미 1949년 6월에 철군했고[39] 강점하려고 하지도 않았으므로 북의 조국해방전쟁 규정은 설득력이 떨어진다. 미국이 철군했지만 실질적으로는 아직도 강점 중이었다고 북이 평가했으며 맥아더 등이 이승만과 공모하여 도발했다고 주장했다.

현대한국은 국제정치 속에 던져졌다고 해도 과언이 아닌데 이렇게 외세에 의해 좌우되었던 한국정치를 연구할 때는 미·소 냉전과 한반도 내부적 상황을 모두 고려해야 한다.

그런데 한반도 분단이 일단 미·소의 분할점령에서 연유된 것이며 전쟁 국면에서도 소련의 지원을 통한 북한의 군사력 증가와 그 군사력에 의한 남침, 미국과 중공의 개입이라는 요소가 주목되므로 국제정치적 맥락을 우선 고려하지 않을 수 없게 한다. 매트레이(James I. Matray)는 "1950년 6월의 전쟁발발이 내부요인에 의한 것임은 틀림없는 사실이지만, 해방정국에서 내란에 필요한 조건들은 존재하지 않았다"라고 언급해 국제적 요인이 근원에 자리잡고 있음을 강조했다.[40] 즉 국제환경이 김일성의 남침을 가능케 하였다고 설명하고 있다.

이렇게 국제환경과 국내정치는 분단 형성과 전쟁 발발 국면에서 서로간에 없어서는 안 되는 유기적인 관계로 결합되어 있었다.

미국 지원의 남쪽에는 자유주의·자본주의체제에 기반한 정권과 소련 지원의 북쪽에는 사회주의체제에 기반한 정권이 각각 수립되었고 양군(兩

---

39) 따라서 강정구 교수도 해방전쟁이라는 말보다 통일전쟁과 내전이라는 성격 규정을 사용한다.
40) 제임스 매트레이, "일종의 내전: 한국전쟁의 국제적 기원", 김철범·제임스 매트레이(공편), 『한국과 냉전: 분단과 파괴와 군축』(서울: 평민사, 1991), pp.57~58.

軍)이 철수한 후 2년도 안되어서 6·25전쟁이 일어났다. 이 전쟁은 당연히 자본주의·사회주의 체제 간 대립의 첨예한 성격을 가지게 되었다. 그런데 원래 전세계적인(global) 자본주의와 사회주의의 대립은 열전도 평화도 아닌 새로운 국제사회현상 '냉전'(the Cold War)이었다. 강대국(미·소) 간에는 직접적인 열전(hot war)이 한번도 일어나지 않았으므로 냉전이라는 용어를 쓰지만, 냉전은 종종 국지적(local) 차원인 제3세계 동맹국 사이의 열전을 야기했다.[41] 그 대표적인 예가 한반도이다.

그런데 6·25전쟁의 국제적 요인은 미·소만으로 해명될 수 있을까? 물론 당시 한국정치를 규정한 요인들 중에서 미−소 양국이 가장 중요한 인자임에는 틀림없다. 그러나 일본과 중국도 주요한 국제적 요인의 한 축을 형성했다고 할 수 있다. 특히 중국은 발발에 관한 한 미국보다 중요한 역할을 했다고 평가될 여지도 있다. 따라서 미·소·중·일이라는 한반도 주변 4대강국의 정책을 중심으로 6·25전쟁의 국제적 요인을 다차원적으로 분석할 필요가 있을 것이다.


# III. 6·25전쟁의 발발: 개전의 주도자

### 1. 남침이냐 북침이냐?

1948년 단독정부는 수립되었지만 남북한의 분단이 처음부터 그렇게 고착화된 것은 아니었다. 정부수립직후에는 우편물도 교환되었고 남에서

---

41) Fred Halliday, *The Making of the Second Cold War*(London: Verso, 1983), p.7. 냉전이라는 용어보다 냉냉한 평화(Cold Peace)라는 용어가 적당하다는 견해도 있다.

는 좌익의 활동이 공식적으로 불법화되지 않았었다. 남한의 남로당 인사들은 모두 검거되지 않았으며 지하에서 상당한 규모로 암약하고 있었다. 1948년에는 분단체제가 아직 공고화되지 못했으므로 느슨한 형태의 불안정한 분단 상황이었다. 남한내부에서는 1948년 10월 여수·순천군인폭동 등을 비롯한 좌익이 주동하는 테러와 폭동이 일어났으며 태백산맥과 지리산을 중심으로 빨치산운동이 일어났다. 또한 남북한간의 소규모 충돌이 지금보다는 덜 고정화되었던 38선 부근에서 빈발하였던 것이다.

이러한 불안정한 사회분위기 속에서 이승만정권은 북진통일을 구호로 내걸고 있었으며 김일성은 전쟁준비에 열중하였다. 즉 남북모두 현재의 분단체제가 잠정적인 것이라고 생각하면서 통일을 이룩하기 위하여 상대방의 정통성 없는 정부에 대한 무력사용도 불사한다는 적대적 생각을 가지고 있었던 것이다. 소련으로부터 탱크를 비롯한 군수물자 등의 적극적인 무력지원을 받았던 북한의 경우에는 전쟁구상을 보다 구체화되었던데 비하여 남한의 경우에는 미국의 소극적인 원조정책[42] 때문에 구체화될 수가 없었다. 이런 상황에서 1950년 6월 25일 전쟁이 일어나게 되었다. 냉전시대가 개막된 상황에서 이루어진 남과 북의 체제경쟁은 결국 전쟁으로 전화될 수밖에 없었던 필연성이 존재하고 있었다고 할 수 있다.

과연 6·25전쟁을 어느 쪽이 시작했는가? 1970년대까지 얼마간 6·25 전쟁의 개전을 둘러싼 소모적 논쟁이 국제학계를 혼란스럽게 만들었던 적도 있었다. 전쟁직후 남한을 비롯한 자유진영은 북이 도발하였다고 주장하였고 북한을 비롯한 공산진영은 남과 미국이 도발하였다고 주장하였

---

42) 미국이 원조를 소극적으로 한 것은 군사원조가 이승만의 예기치 않은 도발을 불러일으킬 것을 우려했기 때문이다.

다. 이러한 양극화에 영향을 받은 국제학계에서도 남침설과 북침설을 둘러싼 논쟁이 진행되었었다. 그러나 미국과 소련의 여러 비밀문서들이 공개되면서 수정주의자들도 북한당국의 입장을 그대로 인용하는 학자들의 경우를 빼곤 북침설의 증거를 확실하게 제시할 없게 되자 1970년대 들어와서 '국군의 전면적 북침설'을 주장하기보다는 "국군의 소규모 해주 침공이 인민군의 전면적 무력남침을 불러일으켰다"느니 "남이 쳐놓은 덫에 북이 걸려들었다는 남침유도설" 등을 제시하게 된다. 그러나 이러한 가설도 문헌적 증거에 의하여 실증되지 못하였으며 구 소련조차도 남침설을 비공식적으로나마 지지하고 있으므로 현재는 북한 정부만이 북침설을 지지하고 있다.[43] 따라서 북침설의 설명력은 현저히 약화되었다고 할 수 있으며 국제학계에서는 남침설이 정설로 인정되고 있다. 이제 북침설을 주장한다는 것은 시대착오적인 것이 되어버렸다.

1990년대 냉전이 해체되고 소련 자료가 부분적으로 공개된 상황에서 6·25전쟁 개전의 주도자를 둘러싼 논쟁 중에서 이승만·맥아더(Douglas MacArthur)·장제스(蔣介石) 등의 음모설[45]과 같은 '남측 주도설'(혹은 북침설[46])은 설득력을 상실했으며 '북측 주도설'(북의 계획적 남침)이 대한민국을 비롯한 국제학계의 정설로 더욱 확고하게 확립되었다.

---

43) 소련의 변화된 입장은 다음에 나와 있다. Chullbaum Kim, ed., *The Truth about the Korean War: Testimony 40 Years Later*(Seoul: Eulyoo Publishing Co., 1991). 그런데 소련의 비공식적인 입장변화는 1980년대 후반이후 한국과 관계개선의 의도가 깔려 있는 정치적인 입장변화이기도 하다.

44) 미국 언론인 스톤(I. F. Stone)은 이승만의 역할을 다음과 같이 강조했다. 스톤의 입장은 "전쟁의 발발에 대해 미국이 전혀 예상못했다"라는 미 행정부의 공식입장을 의심했다. 미국이나 남한이 전쟁을 일으킬 음모를 꾸민 것이 아니라 미국이나 남한이 전쟁이 임박했다는 것을 사전에 알면서도 북한으로 하여금 침략하지 못하도록 아무런 조치도 취하지 않았다는 것이 '침묵의 음모'라는 것이다. 북한의 공격이 일어나도록 방치한 '침묵의 음모'에 가담한 사람은 이승만·맥아더·덜레스 그리고 장제스(蔣介石)이었으며 각자의 이해가 맞아 떨어졌고 이 음모에 중심적 역할을 한 인물이 이승만이었

일본 언론인 하기와라 료는 북한 노획문서를 통해 남침설을 다음과 같이 증명했다. 북한군은 1949년 12월 15일부터 1950년 5월 15일에 걸친 '동기전투훈련'에 이어 6월 1일부터 10월 31일까지 '하기전투문화훈련'을 예정했는데 이는 단순한 훈련이 아닌 남침준비훈련이며 이 훈련의 연장선상에서 무력남침이 있었다고 할 수 있다.[46] 또한 북한 제6사단 문화부가 6월 13일자로 작성한 12쪽 분량의 절대비밀문서 '전시 정치문화사업'에는 남침에 이르는 5단계가 세세하게 기술되어 있으며[47] 6사단 13연대(통상 657부대)의 지령철에는 17일부터 24일까지 거의 매일 지령이 하달되었고 23일에는 상급에서 전투명령이 내리는 것을 기다릴 뿐이라는 표현이 나왔다.[48] 또한 13연대의 구두전투명령은 6월 23일 오후 6시 35분에 내려졌다.[49] 따라서 한국전쟁은 25일보다 이전에 시작되었다고 하기와라

다고 가정한다. I. F. Stone, *The Hidden History of the Korean War*(New York: Monthly Review Press, 1952). 한편 하기와라는 미국의 군부-극우세력들이 김일성의 남침가능성을 미리 알고 있었음에도 불구하고 이에 대처하지 않고 오히려 유도하면서 방치한 음모가 있었다고 주장했다. 하기와라 료, 『한국전쟁』 최태순(역) (서울: 한국논단, 1995), pp.256·257. 이 들 가설은 증명될 수 없는 하나의 가설에 불과했다.

45) 1950년 6월 26일 슈티코프가 보낸 전문에 의하면 6월 24일 전투의 모든 준비 조치가 완성되어 당일로 각 사단장에게 D-데이와 H-아워에 대한 명령이 내려졌는데 이는 남한이 38선을 침범해 군사공격을 단행하였기에(had provoked a military attack) 반격(counterattack)을 행한다는 것이었다. "Top Secret Report on Military Situation by Shtykov to Comrade Zakharov", 26 June 1950, Collection of BBC, in *Cold War International History Project Bulletin* 6-7(Winter 1995/1996), pp.39-40; 沈志華, "소련과 한국전쟁: 러시아 비밀해제 당안 속의 역사 진상", 『현대북한연구』 3(2000), pp.32-33. 그러나 같은 슈티코프의 1950년 6월 20일자 전문에 의하면 20일 오후 11시경 남한정부가 북한에 대해 공격을 시작하라는 명령을 내렸다는 첩보가 북한측에 오후 8시경 입수되었다고 하는데 슈티코프 조차도 동 첩보가 공개문서인 관계로 의심스럽다고 평가했다. "한국전 문서요약", 1950년 6월 20일, p.28, 『한국전쟁 관련 소련 극비 외교문서(1949. 1-1953. 8)』(서울: 대한민국 외무부, 1994).

46) 하기와라 료, 『한국전쟁』 최태순(역) (서울: 한국논단, 1995), pp.152-153.

47) 위의 책, pp.174-175.

48) 위의 책, p.185.

49) 위의 책, p.186.

는 주장했다. 맥아더기념관에서 발견된 6사단 병사의 일기의 영역본에 의하면 6월 25일 오전 4시 40분 포사격을 준비했으며 5시 25분에 공격이 개시되었고 6시 40분에 개성을 공격했다는 것이다.[50] 또한 북한 조국전선의 평화통일안(6월 7일 발표)을 전달하기 위해 38선에 도착한 연락원이 체포되었는데 이에 대해 하기와라는 체포를 유도하기 위해 체포가 뻔한데도 고의적으로 보낸 것으로 파악했다.[51] 2사단 병사의 노트에 의하면 6월 25일 오전부터 상부의 명령으로 38도선 전투가 일어났다고 하는데 "적의 불의의 침공으로 38도선 전투가 개시되었다"는 구절은 어디에도 찾아볼 수 없다. 따라서 하기와라는 남침의 증거로 제시하고 있다.[52] 제4사단의 경우 일찍이 미국의 남침증빙용 선전자료로 1950년 7월 유엔 안전보장이사회에서 활용한 '전투명령 No.1'(제4사단장 이권무가 6월 23일 옥계리에 내 보냄)가 있다.[53] 북은 남침을 1년 여에 걸쳐 주도면밀하게 준비해 7개의 인민군 사단 중에서 1, 2, 3, 4, 6, 7의 6개 사단이 6월 23일에는 38선 근처에 배치되어 있었다는 것이다.[54]

이렇듯 북한 문건들도 남침을 증명하고 있음에도 불구하고 우리에게는 아직도 의문시되는 점이 있다. '북한이 왜 미국의 개입으로 패배로 끝날 것이 뻔한 전쟁을 일으켰을까'하는 점이다(물론 이는 결과론적인 판단이다. 당시 북한은 미국의 거의 즉각적인 개입을 예측하지 못했으므로 도발했다).

아마 북한은 미국의 즉각적 개입은 없으며 초전에 기세를 제압하여 승

---

50) 위의 책, p.190.
51) 위의 책, p.203.
52) 위의 책, pp.216-217.
53) 위의 책, p.227.
54) 위의 책, pp.227-229.

리할 수 있을 것이라고 판단하여 전쟁을 도발했던 것 같다. 이러한 잘못된 판단을 하게 만든 것이 바로 1950년 1월 12일 애치슨이 미국 '내쇼날 프레스 클럽(National Press Club)'에서 연설한 "Crisis in Asia: An Examination of U. S. Policy"였다.

애치슨의 연설에 대하여 많은 논평자들이 "애치슨이 언급한 미국의 극동방위선에서 한국이 제외되었다"고 확대해석하여[55] 이에 심각한 의미를 부여하였으며 실제로 이승만 뿐만 아니라 북한의 김일성도 이렇게 해석했을 것이다.[56] 당시 김일성은 애치슨이 미국의 방위선에서 한반도를 제외했다는 사실 등을 신뢰하여 미국이 개입하지 않을 것이라고 믿었으며 설사 개입을 하더라도 그렇게 빨리 롤백하리라고 계산하지 못했던 것이다. 따라서 빨리 진격한다면 미국의 개입 전에 전쟁을 끝낼 수 있다고 생각했다. 그러나 예상과는 달리 미국은 즉각적으로 개입할 것을 결정했다. 애치슨라인에 의하여 한반도가 제외된다고 공언한 미국이 즉각적으로 개입하여 일관성 없는 행동을 보인 것에 석연치 않은 구석이 있는 것도 사실이다. 따라서 이에 집착한다면 '음모설'내지는 남침유도설에 설득력이 있음을 주장할 수도 있다.[57] 애치슨라인이 북한 남침의 배경이 되었으며 따라서 남침을 유도하는[데 결정적이지는 않았지만 부차적] 요인을 제

---

55) 애치슨은 후일 그의 회고록에서 "내가 하지도 않은 말들이 거두 절미되어 인용되었다"고 주장하였다. Dean Acheson, *Present at Creation*(New York: W.W. Norton, 1969), p.691. 애치슨 연설의 전문은 다음에 나와 있다. Department of State Bulletin, vol. XXII(Jan. 23, 1950), pp.111-118. 애치슨의 연설이 북한의 남침을 불러일으켰다(북의 공산주의자들에게 파란 불을 켜주었다)고 비판하는 인사들은 주로 미 공화당원이다.

56) 그러나 1950년 6월 17일 서울을 방문한 미 국무부 고문 덜레스는 19일 소집된 한국 국회 본회의에서 한국의 방위를 공약하기도 하였다.

57) 신복룡, "한국전쟁과 미국 유도설," 『한국분단사연구 1943-1953』(서울: 한울, 2001), pp.610-613.

공한 것은 사실이다. 그렇지만 '미국이 북의 침략을 의도적으로 유도하여 과연 무슨 실익을 챙길 수 있었을까'라고 질문한다면 애치슨의 유도는 '의도된 계획적 유도'라기보다는 '비의도적인 실수에 의한 유발' 내지는 '부산물'(side effect)일 가능성이 있다.

　수정주의자들은 북한의 남침에 대응한 미국의 즉각적 개입으로 인하여 미국이 제2차대전후의 고립주의적 노선에서 팽창주의적 노선으로의 전환을 합리화할 수 있었으며 이후 냉전의 본격적 출현에 따른 군비경쟁을 가속화시켜 미국 군산복합체[58]의 이익을 챙길 수 있었다고 주장한다.

　이러한 가설에 일리가 있다는 주장도 있지만 음모설이 가지고 있는 결정적 한계는 구체적 물증(hard evidence)이 없다는 것이다. 미국이 6·25전쟁에 개입하여 실익을 챙길 수 있었던 것은 사실이며 만약 실익이 없었다면 전략적으로도 주변에 불과한 '이 억 만리' 타국인 한국에서의 전쟁에 개입할 이유가 없었을 것이다. 그러나 미국이 이러한 일목요연한 시나리오를 가지고 북한의 도발을 유도했다기보다는 결과적으로 이러한 시나리오와 비의도적으로 일맥상통했다고 결론 내릴 수 있다. 즉 미국은 북한의 남침을 의도적으로 유도하여 즉각적으로 개입한 것은 아니며 한국문제를 그들의 군사적 요구에 이용할 수 있었던 호기를 다행스럽게도 포착할 수 있었던 것이다.

　'소련의 팽창을 봉쇄한다'는 미국의 봉쇄정책적 견지에서 보면 한반도는 전략적 핵심부에서는 벗어났지만 6·25전쟁을 소련의 팽창으로 인식한

---

58) 군산복합체에 대해서는 시드니 렌즈(외), 『군산복합체론』 서동만(편역) (서울: 기린문화사, 1983)에 나와 있다.

미국은 '여기서 밀리면 유럽과 일본에서 소련의 팽창에 밀릴지 모른다'고 인식하여 도미노 이론식의 상징적 중요성과 신뢰성(credibility)을 중시하여 즉각적으로 개입한 것이지 북한의 남침을 예견하여 예정된 수순에 따라 이에 신속하게 대응한 것은 아니었다.[59] 한국자체보다는 일본의 공산화를 막으려 전쟁에 참전했다고 리차드 닉슨 당시 공화당 소속 연방 하원의원은 1970년 회고했다. 그는 만약 한국이 무너졌다면 공산주의에 경도된 강력한 사회당이 있는 일본이 공산주의 궤도에 끌려들어갈 수밖에 없는 그런 형편이었다고 평가했다.[60]

남북한간의 내전으로 시작된 6·25전쟁은 결과적으로는 미국의 국익 팽창에 이용된 한 사건이었으며 미국의 개입은 대한민국에게는 공산주의의 팽창으로부터 자신들을 지킬 수 있었던 한 요인을 제공해 주었다. 한-미관계의 혈맹적 유대는 상호부조에 의하여 성립되었던 것이다.

## 2. 남침의 주도자

개전 당시 누가 발발을 주도했는지도 전쟁의 성격을 규명하는 핵심적인 과제이다. 남침설을 보다 구체적으로 분류하면 북한의 역할은 완전히 무시하는 '스탈린단독주도설'(대리전설, 김일성은 완전한 하수인; 달린과 같

---

59) John Lewis Gaddis, "Introduction: The Evolution of Containment", Terry L. Deibel and Gaddis, eds., *Containing the Soviet Union*(Washington, D.C.: Pergamon-Brassey's, 1987), pp.2-4. 실제로 트루먼의 회고록에 의하면 한국전쟁이 발발하기 직전까지도 미국은 태평양이나 한국보다는 유럽을 중시하여 전쟁이 발발했을 때 상당히 당황했다고 한다. Harry S. Truman, *Memoirs: Years of Trial and Hope*, vol.II(New York: Doubleday, 1955), p.419.

60) "닉슨 전 대통령의 언론인 대상 Off the record 연설", Chicago, September 16, 1970, in "'日 공산화 막으려 한국전 참전': 닉슨 전 대통령 비보도 연설, 기밀해제 자료서 밝혀져", 『한국일보』 2010년 1월 12일 36면.

은 구미의 전통주의 학자)과 '김일성(과 박헌영)단독주도설'(시몬스 등의 내전설[61])을 각각 국제전설과 내전설을 대표하는 양극단으로 위치시킬 때 스탈린이 주도해 한반도 내부 상황을 이용했다는 '스탈린주도김일성보조역할설'(김영호[62]), 김일성과 스탈린이 공동 주도했다는 '김일성·스탈린공동주도설'(서주석[63]), 김일성이 주도한 전쟁을 스탈린이 정신적·물적으로 지원했다는 '김일성주도스탈린지원설'(김학준, 신복룡, 박명림[64]) 등을 사이에 위치 지울 수 있다. 보다 조악하게 단순화한다면 현재 논쟁의 축은 '스탈린주도설'(김영호[65])과 '김일성주도설'(박명림, 신복룡)로 집약될 수 있다. '스탈린의 전쟁'인가 '김일성의 전쟁'인가 하는 점이다.

6·25전쟁은 남북대립의 내전적 기원이 배경으로 이미 있었던 상황에서 김일성이 내전적 상황에 편승해 전쟁 발발을 시도했을 때 스탈린(Joseph Stalin)이 이를 적극적으로 원조해 개전의 필수적인 조건을 제공했다. 만약 좌우익대립에 의한 분단정부 수립[67]이라는 내전적 기원[68]이 없었다면 전쟁은 일어나지 않았을 것이므로 내전적 상황은 전쟁 발발에 필

<hr>

61) Robert R. Simmons, *The Strained Alliance*(London: The Free Press, 1975); 로버트 시몬스, 『한국내전』 기광서(역) (서울: 열사람, 1988), p.18, p.201.

62) 김영호, "한국전쟁 원인의 국제정치적 재해석: 스탈린의 롤백이론", 『한국정치학회보』 제31집 3호(1997년 가을), p.207. 그는 달린과는 달리 내전적 기원(내인)을 완전히 무시하지는 않는다.

63) 서주석, "한국전쟁의 기원과 원인: 냉전체제 후의 재조명", 『한국정치외교사학회 논총 제16집: 한국전쟁과 휴전체제』(1997), p.29.

64) 김학준, "한국전쟁의 기원과 전개", 광복50주년 기념학술대회, 한국국제정치학회, 1995년 5월 13일, pp.31-35; "전쟁기원에 대한 해석의 시각", 전쟁기념사업회(편), 『한국전쟁사 2: 전쟁의 기원』 (서울: 행림출판사, 1990), pp.49-51; 신복룡, "한국전쟁의 기원: 김일성의 개전의지를 중심으로", 『한국정치학회보』 제30집 3호(1996년 가을), pp.164-168; 박명림, 『한국전쟁의 발발과 기원』 1(서울: 나남, 1996), pp.181-199. 박갑동도 김일성의 역할을 강조했다. 박갑동, 『한국전쟁과 김일성』 구윤서(역) (서울: 바람과 물결, 1990).

65) 한편 김학준 교수는 소련문서 공개 후 스탈린주도설로 기울었다. 김학준, "6·25전쟁은 스탈린이 일으켰다", 『국제정치논총』 제42집, 1호(2002), pp.297-307.

요한 필수 조건이었다.[68] 또한 만약 김일성의 개전의지가 없었다면 스탈린이 전쟁을 강요할 상황은 아니었다. 국제적인 요인이 아무리 압도적이었다 하더라도 김일성의 의지가 없었다면 전쟁은 일어나지 않았을 것이다. 따라서 김일성의 개전의지는 전쟁 발발에 있어 중요한 변수이며 필요조건이라고 할 수 있다.[69] 그런데 반대되는 가정도 가능하다. 만약 김일성의 개전의지는 있었으나 스탈린의 지원이 없었다면 전쟁의 발발은 어려웠을 것이다. 이런 측면에서 김일성의 개전 주도는 한계가 있는 것이며 전쟁발발의 유일한 요인으로 간주하기에는 문제가 있다. 따라서 스탈린의 역할도 중요한 변수이다. 이런 맥락에서 김일성(내인)과 스탈린(외인) 양인은 서로 없어서는 안 되는 필수적인 전제조건이고 필요조건이며 양자의 병존은 전쟁발발의 필요충분조건이었다(물론 이 이외에 중국의 지원약속 등 다른 조건도 있으나 이는 필요조건이라기보다는 배경적 조건으로 보는 것이 어떨까 한다).

---

66) 그런데 분할선 획정은 외인이 강요한 것이고 단정 수립 초기에는 외인이 압도적으로 우세(강요된 분단)했으며 1945년 분단의 최초 계기에서는 외인이 내인보다 중요했다

67) 내전적 기원을 논할 때 1949년 38선 근처의 군사충돌만을 지칭하는 견해가 있다. 38선 근처의 긴장이 발발의 직접적 계기를 제공했다고는 볼 수 있어도 이것만이 기원인 것은 아니다. 분단정부 수립을 가능케 했던 민족내부의 동력이 바로 내전적 기원인데, '총격전 등의 양상을 표출할 수 있게 만든 좌우대립'이 바로 그것이다.

68) 1970년대부터 소련과 6·25전쟁의 기원을 연구했던 스투엑은 최근의 저서에서 6·25전쟁이 내전에서 출발했다고 주장했다. William Stueck, The Korean War: *An International History*(Princeton: Princeton University Press, 1995), pp.10-13; "The Soviet Union and the Origins of the Korean War", *World Politics*, vol.28(July 1976); William Whitney Stueck, Jr., The Road to Confrontation(Chapel Hill: The University of North Carolina Press, 1981); 윌리엄 스투어크, "소련과 한국전쟁의 기원", 김철범·제임스 매트레이(공편), 『한국과 냉전: 분단과 파괴와 군축』(서울: 평민사, 1991).

69) 따라서 내인은 전쟁 발발에 있어 필수적인 요인이므로 한국전쟁의 배경으로서의 내전적 기원은 여전히 중요하다고 할 수 있다. 국내적 요인은 다음에 언급되어 있다. 柳在甲, "6·25전쟁연구: 전쟁 발발의 대내적 원인분석", 『국사관논총』 제28집(1991), pp.33-78.

전쟁은 김일성이 주도했고 스탈린은 지원자였지만, 스탈린이 동의급 승인을 하지 않았다면 전쟁이 일어났을 가능성이 거의 없었으며 김일성이 주도하지 않았다면 스탈린이 전쟁을 강요했을 리는 없으므로 양자는 전쟁 발발에 있어 없어서는 안 되는 존재였다. 따라서 6·25전쟁은 김일성의 주도와 스탈린의 지원이 유기적으로 결합되어 일어났던 일종의 공모이며 공동전쟁이었다(그렇다고 책임이 5:5로 균분된다는 말은 아니다. 가중치를 줄 수 있다는 말이다). 따라서 다양한 가설 중에는 '김일성주도스탈린지원설'이 가장 설득력이 있는 것으로 판단된다. 이에 '김일성·스탈린 공동주도 내지는 공모설'을 주장하고자 한다. 여기에다가 마오쩌둥의 지원을 첨가해 '김일성·스탈린공동주도, 마오쩌둥 지원설'로 정식화하면 어떨까 한다(소련문서의 공개의도가 김일성이 너무 적극적이어서 스탈린은 이를 소극적으로 마지못해 승인[혹은 방조 아니면 지원]할 수밖에 없었다는 식으로 소련의 전쟁 책임을 회피하고 김일성에게 그 책임을 모두 다 지우려 한다는 것을 감안하더라도). 김일성이 1949년 소련의 반대를 꺾고 결국 전쟁의 승인을 얻어내는 과정에 비추어보면 그의 전쟁 주도는 상당히 강했음을 알 수 있다[70](소련의 최고지도자 스탈린은 이 전쟁을 승인하면서도 지원했다. 승인 혹은 지원 중의 하나만 한 것이 이나라 승인과 동시에 지원[71]을 했으므로 승인과 지원은 양립가능한 것이었다). 그런데 추진력 면에서는 김일성의 힘이 컸지만 정치적 감각이나 국

---

70) 한편 마오쩌둥은 소극적이었으며 스탈린도 김일성에 비해 덜 적극적이었다고 陳毅 원수의 아들 陳曉魯(軍事 研究家)는 1989년 주지안룽에게 말했다. 朱建榮, 『毛澤東の朝鮮戰爭: 中國が鴨綠江を渡るまで』(東京: 岩波書店, 1991, 2004년 개정판); 주지안룽(朱建榮), 『모택동은 왜 한국전쟁에 개입했을까』 서각수(역) (서울: 역사넷, 2005), pp.66-69.
71) 라종일, "끝나지 않은 세계전쟁", 기조연설, 6·25전쟁 70주년 국제학술회의: 6·25전쟁 70주년의 기억, 성찰, 그리고 평화를 위한 반성, 6·25전쟁70주년사업추진위원회, 2020년 10월 15-16일, p.ii.

제적 정세판단은 스탈린이 도맡아서 했기 때문에 '김일성의 추진력을 스탈린이 통제'했던 전쟁이라고 할 수 있다. 그렇다고 김일성이 꼭두각시나 괴뢰였던 것은 아니다.

　6·25전쟁의 발발원인(a cause; 원인변수-causal variable)은 '김일성의 적극적[72] 개전의지에 스탈린의 동의급 승인이 유기적으로 결부된 결합체'(제1원인)에서 구할 수 있다. 이것 외에 다음과 같은 다른 요인들은 모두 촉진변수(reinforcing variable)에 불과하다. 발발국면의 국제적 배경은 그 중요도에 따라 '중국 공산화와 이에 따른 무력지원, 김일성의 개전에 대한 중국의 동의급 승인(제1배경),' 미군철수와 애치슨라인(제2배경[73]), '일본의 强化·單獨講和(제3배경)' 순으로 나열할 수 있다. 6·25전쟁의 근원적 기원은 한반도에서의 미·소냉전체제 형성에 따른 분단체제 구축(1945-1948)이었으며, 대한민국 정부수립 이후 남한에서의 게릴라전과 38선 근처에서의 무력충돌은 '내전적 기원'과 '발발국면에서의 국내적 배경'이었다. 결론적으로 김일성은 중국공산화와 미군철수, 소련의 핵무기보유 등의 국제적 역학관계 변화를 배경에 따라 스탈린의 동의와 지원을 얻어 6·25전쟁의 발발을 주도했다고 할 수 있다. 스탈린의 도움을 포함하여 김일성이 편승한 국제적 배경과 원인은 당시의 상황에서는 모두 상호 결부된 역

---

72) 김일성은 스탈린의 승인을 얻기 위해 무려 48번이나 전보를 보냈을 정도로 전쟁 발발에 적극적이었다.

73) 미국을 의식한 소련의 입장에서 보면 김일성의 개전 승인에서 애치슨라인이 중국의 지원 동의보다 상대적으로 더 관심이 있었을 것이나 개전당사자인 김일성의 입장에서는 중국의 직접적 도움이 미국의 애치슨라인보다 더 중요했을 것이다. 6·25전쟁을 일으킨 것은 김일성이므로 그의 입장에 따라 힘의 순서를 결정했다.

사적 총체이며 결합된 유기체였으므로 그 사실을 정확히 인식하기 위해서는 우선 분리해서 고찰한 후 반드시 종합적으로 결론내려야 한다. 또한 6·25전쟁 발발의 직접적인 책임은 전쟁을 주도한 김일성과 전쟁 주도자 김일성을 지도한 스탈린[74]의 유기적이고 불가분리의 관계에 있지만 전쟁의 기원은 미·소냉전에 의한 한반도 분단체제 성립에서 비롯되었으므로 소련의 책임을 강조하는 전통주의와 미국의 책임을 강조하는 수정주의는 각각 부분적인 타당성을 가진다. 따라서 두 시각을 결부시켜 복합적으로 고찰해야 한다.

다소 비유적으로 말하면 운동경기에서 김일성은 선수이고 스탈린은 코치이며 마오쩌둥은 트레이너와 같은 존재였다고 할 수 있다.[75] 한편 영화에 비유하면 김일성은 '6·25전쟁'이라는 영화의 주연배우(전쟁 주도자)였고 스탈린은 감독(주도자를 지도했던 지도자; 주도국인 북한은 물론 참여국인 중국의 전쟁수행을 지휘한 총지휘자)이었다고 할 수 있다(기광서 교수는 스탈린

---

74) 기광서, "한국전 개입에 나타난 스탈린의 역할 실상", 『군사』 제63호(2007년 6월), p.88에서는 전쟁 주도와 지도를 다른 차원으로 보고 있다. 그렇지만 주도와 지도는 유기적으로 결합되어 있어 불가분리의 관계라고 할 수 있다. 주연배우와 감독은 서로 호흡이 일치해야 훌륭한 작품을 만들 수 있는 것이다.

75) 그런데 선수가 중요한지 감독(코치), 혹은 심판이 중요한지에 대해서는 논란의 여지가 있다. 김연아와 오셔 코치의 관계를 놓고 본다면 김연아가 더 중요해 보이며, 히딩크 감독과 박지성을 놓고 본다면 히딩크가 박지성 보다 결코 간과될 수 없을 정도로 중요했다. 한편 하버드대학교 울람 교수는 준비된 선수 김일성에 대해 스탈린은 '출발' 신호를 내린 starter격이라고 비유했다. Adam B. Ulam, "Letters: Stalin, Kim, and Korean War Origins", 10 Dec. 1993, in *Cold War International History Project Bulletin* 4(Fall 1994), p.21. 울람의 견해는 김일성이라는 육상선수는 출발신호를 내린 심판(감독관)의 꼭두각시에 불과하다는 주장이나, 실제 금메달을 목에 건 육상선수는 감독이나 심판보다 더 중요한 존재라고 할 수도 있다. 따라서 울람의 비유는 건물의 설계자와 현장 기술자의 비유로 바뀌어야 할 것으로 사료된다. 이 경우는 설계자의 비중이 현장 감독의 비중보다 압도적이다. 이런 맥락에서 스탈린은 설계자[지도자]이고 김일성은 주동자(주도자; 현장 감독), 마오쩌둥은 협조자였다는 새로운 비유도 있다.

의 '지도'와 북한지도부의 '주도'를 구분하면서 전쟁주도권이 김일성과 박헌영을 중심으로 한 북한지도부에 있었다고 주장했다.[76] 김일성 각본, 스탈린 연출, 마오쩌둥 주연이었다는 평가도 있다[77]). 한편 극본 겸 주기획자 스탈린, 감독 겸 주연배우 김일성, 공동보조기획자 겸 조연배우 마오쩌둥으로 볼 수도 있으나 주기획자·감독 겸 극본 스탈린, 주연배우 김일성, 공동보조기획자 겸 조연배우 마오쩌둥으로 보는 것이 더 타당하다고 할 것이다. 아무리 좋은 감독이 통제를 잘 했다고 하더라도 배우[혹은 시나리오가 형편없든가 기획자가 돈을 대지 못하면]의 연기가 좋지 않으면 그 작품은 성공적으로 만들어 질 리가 없다(어떤 영화는 감독만 기억하지 배우는 누구인지도 모르는 예외적인 경우도 있다). 좋은 기획자와 감독, 좋은 배우가 만나야 좋은 영화를 만들 수 있으므로, 전술한 바와 같이 6·25전쟁의 개전 국면에서 김일성·스탈린 양자는 없어서는 안 되는 유기적인 관계였다.

결론적으로 스탈린과 김일성의 역할에 대해 말하면 전권을 가지고 영화 전체를 지휘한 영화감독 스탈린과 주연배우 김일성의 관계로 볼 수 있다. 그런데 대중들에게 각인되는 실제 영화의 성공은 전체적인 설계자 감독보다 주연배우의 연기가 좌우할 수도 있다. 6·25전쟁의 경우는 실제로 참전하지 않았던 스탈린보다 김일성이 더 기억에 남는 것이 사실이다. 따라서 영화감독과 주연배우에 비유하는 것이 가장 적절하다고 할 수 있다.

한편 보다 유동적으로 본다면 초기엔 스탈린 총지휘했으며 인천상륙

---

76) 기광서, "한국전쟁 속의 스탈린", 한국역사연구회 현대사분과(편), 『역사학의 시선으로 읽는 한국전쟁: 사실로부터 총체적 인식으로』(서울: 휴머니스트, 2010), p.114.
77) 노주석, "김일성 각본, 스탈린 연출, 마오쩌둥 주연: 초기엔 스탈린 총지휘··· 인천상륙작전 뒤 마오가 주도", 『서울신문』, 2010년 6월 11일 10면, http://www.seoul.co.kr/news/newsView. php?id=20100611010010(검색일: 2014년 5월 10일).

작전 뒤에는 마오쩌둥이 주도했다는 시각도 가능하다. 그렇지만 스탈린이 죽은 후에야 전쟁이 끝날 수 있었으므로 스탈린이 배후의 결정권자라는 해석도 있다.

그런데 유기적 시각을 가진다고 하더라도 각 변수의 힘은 차등적일 수 있다. 어느 힘이 다른 힘에 우세하여 상대방을 제압할 수 있다는 설명이다. 힘의 크기 면에서 상대적인 시각을 가질 수 있다는 설명이다. 다음 삼자는 전쟁 발발에 있어 필수적인 요인이라고 할 수 있는데, 그 힘의 크기 면에서 순서를 매긴다면 1)김일성의 개전의지,[78] 2)스탈린의 승인과 지원,[79] 3)내전적 기원[80] 삼자가 서로 유기적으로 결부, 역동적으로 상호상승작용을 일으켜 전쟁으로 귀결되었다.[81]

---

78) 스탈린과 김일성 양자는 모두 전쟁발발에 있어 필수적인 요인이었다. 단지 누가 더 적극·주도적이었으며 누구의 힘이 더 결정적이었는지 상대적 평가를 할 수는 있을 것이다. 따라서 스탈린이 사주했다는 가설은 일단 그 설명력이 없는 것으로 판단된다. 또한 '스탈린의 일방적 승인'이라는 표현도 문제가 있다. 스탈린의 동의가 없었다면 전쟁이 일어나지 않았을 가능성이 많았으므로 '동의에 준하는 승인'이라는 식으로 문제를 볼 필요가 있다. 당시 소련 문서에는 승인이라는 표현을 주로 사용했으므로 승인이 아니고 평등한 입장에서의 동의라고 보기는 어려우나 동의라는 표현도 썼으므로 일방적 승인이나 평등한 동의가 아닌 '동의급 승인'으로 볼 것이다.

79) 정용석 교수는 2009년 6월 16일 이완범의 논문에 대한 논평을 통해 김일성은 주범이고 스탈린은 공범이라고 평가했다. 한편 같은 날 류재갑 교수의 논평문에는 전쟁 발발의 책임면에서 스탈린이 가장 크며 그 다음은 마오쩌둥이고 김일성은 행동대의 책임이 있다고 평가했다. 형식상으로는 김일성이 주도자이지만 실질적으로는 스탈린이 주도자였다는 것이다. 그런데 냉전시대의 이러한 평가는 탈냉전기 소련 문서의 공개로 스탈린과 김일성의 순위 바꿈이 논의되었다. 이완범의 탈냉전기의 연구경향에 의거한 반박에 대해 소련은 자신에게 불리한 증거는 기록하지 않았으므로 공개된 것은 거짓 문서라고 재반박했다. 이에 대해 정용석 교수는 소련이 문서를 공개하면서 그 책임을 희석시키려 했던 것은 사실일지라도 회고록이 아닌 문서(document)인 한에서는 그 신빙성을 전혀 부인할 수는 없다고 반박했다. 한편 김일성의 편지라며 로신, 슈티코프 등을 통해 스탈린에게 전달된 문서는 조작되었을 가능성이 있을 수 있다. 또한 소련 문서의 정리 시점에 스탈린 격하운동이 벌어졌으므로 스탈린의 역할을 사실 보다 축소했을 가능성이 있다.

80) 남북정부수립으로 귀결된 남북간의 내쟁적 요소는 발발의 직접적 원인은 아니며 배경에 불과하다. 따라서 기원(origin)이라는 표현을 사용했다.

81) 이외에 4)마오쩌둥의 조건부 지원약속 5)남의 북진통일론 6)미국의 일본과의 단독강화(單獨講和) 추구도 전쟁발발에 일조를 한 부차적인 요인으로 작용했다. 6개의 변수 중 1)과 5)는 3)에 포괄

위와 같은 개인적 변수화를 국가별 차원에 의해 수정할 수 있다. 6·25
전쟁의 기원과 발발은 1)북한과 2)남한(이상 국내요인), 그리고 3)소련과 4)
미국(이상 국제요인)이라는 핵심적 행위자 4자의 관계 속에서 형성되었다.
4자의 행위자 외에 5)중국(거의 필수적이었으므로 비교적 중요한 국제요인[82])
과 6)일본(비교적 부차적인 국제요인)을 배경적·국제적 요인으로 첨가할 수
있다. 그런데 상기의 국내외적 요인들은 유기적인 틀 속에서 대립적 양상
을 증폭시켰다.[83] 여기서 한 가지 지적해야 할 것은 김일성과 스탈린, 마
오쩌둥(毛澤東)이 각각 북한과 소련, 중국의 국가적 입장과 동일시 될 수

---

될 수 있는 성질의 것이다. 가장 중요한 발발 요인인 1)과 2) 중에서 어느 것의 힘이 더 크게 작용하여
상대방을 제압했는지 단정하기는 현재로서 어렵다. 김일성의 주도적 역할을 주장하는 측에서는 스
탈린이 중요한 역할을 했음을 인정하고 있다. 또한 스탈린의 주도적 역할을 주장하는 측에서도 김일
성이 스탈린의 거시적 계획 내에서 세밀한 계획을 세웠음에 대해서는 인정하고 있다. 만약 스탈린이
전쟁을 주도하려고 해도 만약 김일성이 세밀한 계획 없이 수동적이었다고 한다면 전쟁은 일어나지
않았을 가능성이 높았다고 할 것이다.또한 만약 스탈린이 승인하거나 물적으로 지원하고 정신적으
로 지지하지 않았으면 6·25전쟁이 발발하지 않았을 가능성이 많았을 것이다.

82) 데이빗 쑤이(徐澤榮), 『중국의 6·25전쟁 참전』, 한국전략문제연구소(역) (서울: 한국전략문제연
구소, 2011), pp.109-110에 의하면 김일성의 적화통일 계획에 중국의 개입을 스탈린이 연계시킬 수
없었다면 전쟁은 일어나지 않았을 것이라고 주장된다. 중국의 전쟁개입약속이 없었다면 전쟁이 일
어나지 않았을 것이라는 주장이다. 중국의 개입약속은 없어서는 안 되는 필수적인 요인이었다. 그런
데 만약 김일성의 개전의지가 없었다면 전쟁이 발발하지 않았을 뿐만 아니라 전쟁이 논의조차 되지
않았을 것이므로 김일성의 개전의지는 중국의 개입약속보다 훨씬 더 중요하며 가장 중요한 변수라
고 할 수 있다. 모든 변수들이 없어서는 안 되는 필수적인 것으로 복합적으로 작용했다고 할 수 있다.

83) 유기적·복합적 시각을 보다 구체적으로 고찰하면 다음과 같은 가정을 할 수 있을 것이다. 만약
앞의 4자의 행위자 중 하나가 없었더라면 아마 전쟁이 발발하지 않았을 것이다. 가장 단순한 가정부
터 하면 만약 북한과 남한 중 하나가 없었다고 한다면 이것은 분단이 없었다는 가정이므로 전쟁은
당연히 일어날 수 없었을 것이다. 따라서 분단은 6·25전쟁의 중요한 배경 혹은 기원을 이룬다고 할
수 있다. 그런데 분단의 기원은 어디에서 찾아질 수 있을까? 그것은 당연히 미·소대립에서 찾을 수
있다. 미국 혹은 소련이 한반도에 개입하지 않았다면 분단은 없었을 것이며 당연히 전쟁도 없었을
것이다. 남북대립은 있었으나 소련의 지원이 없었다면 갈등은 전쟁으로까지 비화되지 않았을 가능
성이 많았을 것이다. 남북대립과 소련의 지원은 있었으나 미국의 지원과 개입이 없었다면 6·25전쟁
은 일어났어도 조기에 끝나 결과적으로는 전혀 다른 양상을 보였을 것이다. 따라서 6·25전쟁은 4자
의 행위자가 두 개의 축을 형성, 상호대립해 상승작용을 일으킨 것이라고 할 수 있다. 4자의 행위자
는 전쟁존재에 있어 필수적인 행위자이다. 그런데 행위자 6자 중에서 6·25전쟁을 가져오게 한 요인
면에서 그 비중은 다를 수 있다.

있느냐는 것이다. 냉전시대의 공산주의 국가를 분석하는 이론인 전체주의적 접근에 의하면 소련·북한·중국의 경우는 최고지도자의 입장이 일개 국가의 입장과 동일시될 수 있다고 주장되고 있다. 즉 초법적인 존재 스탈린의 말은 곧 법과 같다는 것이다. 개인보다는 구조를 중시하는 수정주의자의 입장에서 보면 이러한 시각은 문제가 있겠지만, 전체주의적 접근은 탈냉전기인 현재에도 스탈린·김일성·마오쩌둥(毛澤東) 지배하의 공산국가를 분석하는 유용한 가설이라고 생각할 수 있기 때문에 개인·국가 차원의 혼용 입장을 지지하고 논의를 전개할 수 있을 것이다.[84]

# IV. 맺음말
## : [국제적 성격이 우세한] 복합형 분단은 [국제적 성격이 우세한] 복합형 전쟁을 낳았다

### 1. 한반도 분단의 성격은 유동적으로 변화했으나 국제체제의 압도적 규정력으로 한반도 분단이 시작되었으므로 외세의 규정력은 아직도 잔존하고 있다

1948년 남북 분열정부 수립으로 그 구도가 완성된 자본주의와 사회주의 체제 대립은 급기야 1950년 전쟁으로 귀착되어 민족분단의 대내외적

---

84) 스탈린과 김일성에 대한 전기적 접근과 문서고의 자료 등을 통해 6·25전쟁을 접근한 소련군 종군기자(중위) 출신의 저서는 다음의 것이 있다. 가브릴 코로트코프(Gavril Korotkov), 『스탈린과 김일성』 이건주(역), 전3권(서울: 동아일보사, 1992).

구조는 완성되었다. 분단체제가 70여 년 지속되고 있지만 한반도는 아직 '냉전의 섬'으로 남아 있으며 평화체제가 정착되지 못한 상황이다.

1945년 38선 분할은 우리의 의사를 무시한 채 외세가 결정해 강요한 것이다. 38선 분할은 민족외부의 요인인 외세의 압도적 규정력이 작용한 결과였다. 이렇듯 외인인 38선 획정(미·소의 분할점령, 국토분단; 정확히 말하면 국토분할)이 강요되었으므로 한국의 분단은 국제형 분단으로 시작했다.

1946년 초 한국의 국내정치세력간에 심화된 탁치논쟁으로 내쟁적 성격이 가미되었다. 국내정치세력들은 분열되었고 구심점이 없었으므로 구심력이 미약했다.

1948년 남과 북에 서로 다른 외세가 후원한 정부가 수립(체제분단)되어 외인과 내인이 결합되었으나 아직 국제적 성격이 강했다. 국제적 성격이 우세한 복합형이었다.

1950년 북한의 선제 공격으로 촉발된 전쟁을 겪으면서 1953년 '민족분단'(민족분열)의 구조는 완성되었다. 6·25전쟁의 결과로 내쟁적 성격은 더 심화되어 '명실상부한 복합형'의 대내외적 구조가 완성되었던 것이다.

그런데 시간이 갈수록 국제적 요인은 희석되었으며 내인의 비중은 높아져 갔다. 미·중간의 해빙무드가 조성된 1972년에는 외인이 현저히 약화되어 7·4공동성명을 산출, '내쟁적 성격이 우세한 복합형'으로 전환되었다. 남북대화로 통일을 추구하려는 노력이 시작되어 한반도 분단과 통일문제는 민족내부 문제인 것처럼 보이게 만들었다. 그 후 남북간의 직접대화가 현재까지 단속적(斷續的)으로 진행되었지만 내인은 상존하고 있으며, 1989년 냉전체제 와해라는 국제정치적 호기가 도래했지만[86] 아직도 냉전의 상징물인 분단상황을 극복하지 못하고 있다. 오히려 1991년 9월 남북한이 두 개의 의석으로 유엔에 동시가입하게 되어 국제법적으로는 '국가 분단' 상태에 있다. 뒤이은 1991년 12월 26일 소련방의 완전한 해체로 사회주의권이 붕괴하고 냉전이 완전히 몰락해 국제적 성격이 더욱 약화되어 복합형의 구성 요소 중 내쟁적 성격은 더욱 우세해졌다. 민족분단의 내부적 요인만 제거한다면 통일은 거의 달성될 수 있는 그러한 상황이 도래된 듯 했다(그러나 미북관계가 남북관계보다 상위에 있는 2020년의 상황에 비추어보면 국제적 성격이 완전히 사라졌다고만 할 수는 없다).

결국 한반도 분단은 그 유형상 국제형(1945)→국제적 성격이 강한 복합형(1948)→명실상부한 복합형(1953)→내쟁적 성격이 우세한 복합형(1972 이후)으로 변화했다고 요약할 수 있다. 최초에는 민족외적인 외세의 힘(외인)에 의하여 분할점령이 강요되었으나 민족내부의 근본적인 원인(내인)과 결합되어 복합적인 분단 구조를 형성하여 오늘에 이른 것이라고 평가할 수 있는 것이다. 내인은 외인에 압도당해 분단체제를 형성할 수밖에 없었으나, 시간이 지나면서 점차 외인으로부터 자율성을 획득해 갔고 지금은 그 내재적 힘을 충분히 발현할 수 있는 단계에 이르러 바야흐로 분단 상황을 극복해 통일의 길로 향하는 추동력을 제공할 수 있을 것으로 전망된다.[86] 이런 맥락에서 광복이후 한국현대사를 '외적 규정력에 맞서 내적

---

85) 이정식 교수는 "남북의 분단과 그 현실", 『한국사 시민강좌(제5집): 韓國史上의 分裂과 統一』(서울: 일조각, 1989), pp.127-129에서 남북간의 상충적 정치체제를 제외하고 분단의 요인은 거의 모두가 제거되거나 소멸되었다고 평가했다. 한민족은 자기 스스로의 운명을 결정할 수 있는 저력이 생겼을 뿐 아니라 자신감을 갖게 되었다는 것이다. 그는 1989년 당시 남북관계가 개선되려는 조짐에 대해서도 언급했다.

86) 현단계에서 흡수통일이 아닌 평화통일 혹은 합류통일을 기해기 위해서는 민족이 단결한 상태에서 외세를 견인하는 방법이 적절할 것이다. 그렇지만 2000년 6·15이후 현재는 남남갈등이라는 새로운 갈등이 출현했으므로 민족단결은 더욱 어려운 국면이다. 광복70년이 훌쩍 지난 우리사회에는 광복 직후에 극심했던 이념적 균열이 변형된 형태로 상존하고 있다. 남북문제, 토지문제, 과거사 청

자발성을 획득해 가는 과정'으로 조망할 수 있을 것이다. 또한 분단의 책임 소재를 규명함에 있어서도 어느 한 쪽에 일방적으로 책임을 전가시킬 것이 아니라,[87] 한반도 분단의 구체적 5주체인 소·북·일·미·남 각각의 책임을 그들의 몫만큼 합당하게 지어야 한다. 소>북>>일>>>미>남의 순이 아닐까 한다.

한반도 분단의 역사적 기원을 조망하면 우리가 숙명적으로 분단을 겪을 위치에 있다는 지정학적 결정론은 문제가 있다고 할 것이다. 우리의 분열은 그렇게 오래 가지 못했으며 외세에 의한 분열도 곧 극복하고 통합을 기했던 경험을 가지고 있다. 따라서 20세기 중반 외세에 의해 강요되었고 국내정치세력들의 이데올로기 대립에 의해 강화된 분단이 80년 가까이 지속되고 있는 것은 극히 예외적인 케이스라고 할 것이다.

통일정부 수립의 경우는 분할점령이 없었던가(외인이 없던가) 아니면 외인이 있는 상태일지라도 국내정치세력이 단합했을 경우(내인이 없는 경우) 외에는 없다. 따라서 외인의 존재는 더 근본적인 선행 조건이었다. 이렇게 분단 구조 창출에 외세가 작용한 근본적 힘(책임)을 지적할 수 있지

---

산 문제, 북한 인권 문제, 하다못해 균형발전 문제에 이르기까지 의견은 양극화되어있으며 남북갈등을 증폭시키는 남남갈등을 결과하여 국민통합을 저해하고 있다. 분단을 결과한 냉전이 해체된 현시점에서 아직도 냉전의 고도(孤島)로 남아있는 한반도에서 과연 이러한 첨예화된 대립을 조정하여 화해할 수는 없는 것인가? 남북대립을 해결할 수 있는 해법으로 중도파를 중심으로 일치단결해 분할점령을 극복한 오스트리아의 예를 상정하기도 한다. 그런데 광복직후의 상황을 돌이켜 볼 때 우리에게도 중간파 내지는 중도파에 의한 통합 시도가 없었던 것은 아니었다. 그것은 좌우합작과 남북협상 등이었는데 모두 실패했다.

87) 반미주의자들 일부는 38선을 그은 분단의 주범은 미국이라고 주장하지만, 38선이라는 분할선 획정이 곧 분단과 직결되었다기보다는 우리 민족 구성원들이 영합했던 측면이 없지 않았으므로 미국에게만 책임을 지우는 것은 과장과 책임 전가일 가능성이 있다. 또한 김일성에게만 분단의 책임을 지우는 것도 외세의 역할을 희석시키는 책임 전가일 수 있다. 전쟁이라면 몰라도 분단 자체에 대한 책임이 김일성에게만 있지는 않다.

만 우리 민족에게도 2차적 책임이 있다는 사실을 지적해야 한다. 만약 좌우가 단결했다면 오스트리아의 경우와 같이 통일되었을 가능성이 높았기 때문이다.[88]

또한 분단사가 진전될수록 국제적 성격은 약화되었으므로 현재는 남북협력에 기반한 남남대립 해소로 내쟁성을 약화시키면서 주변열강으로 하여금 통일을 지지하게 하여 국제적 성격을 없애 버리는 민족 내외 갈등의 동시 해소가 통일의 길로 가는 하나의 방책일 수 있다. 현재는 남남대립이 오히려 문제가 되고 있으나 통일로 가는 거대한 장정을 막기에는 지엽적이며 일상적인 갈등이 아닌가 한다.

그런데 분단 그 자체의 책임은 외세에 있으나 미·소라는 외세에 의해 설정된 분단을 극복하고 통일을 이루어야 할 책임은 민족 내부에 있다. 그러나 현재 미·중의 양강구도 아래에서 과연 남북이 단결하면 통일이 될 수 있을까라는 질문에 대해 숙고해야 한다. 민족의 단결도 중요하지만 외세를 설득하고 견인해 통일을 방해하지 않을 수 있도록 하는 외교력이 절실하다고 할 것이다.

---

88) 이에 비해 이정식 교수는 "한반도에 대한 모든 결정권을 쥐고 있는 강대국들의 대립은 날로 악화되고 있었고, 남과 북의 지도자들이 합의해도 분단이 해소될 수 없을 것임이 자명했다"고 지적한다. 이정식, "이승만의 단독정부론 제기와 그 전개", 『한국사 시민강좌 38: 대한민국 건국사의 새로운 이해』(서울: 일조각, 2006년 2월). 그런데 오스트리아는 미소가 직접 대립하지는 않았지만[지리적으로 오스트리아는 미·소가 국가안보상 사활을 걸 정도로 중요한 지역이 아니었으며 한반도는 특히 소련의 경우 국경을 같이 하므로 전략적으로 중요하다는 해석도 가능하나 이는 한반도의 전략적 위치를 과대평가한 우리 중심적 인식태도이며 유럽국가 오스트리아의 전략적 위치를 평가절하 하는 주관적 관점이다] 세계적 냉전체제하에 있었고 세계의 중심국 독일 문제(오스트리아 문제는 독일문제와 비교적 밀접함)를 둘러싼 유럽에서의 대립은 중심의 주변국이었던 한반도(동아시아의 중심 일본문제와 한반도 문제는 연결되기는 하지만 독일·오스트리아 문제 보다는 그 밀접성 강도가 떨어짐)에서의 대립보다 더 극심했다. 이정식 교수의 주장은 '가지 않은 길'에 대한 가정법[반사실적 가정]을 회피하려는 현실주의적 해석이지만 결과론적인 해석일 가능성도 있다. 또한 이승만의 단정노선을 합리화하려는 시도이다.

## 2. 분단과 6·25전쟁의 성격: 국제적 성격이 우세한 복합형 분단과 복합전

6·25전쟁이 한반도 분단의 산물이라는데 거의 모든 학자들이 동의할 것이다. 그런데 한국의 분단은 미·소 냉전이라는 외인이 먼저 있었던 상태(분할점령)에서 남과 북, 좌와 우의 지도자들이 뭉치지 않았기에 해소되지 못하고 오늘에 이르렀다. 따라서 외인이 주도한 복합형 분단으로 시작되었다. 그렇다면 분단의 산물인 전쟁도 역시 복합형이었을 것으로 예단하는 것은 어렵지 않다.[89]

그런데 분단에 관한 성격을 규정한 내인론과 외인론의 양분법과 연결해 볼 때 6·25전쟁의 성격규정은 크게 내전, 국제전으로 분간할 수 있다. 내전은 미국의 남북전쟁(Civil War)이 전형적인 케이스였는데 공산주의 출현 후 내전은 계급전쟁 혹은 혁명전의 성격을 갖는 경우가 많아졌다. 이에 비해 국제전론은 자본주의와 사회주의 간의 냉전 출현 과정 속에 미국과 소련(중국)이 정면으로 대립한 전쟁이라는 해석이다. 실제로 미중전쟁이 일어났고 전쟁 후반부의 성격을 규정했으므로 이 해석도 일면 타당해 보인다.

내전과 국제전 외에 대리전이라는 해석도 가능한데 자본주의 진영과 사회주의 진영의 맹주인 미·소를 각각 대리하여 대한민국과 북한이 대결했다는 것이다. 체제간 대립이 내재화되어 대리전화했다는 것이다. 그런데 이 연구에서는 개념의 양극화를 지양하기 위해 복합전이라는 개념을 설정했다(특히 근대 이후 유럽의 많은 전쟁이 복합전적인 성격을 가지고 있다고

---

89) 이완범, "한반도 분단의 초기 성격과 6·25전쟁의 성격: '국제적 성격이 우세한 복합형 분단'과 '국제적 성격이 우세한 복합전,'" 한국전쟁학회 2006년 춘계학술회의 발표문, 2006년 3월 31일.

볼 수도 있다. 그러나 미국의 남북전쟁은 내전의 전형적인 예이며 민족적 배경이 다른 국가간 갈등, 종교적 갈등의 경우 대개 국제전적인 전쟁으로 평가된다). 1948년 4월 14일 남북협상 국면에서 이를 후원하였던 문화인 108인 선언에서는 전쟁을 예견했는데 분단정부 수립 후 오는 사태는 민족상호의 혈투가 있을 뿐이니 "내쟁같은 국제전쟁이요 외전같은 동족전쟁"[90]이라고 예측했던 것이다.

6·25전쟁은 남북간의 분단정권 수립에서 기원하여 북측의 기습 도발(김일성의 주도)에 의해 일어난 내전으로 출발한 것처럼 보였다. 전쟁이 북에 일방적으로 유리하게 전개되자 대한민국의 후원자 미국은 즉각적으로 개입하여 전쟁은 새 국면으로 전환되었다. 전쟁 발발 국면에서 김일성을 제어했던 소련이 그 개입을 은폐한 상태에서 중국이 1950년 10월 개입하게 되면서 이 전쟁은 완전히 새로운 전쟁인 미·중간의 국제전으로 전화되었다. 내전에서 시작된 것처럼 보였던 전쟁이 국제전으로 전환되었던 것이다. 결국 내전과 국제전은 중첩되어 복합적으로 전개되었으므로 국제전이자 내전이다. 따라서 내전적 성격이 보다 강조된 '국제적 내전'이 아니라 복합전이라고 주장하고자 한다. 따라서 이 전쟁은 명실상부한 내전이거나, 국제전, 미·소의 대리전은 아니다. 북이 주장하는 '조국[민족]해방전쟁'은 더욱 아니다. 1945년 8월 미국의 38선 획정과 소련의 동의로 인해 국제적 성격으로 시작된 한국 분단에 1946년 초 탁치논쟁으로 인해 내쟁적 성격이 가미되었고 1948년 소련과 미국의 주도에 김일성과 이승만·한

---

90) 108유지, "남북협상을 성원함", 1948년 4월 14일, 『새한민보』 제2권 9호(1948년 4월 하순), p.14; "남북협상만이 구국에의 길: 문화인108명연서 남북회담지지성명", 박광(편), 『진통의 기록: 전조선제정당사회단체대표자연석회의문헌집』(서울: 평화도서주식회사, 1948), p.5.

민당 세력이 견인되어 국제적 성격이 우세한 복합형 분단이 구축된 상태에서 1950년 김일성이 스탈린의 승인과 마오쩌둥의 지원약속이라는 외적 요인을 끌어들여 '내전을 가장한 복합형 전쟁'으로 6월 25일 시작했다고 할 수 있다. 1950년 6월 말 미국의 개입과 1950년 10월 중국의 개입으로 '국제전적 성격이 보다 강화된 복합전'으로 전화되었다.

1948년 양 정부수립부터 1950년까지를 보다 세밀하고 유동적으로 본다면 1948년 정부수립 이후 남한 내의 내전에서 출발했다가 1949년 여름 남북간의 38선에서의 산발적 전투가 빈발해 남북내전이 되었으며 10월 이후 소강상태를 보이다가 결국 1950년 6·25가 발발한 후 미국(1950년 6월 하순)과 중국의 개입(1950년 10월)때문에 국제전으로 전화되었다는 시각도 가능하다. 그러나 북한·중국·소련 북방3각이 국제 공산주의혁명의 일환으로 전쟁을 처음부터 주도했으므로 '내전적 상황을 이용하고 국제전적 성격이 우세한 복합전'의 특성이 시종일관 지속되었다고 할 수도 있다. 그렇지만 전쟁의 발발을 주도한 인자 중에 북한의 지도부 특히 김일성이 있으므로 이 전쟁은 명실상부한 국제전은 아니다. 만약 전쟁 개시 국면에서 김일성이 스탈린에게 승인을 요청하는 등 발발을 주도하지 않았으면 스탈린이 자본주의 국가와의 전쟁을 주도할 가능성은 거의 없었을 것이므로 김일성의 역할은 무시될 수 없다.[91] 또한 스탈린이 승인하고 지원하

---

91) 박명림 교수는 6·25전쟁이 침략전쟁이었으며 민족내부의 단일민족국가 수립 문제를 해결하기 위한 노력의 산물이었지만 단순한 민족해방전쟁이나 시민전쟁은 아니었다고 주장한다. 합법적 권력실체인 두 개의 분단국가간의 민족의 통일을 위한 전쟁이었다는 것이다. 그 점에서는 민족 내부의 전쟁에서 출발한 것이었으나 분단의 등장원인, 38선의 복합적 성격과 전쟁의 결정 및 발발에 깊숙이 개입된 소련과 중국의 존재로 인하여 애초부터 이 전쟁은 결코 순수한 내전이 아니었다고 주장한다. 게다가 미국과 유엔마저 개입함으로써 국제전으로 상승하여 버렸다. 미국과 중국 참전 이후에는 전혀 이승만과 김일성의 전쟁이 아니었다. 이후 전쟁이 끝날 때까지 가장 중요한 결정은 워싱턴과 동경, 모스크바와 북경에서 이루어졌다고 평가했다. 박명림, 『한국전쟁의 발발과 기원』 II(서울:

지 않았으면 김일성이 홀로 도발하지 못했을 것이므로 양인은 전쟁 발발에서 없어서는 안 되는 필수불가결한 필요충분조건이었다고 할 수 있다. 분단의 외인과 내인도 어느 한 쪽이 없었다면 분단이 성립할 수 없었으며 전쟁 발발도 외인과 내인 모두 필요했으므로 분단과 전쟁은 모두 복합적이었다고 할 수 있다.

분단 형성 국면에서는 외인이 상대적으로 주도적이었다는데 이론(異論)을 제기할 수는 없으나 전쟁 발발 국면에서 외인과 내인 어느 쪽이 더 주도적이었는지는 아직도 논쟁의 여지가 있다. 1949년 38선 근처의 충돌이 빈발했던 국면에서는 내인이 주도적이었으나 9월 스탈린이 제어했을 때에는 내인의 힘은 약화되었다. 1950년 북방삼각관계가 전쟁 발발을 주도하는 국면에서는 외인이 주도적이었으므로 [내전을 가장했지만 이는 엄연히 거짓 위장일뿐이며] '국제적 성격이 우세한 복합전'으로 전쟁이 시작되었다. 그러나 전쟁 발발 직후 소련이 직접 참전하지 않고 자신들의 역할을 은폐하여 남북만이 대립했으며 중국은 10월에야 참전했으므로 남북의 대결을 무시하고 국제전으로만 볼 수는 없다. 한국인들 중에는 아직도 국제전이라기보다는 동족상잔의 전쟁으로 보는 경향이 있다. 전쟁 발발 직후 미국이 참전하기 전까지의 짧은 상황만을 놓고 본다면 외인으로 출발했던 분단이 명실상부한 복합형 분단으로 완성되는 것처럼 보였으며

---

나남, 1996), p.895. 그는 전쟁의 기원을 미·소의 분할점령에 의한 분단으로 보면서 분단의 책임을 두 강대국에게 돌려야 하지만 전쟁에 대한 책임은 김일성(과 박헌영) 세력에게 돌려야 한다고 주장했다. 위의 책, pp.896-897. 또한 6·25전쟁은 1950년의 사회주의 북한을 남한에까지 확산시키려는 시도였다고 해석했다. 박명림, 『한국 1950: 전쟁과 평화』(서울: 나남, 2002), p.753. 한편 김동춘 교수는 국가와 국가간의 전쟁이라는 해석에 문제를 제기하면서 개인의 체험 영역에서 살펴보면 볼수록 국가는 중요하지 않은 범주로 드러난다고 주장한다. 김동춘, "한국전쟁의 새로운 방법론 모색", 표인주(외), 『전쟁과 사람들: 아래로부터의 한국전쟁 연구』(Korean War, Community, and Residents' Experiences) (서울: 한울아카데미, 2003), pp.198-200.

전쟁은 '내전적 성격이 우세한 복합전의 양상'을 보이는 것처럼 위장되기도 했다. 그러나 미국의 참전으로 인해 '국제전적 성격이 우세한 복합전'이라는 사실이 명백하게 드러났고 중국의 참전으로 '국제전적 성격이 더 심화된 복합전'이 되었으며 결국 종전되었다. 이렇게 6·25전쟁은 국면 국면마다 외인과 내인 중 우세하게 작용한 측면은 있어도 복합전의 성격을 상실한 적은 처음부터 끝까지 없다. 1946년 탁치 논쟁으로 분단에 내쟁적 성격이 가미된 이래로 지금까지 분단과 전쟁은 민족내외 요인이 복합적으로 결부된 구조를 가지고 있다. 전쟁 자체는 국제전적 성격이 우세한 복합전이지만 내쟁적 성격도 없어서는 안 되므로 물론 간과될 수는 없다. 전쟁은 국제전전 성격이 우세하게 출발했지만 전쟁이 끝났을 때 대규모 외국군 병력은 철수했으며 남과 북만이 동족상잔의 씻을 수 없는 기억을 안고 각각 대치했으므로 이 전쟁의 결과로 국제적 성격이 우세한 복합형 분단에 내쟁적 성격이 더 추가되어 명실상부한 복합형 분단으로 전화되었다고 할 수 있다. 휴전협상 조인 이후 중국군이 철군하고 미군 주력병력도 철군하여 외인이 다소 약화되어 명실상부한 복합형이 지속화되는 계기가 조성되었고 민족분단이 대내외적 구조가 완성되었다. 국제적 성격이 우세했던 분단이 없었으면 전쟁도 없었으므로 분단과 전쟁은 모두 국제적 성격이 우세한 성격을 가지고 있다 할 것이다.

6·25전쟁은 내전이자 국제전이고, 국제전이자 내전이었다. '국제적 내전'이라는 용어와 이에 대응할 수 있는 '내전적 국제전'이라는 말은 각각 내전과 국제전이라는 성격규정에 각각 국제전적 성격과 내쟁적 성격이 가미되었다는 뜻으로 해석할 수 있다. 이에 비해 복합전은 이 전쟁을 내전인지 국제전인지 일방적으로 분간하기 어려운 것에 주목해 만든 규정이

다. 그렇지만 복합전이라해도 내전적 성격이 강한 복합전은 있을 수 있으며 국제전적 성격이 강한 복합전도 있을 수 있다. 발발을 모의한 단계에서는 국제전적 성격이 결정적으로 영향을 미쳤으나 정작 발발 직후에는 김일성 혼자 싸우면서 내쟁적 성격이 부각되는 듯이 위장되었고 미국과 중국 참전으로 국제전적 성격이 더 강화되는 등 국면마다 그 특성이 변했다. 결론적으로 '국제적 성격이 우세한 복합형 분단' 구조가 '국제적 성격이 우세한 복합전'을 발발하게 했으며 소련이 개입을 은폐하자 형식적으로는 '내쟁적 성격이 우세한 복합전'으로 위장된 상황을 잠시 보였으나 미·중 참전으로 '국제적 성격이 우세한 복합전'으로 형식적으로나 내용적으로나 전화되었다.

　'6·25전쟁이 내전이다'라 하면 북한의 침략으로 일어난 전쟁의 책임을 남북이 나눠져야 한다는 결론에 도달할 수도 있다. '한국전쟁은 혁명전'이라는 내전적 인식은 전쟁 발발 책임이 공산국가들에게 있다는 보수주의적 입장과 다소 상치[모순]되며 심지어는 충돌하기까지 한다. 내전이라는 규정은 소련이 그들의 정치적 목적을 위해서 처음 썼다는 주장도 있다.[92] 전쟁 발발 직후 소련은 자신의 전쟁 개입을 은폐하고 내정불간섭의 원칙을 내세워 유엔과 미국의 참전을 막기 위해 내전이라고 불렀다는 것이다. 소련과 중국, 북한 북방3국이 협의해서 발발했으므로 이 전쟁은 국제적 배경 요인에 압도적이었다(물론 내전적 배경도 있었으며 이도 전쟁 발

---

92) 김영호, "6·25가 내전이라니" 『조선일보』 2006년 11월 22일. 한편 중앙일보는 "소련. 중국의 지도자들은 한국전쟁을 '한국 해방을 위한 내전'으로 보지 않았다고 한다. '남조선 해방 전쟁'이니 '통일 내전'이니 하는 주장을 펴고 있는 것은 북한과 우리 사회의 친북좌파뿐인 것이"라고 평가한다. "[사설]6·25에 대한 대통령의 비뚤어진 역사관" 『중앙일보』 2006년 11월 22일.

발 국면에서 없어서는 안 되는 중요한 것 중의 하나이다. 그런 면에서 6·25전쟁은 복합전이다). 그럼에도 불구하고 미국이 개입해서 일찍 끝날 내전이 국제전으로 비화되었으며 장기화되었다는 평가는 소련과 중국의 원초적 개입을 은폐하려는 주장이다. 이러한 주장은 유엔(미국)의 개입이 잘못되었다는 좌익적 평가와도 연결되고 있다.

내전설과 국제전설은 현재의 이념적 대립과도 관련이 있다. 양 견해는 양극단적 이해 대립과 결합되어 있으므로 어느 견해를 옳은 것인지 판단하기가 쉽지 않다. 학설이 정치와 만나다보니 견해 차이는 이데올로기적으로 과장되고 정치적으로 증폭되는 것이 당연했다.

진보진영은 내전적 배경에 주목하고 보수진영은 국제전적 요인을 부각시킨다. 그런데 양자는 6·25전쟁 발발에 있어 없어서는 안 되는 필수적인 요인이었다. 국면 국면 마다 내전적 요소와 국제전적 요소에 약간의 강조점이 주어질 수는 있다. 예를 들면 1950년 1월에는 스탈린의 승인이라는 국제전적 요소가 중요 변수로 작용했으며 6월 25일 발발 당시 공산측은 내전적 요소가 중요하게 작용하는 듯하게 위장하는데 성공했다. 미국이 즉각 참전할 때에는 국제전적 요소가 중요했으며 중국이 개입했을 때는 자본주의와 사회주의 진영간 대립이라는 국제전적 요소가 최절정에 달했다. 그렇지만 6·25전쟁은 시종일관 복합전으로 시작되어 복합전으로 막을 내렸다고 할 수 있다. 어느 국면에서나 양자는 결합되어 있었다(물론 내전적 배경보다는 국제전적 요인이 더 압도적이었다. 따라서 내전적 요인은 독자적인 요인이 아니라 배경적 요인이었다. 따라서 6·25전쟁은 '국제전적 성격이 우세한 복합전'이라는 점을 다시한번 강조하고자 한다). 우리는 남·북이 각각 결단해 전쟁하거나 휴전한 것은 아니었으며 강대국의 역학관계의 제약 속에서 행동했다. 따라서 6·25전쟁이 내전 혹은 국제전이라는 일방적·양분법적·흑백 논리적 배타성을 가지고 성격규정하기 보다는 내전적 배경과 국제전적 요인이 결합된 양상에 주목해 각각의 시기에 맞게 논리를 유동적으로 情致化시킨다면 보다 세밀하고 심층적인 논의가 될 수 있을 것이다.

참고문헌

1. Documents

1) North Korea

(1) Newspapers

『로동신문: 북조선로동당 기관지』. 1946년 9월 1일-.

『민주조선: 북조선(임시)인민위원회 기관지』. 1946년 6월-.

(2) Periodicals

『근로자』. 1946년 10월-.

『인민』. 1946년 11월-.

(3) Books

김일성. 『김일성 선집』 1, 2, 3, 4권, 평양: 조선로동당 출판사, 1954, 1953, 1953, 1953.

김일성. 『조국의 통일독립과 민주화를 위하여』 제1권, 평양: 국립인민출판사, 1949.

김일성. 『김일성 저작선집』 1, 평양: 조선로동당출판사, 1967.

내무성 문화국(편). 『쏘련의 대외정책: 1949-50년 동기전투 정치훈련기간(하사및
　　　전사조) 정치상학 교재』. no.18, [평양]: 내무성 문화국, 1950.

내무성 문화국(편). 『조선문제 해결에 있어 민주와 반민주와의 투쟁: 정치상학교
　　　재』. no.15, [평양]: 내무성 문화국, 1949. 6.

『불멸의 자욱을 따라』 1, 평양: 조선로동당출판사, 1978.

『위대한 수령 김일성동지 전기』 1, 평양: 조선로동당출판사, 1982.

『위대한 수령 김일성동지 혁명력사 주요년대표』. 평양: 조선로동당출판사, 1983.

『인민의 념원을 지니시고』. 평양: 조선로동당출판사, 1972.

『인민의 자유와 해방을 위하여』. 평양: 조선로동당출판사, 1977.

조선로동당 중앙위원회 직속 당력사연구소. 『조선로동당력사교재』. 평양: 조선로

동당 출판사, 1964.

조선중앙통신사(편). 『조선중앙년감』. 1949년판, [평양]: 조선중앙통신사, 1949.

조선중앙통신사(편). 『조선중앙년감』. 1950년판, [평양]: 조선중앙통신사, 1950.

『조선해방과 북조선의 민주발전』. [평양]: 출판사 불명, [1947].

한임혁. 『김일성동지에 의한 조선공산당 창건』. 평양: 로동당출판사, 1961.

한재덕. 『김일성장군개선기』. 평양: 민주조선사, 1947.

『항일무장투쟁 전적지를 따라』. 평양: 조선로동당출판사, 1960.

『해방후 4년간의 국내외 중요일지: 1945. 8-1949. 3』. [평양]: 민주조선사, 1949.

『해방 후 조선』. [평양]: 조선민주주의 인민공화국 내무성 보안간부학교, 1949.


## 2) Soviet Union

Soviet Union, Ministry of Foreign Affairs, ed. *The Soviet Union and the Korean Question: Documents*. London: Soviet News, 1950.

Василевский, Александр михаилович, *Дело всей жизни: Воспоминания*, Москва, 1974.

Внотвченчо, Леонид Николаевич, *Победа На дальнем Востоке: Военно-Исторический Очерк о боевых действиях Советских воиск в августе-сентябре 1945г.*, Москва, 1966.

Зорин, Алексей Евдокимович, *Освободительная миссия на Востоке*, Москва, 1976.

Иванова, В. И., и другие., *Во нмя Дружбу с Народом Кореи: Воспоминания и статия*, Москва, 1965.

Малиновский, Родион Яковлевич, и другие., *Окончательный истори*

ко-мемуалный очерк о разгроме империалристической Ярони
и в 1945 году, Москва, 1966.

Мерецков, Кирил Афанасиевич, На службе жизни: страницу Воспоми
нания, Москва, 1968.

Освобождение КОРЕИ: ВОСПОМИНАНИЯ И СТАТЬИ. Москва: НАУКА,
1976; 『조선의 해방』. 서울: 국토통일원, 1988; 소련과학아카데미(편). 『레
닌그라드로부터 평양까지: 조선해방에 있어 소련장성 11인의 회고록』. 서
울: 함성, 1989.

ОТНОШЕНИЯ СОВЕТСКОГО СОЮЗА С НАРОДНОЙ КОРЕИ: 1945~
1980. Москва: НАУКА, 1981; 『소련과 북한과의 관계, 1945~1980: 문헌
및 자료』. 서울: 국토통일원, 1987.

『쉬띄꼬프 일기, 1946-1948』. 과천: 국사편찬위원회, 2004.

안드레이 그로미코. 『그로미코 회고록』. 박형규(역), 서울: 文學思想社, 1990.

沈志華(編). 『朝鮮戰爭: 俄國檔案館的解密文件』. 全3卷, 臺北: 中央硏究院近代史
硏究所史料叢刊, 2003.

沈志華(主編). 『蘇聯歷史檔案選編』. 第26卷, 北京: 社會科學文獻出版社, 2003.


## 3) South Korea

고려대학교 아세아문제연구소(편). 『북한연구자료집』. 제1집-, 서울: 고려대학교
아세아문제연구소, 1969-.

국사편찬위원회(편). 『북한관계사료집』. I-XXXII, 과천: 국사편찬위원회, 1982-1999.

김광운(책임편집). 『북조선실록: 년표와 사료』, 1-30, 서울: 민속원, 2018.

돌베개 편집부(편). 『북한 '조선로동당'대회 주요문헌집』. 서울: 돌베개, 1988.

서대숙(편).『북한문헌연구: 문헌과 해제』, 전6권(제1권 조선로동당, 제2권 최고인

　민회의, 제3권 사상·통일, 제4권 대외관계·군사와 안보, 제5권 경제발전,

　제6권 사회·법), 마산: 경남대학교 출판부, 2004.

서대숙(감수), 이완범(편).『김일성 연구 자료집』1: 1945-1948. 서울: 경남대학교

　극동문제연구소, 2000.

Suh, Dae-Sook, Wan Bom Lee, Seung Hyun Lee, eds., *North Korean Modern

　History: A Sourcebook*, 2 Volumes, Seongnam: AKS Press, 2018.


## 4) US

U.S. Department of State. North Korea: *A Case Study in the Techniques of

　Takeover.* Department of State Publication 7119, Far Eastern Series

　no.103, Washington, D.C.: U.S. Government Printing Office, 1961.

The National Archives. *Records Seized by U.S. Military Forces in Korea.*

　Washington, D.C.: The National Archives, 1977.


## 5) China

毛澤東.『建國以來毛澤東文稿』. 1-4, 北京: 中國共產黨 中央文獻研究室, 1987-1990.

毛澤東.『毛澤東軍事文選』. 北京: 中國人民解放軍戰士出版社, 1981.

洪學智.『抗美援朝戰爭回憶』. 再版, 北京: 解放軍 文藝出版社, 1991.

洪學智.『중국이 본 한국전쟁: 인해전술의 전쟁기록』. 홍인표(역), 서울: 고려원, 1992.


## 6) Japanese

小此木政夫-徐大肅(監修), 鐸木昌之-坂井隆-古田博司(編),『資料 北朝鮮研究』1,

政治-思想, 東京: 慶應義塾大學出版會, 1998.

## 2. Secondary Sources

### 1) Korean

(1) Books

공산권문제연구소(편). 『북한총람 '45-'68』. 서울: 공산권문제연구소, 1968.

극동문제연구소(편). 『북한전서』 전3권, 서울: 극동문제연구소, 1974.

기광서. 『북한 국가의 형성과 소련』, 서울: 선인, 2018.

김광운. 『북한 정치사 연구 1건당 건국 건군의 역사』, 서울: 선인, 2003.

김남식. 『남로당연구』. 서울: 돌베개, 1981.

김명섭. 『전쟁과 평화: 6·25전쟁과 정전체제의 탄생』. 서울: 서강대학교 출판부, 2015.

김영호. 『한국전쟁의 기원과 전개과정』. 서울: 두레, 1998.

김점곤. 『한국전쟁과 노동당전략』. 서울: 박영사, 1973.

김정원. 『분단한국사』. 서울: 동녘, 1985.

김창순. 『북한15년사』. 서울: 지문각, 1961.

김창순. 『역사의 증인』. 서울: 한국아세아반공연맹, 1956.

박갑동. 『한국전쟁과 김일성』. 구윤서(역), 서울: 바람과 물결, 1990.

박명림. 『한국전쟁의 발발과 기원』 전2권, 서울: 나남, 1996.

방인후. 『북한 '조선노동당'의 형성과 발전』. 서울: 고려대학교 아세아문제연구소, 1967.

북한연구소(편). 『북한총람』. 서울: 북한연구소, 1983.

서대숙. 『북한의 지도자 김일성』. 서주석(역), 서울: 청계연구소, 1989.

서대숙. 『현대 북한의 지도자: 김일성과 김정일』. 서울: 을유문화사, 2000.

서대숙(외). 『북한현대사문헌연구』. 서울: 백산서당, 2001.

엄수현.『북한의 인민민주주의 혁명론』. 서울: 병수사, 1986.

양호민.『북한의 이데올로기이와 정치』 1, 서울: 고려대학교 아세아문제연구소, 1967.

양호민.『북한의 이데올로기와 정치』 2, 서울: 고려대학교 아세아문제연구소, 1972.

小此木政夫.『韓國戰爭: 美國의 介入過程』. 現代史硏究室(역), 서울: 청계연구소, 1986.

와다 하루끼.『한국전쟁』. 서동만(역), 서울: 창작과 비평사, 1999.

정진위.『북방3각관계: 북한의 대 중-소관계를 중심으로』. 서울: 법문사, 1985.

한재덕.『김일성을 고발한다』. 서울: 내외문화사, 1967.

한재덕.『북괴공산당을 폭로한다』. 서울: 공산권문제연구소, 1983.

한재덕.『한국의 공산주의와 북한의 역사: 공산주의 이론과 현실비판전서』 제5권,
        서울: 내외문화사, 1965.

洪學智.『중국이 본 한국전쟁: 인해전술의 전쟁기록』. 홍인표(역), 서울: 고려원, 1992.


(2) Articles

강원식. "해방직후 소련의 한반도 정책구상",『아시아문화』 8호(1992).

김광운. "북한 권력구조의 형성과 간부 충원(1945. 8-1947. 3)", 박사학위논문, 한
        양대 사학과, 1999.

김남식. "조선노동당 연구", 서울: 국토통일원, 1977.

김영호. "한국전쟁 원인의 국제정치적 재해석: 스탈린의 롤백이론",『한국정치학
        회보』 제31집 3호(1997년 가을).

김준엽. "북한의 인민민주주의 혁명노선과 대남전략", 국토통일원, 1976.

김준희. "좌우협상사례연구: 핀렌드의 경우", 국토통일원 정책기획실, 1976.

김학준. "정권 형성기와 정권 초창기의 북한연구 I: 한국전쟁기에 미군이 노획한
        문서에 관한 소개를 중심으로",『국제정치논총』 제24집(1984).

김학준. "전쟁기원에 대한 해석의 시각", 전쟁기념사업회(편), 『한국전쟁사 2: 전쟁의 기원』, 서울: 행림출판사, 1990.

김학준. "한국전쟁의 기원과 전개", 광복50주년 기념학술대회, 한국국제정치학회, 1995년 5월 13일.

메릴, 존. "한국전쟁의 기원", 『시사논평』 제32호(1988년 12월).

메릴, 존. "한국전쟁의 기원: 대답없는 질문", 김철범-제임스 매트레이(편), 『한국과 냉전: 분단과 파괴의 구축』, 서울: 평민사, 1991.

박창희. "소련의 대북한정책, 1945-1951", 『미소연구』, 창간호(1987), 195-225.

방선주. "노획 북한필사문서 해제 1", 『아시아문화』 창간호(1986).

서대숙. "소련군정: 개설", 『아시아문화』 8호(1992).

서주석. "한국전쟁의 기원과 원인: 냉전체제 후의 재조명", 『한국정치외교사학회논총 제16집: 한국전쟁과 휴전체제』(1997).

스투어크, 윌리엄. "소련과 한국전쟁의 기원" 김철범-제임스 매트레이(편), 『한국과 냉전』, 서울: 평민사, 1991.

신복룡. "한국전쟁의 기원: 김일성의 개전 의지를 중심으로" 『한국정치학회보』 제30집 3호(1996).

沈志華. "소련과 한국전쟁: 러시아 비밀해제 당안 속의 역사 진상" 『현대북한연구』 3(2000).

楊奎松. "중국의 조선출병 시말", 『현대북한연구』 3(2000).

여인곤. "소련의 대한반도 정책, 1945-48년: Post-revisionism의 관점에서", 『아시아문화』 8호(1992).

和田春樹. "북한에서의 소련군정과 공산주의자", 『한국현대사와 미군정』, 춘천: 한림대 아시아문화연구소, 1991.

와다 하루끼. "소련의 對北韓政策." 일월서각(편), 『분단전후의 現代史』, 서울: 일월서각, 1983.

유석렬. "북한의 정치변화에 미친 소련의 영향", 『미소연구』, 창간호(1987), 111-148.

柳在甲. "6·25전쟁연구: 전쟁발발의 대내적 원인분석" 『국사관논총』 제28집(1991).

윤종현. "6·25당시의 북괴남한점령 정책에 관한 연구" 국토통일원 정책기획실, 1977.

이교덕. "「조선전사」 해제" 민족통일연구원, 1994.

이지수. "제2차 세계대전과 소련의 한반도 정책", 이인호(외편), 『대한민국 건국의 재인식』. 서울: 기파랑, 2009.

紫成文-趙勇田. 『중국인이 본 한국전쟁: 板門店談判』. 尹永茂(역), 서울: 한백사, 1991.

자이 지 하이. "중국의 한국전쟁 참전 결정", 김철범-제임스 매트레이(편), 『한국과 냉전』, 서울: 평민사, 1991, pp.235-264; 자이 지하이, "중국의 한국 전쟁 참전 결정", 김철범(편), 『진실과 증언: 40년 만에 밝혀진 한국 전쟁의 진상』, 서울: 을유문화사, 1990, pp.160-196.

폴락, 조나단. "중국, 중-소동맹, 한국전쟁", 김철범-제임스 매트레이(편), 『한국과 냉전』, 서울: 평민사, 1991, pp.209-233.

전현수. "소련군의 북한 진주와 대북한정책", 『한국독립운동사연구』 9(1995).

전현수. "「쉬띠꼬프일기」가 말하는 북한정권의 성립과정", 『역사비평』 30(1995).

정병준. "북한의 한국전쟁 계획 수립과 소련의 역할", 『역사와 현실』 66호(2007년 12월).

정병준. '선별노획문서'(신노획문서; 방선주, "미국 국립공문서관 소장 RG 242 내 <선별노획문서> 조사연구", 『해외사료총서 4: 미국소재 한국사 자료 조사 보고 III』, 과천: 국사편찬위원회, 2002, pp.1-492.

정병준. "탈취-노획의 전쟁기록, NARA의 북한 노획문서 컬렉션", <역사비평>편집위원회, 『역사용어 바로쓰기』, 서울: 역사비평사, 2006, pp.203-208.

허만호. "한민족의 단일성의 지속성: 한국전쟁에 대한 새로운 한 해석", 『한국정치
학회보』 제23집 1호(1989).

황종언. "한국휴전협정사례에 관한 연구", 국토통일원 정책기획실, 1976.


**2) English**

(1) Books

Armstrong, Charles. *The North Korean Revolution, 1945-1950*. Ithaca: Cor-
nell University Press, 2004; 암스트롱, 찰스(Charles K. Armstrong), 『북
조선 탄생』, 김연철-이정우(역), 파주: 서해문집, 2006.

Armstrong, Charles. *The Koreas*. London: Routledge, 2006.

Bailey, Sydney D. *The Korean Armistice*. New York: St. Martin's Press, 1992.

Beloff, Max. *Soviet Policy in the Far East, 1944-1951*. New York: Oxford Uni-
versity Press, 1953.

Chen Jian. *China's Road to the Korean War: The Making of the Sino-Ameri-
can Confrontation*. New York: Columbia University Press, 1994.

Cumings, Bruce. *The Origins of the Korean War*. in 2 volumes, Princeton:
Princeton University Press, 1981-1990.

Goncharov, Sergei N. & John W. Lewis, & Xue Litai. *Uncertain Partners:
Stalin, Mao, and the Korean War*. Stanford: Stanford University Press,
1994; 곤자로프, 세르게이·존 루이스·쉐리타이, 『흔들리는 동맹: 스탈린
과 마오쩌둥 그리고 한국전쟁』. 윤시원, 서준석, 김진흠, 이정민[성균관대
학교 한국현대사연구반](역), 서울: 일조각, 2011.

Dijilas, Millovan. *Conversations with Stalin*. New York: Harcourt, Brace and World Incorporated, 1962.

Lee, Chae-Jin and Doo-Bok Park., *China and Korea: Dynamic Relations*. Stanford: The Hoover Institute, 1996.

Lee, Chae-Jin, ed. *The Korean War: 40-Year Perspectives*. Claremont, CA: Claremont McKenna College, 1991.

Kim, Gye-Dong. *Foreign Intervention in Korea*. Aldershot, England: Dartmouth, 1993.

Lowe, Peter. *The Origins of the Korean War*. London: Longman, 1986.

MacDonald, Callum. *Britain and the Korean War*. Oxford: Basil Blackwell, 1990.

Matray, James I. *The Reluctant Crusade: American Foreign Policy in Korea 1941~1950*. Honolulu: University of Hawaii Press, 1985.

Matray, James I., ed. *Historical Dictionary of the Korean War*. Westport, CT: Greenwood Press, 1991.

Merrill, John. Korea: *The Peninsula Origins of the War*. Newark, Delaware: University of Delaware Press, 1989.

Ree, Erik Van. *Socialism in One Zone: Stalin's Policy in Korea, 1945~1947*. Oxford: Berg, 1989.

Sandler, Stanley, ed. *The Korean War: An Encyclopedia*. New York: Garland, 1995.

Scalapino, Robert A. and Chong-Sik Lee. *Communism in Korea*. Part I, Berkeley: University of California Press, 1972.

Simmons, Robert R. *The Strained Alliance*. London: The Free Press, 1975.

Stueck, William Whitney, Jr. *The Road to Confrontation*. Chapel Hill: The

University of North Carolina Press, 1981.

Stueck, William. *The Korean War: An International History.* Princeton: Princeton University Press, 1995.

Suh, Dae-Sook. *The Korean Communist Movement, 1918-1948.* Princeton: Princeton University Press, 1967.

Suh, Dae-Sook. *Documents of Korean Communism.* Princeton: Princeton University Press, 1970.

Suh, Dae-Sook. *Kim Il Sung: The North Korean Leader.* New York: Columbia University Press, 1988.

Suh, Dae-Sook. *North Korea After Kim Il Sung.* edited with Chae-Jin Lee, Boulder, Colorado: Lynne Rienner Publishers, 1998.

Suh, Dae-Sook. Korean *Communism, 1945~1980: A Reference Guide to the Political System.* Honolulu: The University Press of Hawaii, 1981.

Summers, Harry G., Jr. *Korean War Almanac.* New York: Fact On File, 1990.

Whelan, Richard. *Drawing the Line: The Korean War, 1950~1953.* Boston: Little Brown, 1990.

Whiting, Allen S. *China Crosses the Yalu: The Decision to Enter the Korean War.* Stanford: Stanford University Press, 1960.

Zhang, Shu Guang. *Mao's Military Romanticism: China and the Korean War, 1950~1953.* Lawrence, KS: University Press of Kansas, 1995.


(2) Articles

Hao Yufan and Zhai Zhihai. "China's Decision to Enter the Korean War: History Revisited", *China Studies Quarterly* No.121(March 1990), pp.94-115.

Hao Yufan and Zhai Zhihai. "China's Decision to Enter the Korean War: History Revisited", Kim Chull Baum and James I. Matray, eds., *Korea and Cold War: Division, Destruction, and Disarmament*, Claremont, California: Regina, 1993, pp.141-166.

Heinzig, Dieter. "Stalin, Mao, Kim, and Korean War Origins, 1950: A Russian Documentary Discrepancy", *Cold War International History Project Bulletin 8-9*(Winter 1996/1997), p.240.

Jervis, Robert. "The Impact of the Korean War on the Cold War", *The Journal of Conflict Resolution* Vol.24, No. 4(December 1980).

Lee, Chong-Sik. "Politics in North Korea: Pre-Korean War Stage", Robert A. Scalapino, ed., *North Korea Today*, New York: Frederick A. Praeger, 1963.

Lee, Chong-Sik and Ki-Wan Oh. "The Russian Faction in North Korea", *Asian Survey*, VIII(April 1968), 270-288.

Mansourov, Alexandre Y. "Communist War Coalition Formation and the Origins of the Korean War", ph. D. dissertation, Columbia University, 1997

Mansourov, Alexandre Y. "Stalin, Mao, Kim, and China's Decision to Enter the Korean War", *Cold War International History Project Bulletin 6-7*(Winter 1995/1996), pp.94-119

Paige, Glenn D. "Korea", Cyril E. Black & Thomas P. Thornton, ed., *Communism and Revolution, Strategic Uses of Political Violence*. Princeton: Princeton University Press, 1964, pp.215-242.

SHEN Zhihua. "The Discrepancy between the Russian and Chinese Version of Mao's 2 October 1950 Message to Stalin on Chinese Entry into the Korean War: A Chinese Scholar's Reply", translated by CHEN Jian, *Cold War International History Project Bulletin* 8-9(Winter 1996/1997), pp.237-242

Stueck, William. "The Soviet Union and the Origins of the Korean War", World Politics, vol.28(July 1976).

Suh, Dae-Sook, "Records Seized by U. S. Military Forces in Korea, 1921-1952", *Korean Studies* II(1978).

Weathersby, Kathryn. "New Russian Documents on the Korean War", *Cold War International History Project Bulletin* 6-7(Winter 1995/1996), pp.30-84.

Weathersby, Kathryn. "Soviet Aims in Korea and the Origins of the Korean War, 1945-1950: New Evidence from Russian Archives", Working Paper No. 8, Washington, D. C., Woodrow Wilson International Center for Scholars, 1993.

Weathersby, Kathryn. "To Attack, or Not to Attack? Stalin, Kim Il Sung, and the Prelude to War", *Cold War International History Project Bulletin* 5(Spring 1995), pp.1-9.

Weathersby, Kathryn. "The Soviet Role in the Early Phase of the Korean War: New Documentary Evidence", *Journal of American-East Asian Relations* Vol.2, No.4(Winter 1993), pp.425-458.

Yonosuke, Nagai. "The Korean War: An Interpretative Essay", *The Japanese Journal of American Studies* Vol.1(1981).

Zubok, Vladislav. "To Hell with Yalta!: Stalin Opts for a New Status Quo", *Cold War International History Project Bulletin* 6-7(Winter 1996/1997), pp.24-27.


### 3) Japanese

徐大肅.『金正日の北朝鮮』. 安倍誠, 有田伸(共譯), 東京: 岩波書店, 1999.

徐大肅.『金日成と金正日: 革命神話と主體思想』. 古田博司(譯), 東京: 岩波書店, 1996.

櫻井浩(編).『解放と革命: 朝鮮民主主義人民共和國の成立過程』. 東京: アジア經濟出版會, 1990.

櫻井浩. "朝鮮戰爭における米軍の捕獲資料について",『アジア經濟』第24卷 3號 (1983年 3月).

林隱.『北朝鮮王朝成立秘史』. 東京: 自由社, 1982.

# 휴전협상에서 북 · 중 · 소 3국의 태도 변화 및 결과<sup>*</sup>

# 휴전협상에서 북 · 중 · 소 3국의 태도 변화 및 결과[*]

## 김동길
북경대학교 역사학과 교수

**목차**

## 1. 서론

1951년 7월 10일, 유엔측과 공산측은 한국전쟁 종식을 위한 휴전회담을 시작하였으며, 쌍방 모두 회담이 쉽게 타결될 것으로 보았다.[1] 회담초

* 김동길, "휴전협상에서 북·중·소 3국의 태도 변화 및 결과", 『한국과 국제정치』 35호, 경남대학교 극동문제연구소, 2019.
1) 중국대표단은 휴전회담이 쉽게 끝날 것으로 예상하고, 가을 옷도 가져가지 않았다(柴成文·趙勇田, 1992:150); 미국대표단 또한 6주 안에 회담이 마무리될 것으로 예상하였다(Walter G. Hermes, 1992:26).

기, 외국군 철군과 군사분계선 획정 문제를 둘러싸고 격렬한 논쟁이 있었지만, 공산측의 양보로 합의가 이루어졌다. 그러나 쉽게 합의를 이룰 것으로 보였던 포로교환 문제에서, 협상은 교착상태에 빠졌다.[2] 표면상, 포로 전원의 무조건 송환을 주장하는 공산측과 자유의사에 의한 송환을 주장하는 유엔측 주장이 맞서, 전쟁은 1953년 7월까지 계속되었다. 이 때문에 포로교환 문제는 휴전회담에 관한 주요 연구 주제가 되었으며, 수많은 연구가 이루어졌다(Barton J. Bernstein, 1983: 274-288; Rosemary Foot, 1990: 87-107; James Matray, 2012: 221-224).

냉전 시기, 중국, 북한 및 소련 자료의 부족으로, 공산측의 휴전협상 전략과 결정 배경에 관한 연구는 이루어지지 못하였으며, 주로 유엔측의 협상 전략 및 그 배경에 관해 연구가 이루어졌다. 1980년 중국의 개혁 개방 이후, 한국전쟁 및 휴전협상에 관한 중국의 관련 당안과 회고록이 공개되면서 연구 성과들이 나오기 시작하였지만, 당안의 공개는 선택적으로 이루어졌으며 그 내용 역시 자신들 결정의 정당성을 입증하는 것이 대부분이었다(姚旭, 1985; 中共中央文獻研究室, 1987).

1990년대 이후 휴전협상을 포함한 한국전쟁 관련 소련측 당안이 공개되기 시작하면서, 공산측 휴전협상과 전략에 관한 연구가 본격 시작되었다. 이에 관한 연구는 중국학자 션즈화(沈志華)에 의해 처음으로 시작되었다. 션즈화는 1951년 6월 휴전협상을 희망하는 마오쩌둥(毛澤東)과 전쟁의

---

2) 1951년 11월 14일, 마오쩌둥은 스탈린에게 "올해 안에 휴전을 달성할 수 있을 것"으로 통보하였다. 포로교환 협상이 12월 11일부터 시작되었음을 고려하면, 마오쩌둥은 포로교환 협상은 1개월 이내에 합의에 이를 수 있을 것으로 보고 있었음을 알 수 있다. "휴전협상과 중국 국내 상황에 관해 마오쩌둥이 스탈린에게 보낸 전보"(1951/11/14, АПРФ(러시아연방 대통령문서보관소), ф.45, оп.1, д.342, л.16-19).

계속을 원하는 김일성 간에 갈등이 있었으며, 휴전협상이 시작된 이후에도 군사분계선 획정, 1952년 포로교환 문제 및 1952년 8-9월 전쟁 지속 문제에서 양자 간에 갈등이 계속되었다고 주장하였다. 이 과정에서 스탈린은 언제나 중국의 입장을 지지하였으며, 결과적으로 중국의 주장이 관철되었다고 주장하였다(Shen, 2003-2004: 9-24).

이후 휴전협상을 둘러싼 북·중·소 3국 간 갈등에 관한 큰 연구 성과가 있었지만, 다음과 같은 핵심 문제에 대해서는 명쾌한 대답이 이루어지지 않고 있다: 첫째, 1951년 1월 중국에 극히 유리했던 유엔측 휴전안을 거부했던 마오쩌둥이, 1951년 6월 유엔가입과 대만 문제에서 양보하면서까지 휴전협상을 시작하기로 한 이유가 무엇인가? 마오쩌둥은 전쟁을 계속할 것을 주장하는 김일성과 스탈린을 어떻게 설득하였으며, 설득한 조건은 무엇인가? 3인 모두 전쟁을 끝내는 것이 휴전협상에 임하는 최종목적이 었는가? 아니면 또 다른 목적이 있었는가?; 둘째, 휴전협상이 시작되면서 북·중·소 3국의 협상 조건에 어떠한 변화가 발생하였으며, 그 배경은 무엇인가?; 셋째, 1952년 중순 마오쩌둥이 기존의 태도를 바꾸어 전쟁을 계속하기로 한 이유는 무엇인가? 포로교환 협상 교착은 마오쩌둥이 전쟁을 계속하기로 결정한 진정한 이유인가? 아니면 전쟁을 계속할 수 있는 유일한 구실에 불과 하였는가?[3]

---

3) 일반적으로 북·중·소 3국 중, 중국이 가장 먼저 휴전을 고려하였다고 주장하였다. 션즈화는 마오쩌둥과 김일성은 휴전협상과 전쟁의 계속을 각각 주장하였지만, 스탈린이 김일성에게 휴전협상에 임하도록 압력을 가하였으며 김일성은 이에 마지못해 동의하였다고 주장하였다. 뿐만 아니라, 협상 초기 김일성은 강경한 입장을 유지하였으며, 협상이 장기화되면서 중조양국의 입장이 대립되기에 이르렀다고 주장하였다. 김일성은 오직 조선의 이익에만 관심이 있었으며, 마오쩌둥은 아시아 사회주의의 이익에 주안점을 두었다고 주장하였다. 따라서 스탈린은 중조 간 의견 충돌에 있어서 언제나 마오쩌둥을 지지하였다고 주장하였다(沈志華, 2013: 381-390); 양쿠이송(楊奎松)은 마오쩌둥은 일찍부터 휴전할 마음이 있었지만, 김일성이 휴전으로 마음이 기울어질 때까지 기다린 후에 휴전협

본 논문은 중국과 러시아의 자료를 종합적으로 이용하여, 이 문제들에 대해 해답을 제시하였다. 휴전협상은 1951년 5월 말 전면적 패배에 직면한 마오쩌둥에 의해 처음 제기되었으며, 김일성과 스탈린 역시 결국 마오쩌둥의 주장에 동의하면서 휴전협상이 시작 되었다. 그러나 휴전의 조기 실현에 목적을 둔 마오쩌둥과 달리, 김일성은 유리한 조건으로 휴전 실현 혹은 재정비 시간 확보에 협상의 목적을 두었다. 반면에 스탈린은 이후 대규모 공격 감행을 위한 시간 확보에, 휴전협상 시작의 목적을 두었다. 또한, 중국의 관영 연구 기관들이 주장하는 것처럼, 1951년 6월 전황이 38선에서 안정되고 미국의 휴전협상 요구를 중국이 받아들여 휴전협상이 시작된 것은 아니었다. 뿐만 아니라, 1951년 5월 말 끝난 5차 전역이 목적을 달성하지 못해 승리의 가능성이 희박해졌거나, 혹은 재정적 부담 때문에 마오쩌둥이 휴전협상을 결심하게 된 것 역시 아니었다.[4]

1951년 7월 10일 휴전협상이 시작된 이후 휴전조건과 전쟁의 지속 여부를 둘러싸고 중·북과 소련, 중·소와 북한 사이에 견해 차이가 차례로 발

---

상을 결정하였으며, 그 후 중조는 연합하여 스탈린을 설득하였으며, 이에 스탈린은 마지못해 휴전협상에 동의하였다고 주장하였다(楊奎松, 2009: 136-139). 뉴쥔(牛軍)은 마오쩌둥은 동맹국의 의견을 존중하고 김일성 및 스탈린과 적극적인 소통을 한 후 휴전협상을 결정하였다고 주장하였다. 그는 "북·중·소 3국 간에 믿고 실행할 수 있는 정책 결정 구조와 프로그램이 있었다"고 주장하였으며, 의견 충돌이 발생할 경우 북·중·소 3국은 솔직하게 소통하였다고 강조하였다(牛軍, 2013: 66-82). 그러나 제임스 메트레이(James Matray)는 미국의 협상 태도가 처음부터 강경하였기 때문에, 중국과 북한의 태도 역시 강경해졌으며 융통성이 결여되었다고 주장하였다(Matray, 2012: 221-244). 한국에서는 북·중·소 3국간의 휴전협상 전략에 관한 대표적인 연구는 다음과 같다(이재훈, 2013: 75-102; 박영실, 2011: 43-80).

4) 뉴쥔은 중국이 휴전협상을 시작한 중요 원인은, 출병의 정치적 목적을 이미 이루었기 때문이라고 주장하였다(牛軍, 2013: 66-82). 반면에 양쿠이송은 제5차전역 실패와 재정적 압력 때문에, 마오쩌둥이 휴전협상을 결심하였다고 주장하였다(楊奎松, 2009: 136-137). 선즈화는 제5차 전역 이후 마오쩌둥은 "전쟁을 계속하기 어렵다"고 보고 5월 하순부터 평화회담을 모색하기 시작하였으며 6월 3일 김일성과의 회담에서 의견일치를 이루지 못하였지만, 6월 중순 스탈린이 마오쩌둥의 주장을 지지하여 김일성이 마지못해 동의하였다고 주장하였다(沈志華, 2013: 381-382).

생하였으며, 이 갈등과정에서 북·중·소 3국간 합종연횡이 차례로 이루어졌다. 특히 1952년 중순 마오쩌둥은 스탈린으로부터 1953년 1월부터 시작되는 『제1차 5개년 계획』에 대한 지원을 확보하기 위해, 스탈린이 원하는 대로 전쟁을 계속하기로 하였다는 점을 새롭게 밝혔다.

## 2. 전황의 극도 악화로 인해 마오쩌둥이 김일성과 스탈린에게 휴전을 설득

1950년 10월 19일 중국인민지원군은 압록강을 넘어 한국전쟁에 본격 개입하기 시작하고, 제1차전역과 제2차전역에서 연거푸 승리를 거두고 남쪽으로 진격하였다. 연이은 승리에 마오쩌둥은 적에 대한 경시 태도와 속전속결의 조급함이 생겨 중국인민지원군사령관 펑더화이(彭德懷)의 재정비 및 휴식 필요성 주장에도 불구하고 제3차전역을 곧바로 발동 하여 1951년 1월 4일 서울을 점령하였다.[5] 중국의 개입으로 전황이 급변하자, 유엔은 1951년 1월 13일 중국에 극히 유리한 휴전방안을 제안하였다.[6] 그러나 중국은 유엔의 제안은 "미군에게 단지 숨 돌릴 시간을 줄 뿐"이라고

---

5) 제3차전역(1950년 12월 31일-1951년 1월 8일) 발동 직전인 1950년 12월 26일, 마오쩌둥은 펑더화이에게 제3차전역이 끝난 후 주력부대를 후방으로 철수시켜 1-2개월 간의 재정비, 휴식할 수 있도록 해줄 것을 약속하였다(中共中央文獻硏究室·中國人民解放軍軍事科學院, 2010: 420-422).

6) 1951년 1월 13일, 유엔을 제안한 휴전조건은 다음과 같다: 1. 휴전을 즉각 실현할 것; 2. 한반도 평화회복을 위한 정치회의를 개최할 것; 3. 모든 외국군대의 단계적 철수 및 총선거를 준비할 것; 4. 한반도의 통일과 관리를 위한 정치를 규정할 것; 6. 휴전 후 대만의 지위와 유엔의 중국대표권 문제를 포함한 극동아시아 문제의 해결을 위해 미·영·중·소가 참가하는 회의를 개최할 것으로 되어 있다. 유엔측의 이 제안은 사실 1950년 12월 22일 저우언라이가 제안했던 휴전방안과 매우 유사한 것이다 (U.S. Department of State, 1951b; 164; U.S. Department of State, 1951a: 74-76).

주장하며 거부하였으며, 무력을 통한 한반도 문제의 해결 의지를 굽히지 않았다.[7] 소련 또한 중국의 이 결정에 전적인 동의를 표시하였다.[8]

1951년 1월 24일 유엔군은 전열을 재정비하고 반격을 개시하였으며, 중국인민지원군은 연이은 전역으로 인한 피로와 보급 부족으로 군사작전이 불가능한 상태에 빠졌으며, 중조 연합군은 모든 전선에서 북쪽으로 철수하였다. 이에 1월 27일 펑더화이는 유엔측에 일시적 휴전(Temporary Cease-Fire)을 제안할 것을 마오쩌둥에게 건의하였다. 그러나 마오쩌둥은 이 건의를 거부하고 즉각 제4차전역 발동 준비를 명령하면서, 4차전역 승리 후에 "평화회담"을 고려할 수 있다고 펑더화이에게 통보하였다.[9] 마오쩌둥이 말한 "평화회담"이란, 사실상 유엔군의 항복을 전제로 한 것을 의미한다고 할 수 있다.

그러나 유엔군의 강력한 방어에 중국인민지원군은 제4차 전역에서도 공격을 수비로 전환할 수밖에 없었고, 심지어 동부전선에서는 강원도 양양(襄陽)을 상실하고 38선 이북으로 후퇴하였다. 그 후 중국인민지원군은 증원부대가 도착하면서 4월 22일 참전 이후 최대 규모의 제5차전역을 발동하였지만 실패로 끝났으며, 5월 21일 제5차전역이 끝났을 때 중조연합군은 모든 전선에서 북쪽으로 무질서하게 철수하기 시작하였다(軍事科學

---

7) 『人民日報』(1951/01/18); U. S. Department of State 1951b: 165-166.

8) 소련은 1950년 12월 초부터 이미 "패하여 퇴각 중인 미군이 전면적 패배를 면하고 시간을 벌기 위해 휴전 제안을 제기"할 것으로 예상하였으며, 중국은 미국의 휴전 제안에 대해 강경 입장을 견지할 것을 권고하였다("휴전문제에 대해 미국외교관들과의 뉴욕협상에서 소련대표단 입장에 관한 그로미코가 비신스키 외무상에게 보낸 전보"(1950/12/06), АПРФ, ф.03, оп.65, д.828, л.24).

9) 펑더화이는 1월 27일 인민군과 지원군은 오산, 태평리, 단구리에서 15-35㎞ 북쪽으로 후퇴할 계획임을 마오쩌둥에게 통보하면서, 제국주의 내부의 모순을 격화시키기 위해 일시적 휴전을 제안할 것을 건의하였다(王焰, 1998: 469); (中共中央文獻硏究室·中國人民解放軍軍事科學院, 2010: 454-455).

院歷史研 究所, 2014: 91-93, 183-186, 238-242).

　　전선의 전황이 악화 되자 마오쩌둥은 1951년 5월 26일 전략을 전면 재조정하였다. 먼저, 적에 대한 대규모 공격을 포기하고 평양—원산 라인을 적에게 빼앗기지 않는다는 전제하에 적을 최대한 북쪽으로 깊숙이 유인한 후, 중국인민지원군 1개 군(軍)을 동원하여 영·미군 1개—2개 대대 정도를 섬멸하는 소위 '소모전'을 펼칠 것을 결정하였다(中共中央文獻研究室·中國人民解放軍軍事科學院編, 1993: 282-283). 즉 38선 방어를 포기하고 38선부터 북위 39도 평양—원산까지의 지역에서 소규모 '섬멸전'과 운동전을 전개하기로 한 것이다. 다음날 즉 5월 27일, 마오쩌둥은 중국인민지원군 참모장 지에팡(解方)과 중국인민지원군 제3병단사령관 겸 정치위원 천경(陳賡)에게 이 작전의 의의를 자세하게 설명하였다: "이 작전은 하계 추계 동계 3계절 내에 적은 약화 될 것이며 내년 봄에는 대규모 공세를 가능하게 할 것이다; 만일 하계와 추계 안에 적을 약화시키는 목적을 조기에 달성할 경우, 올 동계부터 적에 대한 대규모 공세가 가능하며 대량의 적을 섬멸하게 될 것이다(中共中央文獻研究室·中國人民解放軍軍事科學院編, 2010: 492-493). 이는 마오쩌둥은 1951년 5월 27일까지는 휴전협상을 전혀 고려하지 않고 있었음을 알 수 있다. 5월 27일 마오쩌둥은 자신의 이러한 군사작전 계획을 스탈린에게 통보하였다.[10]

　　그러나 전선상황은 마오쩌둥의 예상보다 훨씬 심각하였다. 5월 27일 밤 11시, 펑더화이는 마오쩌둥에게 보낸 전보에서, "아군 제3병단과 제9병단 소속 수많은 부대들과 연락이 두절 되어 군량을 보낼 수도 부상병들을

---

10) "영·미군에 대해 오직 소규모 섬멸전만을 전개하는 문제에 관해 마오쩌둥이 스탈린에게 보내는 전보"(1951/05/27), АПРФ, ф.45, оп.1, д.338, л.95-97.

수송할 수도 없는 매우 혼란한 상황이다. 원래 방어 하기로 했던 회양(강원도 동부의 군-역자 주)—평강—안변지역(철원-원산선)은 현재 모두 포기할 가능성이 있으며, 원산 역시 방어가 어렵다"고 보고하면서, "전황의 악화를 방지하고 현재의 어려운 국면을 타개하기 위해, 삼번부대(三番部隊)(동북에 주둔중인 예비 부대-역자 주)를 조기에 조선으로 파견해 줄 것"을 요청하였다(王焰, 1998: 499). 5월 29일 펑더화이는 마오쩌둥의 지시와는 반대로 후퇴를 중지하고 현지에서 방어에 임하도록 모든 부대에게 명령하였으며, 5월 30일에는 평양과 원산에 주둔 중인 42군과 47군에 남하하여 38선 방어에 나서도록 명령하였다.[11]

5월 29일 스탈린 또한 마오쩌둥의 전략에 반대를 분명히 하였다. 스탈린은 이 전략은 "영·미군에 쉽게 간파당해 그들을 북쪽으로 유인하기가 어렵다"고 단언하면서, "적의 주력 부대를 북으로 유인하기 위해서는 큰 희생을 피할 수 없으며", "만일 영·미군이 북진하면서 계속해서 강력한 방어선을 구축할 경우 귀하들이 적을 공격할 필요가 있을 때 큰 대가를 치르지 않고는 영·미군의 방어선을 돌파할 수 없다"고 주장하였다. 스탈린은 마오쩌둥의 전략은 "평양을 적의 수중에 떨어지게 할" 수 있으며 이 경우 "조선인민과 조선인민군 사기는 땅에 떨어지고 반대로 영·미군의 사기는 크게 높아질 것"이라고 경고하였다. 스탈린은 중조연합군은 후퇴를

---

11) (王焰, 1998: 499-500); 5월 29일, 펑더화이는 "아군 이동 중, 적은 아군의 피로와 운수의 어려움 및 보급 부족을 이용하여, 탱크, 차량, 공군 및 오토바이 부대를 이용하여 맹렬하게 추격하고 있으며 우리에게 숨 돌릴 여유를 주지 않으려 한다"고 보고하였다. 뿐만 아니라, "아군은 주로 도보에 의존해 후퇴하기 때문에, 적기와 기계화 부대를 피할 수 없으며 이로 인해 3중의 방어선을 필요로 하며 적의 추격을 저지하는 임무를 맡은 부대는 엄청난 사상자가 발생한다"고 보고하였다(軍事科學院史料叢書課題組, 2014: 623-630); "중국인민지원군 군사고문 단장 크라소브스키(K.N Krasovski)가 스탈린에게 보낸 방어문제에 관한 5월 31일자 지원군사령부 지시"(1951/06/04), АПРФ, ф.45, оп.1, д.339, л.10-16.

할 것이 아니라 대규모 공세를 준비하여, 적에게 큰 타격을 가해 전세를 역전시킬 것을 제안하였다.[12]

적을 북쪽으로 깊숙이 유인하여 차례로 섬멸하자는 마오쩌둥 제안은, 펑더화이와 스탈린의 반대에 직면하였다. 이에 중공중앙은 1951년 6월 30일 마오쩌둥의 주재하에 회의를 개최하고 5월 26일 수립한 전략을 수정하고, 동시에 회담을 통해 전쟁을 끝낼 것을 결정하였다. 이 회의에 참석한 당시 중국인민해방군 참모장 니에룽전(聶榮臻)은, "제5차 전역 이후 중공중앙은 회의를 개최하고 이후 어떻게 할 것인가에 관해 연구하였으며, 회의에서 다수의 동지들은 38선 부근에서 후퇴를 중지하고 싸우면서, 협상을 통해 문제를 해결하는 것이 아군에게 유리하다고 생각하였다. 당시 본인도 이 의견에 동의하였다. … 회의는 마오쩌둥의 주재하에 '싸우면서 협상한다(邊打邊談)'는 방침을 최종적으로 확정하였다"고 자신의 회고록에서 밝혔다(聶榮臻, 1984: 741-742). 회의는 다음날 새벽까지 계속되었으며, 회의가 끝난 직후인 5월 31일 새벽 2시 마오쩌둥은 펑더화이에게 즉시 전보를 보내 펑더화이의 군사 배치와 부대 이동 조치에 대해 전폭적인 지지를 표시하였다.[13]

---

12) "영·미군 타격 전술 문제에 관해 스탈린이 마오쩌둥에게 보내는 전보"(1951/05/29), АПРФ, ф.45, оп.1, д.338, л.98-99.

13) (中共中央文獻研究室·中國人民解放軍軍事科學院, 2010: 494-495); 마오쩌둥은 현 전선의 방어와 후방 병력을 최전선으로 이동시키자는 펑더화이의 주장에 동의하였다. 이에 따라 원산에 주둔하며 유엔군의 원산 상륙 저지의 책임을 지고 있던 42군은 강원도 북부 이천(伊川)으로 재배치되어, 평강과 철원지역의 방어와 이천 지역으로 침투하는 유엔군 낙하산 부대의 진격을 저지하는 책임을 맡았다. 제47군은 전략예비부대로서 평양 부근의 비행장 건설에 종사하고 있었다. 제47군은 6월10일 황해도 해주의 남천과 신막으로 이동 배치되어 최전선 방어에 나섰다(王焰, 1998: 501); 한편 동북에 주둔하고 있던 제20병단 소속 제66군과 제67군은, 6월 초 북한에 조기 진입한 후 제42군과 47군의 임무를 담당하였다(楊成武年譜編寫組, 2014: 223).

따라서 협상을 통한 전쟁의 해결 방침은, 1951년 5월 30일 밤에서 31일 2시 사이에 결정되었음을 알 수 있다. 또한 38선 고수 결정은 마오쩌둥이 38선에서 휴전을 실현할 것을 염두에 두고 있었음을 보여준다.

마오쩌둥은 휴전회담 결정을, 자신의 장군들에게도 통보하였다. 6월 2일 북한으로 파견되는 20병단 사령관 양청우(楊成武), 정치위원 장난셩(張南生)과의 오찬에서, "장기전을 준비하고 진지전을 준비해야 한다. 동시에 '평화회담(和談)'을 쟁취하여 이 전쟁을 끝내야 한다"고 밝혔다(楊成武年譜編寫組, 2014: 223; 中共中央文獻研究室編, 2013: 357).

마오쩌둥은 승리의 가능성이 사라진 상황하에서 전면적인 패배를 모면하고 38선 이북 지역 보존의 목적에서, 휴전협상을 결정한 것으로 보인다. 뿐만 아니라, 일단 휴전협상이 시작되면 전선에서 적의 압력이 완화될 것으로 예상하였으며, 이 경우 중조연합군이 재정비 할 수 있는 시간을 확보할 수 있다는 점도 고려되었다.[14] 마오쩌둥은 "우리의 전략적 반격으로, 보가위국 (保家衛國)과 인접 형제국을 구하는 주요 임무가 완성" 혹은 "38선에서 전선이 안정"되었기 때문에 휴전협상에 임하게 되었다고 주장하였다(中共中央文獻研究室編, 2013: 356-357). 그러나 김일성은 중국의 임무가 완성되었다고 전혀 생각하지 않고 있었다. 5월 30일 김일성은 펑더화이에게 전보를 보내, "조선에서 군사행동이 지체되는 것은 군사적·정치적으로 우리에게 불리하며, 조선 문제의 평화적 해결을 기대해서는 절대로

---

14) 1951년 7월 22일, 마오쩌둥은 스탈린에게 보낸 전보에서 6개월 혹은 8개월 내에 적을 조선반도에서 몰아낼 가능성이 없으며, 때문에 전쟁을 계속하는 것은 국력을 낭비하는 것이며 조속히 휴전을 실현하는 것이 유리하다고 강조하였다. 마오쩌둥의 예상대로 7월에는 미국의 군사적 압력은 대폭 완화되었고 전황은 다소 호전되었다. "외국군 철군에 관해 마오쩌둥이 스탈린에게 보내는 전보"(1951/07/20), АПРФ, ф.45, оп.1, д.340, л.88-91.

안 되며, 동시에 38선에서 전쟁을 끝내서도 안 된다"고 주장하였다. 뿐만 아니라, 6월 하순에 유엔군에 대한 대규모 공세를 취할 것과, 이를 위한 8 개항의 제안을 하였다.[15] 당일 김일성은 마오쩌둥에게 전보를 보내, 자신 이 제6차전역 개시에 관해 마오쩌둥에게 직접 설명할 수 있게 해줄 것을 요청하였다(中共中央文獻硏究室編, 2013: 352-354). 김일성과 스탈린 모두 대 규모 전역 발동을 주장하고 있는 상황하에서, 마오쩌둥은 그들의 뜻과 달 리 휴전협상 시작을 단독으로 결정한 것이다.

중국의 일부 연구자들은 "적이 우리와 휴전 협상을 원해서" 중국은 이 제안을 받아들였다고 주장하였다. 즉 5월 31일 전임 소련주재미국대리대 사 조지 케넌(George F. Kennan)이 유엔주재 소련대사 말리크(Yakov Malik) 에게 회담을 제안하였으며, 이 회담에서 미국이 휴전회담을 소련에 제안 하였으며, 중국이 이에 동의하면서 휴전협상이 시작되었다는 것이다(軍 事科學院軍事歷史硏究部, 2014: 292-293, 302; 師哲, 1991: 506; 柴成文·趙勇田, 1992: 113-115). 그러나 케넌과 말리크의 회담이 끝난 시간은, 북경시간 6월 1일 새벽 4시이다(U.S. Department of State, 1951a: 483-486; George F. Ken-nan, 2014: 287-290). 중국의 휴전협상 결정은 5월 31일 새벽 2시 이전에 결 정되었기 때문에, 미국의 태도와는 무관하다고 할 수 있다.

휴전협상의 실현을 위해서는, 김일성과 스탈린의 동의가 필요하였다. 6월 3일 대규모 전역 발동 문제를 논의하기 위해 북경에 도착한 김일성과

---

15) 김일성은 6월말 혹은 7월초에 대규모 전역을 발동할 것을 주장하고, 우기(雨季)를 충분히 이용할 것, 중국공군이 출동시켜 지상군 공격을 엄호할 것, 조선인민군 장갑부대를 집중적으로 이용할 것, 38선 일대에 양식과 탄약을 배치할 것, 20일간 사용할 수 있는 양식과 탄약을 수집 비축할 것, 공군을 출동시켜 운수 보급선을 확보할 것 등을 제안하였다(軍事科學院軍事歷史硏究部, 2014: 408-409); (王焰, 1998: 500).

의 회담에서, 마오쩌둥은 "38선 군사분계선"과 "모든 외국군의 점진적 철수"를 조건으로 휴전회담을 시작할 것을 김일성에게 제안하였다. 동시에 중국인민지원군의 각종 어려움과 전황의 엄중함을 김일성 에게 설명하고, 단기간 내에 공격을 재개하기 어렵다고 설명하였다. 마오쩌둥과 김일성은 만일 적이 협상 조건을 거부할 경우, "더 많은 적의 부대를 섬멸한 후 이 문제를 재차 논의하는 것이 유리 하다"는 데에 견해를 같이 하고, "8월 중 승산있는 한 차례 반격을 실시"한다는 것에도 합의하였다(中共中央文獻硏究室編, 2013: 352, 354; 軍事科學院軍事歷史 硏究部, 2014: 302; 柴成文·趙勇田, 1992: 113-115). 마오쩌둥은 만일 협상이 교착상태에 빠지면, 8월 중에 제6차전역을 발동할 것도 약속하였다.

마오쩌둥의 제안은 김일성에게 매력적인 제안이었다. 첫째, 휴전협상이 시작되면 중조 연합군은 휴식할 시간을 확보하게 되고, 이는 마오쩌둥이 약속한 대규모 전역 발동에 유리 하였다. 둘째, 만일 유엔측이 38선 군사분계선 조건을 받아들일 경우, 자신은 영토 손실을 방지할 수 있다. 셋째, 만일 모든 외국군이 모두 철수할 경우, 한국군을 경시하는 김일성은 향후 무력을 통한 한반도 문제 해결에서도 유리한 입장에 서게 된다. 넷째, 마오쩌둥은 8월에 대규모 전역을 발동할 것을 약속하였다. 따라서 만일 미국이 협상에서 양보하지 않을 경우에도, 북한에게는 그 어떠한 손해도 없다. 이 시기 휴전협상은 김일성에게 일종의 꽃놀이패였다. 이에 따라 김일성은 마오쩌둥의 휴전회담 제안에 동의하고, 마오쩌둥과 스탈린 설득을 논의하였다.[16)

---

16) 스탈린 설득에 관해서는 다음을 참조할 것(柴成文, 2000: 1-16); 8월에 대규모 전역을 발동한다는 마오쩌둥의 약속은 다음을 참조할 것(中共中央文獻硏究室·中國人民解放軍軍事科學院編, 1993:

마오쩌둥은 김일성과 휴전협상 개시에 의견일치를 이룬 후, 스탈린 설득을 위한 준비를 시작하였다. 한국전쟁은 스탈린의 세계전략의 일환이었으며, 한국전쟁을 계속하는 것은 스탈린의 세계전략에 절대적으로 부합하였다.[17] 따라서 마오쩌둥은 6월 3일 스탈린에게, 자신의 휴전 결심을 언급하지 않으면서, "우리군의 기술 조건이 적과 큰 차이가 있기 때문에, 조선 문제를 신속히 해결할 수 없으며, 따라서 장기전을 진행하여 해결할 것"이라고 통보하였다(中共中央文獻研究室編, 2013: 355). 6월 4일 스탈린은 전선의 어려움과 전황의 엄중함을 통보하는 2통의 전보를 더 받았다.[18] 마오쩌둥은 전선의 어려움 호소를 통하여 스탈린의 이해를 구하고 휴전협상의 필요성을 제기할 계획이었던 것으로 보인다.

그러나 6월 5일 스탈린으로 부터의 회신은, 마오쩌둥을 실망시켰다. 스탈린은 "조선전쟁을 빨리 끝내려고 서두르지 말 것"과 "지구전"이 중국에 유리하다고 강조하였다. 스탈린은 "첫째, 지구전은 중국군대로 하여금 전장에서 현대적 전쟁을 학습할 기회를 제공해 주며; 둘째, 트루먼 정부를 동요시킬 수 있고 영·미군의 군사적 위신을 떨어트릴 수 있다"고 그 이유를 설명하였다. 스탈린은 주력부대를 신속히 후방에 투입하여 강력한 진

---

290-291).

17) 1950년 8월 27일, 스탈린은 체코슬로바키아 대통령 가터왈드(Klement Gottwald)에게 보낸 전보에서, 미국과 중국이 한반도에서 싸우는 것은 "미국의 손과 발을 아시아에 묶어두고, 우리에게 유럽사회주의를 강화할 수 있는 시간을 확보할 수 있게 해 줄 뿐만 아니라, 미국과의 3차대전의 발발도 무기한 연기할 수 있게 된다"고 의의를 설명하면서 "이는 우리에게 큰 전략적 이익이다"고 강조하였다. "Letter from Filipov(Stalin) to Soviet Ambassador in Prague, conveying message to CSSR leader Klement Gottwald"(50/08/27), (Donggil Kim et al, 2008:1-6); (Kim Donggil, 2011: 89-114).

18) "크라소프스키(K.N Krasovski)가 스탈린에게 보낸 전보: 기동 방어 작전 문제에 관한 펑더화이의 전보" (1951/06/04), АПРФ, ф.45, оп.1, д.339, л.4-6, 10-16.

지를 구축하고, 평양—원산부터 38선 사이에 3중 방어선을 신속히 구축할 것을 제안하면서, 필요한 대포, 반—탱크 무기 등도 공급해줄 것도 약속하였다.[19] 스탈린은 휴전협상이 아닌 전쟁의 지속을 원하고 있음을 분명히 하였다.

이에 마오쩌둥은 김일성과 가오강(高崗)을 모스크바로 보내 스탈린을 직접 설득하기로 결정하였다. 당일 스탈린에게 중조 양국은 "재정문제, 전선에서 군사행동을 취하는 문제 및 적의 후방 연해 일대 상륙등과 같은 엄중한 문제에 직면하고 있다"고 설명하고, "가오강과 김일성이 모스크바에서 스탈린과 이 문제들을 직접 논의"할 수 있게 해줄 것을 요청하였다("가오강과 김일성의 모스크바 방문에 관해 마오쩌둥이 스탈린에게 보내는 전보"(1951/06/05), АПРФ, ф.45, оп.1, д.339, л.23). 이틀 후, 스탈린은 마오쩌둥의 요청에 동의하고, 가오강과 김일성을 위해 전용기 파견을 약속하였다.[20] 가오강과 김일성이 모스크바 출발하기 하루 전, 즉 6월 9일 마오쩌둥은 가오강과 김일성이 "전쟁과 평화의 문제"를 논의할 것이라고 통보하면서, 이들의 모스크바 방문 목적이 휴전회담을 개최 문제에 있음을 처음으로 스탈린에게 알렸다("가오강과 김일성의 소련방문에 관해, 마오쩌둥이 스탈린에게 보내는 전보"(1951/06/09), АПРФ, ф.45, оп.1, д.339, л.28-29).

6월 13일 가오강과 김일성은, 휴전문제, 60개 사단분의 무기 공급 및 소련의 군사고문 파견 문제를 스탈린과 논의하였다. 휴전문제에 관해서 스탈린은 "일시적 교전중지(停火)가 유리한가? 아니면 한 번 싸운 다음 전

---

19) "스탈린이 방어 작전 등에 관해 마오쩌둥에게 보내는 전보" (1951/06/05), АПРФ, ф.45, оп.1, д.339, л.17-18.
20) "가오강과 김일성의 소련 방문에 관해, 스탈린이 마오쩌둥에게 보내는 전보"(51/06/07) АПРФ, ф.45, оп.1, д.339, л.26.

선 상황을 개선 한 후, 휴전(停戰)을 재차 논의하는 것이 유리한가?"를 질문 한 후, 가오강과 김일성에게 "일시적 교전 중지(停火: Cease-fire)", "휴전(停戰: Armistice)" 및 "평화조약(和談: Peace treaty)"의 차이를 자세히 설명한 후, 북·중 양국은 무엇을 원하는 지를 물었다. 이에 두 사람은 "우리가 원하는 것은 휴전(停戰)"이라고 대답하였다. 회담이 끝난 후, 스탈린은 "지금 휴전하는 것이 우리에게 유리한 것이라는 것을 지금에야 알게 되었다"고 마오쩌둥에게 간단하게 회신 하였다.[21]

스탈린과 회담을 마친 후 가오강과 김일성은 회담결과를 마오쩌둥에게 즉시 통보하면서, 휴전회담 제기 방법에 관해 마오쩌둥의 견해를 물었다. 마오쩌둥은 "조선과 중국이 이 문제를 제기하는 것은 합리적이지 못하며", "적들이 호소할 때까지 기다리는 것과 소련정부가 케넌의 성명에 의거하여 미국정부에 휴전에 대해 문의"하는 두 방안을 제기하면서, 후자가 "바람직하다"고 덧붙였다. 동시에 38선을 군사분계선으로 할 것과 비무장지대 설치 필요성을 강조하면서, 회담의 성공을 위해 대만문제 해결과 유엔가입 문제는 제기하지 말 것을 주장하였다("스탈린과 휴전협상 논의에 관해 마오쩌둥이 김일성에게 보내는 전보"(1951/06/14), АПРФ, ф.45, оп.1, д.339, л.58-60). 김일성과 가오강은 스탈린과 휴전협상 제안 방법을 논의하고, 마오쩌둥의 뜻대로 6월 23일 말리크 유엔주재 소련대사가 제안하도록 결정하였다.

---

21) 스탈린은 일시적 교전 중지(停火)는 "몇 시간 혹은 1-2일 정도 전투행위를 중지하고, 이 시간이 지나면 교전을 계속하는 것"을 의미하여, "휴전 (停戰)은 비교적 오랜 시간 군사행동을 중지하는 것을 의미하지만, 쌍방은 여전히 교전상태에 처해 있으며 전쟁이 끝난 것을 의미하지 않고 언제든지 교전을 재개할 수 있는 것"이라고 설명하였다(師哲, 1991: 506-508); "휴전협상과 공군사용 문제에 관해 스탈린이 마오쩌둥에게 보낸 전보"(51/06/13), АПРФ, ф.45, оп.1, д.339, л.31-32.

6월 13일, 북·중·소 3국간에 휴전협상을 시작하다는 데에 의견일치를 이루었다. 분명한 것은 3인의 휴전협상 동기가 같지 않다는 점이다. 마오쩌둥은 전쟁을 계속할 뜻이 없었으며, 조속한 휴전을 원하였다. 반면에 김일성은 만일 적이 "38선 분계선"과 "외국군 철군"에 동의할 경우에만 휴전협정에 동의하고, 그렇지 않을 경우 즉시 대규모 공격을 재개하고자 하였다. 스탈린은 중조연합군 전황이 위급하여 숨 돌릴 시간을 확보하는 것에, 휴전협상에 임하는 목적이 있었다. 따라서 스탈린은 최전선 중조연합군의 군사적 역량을 강화시키기 위해, 6월 13일 마오쩌둥에게 중국군이 보유 중인 16개 공군사단 중 8개 사단을 조선의 전선으로 투입할 것과, 최전선의 중국인민지원군에 대한 엄호 제공 및 공동작전은 중국공군 이 담당할 것을 주장하였다. 동시에 중국인민지원군은 중국공군의 엄호 제공 없이는 전투를 수행할 수 없기 때문에, 중국공군 조종사를 조속히 양성하여 전선으로 보내도록 소련장군들에게 명령하면서, 이 임무가 가장 중요한 임무라고 강조하였다.[22] 스탈린·마오쩌둥·김일성은 휴전협상에 대한 목표가 서로 달랐으며, 이는 이후 휴전협상이 험난할 것임을 예고하고 있었다.

---

22) "휴전협상과 공군사용 문제에 관해 스탈린이 마오쩌둥에게 보낸 전보"(1951/06/13), АПРФ, ф.45, оп.1, д.339, л.31-32; "조속한 중국비행사 양성에 관해 스탈린이 크라소프스키(K. N Krasovski) 에게 보내는 전보"(1951/06/13), АПРФ, ф.45, оп.1, д.339, л.47; "휴전과 방어에 관해 마오쩌둥이 스탈린에게 보내는 전보"(1951/06/13), АПРФ, ф 45, оп.1, д.339, л.55-56.

## 3. 협상초기 휴전조건에 대한 중·조간 견해 차이와 소련

6월 23일 유엔주재 소련대사 말리크는 미국 공영방송을 통해, "교전쌍방은 38선으로부터 군대를 철수"시키고, "싸움을 멈추고 휴전협상을 시작"할 것을 호소하였다(『人民日報』, 1951/06/25); New York Times, 1951/06/24). 말리크의 휴전 제안에 대해 미국무부와 국방부는 각각 찬반으로 의견이 나뉘었지만, 미국의 동맹국들은 미국이 한국전쟁의 수렁에 빠지지 않도록 하기 위해 말리크의 휴전협상 제안에 적극적으로 임할 것을 주장하였다.[23] 이에 트루먼 대통령은 국무부와 동맹국의 주장을 받아들여, 말리크의 휴전협상 제안을 받아들이기로 결정하였다. 6월 28일 미국정부는 1950년 6월 30일 리지웨이(Ridgeway) 유엔군사령관 명의로 휴전회담에 호응하는 성명을 발표하기로 결정하고, 휴전회담은 "철저하게 군사적인 문제에 국한하고 정치와 영토문제는 논의하지 않으며", "폭 20마일(Mile)의 비무장지대 설치" "일대일 포로 교환" 및 "휴전집행 감시 기구 설치"를 휴전 협상에서 논의할 것을 결정하였다(U. S. Department of State 1951a: 439-442, 598-600).

동시에 북·중·소 3국 역시 협상전략을 논의하기 시작하였으며, 중국과 북한은 협상전략에 이견을 보이기 시작하였다.[24] 북한은 6월 30일과 7

---

23) (U.S. Department of State 1951a: 560-561); (U.S. Department of State 1951a: 552-553); 영국, 프랑스, 호주등은 말리크 대사의 휴전 호소에 적극적으로 나설 것을 주장하면서, 리지웨이 유엔군 사령관은 말리크의 제안에 적극적으로 회신해야 한다고 강조하였다(U.S. Department of State 1951a: 556-560, 562).

24) 6월 29일, 김일성은 마오쩌둥에게, "만일 리지웨이가 협상을 희망할 경우 우리는 어떻게 회신

월 1일 중국과 소련에 자신의 휴전협상 조건을 각각 통보하였다:

1. 1951년(  )일(  )시(평양시간)에, 쌍방은 전투중지 명령을 내리고 모든 군사행동을 중지한다.
2. 쌍방의 육해공군은 3일 이내에 38선으로부터 10마일씩 철수하고, 이 지역을 비무장지대로 한다.
3. 쌍방은 육해공군의 38선 통과를 중지한다.
4. 쌍방은 조선의 경외로부터 경내로의 무기, 군대, 혹은 증원군의 수송을 중지한다.
5. 중국인민지원군을 포함한 모든 외국군대는 2-3개월 내에 단계적으로 모두 철수한다.
6. 쌍방은 포로들을 귀환시킨다. 휴전 후 2-3개월 안에 몇 단계로 나누어 상호 포로교환을 실시한다.
7. 남북조선의 난민들은 4개월 안에 이전 거주지로 귀환한다.[25]

그러나 마오쩌둥은 북한의 협상 초안에 대해, "난민 송환요구는 남북한 대표사이에 끝없는 논쟁으로 이어져 기타 중요한 문제 해결에 악영향을 줄 수 있다"고 반대하였으며, 중국인민지원군을 포함한 모든 외국군 철수 문제 역시 "상대방이 이 문제를 정치 문제와 연관된 문제라고 생각

---

할 것인가?"라고 의견을 구하였다. "중국의 협상 태도에 관한 김일성이 마오쩌둥에게 보내는 전보" (1951/06/29), АПРФ, ф.45, оп.1, д.339, л.92.

25) "휴전협상 대표단 구성과 협상 의제에 관해 조선인민군 군사고문단장 라주바예프가 소련군 총참모장에게 보낸 전보"(51/07/01), АПРФ, ф.45, оп.1, д.340, л.3-4; "휴전협상 문제에 관해 김일성이 마오쩌둥에게 보낸 전보"(51/06/30), АПРФ, ф.45, оп.1, д.340, л.6-7.

할 수 있기 때문에, 휴전협상에서 논의되어서는 안 된다"고 주장하였다. 7월 3일 마오쩌둥은 이러한 자신의 생각을 스탈린에게 전하면서, 그의 견해를 물었다("휴전협상에 대한 중국측 견해에 관해, 마오쩌둥이 스탈린에게 보내는 전보"(1951/07/03), АПРФ, ф.45, оп.1, д.340, л.8-10). 마오쩌둥과 김일성 모두 스탈린의 지지를 받고자 하였지만, 이들 문제에 있어서 스탈린은 김일성의 입장을 지지하였다("휴전협상 건의에 관해, 스탈린이 마오쩌둥에게 보내는 전보"(1951/07/03) АПРФ, ф.45, оп.1, д.340, л.11-12). 이에 마오쩌둥은 북한의 초안을 기초로 한 "중조공동 방안"을 스탈린에게 최종 휴전협상안으로 보냈다("휴전 초안에 관해 마오쩌둥이 스탈린에게 보내는 전보"(1951/07/05), АПРФ, ф.45, оп.1, д.340, л.19-20).

3국간에 휴전협상 준비가 본격화되자, 마오쩌둥은 휴전협상 성공을 위한 일련의 조치를 취하기 시작하였다. 7월 7일 마오쩌둥은 중국공군의 북한 파견에 대해, "적에게 구실을 주지 않기 위하여 중국공군을 조선에 배치하지 말도록"지시하였다.[26] 더 나아가 7월 9일에는 "전쟁배상 문제"와 "남북한 난민의 교환 문제"는 휴전협상에서 제기하지 말 것을 김일성에게 요구하였다(中共中央文獻研究室, 2013: 372).

1951년 7월 10일, 휴전협상이 개성에서 시작되었다. 쌍방은 휴전협상 의제 문제를 놓고 논쟁을 벌였다: 중조양측은 "38선은 전쟁 이전의 군사분계선"이며, "외국군대가 모두 철수해야 진정한 평화가 보장될 수 있다"

---

26) 6월 22일 마오쩌둥은 공군사령관 류야러우(劉亞樓)에게, "조선전쟁에서 휴전협상이 출현할 수 있다. 공군은 서둘러 참전하여 전투를 통해 단련할 기회를 얻도록 해야 한다"고 강조하였다(中共中央文獻研究室 2013: 363). 그러나 7월 7일 "휴전이 선포되기 이전에 일부 공군을 서둘러 조선의 각 공항에 배치"하자는 류야러우의 제안에, "적에게 구실을 줄 수 있기 때문에 보내지 말 것"을 지시하였다(中共中央文獻研究室, 2013: 372), (中共中央文獻研究室, 2010: 508-509, 527-529).

고 주장하면서, "38선 군사분계선"과 "외국군대의 조선반도 철수"를 의사 일정에 포함시킬 것을 주장하였다(국사편찬위원회, 1994: 43, 54, 68, 78, 96). 그러나 유엔군측 대표는 38선은 실질적 의미를 이미 상실하였고, 외국군 철군문제는 자신 들 권한 밖이라고 주장하며 이에 반대하였다(국사편찬위 원회, 1994: 19, 43, 58, 59, 91, 118, 139).

유엔측의 강경한 태도에, 마오쩌둥은 양보를 구상하기 시작하였다. 7 월 13일 마오쩌둥은 "만일 미국이 모든 외국군의 조선반도 철수 문제 논 의에 동의할 경우", "38선"을 군사분계선으로 구체적으로 명시하지 않는 "군사분계선" 획정을 의제로 정할 것을 스탈린에게 제안하였다. 동시에 김일성의 남북 난민 교환 주장은 "조선[북한]에 불리"하기 때문에, 향후 휴전회담에서 주장하지 않을 것임도 통보하였다("휴전협상 책략에 관해 마 오쩌둥이 스탈린에게 보낸 전보"(1951/07/13), АПРФ, ф.45, оп.1, д.340, л.43-45). 다음날 스탈린은 마오쩌둥에게 동의를 표시하였으며, 7월 15일 마오쩌둥 은 이를 즉각 김일성에게 통보하였다.[27]

7월 16일 속개된 제5차회담에서, 북측수석대표 남일은 신속하게 의사 일정을 합의하기 위해 38선을 구체적으로 명시하지 않은 "군사분계선" 획정에 동의하였다("마오쩌둥이 스탈린에게 보낸 휴전협상장에서의 남일의 발 언"(1951/07/16), АПРФ, ф.45, оп.1, д.340, л.56-61). 마오쩌둥은 외국군 철군 문제에서도 타협을 고려하기 시작하였다. 그는 7월 20일 "철군문제는 휴 전실현 후 논의할 것"을 스탈린에게 제안하고 스탈린의 동의를 받았다.[28]

---

27) "중조의 협상 책략 동의에 관해 스탈린이 마오쩌둥에게 보낸 전보"(1951/07/14), АПРФ, ф.45, о п.1, д.340, л.48; (中共中央文獻硏究室, 2013: 376).

28) "외국군 철군 문제에 관해 마오쩌둥이 스탈린에게 보낸 전보"(1951/07/20), АПРФ, ф.45, оп.1, д.340, л.88-91; "중국의 휴전협상안 동의에 관해 스탈린이 마오쩌둥에게 보내는 전

7월 23일, 마오쩌둥은 개성에서 휴전 협상을 막후 지휘하고 있던 리커농(李克農)에게, 외국군 철군문제는 휴전협상 의사일정에 포함시키지 말고 "휴전실현 후 일정기간 내에 쌍방이 고위급 대표회담을 개최하여 조선에서 단계적으로 철수시키는 방식으로 협의"하도록 지시하고, 이를 김일성에게 통보하였다(中共中央文獻研究室, 2013: 379).

1951년 7월 26일, 쌍방은 마침내 5개항의 의사일정에 합의하였다. 그 중 제2항은 "쌍방은 군사분계선을 확정하고 비무장지대를 설치"한다고 규정하였을 뿐, 38선의 군사분계선 여부에 관해서는 언급이 없다. 철군문제 역시 휴전 후 "정치회담"을 개최하여 해결하도록 결정하였다.[29] 따라서, 이후 휴전협상의 핵심문제는 교전선 혹은 38선을 군사분계선으로 할 것인지 문제였다.

7월 27일부터 군사분계선 획정을 위한 협상이 시작되었다. 중조양측은 예상대로 38선을 군사분계선으로 할 것을 주장하였다. 반면에 유엔측은 유엔군이 공군과 해군에서 "절대적 우세"를 점하고 있는 점을 고려하여, 쌍방군대 접촉선보다 수십 킬로미터(㎞) 북쪽 지점을 군사분계선으로 할 것을 요구하였다.[30] 마오쩌둥은 소위 "해·공군 우세 보상" 요구는, 유엔측이 중조양측을 압박하기 위한 것으로 보고, '38선 군사분계선' 입장을 고수하도록 지시하였으며 이에 협상은 진전을 이루지 못하였다.[31] 협

보"(1951/07/21), АПРФ, ф.45, оп.1, д.340, л.92.

29) 의사일정은 다음과 같다: 1. 휴전실현; 2. 군사분계선; 3. 중립국감독위원회; 4. 전쟁포로 문제; 5. 각국정부에 대한 건의 사항(柴成文·趙勇田, 1992: 140-141).

30) (국사편찬위원회, 1994, 163-173); 마오쩌둥에 따르면, 유엔측이 요구한 해공군 우세 보상요구 면적은 12,000㎢에 달하였다(中共中央文獻研究室, 2013: 380).

31) 마오쩌둥은 7월 28일, 8월 1일, 8월 4일, 8월 11일 38선을 군사분계선으로 견지할 것을 지시하는 전보를 리커농과 김일성에게 각각 보냈다(中共中央文獻研究室·中國人民解放軍軍事科學院編

상이 지지부진하자 협상의 진전을 위해, 8월 17일 마오쩌둥은 김일성과 중국협상 대표단에게 기존 38선 주장을 포기하고 임진강을 기초로 하는 군사분계선을 제안하도록 지시하였다.[32] 마오쩌둥의 제안은 사실상 유엔군이 점령중인 켄사스선(Kansas Line)을 유엔측에 넘겨주는 대폭적인 양보안이었다. 그러나 유엔측은 8월 18일 "임진강 서쪽 및 38선 이남 지역은 군사적 의미가 전혀 없다"고 주장하며 거부하였다.[33] 8월 19일 김일성은 유엔군의 켄사스선 양보와 임진강 이북의 비무장 지역의 민사행정 관리권은 유엔이, 임진강 서쪽의 민사행정 관리권은 중조양국이 각각 행사하는 방안을 제안하였다. 그러나 김일성의 제안은 유엔측의 양보 면적이 자신들의 양보 면적을 초과하는 것이었다. 마침 8월 18일부터 유엔군의 하계 대공세가 시작되자 8월 22일 중조 협상대표단은 경제적·군사적 손익을 비교한 후, 현 전선을 군사분계선으로 하는 방안을 마오쩌둥과 김일성에 제안하고 그들의 동의를 받았다.[34]

중조양국은 양보를 결정하였지만, 8월 22일 개성의 중립지대에 폭탄

1997: 207-208: 中共中 文獻硏究室, 2013: 380-386).

32) 마오쩌둥은 "임진강 동쪽은 38선 이북에, 임진강 서쪽은 38선 이남에 위치해 있고, 38선 이북과 이남의 면적이 비슷하기 때문에" 임진강을 군사분계선으로 하면 북한은 영토 손실 없이 군사분계선을 획정할 수 있다고 보았다. 그는 "비무장지대는 임진강을 기초로 설치하고, 임진강 동쪽의 적들은 현 진지에서 임진강까지만 후퇴하고 더 이상 후퇴할 필요가 없으며, 우리도 현 진지에서 전진과 후퇴를 해서는 안 된다. 임진강 서쪽의 우리군은 임진강으로 후퇴하고, 적들 역시 현 진지에서 후퇴하거나 전진해서는 안 되며" 양군이 후퇴한 지역을 비무장 지대로 할 것을 제안하였다(中共中央文獻硏究室, 1997: 172); 켄사스선(Kansas Line)은 임진강-화천호-양양을 잇는 선을 의미한다.

33) 유엔은 "죽은 암소를 가지고 아름다운 준마와 바꾸려한다"고 주장하며, 이 제안을 거부하였다. "마오쩌둥이 스탈린에게 보낸 휴전협상 제27호 요약"(1951/08/20), АПРФ, ф.45, оп.1, д.341, л.84-85.

34) (柴成文·趙勇田, 1992: 170-171; 軍事科學院歷史硏究所, 2014: 398-403); "휴전협상에 관한 페트호프 (Petukhov)의 보고"(1951/05), 러시아연방 외교부 당안관 (АВПРФ), ф.0102, оп.7, п.32, д.65, л.24-63.

9개가 투하되고 중조대표단 숙소에 사격이 가해지는 사건이 발생하였다. 이에 중조양측이 8월 24일 휴회를 선포하면서 협상은 중단되었다(中共中央文獻硏究室, 2013: 388-390).

결론적으로 휴전협상 초기, 중국은 조속한 휴전 실현에, 북한은 38선 분계선 확보와 외국군 철수에 협상의 중점을 두었다. 중국의 태도는 타협적이었고 북한은 상대적으로 강경하였다. 스탈린은 김일성의 원칙론을 지지하였지만, 협상이 길어짐에 따라 조속한 교전 중지를 이루어 대규모 공격을 준비하기 위해 마오쩌둥의 책략을 지지하였다. 그러나 중조양국은 군사분계선 획정 문제에서 양보를 이미 결정하였기 때문에, 향후 협상이 속개될 경우 신속하게 합의에 이를 것을 예상할 수 있었다.


## 4. 마오쩌둥과 김일성의 조속한 휴전 실현 추진과 스탈린의 방해

8월 중순부터 10월까지 유엔군은 연이어 하계 및 춘계 공세를 발동하고, 중조연합군에 무차별 폭격과 포격을 가하는 동시에, 후방에 대해 대규모 폭격을 감행하였다. 대량의 희생이 연이어 발생하자, 중조양국은 협상을 서두르기로 결정하였다.[35] 동시에 9월초부터 북한의 고위층인사

---

35) 8월 18일 유엔군은 춘·하계 공세를 발동하였지만, 중국은 그 다음날 운수, 보급 및 식량 부족을 이유로 제6차전역 발동을 포기하였다(中共中央文獻硏究室 2013: 388; 中共中央文獻硏究室, 1997: 217-219); 9월 1일 북한주재 폴란드 대사관의 보고는, 당시 폭격이 북한에 가져온 참상을 설명해준다. "Report from the Embassy of the Polish Republic in Korea for the Period of the July through August 1951"(51/09/01)

들 사이에서 휴전협상을 통해 전쟁을 끝내야 한다는 목소리가 날로 높아졌다.[36]

9월 13일, 마오쩌둥은 리커농, 김일성 및 펑더화이에게 휴전협상을 재개를 요구할 것과 8월 22일 리커농이 건의한 교전선 군사분계선 방안을 최후카드로 사용할 것을 지시하였다.[37] 그러나 10월 25일 협상 재개를 앞두고, 마오쩌둥은 협상전략을 바꾸었다. 24일 리커농 에게 "만일 적이 기존의 [해공군의 우세 보상]방안을 철회할 경우에만, 현 교전선에서 휴전하는 방안을 제기"하도록 지시하였다. 마오쩌둥이 제기한 군사분계선 기준은, 임진강 동쪽의 38선 이북지역의 유엔군 점령지 1944 ㎢와 임진강 서쪽의 38선 이남 중조연합군 점령지 1880 ㎢을 서로 맞바꾸는 방안이었다.[38] 마오쩌둥은 10월 24일 자신의 이 계획을 김일성에게 전달하였으며, 김일성 역시 25일 동의를 표하였다.[39]

그러나 10월 25일 회담이 재개되면서 회담의 진전이 없자, 10월 29일 마오쩌둥은 마침내 각자의 점령지를 맞바꾸는 안을 철회하고, "쌍방 접촉선을 확정한 후 주동적으로 현 접촉선에서 휴전할 것을 제안"하도록 리커농에게 지시하였다.[40] 10월 31일 마오쩌둥은 현 교전선의 군사분계선 입장을 스탈린에게 최종 통보하였으며, 군사행동 중지를 상대방에게 선제

---

36) (沈志華 2004: 1592-1598)

37) (中共中央文獻研究室, 2013: 398)

38) "군사분계선 수정에 관해 리커농이 마오쩌둥에게 보내는 전보"(1951/10/23), АПРФ, ф.45, оп.1, д.341, л.150-151; "휴전협상 책략에 관해 마오쩌둥이 스탈린에게 보내는 전보"(1951/10/25), АПРФ, ф.45, оп.1, д.34 1, л.147-149.

39) "마오쩌둥이 중국이 제기한 협상 방침에 김일성이 동의한 전문을 스탈린에게 보낸 전보"(1951/10/31), АПРФ, ф.45, оп.1, д.341, л.160.

40) (中共中央文獻研究室, 2013: 412-413).

적으로 제안할 예정이었다.[41] 주목해야 할 점은, 마오쩌둥이 10월 18일부터 11월 1일까지 무려 6차례에 걸쳐 군사분계선 양보안을 스탈린에게 통보하며 의견을 구하였지만, 스탈린은 아무런 회신조차 하지 않았다는 점이다.

마오쩌둥은 휴전이 곧 이루어질 것으로 보았다. 마오쩌둥은 11월 14일 스탈린에게 보낸 휴전회담 상황설명에서 "협상의 중심문제는 군사분계선을 확정하는 것이며", "적은 이미 실제 교전선을 군사분계선을 획정하자는 우리의 주장에 동의하였다"고 통보하였다. 동시에, 중국국내의 각종 경제적 어려움을 열거하면서, 내년에는 정치와 경제의 안정 및 발전에 집중할 것임을 설명하였다. 전보 말미에 "적은 군사분계선 문제에서 절대 양보하지 않을 것이기 때문에, 현 교전선에서 휴전하는 것이 중조양국에 유리하다"고 재차 설명하였다("휴전협상과 중국 국내상황에 관해 마오쩌둥이 스탈린에 보내는 전보"(1951/11/14), АПРФ, ф.45, оп.1, д.342, л.16-19). 휴전이 곧 이루어질 것처럼 보였다.

그러나 휴전의 실현은 결코 소련의 이익에 부합하지 않았다. 스탈린은 마오쩌둥의 전보에 회신을 하지 않는 방법을 통해 불만을 표시했을 뿐만 아니라, 협상의 진전을 가로막는 행동에도 나섰다. 11월 16일, 소련외교부장 비신스키(Andrei Vyshinsky)는 유엔총회 연설에서, "38선 군사분계선"과 "3개월 내에 외국군은 조선에서 철수"할 것을 새롭게 요구하였다.[42]

---

41) "쌍방군대 교전선 문제에 관해 마오쩌둥이 스탈린에게 보내는 전보"(1951/11/01) АПРФ, ф.45, оп.1, д.342, л.3-7; "중국의 군사행동 중지 선제적 선언에 관해 마오쩌둥이 스탈린에게 보내는 전보"(1951/11/01), АПРФ, ф.45, оп.1, д.342, л.1-2.

42) "Plenary meetings of the General Assembly" [A/PV.333-375]. –[1951-1952].– p.185-201. –(GAOR, 6th sess.), United Nations Digital Library, https://digitallibrary.un.org/record/735242?

소련의 이 요구는 중조양국의 입장과는 완전히 다른 것이었다.[43] 그러나 중조양국은 소련의 새로운 요구를 무시하고 협상을 진전시켜, 11월 27일 유엔측과 현교전선을 군사분계선 획정하는 문제를 최종 확정하였다.[44]

휴전협상 진전을 가로막는 소련이 기도에 대해, 북한은 크게 반발하였다. 북한은 소련과 사전 논의 없이 11월 19일 외무상 박헌영 이름으로 유엔총회 의장과 안보리의장에게 서한을 보내, "조선 문제의 평화적 해결의 제1보로서 조선에서의 군사행동을 즉각 중지하고", "전선의 군대를 각자 2㎞ 철수하고 비무장 지대를 설치하며", "모든 외국군대의 철수하고", "조선전쟁 연장을 기도하는 범죄를 엄벌에 처"하도록 요구하였다(『人民日報』, 1951/11/22). 평양의 입장은 휴전협상에서 이미 합의한 군사분계선 관련 사항의 조속한 이행을 촉구한 것이며, 비신스키의 주장을 "전쟁연장 기도"와 심지어 "범죄"라고 우회적으로 비난한 것으로 볼 수 있다. 이러한 평양의 행동에 소련은 크게 분노하였다. 11월 20일, 소련 외교부부부장 그로미코(Andrei Gromyko)는 19일 박헌영이 유엔에 보낸 성명은, "비신스키 외상의 유엔 총회 발언과 모순된다"고 강조하고, 이 행위는 "중조양국의 나약함만을 적에게 보이게 될 것"이며 "정치적으로도 매우 불리한 위치에 처하게 될 것이다"고 주장하면서, 북한의 이 행동을 사전에 제지하지 못한 평양주재 소련대사 라주바예프(V.N Razuvaev)를 크게 질책하였다.[45]

---

ln=en(검색일 2018.11.20.); (『人民日報』, 1951/11/20).

43) (『人民日報』, 1951/11/20); 스탈린 자신도 중조의 입장과 소련의 입장이 완전히 상반된다고 인정하였다(沈志華主編, 2015: 132).

44) (中共中央文獻研究室, 2013: 423)

45) "조선이 유엔에 보낸 성명서 취소에 관한 소련공산당정치국 결의" (1951/11/19), АПРФ, ф.3, оп.65, д.829, л.44-45: "그로미코가 라주바예프대사에게 보낸 전보"(1951/11/20), АПРФ, ф.3, оп.65, д.829, л.46-48.

중국 역시 소련의 의도를 직접 질문하였다. 11월 19일 오후 6시, 저우언라이 (周恩來)는 중국주재소련대사 로신(N. V Roshchin)을 접견하고 "마오쩌둥이 조선의 협상문제 관해 필리포프(스탈린의 가명-역자 주)에게 보낸 전보(즉 11월 14일-역자 주)에 대해 회신해 줄 것"을 직접 요청하였다. 이에 스탈린은 더 이상 회신을 미룰 수 없어 마오쩌둥에게 서신을 보내 그 간의 행동에 대해 직접 설명하였다. 그는 "미국인들은 협상을 하루 빨리 끝내려 하고 있으며", 따라서 "중조양국은 협상에서 융통성 있는 전술과 강경노선을 실행하고 급하고 빨리 끝내려는 모습을 보여서는 안된다"고 주장하였다. 비신스키 외교부장 성명에 대해서도, 이는 "38선으로 철수하는 것을 거부하는 미국의 불의 입장에 항의하기 위한 것이었을 뿐이며", "미국인들의 탐욕에 항의하고 평화를 이루기 위해 중대한 양보 조치를 취한 중조동지들의 인내와 평화를 사랑하는 정신을 표현"하였기 때문에, 중조양국에 유리한 것이라고 강변하였다.[46)]

소련의 불만에도 불구하고 휴전협상은 순조롭게 진행되었다. 11월 27일 쌍방은 군사분계선을 확정하고 휴전 실현을 위한 구체적 조치들, 즉 휴전협정 집행기구의 조직과 운영, 전후 정치회의를 개최하여 외국군 철군을 논의하는 문제, 그리고 전쟁포로 교환 등 3가지 의제에 관해 논의를 시작하였다. 유엔측은 한반도 전역에 대한 자유사찰을 요구하고, 북한에서 공항 건설을 제한할 것을 요구하였지만, 중조양국은 이를 내정간섭으로 일축하고 강하게 반발하여 최종적으로는 유엔측이 양보하였다.[47)]

---

46) "스탈린이 휴전협상 문제에 대한 답변을 마오쩌둥에게 보내는 전보"(1951/11/19), ф.3, оп.65, д.828, л.42-45; "소련성명과 중조행동과의 차이에 관해 그로미코가 라주바예프에게 보낸 전보"(1951/11/21), АПРФ, ф.45, оп.1, д.348, л.44-45.
47) (軍事科學院軍事歷史研究部, 2014: 127-141)

1952년 2월에는 외국군 철군 문제를 전후에 관련국정치회의를 개최하여 논의하기로 합의하였다.[48] 따라서 유일하게 남은 쟁점은 전쟁포로 교환 문제였다.

전쟁포로 문제에 관한 토론은, 1951년 12월 11일부터 시작되었다. 중조양국은『제네바공약』에 의거하여 모든 포로의 무조건 송환을 주장하였다.[49] 그러나 중조연합군 포로는 유엔군 및 한국군 포로 수를 크게 상회하였다. 그 이유는 첫째, 수많은 남한 및 유엔군 포로들이 불합리한 관리, 학대 및 보급 부족으로 아사 혹은 병사하였다.[50] 뿐만 아니라, 수많은 한국군 포로들은 이미 인민군으로 재편되거나 혹은 강제노역에 종사하고 있어, 중조측이 관리하고 있는 유엔군 및 한국군 포로 숫자는 유엔군과 한국군이 주장하는 것과는 큰 차이가 있었다. 이에 1952년 1월 2일 유엔측은 "일대일" 및 "자유의사에 의한 송환" 원칙을 제기하였다(鄧峰, 2014: 93-102).

마오쩌둥은 포로교환 문제에서 강경한 입장을 취할 경우, 미국이 양보할 것으로 판단하였다(中共中央文獻硏究室, 2010b: 3-4). 따라서 마오쩌둥은 실질적인 양보 조치를 취하지 않으면서도, 회담 결과에 대해서는 낙관하였다.[51] 그러나 얼마 후 중국은 타협을 모색하지 않으면 협상에 진전이 없

---

48) (軍事科學院軍事歷史硏究部, 2014: 141-145)

49) (柴成文·趙勇田 1992, 197).

50) 스탈린과 김일성. 펑더화이와의 담화기록(沈志華, 2015: 281-287) 4권: (黎原, 2009: 254).

51) 1952년 2월 4일, 마오쩌둥은 펑더화이에게 "협상은 가까운 시일 내에 끝날 것이다. 당신이 보기에 만일 조선에서 군사행동이 정지되면, 조선은 가장 먼저 무엇을 복구해야 하는가?"라고 문의하였으며, 2월 14일 류야러우(劉亞樓)공군 사령관에게 "전쟁은 곧 끝날 것이다"고 말했다(中共中央文獻硏究室, 2013a: 493); "마오쩌둥이 조선은 휴전을 희망하며 식량 지원을 희망한다고 스탈린에게 보내는 전보"(1952/02/08), АПРФ, ф.45, оп.1, д.342, л.81 -83.

을 것임을 감지하고, 일부 양보 조치를 취하였다. 즉 1952년 3월 5일, 한국 국민으로 이미 편입된 37,000명의 조선인민군 포로의 송환 요구를 철회 하였으며, 3월 27일에는 상대방 지역에 고향 혹은 가정이 있는 포로들의 송환을 요구하지 않을 것이라고 유엔측에 통보하였다(軍事科學院軍事歷史 研究部, 2014c: 153; Walter G. Hermes, 1992: 142). 중조양국은 양보를 통해서 라도, 조속히 협상이 타결되기를 원했다.

## 5. 마오쩌둥 제1차5개년계획(第一个五年計划) 에 대한 소련의 경제 지원과 전쟁의 계속을 맞교환

마오쩌둥은 중조양국이 포로문제에서 중대한 양보를 하였기 때문에 곧 휴전협정이 타결될 것으로 예상하였다. 이에 따라 1952년 3월 28일, 마 오쩌둥은 스탈린에게 전보를 보내 전후 문제를 논의하고자 하였다. 이 전 보는 1951년 11월 14일 스탈린에게 보낸 것과는 내용이 크게 달랐다: 첫 째, 마오쩌둥은 곧 시작될 『제1차 5개년 계획』에 대해 지원을 공식 요청하 였으며, 동시에 중국이 처한 경제적 어려움을 숨기지 않았다; 둘째, 마오 쩌둥은 전보 서두에서, 『미일안보조약』 체결을 이유로, 여순(旅順)의 소련 군 주둔을 연장해줄 것을 요청 하였다.[52]

마오쩌둥이 공개적으로 경제개발에 대한 지원을 요청한 이유는, 『제1

---

52) "중국의 국방 및 경제건설 등에 관해 마오쩌둥이 스탈린에 보낸 전보"(1952/03/28), (РГАСПИ: 러시아국립 사회정치사 문서보관소), ф.558, оп.11, д.342, л.126-130.

차 5개년 계획』의 시작과 깊은 관련이 있다. 1952년 2월 중국정부는 1953년 1월 1일부터 『제1차5개년 계획』 실시를 결정하였다. 3월 7일 중앙재정위원회(中央財政委員會)는 『제1차5년계획 강화에 관한 공작 대강(關于加强計划工作大綱)』 초안을 각 성(省)에 하달하면서, 각성(省)은 6월 이전까지 자신의 지역에 관한 5개년계획, 10년 장기 임무, 주요 지표, 개요 계획 등을 제출하도록 지시하였다(房維中 외, 2001: 420-421). 대규모 경제 건설을 눈앞에 두고, 마오쩌둥은 소련의 경제 지원을 확정할 필요가 있었다.

1951년 휴전협상 과정에서 보여준 스탈린의 태도는, 그가 휴전 실현에 반대하고 있음도 이미 충분히 보여주었다. 이에 따라, 스탈린으로부터 경제 지원을 얻기 위해서는 여순항에서 소련군의 계속 주둔과 같은 전략적 이익을 스탈린에게 제공할 필요가 있었다. 그러나 마오쩌둥이 이유로 내세운 『미일안보조약』 체결은 이를 위한 구실에 불과하였다. 그 이유는 첫째, 중국정부는 『미일안보조약』이 초래할 위협에 대해 개의치 않았으며, 중국국민들 역시 소련군의 여순 주둔에 여전히 부정적이었다.[53] 둘째, 『미일안보조약』은 1951년 9월에 체결되었으며, 이때는 유엔군의 하계·추계 공세로 휴전협상이 중단되어 휴전의 가능성이 비교적 낮았으며, "일본의 재무장" 위협은 매우 높았다. 심지어 이때에도 마오쩌둥은 소련군의 여순 주둔 연장을 요구하지 않았다. 마지막으로, 1954년 가을 후르시초프(N. S Khrushchev)는 북경을 방문할 때, 여순항 반환을 제기하였다. 이때 여순항 반환을 제기한 주요한 원인은 중소관계가 밀월에 들어갔기 때

---

53) 1951년 9월 3일 중국은 미일안보조약 체결에 강하게 반대하였지만, 이에 대해 두려움을 보이지는 않았다(中共中央文獻硏究室·中國人民解放軍軍事科學院 1997(4): 234-237);(新華社編, 1952, 內部參考 218호).

문이지, 결코 미국으로부터 위협이 감소한 것 때문은 아니었다.[54] 이때 마오쩌둥 또한 소련의 여순항 반환 제안을 흔쾌히 받아들였다. 이 사실들은 1952년 3월 28일 소련군에 대한 여순항 계속 주둔 요청이, 결코『미일안보조약』으로 인해 안보위협 증가해서가 아니라는 점을 보여준다.

그러나 스탈린은 마오쩌둥의 이 제안에 적극적이지 않았다.[55] 이에 마오쩌둥은 오직 한국전쟁을 계속하는 것만이『제1차5개년계획』에 대한 스탈린의 지원을 끌어 낼 수 있다고 판단하였다.[56] 4월 22일, 마오쩌둥은 리커농과 김일성, 펑더화이에게 전보를 보내, 포로문제에 강경한 태도를 취할 것과 동시에 휴전협상을 수개월 연장할 것을 지시하였다.[57] 그 후 중국은 협상에서 비타협적 자세로 일관하였으며, 마오쩌둥 역시 협상의 앞날에 대해서도 더 이상 낙관적인 예측을 하지 않았다.

---

54) 소련정부는 1954년 8월 "소련군이 중국의 영토에 계속 주둔하고 여순항에 머무르는 것은 우리에게 정치적으로 이롭지 않으며", "비상 상황하에서 소련이 여순 기지를 사용하는 문제를 중국정부와 단독 협정을 체결하면 된다"고 주장하며, 여순에서 소련군 철군을 결정하였다. 즉 일본의 중국에 대한 위협은 소련군이 철군할 때도 전혀 고려되지 않았다. "쿠얼디코프(I. F. Kurdiukov)가 소련대표단 중국방문에 에 관련된 사업에 관해 비신스키에게 지시를 구하는 전문"(1954/08/05), АВПРФ, ф.0100, оп.47, п.383, д.40, л.4-5.

55) 1952년 4월 2일 스탈린은 마오쩌둥에게 "소련군을 여순에서 조속히 철수하는 것이 귀하의 희망에 부합하는 것이라고 생각한다"고 회신하였다. 동시에 스탈린은 마오쩌둥이 계속 원할 경우에 마오쩌둥의 요구를 만족시켜줄 수 있지만, 이 경우에 반드시 새로운 여순항 조약을 채결하여, 소련이 중국을 속박하지 않는다는 점을 대외에 알려야 한다고 주장하였다. 그러면서도 중국에 대한 경제지원에 관한 문제는 전혀 언급하지 않았다. "소련군의 여순 철수 문제에 관해 스탈린이 마오쩌둥에게 보내는 전보" (1952/04/02), АПРФ, ф.45, оп.1, д.343, л.2-3.

56) 1952년 8월20일, 저우언라이는 스탈린과의 회담에서 전쟁의 지속하는 것이 사회주의 진영의 이익에 부합한다고 반복적으로 강조하였으며, 스탈린은 이에 적극적인 동의를 표시하였다. 이는 중국이 조선전쟁을 계속하는 것이 스탈린의 세계전략에 전적으로 부합하는 것이었음을 보여준다. "스탈린과 저우언라이의 회담 기록"(1952/08/20), АПРФ, ф.45, оп.1, д.329, л.54-72.

57) (中共中央文獻研究室, 2013a: 548), 마오쩌둥의 이 태도는 4월2일 미국은 최종적으로 몇 명의 중국과 조선의 포로를 송환할 예정인가를 미국에 질의하면서 타협적인 태도를 보인 것과는 완전히 다른 것이다(Walter G. Hermes, 1992: 169).

1952년 7월 13일, 미국측은 조선인민군 포로 76,600명, 중국인민지원군 포로 6,400명을 포함한 총 83,000명의 포로를 송환할 것을 제안하였다(Walter G. Hermes, 1992: 274). 이는 조선인민군 전쟁포로 80% 중국인민지원군 포로 23%에 해당하였다. 그러나 중국은 당일 『제네바공약』 승인을 선포하면서, 전원송환 원칙을 포기할 뜻이 없음을 분명히 하였다(中共中央文獻硏究室, 1997a: 248). 이와 반대로, 7월 14일 김일성은 최근 1년 적에 대한 공격은 사실상 중단되고 소극적 방어로 전환되었으며, 이로 인해 엄청난 물질적 인적 피해를 입었다고 마오쩌둥에게 주장하였다. 그는 더 나아가 대부분의 발전소는 파괴되었고 적 공군 때문에 복구도 불가능하며, 7월 11-12일 미 공군의 무차별 폭격으로 인해 민간인 6,000명이 죽거나 다쳤다고 강조하면서, 미국의 제안을 받아들일 것을 주장하였다. 그러나 마오쩌둥은 다음날 김일성에게 보낸 전보에서 미국의 이번 제안은 중조간의 "이간책" 일뿐이며, "적의 폭격 압력 때문에" 이 제안을 받아들일 경우 "정치·군사적으로 불리한 위치에 처하게 될 것"이라고 반박하였다. 마오쩌둥은 중조양국은 전쟁을 계속하여 "미 제국주의 주요 역량을 동방에 묶어두고 미국의 역량을 계속 손실시켜 세계평화의 보루 소련의 건설을 강화하고 각국 인민혁명운동의 발전에 영향을 끼침으로서 세계대전의 발발을 연기시켜야 한다"고 주장하였다. 그는 또 "중국인민은 조선인민의 어려움 해결을 보장하기 위해 최선을 다할 것이며", "만일 중국의 능력 범위를 초과하면, 나는 귀하와 함께 스탈린 동지에게 도움을 지원을 요청할"이라고 약속하였다.[58] 이에 김일성은 동의할 수밖에 없었으며, 스탈린

---

58) "휴전협상 입장에 관해 김일성이 스탈린에게 보내는 전보"(1952/07/17), АПРФ, ф.45, оп.1, д.348, л.65-68: (中共中央文獻硏究室·中國人民解放軍軍事科學院, 1997(4): 289-291)

이 마오쩌둥의 입장 지지는 지극히 당연한 결과였다.[59] 이는 마오쩌둥 역시 한국전쟁을 계속하여 미국의 발목을 아시아에 묶어두는 것이, 스탈린의 세계 안보전략의 일환이었음을 잘 알고 있음을 보여준다. 중국의 태도에 180도 변화가 일어났으며, 전쟁을 계속하는 문제에 있어 중국과 소련은 완전한 입장 일치를 이루었다.

1952년 8월 11일 저우언라이는 자신이 기초한 『중국경제상황과 제1차 5개년 계획의 임무(中國經濟狀況和五年建設的任務)』에서, "만일 조선전쟁이 지금처럼만 진행된다면, 우리 는 변함없이 5개년 건설을 시작할 수 있다"고 전쟁과 경제건설의 병행 의지를 분명히 하였다(中共中央文獻研究室, 1997a: 254-255). 따라서 『제1차 5개년 계획』에 필요한 소련의 원조를 속히 확정할 필요가 대두되었으며, 이에 저우언라이는 8월 15일 중국정부대표단을 이끌고 소련방문에 나섰다. 저우언라이는 8월 20일 스탈린과 제1차 회담을 가지고, 마오쩌둥은 "전쟁을 계속하는 것은 미국의 제3차 세계대전 준비를 무위로 만들 수 있기 때문에, 우리에게 유리하다"고 생각한다고 스탈린에게 설명하였다. 스탈린은 당연히 이 견해에 동의하였다. 저우언라이는 마지막으로 "중국정부는 판문점 협상을 지연시키는 것이 적절하다고 생각하며, 2-3년 전쟁을 계속할 수 있는 준비를 마쳤다"고 스탈린에게 통보하였다.[60] 즉 포로교환 문제에서 합의를 지연시키는 것이, 전쟁을 계속할 수 있는 유일한 구실이었음을 알 수 있다. 9월 3일 스탈린과 가

---

59) "스탈린이 마오쩌둥에게 휴전협상에서 중국의 입장을 지지한다는 전보"(1952/07/17), АПРФ, ф.45, оп.1, д.343, л.69; "미국측 휴전안 거부에 관해 마오쩌둥이 스탈린에게 보내는 전보"(1952/07/18), АПРФ, ф.45, оп.1, д.343, л.72-75.

60) "스탈린과 저우언라이의 회담 기록: 조선전쟁 및 여순항 연장 협의 등 문제"(1952/08/20), АПРФ, ф.45, оп.1, д.329, л.54-72.

진 제2차 회담에서 『제1차 5개년 계획』과 이와 관련된 의제들이 중점 논의되었다. 스탈린은 "중국의 『제1차 5개년 계획』의 완성을 위해 필요한 기술설비 및 차관을 제공하고, 전문가를 파견하여 중국을 도울 것"이라고 약속하였다.[61] 9월 4일 스탈린은 김일성 및 펑더화이와 가진 회담에서, 중조 양국은 포로문제에 강경한 입장을 유지할 것을 지시하였으며, 김일성은 이 지시를 따를 수밖에 없었다.[62] 스탈린과 마오쩌둥은 전쟁을 계속하자는 데 입장을 같이하였으며, 김일성 의 이익은 철저히 무시되었다.

1952년 9월 18일 중국인민지원군의 추계공세가 시작되자, 10월 8일부터 휴전협상은 무기한 휴회에 들어갔다. 1953년 2월 22일, 유엔군총사령관 클라크(Mark Clark)는 중상자 와 중환자 포로들을 우선 송환할 것을 제안하였지만, 중국은 "침묵하면서, 미국이 타협을 원하고 행동을 취할 때까지 현 상태를 유지"하기로 결정하였다(軍事科學院軍事歷史研究部 2014c: 186-187, 203-229, 386-388). 휴전 가능성은 점점 요원해졌다.

휴전의 전기는 1953년 3월 5일 스탈린의 사망과 함께 찾아왔다. 3월 19일 마오쩌둥은 스탈린의 장례식 참석차 모스크바에 머무르고 있는 저우언라이에게 2월 22일 클라크 사령관 제안에 대한 소련의 입장을 탐문할 것을 지시하였다(中共中央文獻研究室, 2013b: 63-64). 같은 날 소련정치국회의는 클라크 유엔사령관의 제안을 받아들이고, 모든 포로의 송환 원칙을 포기할 것을 결정하였다. 뿐만 아니라, 송환을 원치 않는 포로는 중립국으로 이관시키도록 하였다. 정치국회의는 이 결정을 즉각 김일성과 펑더

---

61) (中共中央文獻研究室, 1997a: 257-258); "스탈린과 저우언라이의 회담기록: 중국5개년계획의 편제와 조선에서의 군사 작전"(1952/09/03), АПРФ, ф.45, оп.1, д.329, л.75-87.
62) "스탈린과 김일성, 펑더화이와의 담화기록: 조선전쟁의 휴전협상"(1952/09/04), АПРФ, ф.45, оп.1, д.348, л.71-82.

화이에게 전달하면서 포로송환 협상을 재개하도록 지시하였다("전쟁포로 반환에 관하여 소련연방회의가 중국과 조선에 보내는 결의문"(1953/03/19), АПР Ф, ф.3, оп.65, д.839, л.60-61). 3월 21일 밤, 소련은 저우언라이에게 이 결정을 통보하였으며, 저우언라이는 즉각 마오쩌둥에게 이 사실을 보고하였다(中共中央文獻硏究室, 1997a: 290). 3월 22일 마오쩌둥은 저우언라이에게 "지금 [소련]이 제기한 방안에 동의한다"고 밝히면서, 소련 제안은 "사실상 1952년 9월 상순 중국이 세멘노프(V. S. Semenov: 스탈린의 북경 대표)에게 제시한 3가지 방안 중 하나"라고 평가하였다(中共中央文獻硏究室, 2013a: 66). 3월 27일 마오쩌둥은 김일성에게 소련이 전쟁포로 문제에서 양보를 결정하였으며, 중국은 소련의 결정을 지지한다고 밝혔다. 김일성 역시 예상대로 소련 제안을 환영하였다.[63] 마침내 포로교환 문제에서 양보를 통해 한국전쟁을 조속히 끝냈다는 데에, 북·중·소 3국 사이에 합의가 이루어졌다.

흥미로운 것은, 중국이 소련의 포교 교환 방안에 동의를 표시하자 소련의 새 지도부는 중국에 대한 경제 지원을 대폭 강화하였다는 점이다. 3월 30일 미코얀(Anastas Mikoyan)은 리푸춘(李富春)에게 "이번 국가계획위원회 회담에서 합의된 사업 항목과 과거 소련이 지원을 확정한 원조 항목 이외에, 소련정부는 기타 사업 항목의 설계, 설비 지원 및 기타 방면에서 추가 지원을 할 수 있다"고 약속하였다. 동시에 3쪽에 달하는 소련의 지원 사항 리스트를 리푸춘에게 전달하였다(房維中 외, 2001: 433-434). 더 나아가 1953년 4월 소련정치국회의는 중국의 『제1차 5개년 계획』에 전면적 지

---

63) (中共中央文獻硏究室, 2013a: 77); "쿠즈네조프와 페도렌코가 휴전문제에 대한 조선의 입장을 몰로도프에게 보내는 전보"(1953/03/29), АПРФ, ф.3, оп.65, д.830, л.97-99.

원을 제공할 것을 결정하였으며, 마침내 5월 15일 중소 간에 협정을 체결하고 지원 사항을 명확히 하였다.[64]

1953년 4월 26일 휴전협상이 재개되었으며, 비교적 순조롭게 진행되었다. 비록 중국은 5월하순 하계공세를 발동하였지만, 협상에서는 전쟁의 조기 종식을 위해 노력을 다하였다(中共中央文獻研究室·中國人民解放軍軍事科學院編, 1993(6): 347-348). 6월 8일, 쌍방은 포로교환에 최종 합의를 이루었으며, 7월 27일 마침내 『휴전협정』이 체결되어 한국전쟁은 대단원의 막을 내리게 되었다(軍事科學院軍事歷史研究部, 2014c: 443, 515-520).

# 6. 결론

1951년 5월말 제5차전역이 끝난 5월 30일, 마오쩌둥은 전면적인 패배를 모면하기 위해 스탈린과 김일성이 전쟁을 계속할 것을 원하는 상황하에서, 휴전협상을 시작할 것을 결정 하였다. 마오쩌둥은 김일성과 스탈린의 동의를 얻기 위해, "38선 군사분계선"과 "외국군 철수"를 휴전협상 조건으로 제시하였다. 김일성은 이에 동의하고 마오쩌둥을 도와 스탈린을 설득하였다. 스탈린과 김일성 모두 마오쩌둥의 협상 조건에 동의하였으나, 그들이 휴전 협상에 임하는 목적은 마오쩌둥과 달랐다. 마오쩌둥은 협상에서 양보를 통해 전쟁을 조속히 종결시키고자 하였으며, 김일성은 38선을 군사분계선과 모든 외국군 철군을 중시하였다. 반면에 스탈린은 중

---

64) "소련정치국회의 결의 초안: 중국의 5개년경제계획 원조 제공"(1953/04)(РГАЭ: 러시아경제당안관), ф.4372, оп.11, д.995, л.26-32; (房維中외, 2001: 443)

조연합군이 전면적 패배를 모면하고, 다음 공세를 발동하기 위한 시간확보에 휴전협상의 목적을 두었다.

북·중·소 3국은 1951년 7월 10일부터 시작된 휴전협상에서, 각자의 목적을 적나라하게 드러냈다. 마오쩌둥은 조속한 휴전을 실현시키기 위해 "38선분계선"과 "외국군 철군" 문제에서 양보하도록 김일성에게 압력을 가하였다. 반면에 김일성은 협상 원칙을 고수할 것을 주장하면서, 강경 입장을 고수하고자 하였다. 협상의 전면적인 성공을 원치 않았던 스탈린은, 처음에는 북한의 강경 입장을, 후에는 조속한 교전중지를 위해 중국의 입장을 지지하였다. 그러나 1951년 미군의 하계 및 추계 공세는 중조연합군과 북한에 엄청난 희생과 물질적 손실을 초래하였다. 그 후 전쟁의 지속이 엄청난 희생을 가져온 것을 직접 체험한 후에 북한은 조속한 휴전 실현으로 그 태도를 바꾸었으며, 38선 군사분계선 주장을 철회하였다. 가장 타협이 어려운 의제에서 중조 간에 양보와 합의가 이루어짐에 따라, 휴전 실현이 눈앞으로 다가온 것처럼 보였다. 이에 스탈린은 "38선 군사분계선"과 "외국군 철군" 주장을 재차 주장하면서 휴전 실현을 가로막고자 하였으나, 김일성과 마오쩌둥의 강력한 반발을 불러 일으켰으며 결국 무위에 그쳤다. 1952년 4월까지 휴전협상 양측은 전쟁포로 의제 외에, 기타 의제에서 합의를 이루었다.

그러나 1952년 2월부터 시작된 『제1차 5개년 계획』 준비는, 이후 중국의 휴전협상 태도에 큰 영향을 미쳤다. 1952년 3월 28일, 마오쩌둥은 1951년 9월 체결된 『미일안보조약』을 구실로 여순에 소련군이 계속 주둔해 줄 것을 스탈린에게 요청하였다. 이는 『미일안보조약』 체결로 중국에 대한 안보위협이 증가해서가 아니라, 『제1차 5개년 계획』에 대한 소련의 지원을 얻기 위한 마오쩌둥의 책략이었다. 그러나 예상과는 달리, 스탈린은 이에 소극적 태도로 일관하자 마오쩌둥은 마침내 한국전쟁을 계속한다는 카드를 꺼내 들었다. 마오쩌둥은 스탈린이 결코 휴전을 원하고 있지 않으며, 전쟁을 지속시켜 미국의 발목을 아시아에 묶어두는 것이 소련의 안보전략에 크게 부합한다는 사실을 이미 잘 알고 있었다. 이에 마오쩌둥은 휴전협상 중국대표에게 포로교환 문제에서 강경한 입장을 유지할 것과 절대로 합의하지 말도록 지시하였다. 마오쩌둥은 전쟁을 계속함으로서 발생하는 손실보다는 소련으로부터 『제1차 5개년 계획』에 대한 지원을 확보하는 것이, 중국에 더 큰 이익이라고 판단한 것이다. 이에 따라 아직 합의가 이루어지지 않은 포로교환 의제는, 마오쩌둥이 전쟁을 계속할 수 있는 유일한 구실이 되었다.

이에 따라, 조속한 휴전협상의 타결을 원하는 김일성과, 전쟁을 계속할 것을 원하는 마오쩌둥 사이에 의견 불화가 발생하였다. 이에 저우언라이는 소련의 경제 지원과 전쟁을 계속하는 문제를 논의하고자 1952년 8월 모스크바를 방문하였다. 스탈린과의 회담에서 저우언라이는 중국은 사회주의 진영의 이익을 위해 한국전쟁을 계속할 것임을 통보하고, 『제1차 5개년 계획』에 대한 소련의 전면적인 지원을 요청하였다. 스탈린은 당연히 중국의 견해에 동의하고 『제1차 5개년 계획』에 대한 전폭적 지원을 약속하였다. 동시에 9월 4일 모스크바를 방문한 김일성을 힐책하였으며, 북·중·소 3국은 한국전쟁을 계속한다는 데에 합의하였다.

휴전 실현의 기회는 1953년 3월 5일 스탈린의 사망과 함께 찾아왔다. 새로이 등장한 소련의 과두체제는 이전보다 강화된 경제적 지원을 약속하면서, 중국에게 유엔측 포로문제 제안을 받아들이도록 제안하였다. 본래 조속한 휴전 실현을 원했던 마오쩌둥은 이에 즉각 동의하였으며, 김일성 역시 쌍수를 들어 소련지도부의 제안을 환영하였다. 그리하여 3자 간에 또 다시 한국전쟁을 조속히 끝낸다는 합의가 이루어졌다.

휴전협상은 1953년 4월 하순 재개되어 휴전협정이 7월 27일 조인됨으로써 3년간에 걸친 한국전쟁은 그 대단원의 막을 내리게 되었다. 약 2년간에 걸친 휴전협상 과정에서 북·중·소 3국은 소위 "열전" 시기에도 자신의 이익을 좇아 잦은 합종연횡을 하였다. 비록 3국 지도자들 모두 국제주의 정신의 기치를 높이 들었지만, 결국 이들 모두 철저한 현실주의자들이었다. 스탈린의 희망에 따라 전쟁이 계속되었기 때문에, 한국전쟁은 스탈린이 사망한 후에야 끝난 것은 아마도 당연한 결과일 것이다.

# 참고문헌

국사편찬위원회. 1994, 『남북한관계사자료집(휴전회담 회의록1, 제1권, 제1~26차 개성 본회의 기록(1951년7월10일-1951년 8월 16일))』, 제1권(서울: 국사편 찬위원회).

박영실. 2011, "휴전회담을 둘러싼 북한, 중국 갈등과 소련의 역할", 『현대북한연 구』, 제14권 제3호.

이재훈. 2013, "러시아 문서보관소 소장 자료에 비친 휴전협상 시기 공산측 내부 의 갈등", 『동북아연구』, 제28권 제2호.


柴成文·趙勇田. 1922, 『板門店談判』(北京: 解放軍出版社).

柴成文主編. 2000, "和平使命——對組建駐朝使館和停戰談判代表團的情況回憶", 『板門店紀實: 紀念中國人民志愿軍赴朝參戰五十周年紀念文集』(北京: 時 勢出版社).

鄧峰. 2014, "美國在朝鮮停戰談判中的戰俘遣返政策探究", 『上海交通大學學報』 (哲學社會科學版), 第1期.

房維中·金冲及主編. 2001, 『李富春傳』(北京: 中央文獻出版社).

軍事科學院軍事歷史研究部. 2014, 『抗美援朝戰爭史』中卷(北京: 軍事科學出版社).

軍事科學院史料叢書課題組. 2014, 『抗美援朝戰爭』(文獻·上)

"志愿軍司令部關于机動防御和貫徹毛主席'零敲牛皮糖'的問題致各部隊幷報中央 軍委等電"(51/05/31)

黎原. 2009, 『黎原回憶录』(北京: 解放軍出版社).

聶榮臻. 1984, 『聶榮臻回憶录』下冊 (北京: 解放軍出版社).

牛軍. 2013, "朝鮮停戰誰主沉浮?——中蘇朝聯盟与中國對停戰談判的政策", 『國際政治研究』第4期.

人民日報社. 1951a, 『人民日報』 "朝鮮外務相朴憲永電聯大及安理會主席痛斥美方對
　　　朝中人民部隊的誹謗提出關于解決朝鮮問題的四項嚴正要求"(51/11/22). 4.

_____. 1951b, 『人民日報』(51/01/18).1.

_____. 1951c, 『人民日報』 "蘇聯駐聯合國代表馬立克發表广播演說闡述蘇
聯和平政策譴責美國侵略再一次提出和平解決朝鮮問題的建議"(51/06/25). 1.

_____. 1951d, 『人民日報』 "關于消除另一次世界大戰的威脅和鞏固國際和平
　　　与友好的措施——聯代表團團長維辛斯基于十一月十六日在聯合國大會全
　　　体會議上的演說"(51/11/20). 4.

沈志華主編. 2004, 『俄國檔案原文复印件匯編: 朝鮮戰爭』, 第12卷(上海: 華東師范
　　　大學國際冷戰史研究中心).

沈志華. 2013, 『毛澤東, 斯大林与朝鮮戰爭』(广州: 广東人民出版社).

沈志華主編. 2015, 『俄羅斯解密檔案選編中蘇關系』, 第4卷(上海: 東方出版中心).

師哲回憶, 李海文整理. 1991, 『在歷史巨人身邊師哲回憶彔』(北京: 中央文獻出版社).

王焰. 1998, 『彭德怀年譜』(北京: 人民出版社).

楊成武年譜編寫組. 2014, 『楊成武年譜』(北京: 解放軍出版社).

楊奎松. 2009, 『中華人民共和國建國史研究』, 第2冊(南昌: 江西人民出版社).

姚旭. 1985, 『從鴨綠江到板門店: 偉大的抗美援朝戰爭』(北京: 人民出版社).

新華社編. 1952a, "天津中上層分子對中蘇會談的反映"(52/09/22), 『內部參考』第218期.

_____. 1952b, "西安市各階層對中蘇會談公報發表后的反映"(52/09/22), 『內部
　　　參考』第218期.

中共中央文獻研究室. 1987a, 『建國以來毛澤東文稿』第一冊(北京: 中央文獻出版社).

_____. 1987b, 『建國以來毛澤東文稿』第二冊(北京: 中央文獻出版社).

_____. 1987c, 『建國以來毛澤東文稿』 第三冊(北京: 中央文獻出版社).

中共中央文獻硏究室·中國人民解放軍軍事科學院. 2010, 『建國以來毛澤東軍事文稿』, 上卷.

中共中央文獻硏究室·中國人民解放軍軍事科學院編. 1993, 『毛澤東軍事文集』, 第6卷, "六七兩月不進行大的反攻戰役"(51/06/11).

中共中央文獻硏究室·中國人民解放軍軍事科學院編. 1997, 『周恩來軍事文選』, 第4卷, "不能接受敵人的遣返戰俘方案"(52/07/15).

"朝鮮停戰談判与對日媾和問題"(51/09/03).

中共中央文獻硏究室編. 2013, 『毛澤東年譜(1949-1976)』, 第1卷.


Barton J. Bernstein. 1983, "The Struggle over the Korean Armistice: Prisoners of Repatriation?", in Bruce Cumings, ed., *Child of Conflict: The Korean-American Relationship, 1943-1953*(Seattle and London: University of Washington Press).

Donggil Kim and William Stueck. 2008, "Did Stalin Lure the United States into the Korean War?", *NKIDP e-Dossier*, No.1.

George F. Kennan. 2014, *The Kennan Diaries*(New York: W. W. Norton&Company).

James Matray. 2012, "The Korean Armistice Negotiations at Kaesong", Pacific Historical Review, Vol.82, No.2.

Kim Donggil. 2011, "Stalin's Korean U-Turn: The USSR's Evolving Security Strategy and the Origins of the Korean War", *Seoul Journal of Korean Studies*, Vol.24:1.

Rosemary Foot. 1990, *Substitute for Victory: The Politics of Peacemaking at the Korean Armistice Talks*(Ithaca, N.Y.).

Shen zhihua. 2004, "Sino-North Korean Conflicts and its Resolution during the Korean War", *Cold War International History Project Bulletin*, Issue 14/15(Winter 2003-Spring 2004).

U.S. Department of State. 1951a. *Foreign Relations of the United States* (FRUS). Washington, D.C.: U.S. Government Printing Office. Korea and China (in two parts), Vol.7.

_____. The Secretary of State to the United States Mission in the United Nations"(51/01/13).

_____. "Memorandum Containing the Sections Dealing with Korea From NSC 48/5"(51/05/17).

_____. "Memorandum by George F. Kennan to the Deputy Under Secretary of State (Matthew)"(51/05/31).

_____. "The Ambassador in the United Kingdom(Gifford) to the Secretary of State"(51/06/25).

_____. "The United States Deputy Representative at the United Nations(Gross)to the Secretary of State"(51/06/27).

_____. "Memorandum of Conversation, by John R. Heidemann of the Bureau of Far Eastern Affairs"(51/06/27).

_____. "The Ambassador in the Soviet Union(Kirk) to the Secretary of state"(51/06/27).

_____. "Memorandum of Conversation, by G. McMurtrie Godley of the Office of Western European Affairs"(51/06/27).

_____. "Memorandum of Conversation by the Director of the Office of Northeast Asian Affairs(Johnson)"(51/06/28).

_____. "The Joint Chiefs of Staff to the Commander in Chief, United Nations Command(Ridgway)"(51/06/30).

_____. 1951b. "Supplementary Report of the Group on Cease-Fire in Korea", *Bulletin*, Vol.24(1), Jan-Mar.

_____. "Chinese Communist Government Replies to U.N. Cease-Fire Order".

Walter G. Hermes. 1992, *Truce Tent and Fighting Front*, Washington, D.C.: United States Army Center of Military History.

"Letter from Filipov(Stalin) to Soviet Ambassador in Prague, conveying message to CSSR leader Klement Gottwald"(50/08/27), *Russian State Archive of Socio-Political History*(RGASPI), fond 558, opis 11, delo 62, listy 71-72.

"Plenary meetings of the General Assembly", verbatim records, 6 Nov- 1951- 5 Feb.1952, [A/PV.333-375]. -[1951-1952]. -p.185-201. -(GAOR, 6th sess.).

"Report from the Embassy of the Polish Republic in Korea for the Period of the July through August 1951"(51/09/01), *History and Public Policy Program Digital Archive*, Archive of the Polish Ministry of Foreign Affairs, https:// digitalarchive.wilsoncenter.org/document/114933(검색일 2018.11.20).

"Text of statement broadcast by Malik on 'the price of peace'." *New York Times*(51/06/24), 4.

United Nations Digital Library, https://digitallibrary.un.org/record/735242?l- n=en(검색일 2018.11.20).

**АПРФ (러시아연방 대통령문서보관소)**

"조선에서 휴전 문제에 대해 미국외교관들과의 뉴욕협상에서 소련대표단 입장에
　　　관한 그로미코가 비신스키 외무상에게 보낸 전보"(50/12/06), АПРФ (러
　　　시아연방 대통령문서보관소), ф.03, оп.65, д.828, л.24.

"영·미군에 대해 오직 소규모 섬멸전만을 전개하는 문제에 관해 마오쩌둥이 스탈
　　　린에게 보내는 전보"(51/05/27) АПРФ, ф.45, оп.1, д.338, л.95-97.

"영·미군 타격 전술 문제에 관해 스탈린이 마오쩌둥에게 보내는 전보" (51/05/
　　　29), АПРФ, ф.45, оп.1, д.338, л.98-99.

"중국인민지원군 군사고문 단장 크라소프스키(K.N Krasovski)가 스탈린에게 보
　　　낸 방어문제에 관한 5월 31일자 지원군사령부 지시"(51/06/04) АПРФ,
　　　ф.45, оп.1, д.339, л.10-16.

"크라소프스키(K.N Krasovski)가 스탈린에게 보낸 전보: 방어 문제에 관한 펑더
　　　화이의 전보"(51/06/04), АПРФ, ф.45, оп.1, д.339, л.4-6.

"크라소프스키(K.N Krasovski)가 스탈린에게 보낸 전보: 방어 문제에 관한 펑더
　　　화이의 전보"(51/06/05) АПРФ, ф.45, оп.1, д.339, л.10-16.

"스탈린이 방어 작전 등에 관해 마오쩌둥에게 보내는 전보"(51/06/05) АПРФ,
　　　ф.45, оп.1, д.339, л.17-18.

"가오강과 김일성의 모스크바 방문에 관해 마오쩌둥이 스탈린에게 보내는 전보"(51
　　　/06/05) АПРФ, ф.45, оп.1, д.339, л.23.

"가오강과 김일성의 소련 방문에 관해, 스탈린이 마오쩌둥에게 보내는 전보"(51/
　　　06/07) АПРФ, ф.45, оп.1, д.339, л.26.

"가오강과 김일성의 소련방문에 관해, 마오쩌둥이 스탈린에게 보내는 전보"(51
　　　/06/09) АПРФ, ф.45, оп.1, д.339, л.28-29.

"휴전협상과 공군사용 문제에 관해 스탈린이 마오쩌둥에게 보낸 전보"(51/06
/13), АПРФ, ф.45, оп.1, д.339, л.31-32.

"스탈린과 휴전협상 논의에 관해 마오쩌둥이 김일성에게 보내는 전보"(51/06/14)
АПРФ, ф.45, оп.1, д.339, л.58-60.

"중국의 협상 태도에 관한 김일성이 마오쩌둥에게 보내는 전보"(51/06/29), АПР
Ф, ф.45, оп.1, д.339, л.92.

"휴전협상 문제에 관해 김일성이 마오쩌둥에게 보낸 전보"(51/06/30) АПРФ,
ф.45, оп.1, д.340, л.6-7.

"휴전협상 대표단 구성과 협상 의제에 관해 조선인민군 군사고문단장 라주바예프가
소련군 총참모장에게 보낸 전보"(51/07/01) АПРФ, ф.45, оп.1, д.340, л.3-4.

"휴전협상에 대한 중국측 견해에 관해, 마오쩌둥이 스탈린에게 보내는 전
보"(51/07/03) АПРФ, ф.45, оп.1, д.340, л.8-10.

"휴전협상 건의에 관해, 스탈린이 마오쩌둥에게 보내는 전보"(51/07/03) АПРФ,
ф.45, оп.1, д.340, л.11-12.

"휴전 초안에 관해 마오쩌둥이 스탈린에게 보내는 전보"(51/07/05), АПРФ,
ф.45, оп.1, д.340, л.19-20.

"휴전협상 책략에 관해 마오쩌둥이 스탈린에게 보낸 전보"(51/07/13) АПРФ,
ф.45, оп.1, д.340, л.43-45.

"중조의 협상 책략 동의에 관해 스탈린이 마오쩌둥에게 보낸 전보"(51/07/14) А
ПРФ, ф.45, оп.1, д.340, л.48

"마오쩌둥이 스탈린에게 보낸 휴전협상에서 남일의 발언"(51/07/16) АПРФ,
ф.45, оп.1, д.340, л.56-61.

"외국군철군에 관해 마오쩌둥이 스탈린에게 보내는 전보"(51/07/20), АПРФ,

ф.45, оп.1, д.340, л.88-91.

"중국의 휴전협상 전략 동의에 관해 스탈린이 마오쩌둥에게 보내는 전보"(51/07
/21), АПРФ, ф.45, оп.1, д.340, л.92.

"마오쩌둥이 스탈린에게 보낸 휴전협상 제27호 간보"(51/08/20), АПРФ, о
п.1, д.341, л.84-85.

"군사분계선 수정에 관해 리커농이 마오쩌둥에게 보내는 전보"(51/10/23), АПР
Ф, ф.45, оп.1, д.341, л.150-151.

"휴전협상 책략에 관해 마오쩌둥이 스탈린에게 보내는 전보"(51/10/25), АПРФ,
ф.45, оп.1, д.341, л.147-149.

"마오쩌둥이 중국이 제기한 협상 방침에 김일성이 동의한 전문을 스탈린에게 보
낸 전보"(51/10/31), АПРФ, ф.45, оп.1, д.341, л.160.

"중국의 군사행동 중지 선제적 선언에 관해 마오쩌둥이 스탈린에게 보내는 전
보"(51/11/01), АПРФ, ф.45, оп.1, д.342, л.1-2.

"쌍방군대 교전선 문제에 관해 마오쩌둥이 스탈린에게 보내는 전보"(51/11/01) А
ПРФ, ф.4 5, оп.1, д.342, л.3-7.

"휴전협상과 중국국내 상황에 관해 마오쩌둥이 스탈린에게 보내는 전보"(51/11/
14) АПРФ, ф.45, оп.1, д.342, л.16-19.

"조선이 유엔에 보낸 성명서 취소에 관한 소련공산당정치국결의"(51/11/19), АП
РФ, ф.3, оп.65, д.829, л.44-45.

"그로미코가 라주바예프대사에게 보낸 전보"(51/11/20), АПРФ, ф.3, оп.65,
д.829, л.46-48.

"스탈린이 휴전협상 문제에 대한 답변을 마오쩌둥에게 보내는 전보"(51/11/19), А
ПРФ, ф.3, оп.65, д.828, л.42-45.

"소련성명과 중조행동과의 차이에 관해 그로미코가 라주바예프에게 보낸 전
보"(51/11/21), АПРФ, ф.45, оп.1, д.348, л.44-45.

"소련군의 여순 철수 문제에 관해 스탈린이 마오쩌둥에게 보내는 전보"(52/04/
02), АПРФ, ф.45, оп.1, д.343, л.2-3.

"스탈린과 저우언라이의 회담 기록"(52/08/20), АПРФ, ф.45, оп.1, д.329, л.54-72.

"스탈린과 저우언라이의 회담 기록: 조선전쟁 및 여순항 연장 협의 등 문제"(52/
08/20), АПРФ, ф.45, оп.1, д.329, л.54-72.

"스탈린과 저우언라이의 회담기록: 중국5개년계획의 편제와 조선에서의 군사 작
전"(52/09/03) АПРФ, ф.45, оп.1, д.329, л.75-87.

"스탈린과 김일성, 펑더화이와의 담화기록: 조선휴전 협상"(52/09/04), АПРФ,
ф.45, оп.1, д.348, л.71-82.

"전쟁포로 반환에 관하여 소련연방회의가 중국과 조선에 보내는 지시 결의문"
(53/03/19), АПРФ, ф.3, оп.65, д.839, л.60-61.


**АВПРФ (러시아연방 외교부 당안관)**

"휴전협상에 관한 페트호프(Petukhov) 보고"(51/05), АВПРФ, ф.0102, оп.7,
п.32, д.65, л.24-63.

"쿠얼디코프(I. F. Kurdiukov)가 소련대표단 중국방문에 관련된 사업에 관해 비신스키에
게 지시를 구하는 전문"(54/08/05), АВПРФ, ф.0100, оп.47, п.383, д.40, л.4-5.


**РГАЭ (러시아 경제 당안관)**

"소련정치국회의 결의 초안: 중국의 5개년경제계획 원조 제공"(53/04), РГАЭ, ф
4372, оп.11, д.995, л.26-32.

# 정전협정과 전쟁의 유산[*]

김보영

인천가톨릭대학교 강사

　　1953년 7월 27일 한국전쟁 정전협정이 체결된 지 올해로 60년이 흘렀
다. 한반도 정전체제는 승자도 패자도 없는 휴전의 결과물이자 이전의 38
선이 군사분계선으로 바뀌었을 뿐 남북 분단 구조를 규정하는 규범으로
남았다. 정전협정의 정식명칭은 <국제연합군 총사령관을 일방으로 하고
조선인민군 최고사령관 및 중국인민지원군 사령원을 다른 일방으로 하는
한국 군사정전에 관한 협정>이다. 일반적 휴전(Armistice)의 중요한 부분
인 '정치적 문제'를 합의하지 못한 채 타결된 불완전한 형태였지만, 이는

---

[*] 김보영, "정전협상과 전쟁의 유산", 『역사와 현실』 제 88호, 한국역사연구회, 2013.

최대한 '순수하게' 군사적 문제에 국한시켜 회담을 진행시킨 양측 타협의 결과였다.[1] 때문에 '한국군사정전에 관한 협정(Agreement Concerning a Military Armistice in Korea)'은 명칭에 드러나듯 '군사정전'에 관한 협정이며, 정치적 문제는 전후 과제로 넘겨졌다.

정전체제는 전쟁의 법적, 제도적 종식과 항구적 평화체제로 전환되어야 할 과도적 체제이다. 정전협정은 현 한반도 정전체제의 규범으로 인식되지만, 주요 항목들은 사문화되고 지켜지고 있는 정전협정 조항은 군사분계선뿐이라고 할 만큼 그 기능이 제대로 작동하지 못하고 있다. 휴전성립 후 불과 몇 년 지나지 않아 전쟁 재발을 막기 위한 가장 중요한 조치로합의되었던 중립국감시위원회의 기능이 정지되고 새로운 무기도입 제한조항이 폐기되었다. 한반도 내에 외부로부터 새로운 무기 반입을 막는 규정인 정전협정 13조(d)항은 1950년대 중반 미국의 일방적 무효선언으로사문화되었다. 미국은 한국전쟁 중에도 내부적으로 혹은 공개적으로 핵무기 사용을 고려했고, 정전협정 조항을 사문화시킨 후 주한미군에 전술핵무기를 배치했다. 이는 북한으로 하여금 핵개발을 추진하게 만든 주요 계기가 되었다.[2]

정전협상 중에 미국은 무자비한 공중폭격과 핵 위협이 공산군을 압박하는데 효험이 있었다고 평가하지만, 공중 폭격은 오히려 그들은 휴전협상으로부터 멀어지게 했으며, 전쟁 장기화와 소모전, 전쟁의 비인도적 성

---

1) 일반적으로 armistice는 휴전으로, truce 또는 cease-fire는 정전으로 해석되지만, 한국전쟁 당시 정전과 휴전은 혼용되었다. 일반적으로 남한에서는 '휴전'을, 북한에서는 '정전'이라는 용어를 주로 쓰지만, 한국전쟁 휴전회담과 협정이 모호한 측면이 있어 엄밀한 개념 구분 하에 사용되고 있지는 않다. 본고에서도 엄밀하게 구분하기보다는 회담은 일반적으로 쓰이는 '휴전회담'으로, 그 외에는 '정전'으로 표기하고자 한다.
2) 박태균, 2003, 「1950년대 미국의 정전협정 일부조항 무효선언과 그 의미」 『역사비평』 63.

격만 강화시켰다.[3] 완충지대로 설정했던 비무장지대는 중무장화되었으며, 정전협정 조항들은 제대로 작동하지 않았다. 1990년대 이후에는 정전협정 위반 사항을 다루던 군사정전위원회마저 그 기능을 정지한 상태이다. 따라서 정전협정이 그나마 불안정한 정전체제를 지켜오고 있다고 말하기는 어려울 듯하다. 팽팽한 세력균형과 적나라한 힘의 대치가 한반도의 규정력이며, 이는 우리의 의지와 무관하게 외부적 요소나 혹은 우리 내부의 통제되지 않는 힘에 의해 소용돌이에 휘말릴 위험성을 내포하고 있음을 의미한다.

## 1. 휴전회담의 성격

한국전쟁은 개전 1년여 후 휴전협상이 시작된 이래 한편으로는 전쟁을 끝내기 위해 협상하면서 다른 한편으로는 협상을 유리하게 하기 위해 군사적 압력을 강화하는, 이른바 '일면 협상, 일면 전투'의 시기가 무려 2년 이상 지속되었다. 그러나 확전을 불사하지 않는 한, 상대방에게 가할 수 있는 물리력은 제한적이어서 상대를 굴복시킬 수는 없었다. 휴전회담은 어느 한편의 일방적 승리가 불가능하다는 것을 인정한 데서 출발했다. 어떤 방식으로든 합의가 되어야 회담을 마무리하고 전투를 중단할 수 있었다. 휴전회담 초기단계에서는 전투를 먼저 중단하고 회담을 계속하자는 제안이 공산측으로부터 있었지만, 미국은 협상과 전투를 병행하기를 강

---

3) Foot, Rosemary, *A Substitute for Victory: The Politics of Peacemaking at the Korean Armistice Talks*, Ithaca/London: Cornell University Press, 1990, 176~183쪽.

력하게 원했고, 북한의 반대를 무릅쓰고 중국도 그에 동의했다.

휴전회담은 전쟁을 군사적으로 종결하는 과정일 뿐만 아니라 전후체제를 준비하는 과정이기도 했다. 휴전회담의 구조와 성격, 협상전략과 협상주체, 의제 선정과 쟁점 등은 한국전쟁과 전후 정전체제를 이해하는 단서를 제공한다. 특히 남과 북이 회담과 협정체결 과정에서 처했던 지위와 역할은 전후 정전체제로 이어진다는 점에서 중요한 의미를 갖는다. 한국은 협정 체결의 주체가 되지 못했다. 공산군 측에서 북한과 중국이 대등하게 협정문에 서명한 것과 대조적이어서, 전후 '당사자' 문제가 제기되는 한 원인이 되었다.[4]

휴전에 반대하는 한국정부의 의도 때문이라거나, 한국을 포함한 유엔 참전국을 지휘했던 유엔군총사령관이 대표로 서명한 것일 뿐이라는 주장도 있으나, 이것은 형식 논리에 지나지 않는다. 실제로 휴전회담의 대표단 구성이나 협상의 지휘체계 수립 과정에서 미국은 한국을 철저하게 배제했기 때문에, 한국은 애초에 협정의 일 주체로 나설 수 없는 위치였다. 공산군 측에서 중국은 실질적으로 회담을 주도했지만, 협상 대표단 구성에서 북한을 전면에 내세웠다. 수석대표를 북한이 맡고 본회담 대표숫자도 북한이 한 명 더 많았다. 반면에 미국은 한국은 물론 나머지 유엔 참전 15개국도 철저히 배제하고 배타적이고 독점적으로 회담을 주도했다. 유엔군 측 본회담 대표단에 한국군 대표를 참석시켰지만, 공식적인 한국대표가 아니라 유엔군사령관이 임명한 '옵저버' 수준이었다.

전쟁 수행은 물론이고 휴전회담 과정에서 한국의 결정권은 거의 없었

---

4) 김명기, 1979, 『휴전회담실무대표회의록분석(II)-남북간 법적당사자에 관한 연구』, 국토통일원 정책기획실; 이상면, 2007, 「한국전쟁과 휴전의 당사자 문제」 『국제법학회논총』 52-2(통권 제108호)

다. 결정권이 없다는 것은 책임 있는 주체가 될 수 없다는 걸 의미한다. 휴전회담이 시작된 이래 이승만과 한국정부는 공공연히 휴전을 반대했고, 휴전반대 시위를 주도했다. 만약 휴전회담 시작 전에 한·미간에 휴전 개시와 협상전략에 대한 최소한의 합의가 전제되고, 형식적으로라도 한국을 회담의 일 주체로 내세웠다면, 회담 과정에서는 물론이고 전후 정전체제 이행 상황도 달랐을 것이다. 적어도 전쟁 시기에는 협상장 밖에서 그토록 격렬하게 휴전반대 시위를 하지 않았을 것이고, 반공포로 석방과 같은 돌출행위도 쉽지 않았을 것이며, 전후에는 북한이 남한을 배제하고 북미협상을 주장하는 일도 일어나지 않았을 것이다.

현재의 관점에서 전쟁과 휴전이 의미를 갖는 것은 그것이 남긴 유산 때문이다. 정전체제는 전쟁이 남긴 최대의 유산이라 하겠다. 전쟁이 끝난 후 무려 60여 년간 유지되고 있으며 한반도에 사는 남과 북의 사활적 명운이 걸린 유산이지만, 우리에게는 선택의 여지가 없었다. 해방 후 한반도를 분할 점령한 미군과 소련군이 남과 북에 분단정부를 수립하고 철군하면서 38선을 남겨두고 떠난 것처럼, 전쟁과 회담을 주도한 미국과 중국은 우리에게 군사분계선을 넘겨주고 그 이행의 책임을 지웠다.

한국전쟁 직전 1949~1950년 시기 남북한의 38선 충돌은, 미소 점령이 남긴 유산이었다. 남북한을 분할 점령했던 미군과 소련군은 한반도를 분할했고, 외교·군사 채널의 고위급 합의를 통해 한반도 신탁통치를 논의하거나 미·소양군 사령부로 구성된 공동위원회를 구성·운영했다. 미·소는 38선의 정확한 위치 판정을 위해 합동 조사를 실시한 후 83개소의 주요 간선도로 및 교통로, 38선 이남 1킬로미터 이내의 마을 763개소, 38선 이북 1킬로미터 이내의 마을 66개소에 38선 경계표지판을 남기고 철군했지만,

그 정확한 의미와 미·소 합의 정신은 넘겨주지 않았다. 그들의 논의와 결정, 행동의 단순 집행자였던 한국인만 남게 되었을 때 남북한의 대립과 충돌이 현실화되었고 그것은 1950년 6·25전쟁으로 이어지는 과정이었다.[5]

이러한 구도는 한국전쟁 휴전협상과 그것이 남긴 정전체제의 이행과 정에서 남과 북이 처했던 상황과 유사한 측면이 있다. 특히 남한은 휴전협상의 과정에서 철저히 소외되었기 때문에, 협상전략 수립은 물론이고 실제 협상장에서 다루어진 세부적인 문제에 대해 제대로 알 수 없었다. 협상의 국외자였던 한국이 이후 정전체제에서 협정 이행의 온전한 담당자가되기 어려운 것은 어쩌면 당연한 결과였다.

그들이 합의하고 넘겨준 38선을 지키다가 충돌한 것은 남과 북이었듯이, 미국과 중국은 전쟁과 회담을 주도하고 자신들의 의도대로 협정을 체결했으며, 남과 북은 전후 그 이행을 준수할 책임을 부여받았다. 남북 군사적 충돌의 원인이 되고 있는 서해 해상분계선 및 NLL 문제, 미귀환 국군포로 및 전시 납치문제, 피난민과 실향민, 이산가족 문제 등은 '그들이' 논쟁을 회피하거나 제대로 다루지 않음으로써 전후로 넘겨진 전쟁의 직접적 유산들이자 '우리가' 해결해야 할 과제로 남아있다.


## 2. 휴전회담 구조와 남북한의 지위

휴전회담은 몇 개의 수준이 다른 협상계통으로 이루어졌다. 본회담대

---

5) 정병준, 2004, 「1945~1948년 미·소의 38선정책과 남북 갈등의 기원」 『중소연구』 27-4, 한양대 중소연구소.

표회의(Conference on Armistice Proposal), 분과위원회 회의(Sub-Delegation Meeting), 연락장교회의(Liaison Officers Meeting), 참모장교회의(Staff Officers Meeting)가 그것이다. 휴전회담의 기본은 본회담으로, 쌍방 5명의 대표들이 참석했으며, 의제 합의와 최종 결정, 이를 공식화하는 대표회의였다. 1951년 7월 10일부터 8월 16일까지는 개성에서 본회담이 열렸으며, 1951년 10월 25일부터 1953년 7월 19일까지는 판문점에서 열렸다. 본회담은 총 159회 열렸으며, 회의 의제 채택을 위한 제1의제 10회, 제2의제(군사분계선 협상) 17회, 제3의제(휴전감시방법과 기구 협상) 8회, 제4의제(포로송환 협상) 79회, 제5의제(관계 제국 정부에 대한 건의사항 협상) 8회, 기타(1953. 4. 26~7. 27) 37회 개최되었다.

본회담 대표 중 2명씩 분과위원회 회의에 참석했는데, 각 의제별 분과위원회는 본회담 보다는 자유로운 분위기에서 여러 의제를 동시에 다루고 신속 가능한 의견 교환과 합의를 끌어내기 위한 회의였다. 제2의제(군사분계선 협상) 37회, 제3의제(휴전감시방법과 기구협상) 71회, 제4의제(포로송환 협상) 71회 열렸다. 제5의제는 따로 분과위원회를 구성하지 않고 본회담에서 다루었으며 8차례 회담을 가졌다. 그 외 참모장교회의는 문안 등을 실무적으로 조정하고, 연락장교회의는 일반행정사무를 취급했다.

협상 대표단 구성은 유엔군 측은 수석대표가 미군 해군제독이었고, 나머지 3명의 대표는 미국의 육·해·공군소장으로 안배했고, 유엔군사령관이 임명한 한국군 대표를 한 명 포함시켰다. 그러나 한국군 대표는 단지 '한국군'이었을 뿐, 대표성도, 발언권도, 결정권도 없었던 '옵저버' 수준이었다. 한국군 대표는 어떠한 분과위원회 회의에도 참석하지 못했으며, 참모장교회의도 전원 미군 대령과 중령으로 구성되었다. 단지 한국군 이수

영 육군중령이 연락장교회의에 참석했을 뿐이었다. 협상과정과 결과에 대해 한국정부나 언론이 가진 정보는 미국의 통보에 전적으로 의존했기 때문에 불확실한 경우가 많았다. 특히 한국인들이 관심을 가졌던 포로문제나 실향사민 관련 내용은 미국의 통제로 인해 더 부정확했다.

반면에 공산측 대표단은 북한군 대장을 수석대표로 내세우고 중국군 대표가 두 명 포함되어 있었다. 모든 분과위원회 회의에는 중국군 대표와 함께 북한군 이상조 소장이 참석했으며, 참모장교회의나 연락장교회의도 북한군이 중국군보다 숫적으로는 더 많았다. 비록 실질적으로는 공산측 회담을 중국군 대표가 주도했지만, 회담장 내에서 북한은 발언권을 가졌을 뿐만 아니라 분과위원회나 각급 회의에 직접 참가했고 협상과정을 직접 경험했다는 점에서 남한과 대조적이었다. 이러한 구조가 전후 군사정전위원회까지도 이어진다는 점은 시사하는 바가 크다. 전쟁과 휴전회담에서 결정권이 없었다는 점에서는 남북한이 같은 처지였지만, 대표성이라는 측면에서 분명한 차이가 있었고, 이는 협상과정에서의 쟁점과 타협점을 비롯한 논의 과정에 대한 이해 차이로 이어졌을 것이다. 협상의 주체가 되지 못하면, 협상의 결과물인 협정을 이행함에 있어서도 형식적·내용적으로 온전한 주체가 되기 어려운 것은 물론이다.


## 3. 휴전회담 의제와 쟁점

회담 의제 가운데 군사분계선과 비무장지대 설정, 정전감시기구(군사정전위원회와 중립국감시위원회) 관련 논의의 초점은 전쟁 재발을 막는 것에 있었다. 정치회담 관련 항목 역시 항구적으로 한반도문제 해결을 지향한다는 점에서 취지는 같지만 지향점은 다르다고 볼 수 있다. 앞의 두 의제는 '앞으로 언제까지 지속될 지 알 수 없는 정전체제를 유지하고 지키는 것'에 주안점이 두어졌다면, 정치회담 관련 조항은 불완전한 '군사정전협정'을 보완해서 한반도문제의 완전한 해결, 즉 통일을 지향했다는 점에서 분명한 차이가 있었다.

협상 시작 전에 양측은 회담을 '순수하게 군사적 문제에 국한한다'는데 합의하고 회담을 개시했지만, 어디까지가 군사적 문제인가에 대한 판단이 달랐다. 회담이 시작된 후 의제 선정 과정에서 양측이 충돌한 문제는 38도선을 군사분계선으로 하는 것과 외국군 철군 문제였다. 공산측은 외국군 철군 문제는 휴전을 보장하는 필요조건이자 군사문제라고 주장했고, 미국은 이것은 정치문제라고 판단했다. 회담이 시작되고 17일 만에 양측이 합의한 의제는 군사분계선 및 비무장지대 설정, 정전 및 휴전 감시 기구 및 권한, 포로송환, 정치회담 건의 등 네 개 항목이었다.

첫 번째로 다루어진 군사분계선 협상은 휴전회담에서 가장 핵심적 사안이었다. 공산군 측은 38도선을, 유엔군 측은 우월한 해·공군력을 반영한 보상을 요구했고, 점차 이것을 포기하는 대신 전선의 조정을 통한 지역흥정을 통해 개성지역을 확보하고자 하다가, 최종적으로 실제 지상접촉선을 군사분계선으로 할 것에 동의했다. 1951년 7월 휴전회담이 시작된 후 양측의 군사적 목표는 서로가 유리한 조건에서 휴전을 성사시키려는 것이었다. 유엔군은 회담을 유리하게 이끌기 위해 항공작전을 강화했으며, 공산군 측은 병력과 장비를 증강하면서 방어진지를 구축했다. 군사적 압력은 더 큰 군사적 반격을 불러왔으며, 1951년 11월 잠정군사분계선 설정에 합의했음에도 불구하고 한 달 내에 나머지 의제 합의가 되지 못하면서 회담과 전쟁은 장기전으로 들어갔다.

두 번째 의제인 휴전 감시기구와 권한 문제에서 핵심 사안은 유엔군 측이 제기한 군사력 증강 금지와 감시 권한 문제였다. 공산군 측은 이를 외국군 철군 문제와 결부시켰다. 모든 외국군 철수가 실현되면 군사력 증강문제는 자연적으로 해결될 것이며, 따라서 감시 문제는 논의할 필요조차 없다는 주장이었다. 제공권을 장악한 유엔군 측이 북한지역의 비행장 건설 또는 복구를 제한하려고 했고, 이에 맞서 공산군 측은 소련을 중립국으로 내세우면서, 쟁점은 북한지역의 비행장 복구 금지 문제와 중립국 감독위원회 구성에 소련을 포함시키는 것으로 비화되었다. 결국 유엔군 측이 비행장 복구 금지 주장을 철회하고, 공산군 측이 중립국 감독위원회에서 소련을 빼는 것으로 합의되었다. 군사정전위원회와 중립국감독위원회 구성, 외부로부터의 병력 및 무기 도입 금지, 군사분계선 이북 도서(서해 5도 제외)에서 철군 하는 문제 등이 합의되었다.

군사분계선 협상시 '개성 지역홍정'이나 군사분계선 이북 도서 철군 문제에서 서해 5도 예외규정 합의는, 철저한 힘의 논리에 근거하고 있다. 개성지역을 확보하기 위해 유엔군은 협상을 시도했지만, 물리력으로 그 지역을 확보하지 않는 한 단 한 뼘의 땅도 확보할 수 없었다. NLL분쟁의 근원이 되는 서해 5도 예외규정도 마찬가지였다. 군사분계선 협상에서 해상분계선은 논의되지 않았고, 지상분계선이 확정된 다음 휴전감시기구 토의 과정에서 처음 제기되었다. 그러나 쟁점은 해상분계선이 아니라 영해문제였으며, 상대방 지역으로부터 철군하는 문제였다. 논란이 되자 미국은 영해와 해상분계선을 명시하지 않고 제외시키는 한편, 서해 5개도서

(백령도, 대청도, 소청도, 연평도, 우도)는 전후에도 계속 확보하고자 시도했다. 이른바 서해5도 예외규정으로, 이들 섬은 전쟁 전부터 남쪽에 속해 있었고, 전시에는 유엔군 유격대의 활동근거지이자 정보활동 거점이었다. 결국 공산측이 이 조항에 합의한 것은, 유엔군을 힘으로 밀어내지 못했기 때문이다. 협정문에 해상분계선을 명시하지 않고 영해도 확정하지 않은 것, 서해 5도를 전후에도 유엔군이 확보하는데 양측이 합의한 것 등은 모두 당시 군사력을 반영한 결과였다. 협상 결과는 타협의 산물이자 양측 물리력의 접점이었던 셈이다.

세 번째 포로송환 문제는 쉽게 처리될 수 있는 문제로 여겨졌으나, 실제로 휴전협상을 파행으로 이끈 주요인이 되었다. 양측 포로 숫자의 엄청난 차이와 포로성분의 복잡성이 문제의 발단이었지만, 표면적으로는 미국이 내세운 자원송환원칙을 두고 대립했다. 미국은 인도주의를 내세워 포로에게 송환여부를 선택하도록 해야 한다고 주장했지만, 선택의 자발성과 강제성 문제는 논란의 여지가 있었다. 미국이 내세운 포로의 인도주의적 선택 보장과 무차별 폭격의 비인도적 성격은 전쟁의 양면성이자 미국의 두 얼굴이었다. 공산측이 협상 전에 이미 포로를 자의적으로 처리하거나 일방적으로 억류시켜 놓고도 모든 포로의 본국송환을 요구한 것도 이율배반적이었다.

그러나 포로협상에서 양측의 주요 관심사는 위신이 손상되지 않는 적절한 선에서의 '송환포로 숫자'를 맞추는 것이었다. 중국은 중국군 포로가 전원 송환된다면 북한군 포로에 대해서는 자원송환을 적용해도 무방하다는 입장이었다. 그러나 중국군 포로의 송환 선택 비율이 상대적으로 낮았기 때문에 중국은 이를 문제 삼아 강경책을 선택했으며, 이로 인해 전쟁은

1년 이상 더 지속되었다. 폭격 피해가 컸던 북한은 휴전을 원했지만 결정권이 없었고 중국의 결정에 따라야만 했다. 남한은 포로협상에서 납북자 송환 문제가 다뤄지기를 원했지만, 미국은 포로협상이 더 복잡해질 것을 우려해서 이 문제를 제외시켰다. 정전협정 제59조의 실향사민 조항은 납치문제에 대한 논란을 피해 양측이 교묘하게 타협한 결과였고, 실질적 해결책이 아니었다.[6] 정전협정이 조인 직전 이승만 대통령의 일방적인 반공포로 석방으로 회담이 일시적으로 중단되기도 했지만, 그것이 협정 체결을 막지는 못했다. 이때 한·미 교섭을 통해 미국은 전후 한국군에 대한 통제권을 확보하였고, 한국은 한미상호방위조약을 통해 안보를 보장받았다.

마지막 의제인 정치회담 문제는, 회담의 군사적 성격을 넘어서 한반도 문제의 정치적 해결을 위한 방안이었다. 양측은 "한국문제의 평화적 해결을 보장하기 위하여 쌍방 군사령관은 쌍방의 관계 각국 정부에 휴전협정이 조인되고 효력을 발생한 후 3개월 내에 각기 대표를 파견하여 쌍방의 고위급 정치회담을 소집하고 한국으로부터의 모든 외국 군대의 철수 및 한국문제의 평화적 해결 등의 문제를 협의하도록 건의할 것"에 합의했다. 양측이 이 조항에 쉽게 합의했던 이유는, 그것이 구속력이 약한 단지 '건의한다'는 정도로 마무리되었기 때문이었다. 이 문제를 다루기 위해 1954년 제네바정치회담이 열렸지만, 회담은 성과 없이 끝나고 한반도 문제에 대한 논의는 이후 유엔총회로 넘어갔다. 이러한 실패는 예견된 결과였다. 정치회담의 목적은 한반도 문제의 평화적 해결, 궁극적으로 통일문제를 다루는 것인데, 이것이야말로 양측의 의지에 달려있는 것이다.

---

6) 김보영, 2013, 「휴전협정 제59조 '실향사민(失鄕私民, displaced civilians)' 조항을 통해 본 전시 민간인 납치문제의 쟁점과 귀결」『역사와 현실』 87.

## 4. 정전체제의 평화체제로의 전환과 남북한의 의지

탈냉전기 세계질서는 급격히 변화해왔다. 그러나 한반도는 아직도 구시대의 대결상태에서 벗어나지 못한 채 냉전적 대립을 계속하고 있다. 분단이 장기 지속되고 남북간 적대적 대립구도가 여전히 위력을 발휘하고 있는 이유는, 한반도에 대한 강대국의 이해관계가 복잡하게 얽혀있을 뿐만 아니라 남북한 정치세력들이 분단과 냉전적 대결구도를 국내정치적으로 이용하려는 경향을 보여 왔기 때문이다. 전후 남북한은 상호불신 속에서 극심한 체제대립 및 경쟁을 벌였다. 군사적 경쟁이 가속화되어 첨예한 군비경쟁에 몰입하였고 수많은 휴전협정 위반 사례들로 드러나듯이 군사적 충돌도 끊이지 않았다.

'분단의 히스테리'로 표현되는 한반도 분단체제의 유동성은 강대국 사이의 국제적 분쟁과 한반도 분단의 내재화가 복잡한 관계망을 형성하면서, 우리의 삶을 불안하게 만들고 끊임없이 자결권을 위협하고 있다.[7] 여전히 남북관계는 강온을 넘나들고 미래 전망도 불투명하다. 북한체제의 위기가 부각되거나 서해교전과 같은 남북한 군사충돌이 발생할 때마다 '전쟁'이냐 '평화'냐를 선택의 문제로 여기는 분위기도 보인다. 그러나 1950년 발발하고 1953년 전투가 중단되었지만, 여전히 준전시상태인 정전체제 속에 살고 있는 우리가 이 전쟁에서 배워야 할 유일한 진실은, 절대로 전쟁이 재발해서는 안 된다는 점이다. 한국전쟁 때 미국의 핵위협은

---

7) 홍석률, 2012, 『분단의 히스테리』, 창비.

실제 상황이었고, 현재 북한 핵문제로 인해 위험성은 더 커졌다. 전쟁은 공멸일 뿐이다.

상대방에 대한 비난과 압박을 통해 문제를 해결하려는 것은, 결국 상대방을 힘으로 굴복시키겠다는 의지의 표현일 뿐이다. 상대를 비난할 수는 있지만 그것이 해법이 되지는 못한다. 정전협정은 양측 협상의 결과물이자 '합의'사항이라는 점을 상기할 필요가 있다. 비록 정전협상과 협정 체결과정에서 남과 북은 온전한 주체가 되지 못했지만, 전후 정전체제 이행과 준수의 당사자인 남북이, 정전체제를 평화체제로 전환시키는 데 있어서는 명실상부한 주체가 되어야 한다.

지난 60여 년간 남과 북은 대립과 갈등을 반복하면서도 7.4공동성명과 남북관계기본합의서, 6.15공동성명과 10.4성명에 이르기까지 한반도 문제의 평화적이고 주체적인 해법을 모색해왔다. 정전협정과 마찬가지로 전후 남북간 합의사항들은 그것을 지키고자 하는 양대 주체의 이행 의지가 관건이다. 남북관계와 한반도 평화체제 문제는 국내 정치적 이해관계에 따라 변화되어서는 안 된다. 또한 한반도의 평화체제 정착은 남북 쌍방간의 합의와 노력만으로는 불완전하다. 남북간의 불신 제거와 상호 신뢰 구축을 담보하여 평화를 제도화하기 위해서는 쌍방간의 평화체제구축과 함께 국제공조가 필요하며, 다자간 협의구조인 6자회담 등을 적극적으로 병행, 활용할 필요가 있다. 오늘날 우리의 국제적 위상이 60여 년 전 정전협정 체결 당시와는 달라졌다고 주장하고 싶다면 그에 걸맞는 성숙된 자세가 요구된다. 남과 북이 당당한 주체로 자리매김할 수 있어야만 한반도 평화체제 구축에 주도적 역할을 수행할 수 있을 것이다.

제2부

# 철원지역의 전투와 지역민의 삶

6·25 전쟁과
철원

THE KOREAN WAR
AND CHEORWON

# 美軍 기록을 통해서 본 백마고지 전투 [*]

**나종남**
육군사관학교 군사사학과 교수

## 목차

## 1. 들어가는 글

1952년 10월 초, 지지부진하게 전개되던 판문점의 정전협상 경과를 지루해 하던 언론의 관심이 철원 북방의 이름 없는 395고지에서 시작된 국군과 중국군의 치열한 전투에 집중되기 시작했다. 철(鐵)의 삼각지대 모서리에서 진행된 이 혈전(血戰)에 국내외 언론들이 관심을 보인 이유는 단연 이 전투의 주인공인 국군 제9사단 때문이었다. 1951년 5월에 현리에서

---

[*] 나종남, "백마고지 전투의 재조명: 국군 제9사단의 향상된 전투수행 능력 분석을 중심으로"(『軍史』 제105호, 2017)를 보완하여 작성한 것임.

중국군에게 대패(大敗)한 바 있는 국군 제9사단이 또 다시 중국군과 대결한다는 소식이 전해지자, 그 결과에 세간의 관심이 집중되었다. 동아일보를 포함한 국내 주요 신문들은 1952년 10월 9일부터 백마고지에서 진행되고 있는 전투를 대대적으로 보도하였으며,[1] 이후 국군 제9사단의 승전이 예상되는 10월 12일부터는 각 신문사가 앞 다투어 백마고지의 전황을 자세하게 보도하기 위한 경쟁을 벌였기도 했다.[2] 미국의 *The New York Times*는 백마고지 전투가 종료된 직후 국군 제9사단의 승리를 자세하게 전송하면서, 이번 전투에서의 승리를 통해 전시 한국군의 재편성과 증강을 다시 평가하는 계기가 될 것이라고 분석하기도 했다.[3]

백마고지 전투가 진행되는 동안 이승만 대통령과 밴 플리트 사령관을 포함한 주요 인사들이 국군 제9사단을 방문하여 성공적인 전투수행을 격려하였다. 한국에 부임한 이후 국군 제9사단에 특별한 관심을 가지고 있었던 제임스 밴 플리트(James A. Van Fleet) 미 제8군사령관은 10월 9일에 김종오 소장을 직접 방문하여 국군 제9사단에 대한 최대한의 지원을 약속하였다.[4] 이승만 대통령은 10월 12일에는 국군 제9사단의 성공적인 작전수행을 찬사하는 축하 전문을 보내서 사단장 김종오 소장을 격려하고, 다음날 오후에는 밴 플리트 미 제8군 사령관과 함께 직접 국군 제9사단 사령부를 방문하여 "자네들이 막강한 미군 사단들 못지않게 용감하게 승리해 주고, 국위를 선양하고 있기에 ...."라고 치하하였다.[5] 이승만 대통령은

1) "一年來最大激戰" 동아일보, 1952년 10월 9일; "피에 물든 백마고지" 경향신문, 1952년 10월 11일.
2) "白馬高地 固守, 十二日夜 狂信的 反擊 敵을 屠戮" 동아일보, 1952년 10월 14일; "북을 치는 中共, 遺棄屍體五百" 경향신문, 1952년 10월 15일.
3) "South Korean Troops Improved in Combat" *The New York Times*, 19 October 1952.
4) 국방부 전사편찬위원회, 『백마고지 전투』(서울: 국방부 전사편찬위원회, 1984), p.244.

백마고지 전투가 완전히 종료된 이후에도 다시 한 번 제9사단 사령부를 방문하여 사단장 김종오 소장을 포함한 일선 지휘관과 장병들을 격려하기도 했다.[6]

6·25전쟁에서 국군이 단독으로 수행한 전투 중에 *The New York Times* 등을 포함한 국내 및 해외 언론의 관심을 받았던 전투는 백마고지 전투가 유일하다. 그만큼 이 전투는 당시에도 많은 국민들에게 알려졌으며, 특히 중국군을 상대로 거둔 대승(大勝)이었기 때문에 이후에도 다양한 시각에서 자세하게 분석되기도 했다. 1980년대 이전에 제작된 연구들은 대부분 백마고지 전투가 '6·25전쟁을 대표하는 전투'이며, 특히 '불굴의 정신력으로 이겨낸 치열한 격전(激戰)'이었고, '국군이 중국군에게 승리한 전투'라는 점을 강조하였다. 그리고 국방부와 육군 공간사(公刊史) 서술도 대체로 기존 연구들이 제시한 시각과 크게 다르지 않다.[7]

백마고지 전투에 대한 연구가 다른 전투에 비해 자세하게 진행될 수 있었던 이유는 이 전투에 대한 사료(史料)가 상대적으로 많았기 때문이 것이다. 내부와 외부의 관심이 집중되다 보니 자연스럽게 국군과 미군의 작전일지와 전투상보 등 공식 기록이 자세하게 작성되었고, 전투가 종료된 이후에도 참전자 증언을 포함한 구술자료의 분량도 많은 편이다. 이중에서도 특히 미 제8군, 미 제9군단, 미 군사고문단(KMAG) 등이 작성한 자료

---

5) 『백마고지 전투』, p.243; 대한민국 국방부, 『한국전란 3년지』(서울: 대한민국 국방부 정훈부, 1954), p.B-56.

6) 『백마고지 전투』, p.244.

7) 이 글에서 기준으로 하는 국방부 공간사(公刊史)는 국방부 전사편찬위원회, 『한국전쟁 전투사: 백마고지 전투』(서울: 국방부 전사편찬위원회, 1984); 국방군사연구소, 『한국전쟁 (下)』(서울: 국방군사연구소, 1997), pp.389~395; 국방부 군사편찬연구소, 『6·25전쟁사 제10권: 휴전회담 고착과 고지쟁탈전 격화』(서울: 국방부 군사편찬연구소, 2012), pp.396~430 등이다.

는 1990년대 중반 이후 국내에 도입되어 많은 연구에 활용되고 있다.[8]

흥미로운 사실은 70여 년이 지난 오늘에 이르기까지 백마고지 전투에 대한 국내 여론과 연구는 여전히 전투가 벌어졌던 당시 일부 언론과 참전 자들이 제시한 '치열한 격전(激戰)'이나 '불굴의 정신력을 앞세워 승리한 전투' 등의 틀(frame)에 한정되어 있는 점이다. 1990년대 중반 이후 새로 운 자료가 발굴되었으나, 이들을 활용한 새로운 해석과 접근은 시도되지 않고 있다. 최근에 와서야 일부 연구가 국군 제9사단이 효율적으로 전투 력을 발휘하기 위해서 전투 기간 중에 실시한 기동과 화력의 조율, 주공부 대와 조공부대의 역할 분담과 임무수행, 지휘관의 전체적 전황파악과 적 시 적절한 예비대 투입 등의 과정을 전투수행 능력의 측면에서 분석하였 나, 이 또한 사료의 종류와 범위라는 측면에서 여전히 한계가 있다.[9]

6·25전쟁 중에 미군이 이 전투에 대해 남긴 다양한 기록을 자세하게 살펴보면 큰 특징을 발견할 수 있다. 우선 미군은 백마고지 전투에서 국 군 제9사단이 보여준 전투수행 능력을 높게 평가하였는데, 이는 '불굴의 정신력과 의지에 의해 거둔 승리'와는 차이가 있다. 또한 이 전투에서 국 군 제9사단이 과거 한국군에게서 고질적으로 지적되었던 화력과 기동 등

---

8) 이 글에서 국군 제9사단의 전투 효율성 및 작전수행 능력을 분석하기 위해서 사용한 1차 사 료는 육군본부, 『한국전쟁사료: 전투상보』 58권(제9사단) (대전: 육군본부 군사연구실, 1987), pp.657~758; HQ, 9th US Corps, "Special After Action Report Hill 395 (White Horse Mountain) 6-15 October 1952", The James A. Van Fleet Papers, Box 81, the George Marshall Library, Lexington, Virginia. (이하 Van Fleet Papers로 표기함); 8202nd Army Unit, US Military Advisory Group, "Command Report, Oct. 1952, ROKA Combat Units, KMAG, 9th ROK Division, etc." RG 407 Records of the Adjutant General's Office, 1905-1981, Command Reports, 1949-1954, Non Organic Units, NARA 등이다.

9) 나종남, "백마고지 전투의 재조명: 국군 제9사단의 향상된 전투수행 능력 분석을 중심으로", 軍史 제105호(2017. 12.), pp.45~93.

현대적 전투수행 방식에서 발견되었던 많은 문제를 해결했다고 평가하였다. 예를 들면, 미군의 6·25전쟁 공간사는 백마고지 전투에서 제9사단이 보여준 작전수행을 "완벽한 전투 준비, 효과적인 정보 활용, 효율적 전술 구사, 공중과 포병, 기갑에 의한 강력한 화력지원이 원활하게 들어맞은 최고의 전투 사례(a prime example)"라고 기술하였으며, 1952년 여름부터 마크 클라크(Mark Clark) 유엔군 사령관이 요구했던 여러 가지 요소가 제대로 결합된 완벽한 전투의 전형이라고 분석하기도 했다.[10] 그렇다면 왜 최근의 연구들은 미 제8군사령관, 미 제9군단장, 미 군사고문관, 미 육군 공간사 등이 국군 제9사단의 작전수행 방식의 변화에 대해 언급한 평가와 기록을 주목하지 않고, 대신 당시 언론과 참전자들이 제시한 '역사적 시각'을 그대로 수용하는데 머물러 있는 것일까?

이 글은 6·25전쟁의 고지쟁탈전이 절정으로 치닫던 1952년 가을, 국군 제9사단이 철원 북방 무명 395고지에서 중국군 제38군 예하의 3개 사단과 약 10일에 걸쳐 치열하게 싸워서 승리한 백마고지 전투를 미군이 기록한 전투 분석과 서술, 그리고 가장 치열한 순간에 국군 제9사단의 전투를 관찰한 미군 장병들의 회고를 통해 분석하고자 한다. 이를 통해 전투 직후 일부 언론과 참전자들이 제시한 '불굴의 정신력을 앞세워 승리한 치열한 격전'의 대명사로 알려진 백마고지 전투에 대한 기존의 시각(historiography)이 정착되는 동안, 국군 제9사단과 함께 전투를 치렀던 미군들은 이 전투를 어떻게 평가했고, 또한 오랜 시간이 지난 이후 이 전투를 어떻게 기억하는지를 살펴볼 것이다.

---

10) Walter G. Hermes, *Truce Tent and Fighting Front*(Washington D.C.: Office of the Chief of Military History, United States Army, 1966), p.307.

본 연구가 주목한 백마고지 전투에 대한 미군의 평가는 전투 직후에 작성된 미 제9군단과 군사고문단(KMAG)의 보고서를 근간으로 하되, 395 고지 현장에서 직접 전투를 관찰하였던 미군 포병 관측장교들의 회고가 포함된 최근의 연구를 병행하여 살펴볼 것이다.[11] 이를 통해서 백마고지 전투에서 국군의 승리를 가능케 했던 구체적, 실질적 요소에 접근하고자 한다. 그리고 더 나아가 6·25전쟁 중에 치러진 수많은 전투에 대한 새로운 해석과 분석을 위한 하나의 틀(a frame)을 제시하고자 한다.

## 2. 전투의 배경

### 가. 1952년 10월의 전황과 예고된 혈전

1951년 7월에 시작된 유엔군과 공산군 사이에 시작된 정전협상은 시작부터 난항(難航)이 거듭되었다. 개성에서 시작된 정전회담이 진척이 없자, 국군과 유엔군은 공산측이 고의적으로 회담을 지연시키는 것에 대응하기 위해서 1951년 10월 초부터 추계공세를 개시하였다. 이 공세의 목적은 새롭게 형성된 전선에 전면공세를 감행하여 양측이 설전(舌戰)을 벌이고 있던 정전회담에서 유리한 입장을 차지할 수 있도록 압박하는 것이었다. 그 결과 1951년이 지나가기 전에 군사분계선에 대한 대략적 합의가 이뤄졌으나, 정전회담은 또 다른 안건으로 인해 해를 넘기고 말았다.

---

11) Anthony Sobieski, *A Hill Called White Horse: A Korean War Story*(Bloomington, Indiana: AuthorHouse, 2007); Bryan R. Bibby, "The Battle for White Horse Mountain, September-October 1952", *Army History*(Fall 2013), pp.27~46.

1952년 봄이 되자 유엔군과 공산군 모두 정전협상을 유리하게 전개하기 위한 새로운 해결책을 모색하기 시작했다. 그러던 중, 1952년 6월에 유엔군사령관이 교체되었다. 1951년 초에 휘몰아친 중국군의 대규모 공세를 성공적으로 막아낸 이후 정전회담을 성사시킨 메튜 리지웨이(Matthew B. Ridgway) 장군에 이어 마크 클라크(Mark Clark) 대장이 신임 유엔군사령관으로 부임하였다. 클라크 사령관이 부임하자 중국군 지휘부는 그가 제2차 세계대전 중 이탈리아 전역에서 미 제5군을 지휘하며 다양한 상륙작전을 시도했던 경력에 주목하였다. 즉, 새로운 지휘관이 등장하여 서해안과 동해안에 대규모 상륙작전을 시도하는 등 새로운 전술을 구사할 것으로 예상하고, 이를 사전에 방지하기 위한 해법 마련에 나섰다.[12] 그것은 중국군이 주요 고지군에서 유엔군에게 대규모 공세를 가해서 국군과 유엔군의 전투력을 소모하겠다는 구상이었다.

　　이에 따라 1952년 6월부터 전(全) 전선에서 중국군이 주도하는 고지쟁탈전이 재개되었다. 이 시기에 전개된 전투 양상은 대체로 공산군이 주요 전초기지를 선공하여 장악하면, 이를 국군과 유엔군이 역습하여 탈환하는 방식으로 전개되었다. 그런데 대부분의 경우 국군과 유엔군의 공격에서는 공산군에게 빼앗긴 고지의 일부만 탈환하거나, 아니면 고지 자체를 포기하는 경우가 많았다.[13] 이 와중에 철원 평야 북방의 281고지와 395고지에 대한 중국군 제38군의 공격이 개시되었다. 395고지와 281고지를 탈취하여 차후작전 수행에 유리한 입장을 차지하려는 중국군과, 이에 맞서서 이 두 개의 고지를 지켜내려는 국군 제9사단과 프랑스 대대의 전

---

12) Gibby, "The Battle for White Horse Mountain", pp.28~29.

13) 『백마고지 전투』 p.261.

투는 1952년 가을에 진행된 고지 쟁탈전의 전형으로 평가할 수 있을 만큼 치열하게 전개되었다.

1952년 가을, 정전회담이 포로문제에 대한 협상을 둘러싸고 난항을 맞고 있는 상황에서 소위 '철(鐵)의 삼각지대'로 알려진 한반도 중앙의 요충지에 유엔군과 공산군의 관심이 집중되었다. 평강을 정점으로 하고 김화와 철원을 밑변으로 하는 철의 삼각지는 한반도의 중앙 고원지대로서 전략적 요충지였고, 남북으로 3번, 43번, 47번 도로 등이 관통하는 교통의 요지였다.[14] 미 제8군은 1951년 후반에 고지쟁탈전이 시작된 순간부터 철의 삼각지에 대한 확보를 매우 중시하였는데, 이 과정에서 철원 평야 북쪽에 자리 잡은 395고지는 피아간에 서로 확보 및 고수하지 않을 수 없는 요충지였다. 따라서 이에 따라 미 제8군은 1951년 동계작전 초기에 김화~철원 선을 확보했으나, 휴전의 타결을 모색하던 판문점의 회담으로 인해 평강 공략은 보류하였다.[15]

1952년 10월 초에 시작된 국군 제9사단과 중국군 제38군 예하부대의 전투는 시작되기 이전부터 이미 치열한 전투가 예상되고 있었다. 이 시기의 전투가 유례없이 치열한 격전으로 전개된 이유는 다음의 몇 가지 요소로 분석할 수 있다. 우선, 기존에 중국군에게 밀려 제대로 전투다운 전투를 시도조차 못하던 국군 부대들이 재편성과 심도 깊은 훈련을 통해 점

---

14) 『백마고지 전투』 pp.23~24.
15) 아군이 395고지를 확보할 경우 이점은 우선, 철원 평야를 감제하여 철원 및 김화 일대에서 유리하게 작전을 수행할 수 있으나, 만약 이 고지를 적에게 빼앗길 경우 미 제9군단의 주저항선이 남쪽으로 고대산 선까지 밀리지 않을 수 없었다. 이로 인해서 철원에서 서울로 통하는 유엔군의 주보급로가 심각한 위협을 받게 될 것이었다. 또한 395고지를 점령한 측이 휴전회담에 유리한 차기작전의 발판을 굳히게 된다는 점 등이었다. 『휴전회담 고착과 고지쟁탈전 격화』 pp.396~397.

차 전투수행에 자신감을 갖기 시작했다. 특히 국군 제9사단은 성공적으로 FTC 훈련을 마친 상태였으며, 또한 입소에 앞서 대대적인 병력 보충이 이뤄져 막강한 전투력을 발휘할 수 있는 만반의 준비를 갖췄다. 뿐만 아니라 사단의 전 장병들이 절치부심(切齒腐心)하여 1951년 5월에 현리전투에서 당했던 치욕스러운 패배를 두 번 다시는 당하지 않겠다고 각오하였다.[16]

백마고지 전투가 유례없는 혈전으로 치러진 또 다른 이유는 1952년 가을 즈음에는 국군과 중국군 부대 모두 막강한 포병화력을 보유하였기 때문이었다. 한국군에 대한 화력 증강, 특히 포병화력의 증강은 한국군에 대한 재편성이 본격적으로 거론되기 시작한 1951년 중반부터 구상되었던 사안이다. 한국군이 화력부족으로 인해 전투에서 고전을 겪는 모습을 관찰한 밴 플리트 미 제8군사령관은 한국군에 대한 재편성을 성공적으로 이루기 위해서는 이들에 대한 화력증강이 근본적인 문제이며, 이를 위해서는 미군의 장비와 무기 지원이 필수적이라고 판단하였다.[17] 결국 이와 같은 밴 플리트 사령관의 지침에 따라 KMAG은 우선 한국군 각 사단별로 105㎜ 포병대대를 신설하여 지원토록 하고, 이와 별도로 육군본부 예하에 155㎜ 1개 대대와 105㎜ 6개 대대로 구성된 별도의 포병단 6개를 창설하

---

16) 김영선, 『김영선 회고록: 백마고지의 광영』(서울: 도서출판 팔복원, 1997), p.57. 특히 1952년 5월에 제9사단장으로 부임한 김종오 소장에게는 백마고지 전투는 결코 물러설 수 없는 한 판이었다. 그는 앞서 지적한 현리전투 당시 국군 제3사단을 지휘하였으나, 역시 치욕스러운 패배를 당한 경험을 가지고 있었다. 비록 사단은 바뀌었으나, 그가 제9사단장으로 부임한 이후 가장 먼저 극복해야 할 것은 중국군에게 연전연패했던 한국군 부대의 패전의식이었다. 한편 1952년 춘계에 백마고지에 투입된 중국군 제38군은 1950년 10월에 압록강 인근까지 진격한 국군 제6사단에게 절망적 타격을 주었던 바로 그 부대였다. 따라서 사단장 김종오 소장은 두 차례나 치명적 타격을 주었던 중국군을 백마고지에서는 반드시 극복하겠다는 마음가짐을 가지고 있었다. 유현종, 『백마고지: 김종오 장군 일대기』(서울: 을지출판공사, 1985), pp.312~315.

17) 전시 한국군에 대한 미 제8군사령부의 포병 증강 프로그램에 대해서는 나종남, "한국전쟁 중 한국 육군의 재편성과 증강, 1951~1953", pp.235~239를 참고할 것.

는 계획을 수립하였다.

하지만 단순하게 포병 장비의 지원만으로는 한국군에 대한 포병화력의 증강이 완성되는 것은 아니었다. 다른 병과와 달리 포병은 장비의 조작과 운영뿐만 아니라 화력운영 전반에 대한 교육과 훈련이 병행되어야 제대로 효과를 발휘할 수 있었기 때문이다. 따라서 KMAG은 조기에 한국군 부대에 포병 운용 인력을 육성하며, KMAG 주도 하에 포병 부대에 대한 효과적 운영에 관한 교육도 필요하다고 분석하였다. 이를 위해서는 미 제8군 예하의 포병부대들이 신설된 한국군 포병부대와 연합 훈련을 실시하여, 한국군 포병부대에 대한 관리와 훈련을 담당토록 하였다.[18] 그 결과 1952년 초에 전선에 투입된 한국군 보병사단은 최소 1~2개 105㎜ 포병대대를 보유하였으며, 또한 특정한 임무를 수행할 경우에는 육군본부와 미 제8군사령부로부터 다량의 포병 화력을 지원받아 작전을 전개하였다. 1952년 10월에 실시된 백마고지 전투에서도 국군 제9사단은 105㎜ 총 4개 대대와 155㎜ 2개 대대의 화력지원을 받으면 작전을 수행하였다.

한편 1952년 후반에는 중국군에도 많은 변화가 있었는데, 이중에서도 가장 눈에 띠는 부분은 중국군의 대대적 포병화력의 증강이었다. 1952년 8월에 마오쩌둥은 정치협상회의 상임위원회 회의에서 "현재 우리의 부대는 감소했다. 그러나 장비는 더욱 강화되었다. 우리는 과거 20여 년의 전투를 치렀지만 공군은 없었고, 적이 우리를 폭격하기만 했었다. 현재 공군도 만들어졌다. 고사포와 대포, 탱크도 모두 갖추었다. …"라고 주장하면서 자신감을 드러냈다.[19] 또한 1952년 9월의 무기체계는 1951년 7월과 비교

---

18) 나종남, "한국전쟁 중 한국 육군의 재편성과 증강, 1951~1953", pp.237~238.

해서 큰 차이가 있는데, 비록 여전히 미군에 비해서는 무기와 장비 면에서 열세였으나, 작전 조건은 뚜렷하게 개선되었다고 분석하였다.[20]

1952년 후반기에 본격화된 중국군의 포병화력 증가는 국군 및 유엔군에게도 큰 위협으로 인식되었다. 미 제8군사령부는 1952년 봄에 서부전선에서 공격하던 중국군 부대의 대포가 710문에서 884문으로 증가하였으며, 특히 4월부터 6월 사이에 중국군이 일일 단위로 발사하던 포탄의 숫자가 2,388발에서 6,843발로 증가했다고 분석하였다. 미 제8군사령부는 중국군이 전선에 투입한 이와 같은 화력 증가가 기존과 달리 눈에 띄게 달라진 보급능력의 향상 때문이라고 평가하였다.[21]

한편 중국군의 전투태세에서 드러난 또 다른 변화는 갱도 중심의 지탱점식 방어체계 구축이었다. 중국군은 1951년 하계와 추계 방어작전, 1952년 춘계와 하계 진지공고화 투쟁에서 굳건한 방어, 특히 갱도에 의지해 작전을 수행하는 방어전술을 통해 견고한 진지에 의지해 공격과 방어를 진행하는 작전 경험을 축적시켰다. 이 과정에서 각 부대 및 병종에 따라 고사포병의 후방 운송과 엄호, 전선 포병진지의 엄호 및 각급 지휘관과의 협동작전 등 한반도 작전 특성에 맞는 공격 및 방어전술을 숙지한 상태였

---

19) 『중국군의 한국전쟁사』 3권, p.398. 구체적인 내용은 다음과 같다. "산포(山砲), 야포, 유탄포 총계가 1,141문에서 1,493문으로 증가했고, 그 중에서 야포는 388문에서 507문으로 증가했으며, 유탄포는 347에서 578문으로 증가되었다. 산포는 수량 면에서 기본적으로 변화가 없었다. 고사기관총은 2,291정에서 2,462정으로 증가되었고, 고사포는 805문에서 988문으로 증가되었으며, 로켓발사기는 752개에서 3,028개로 증가되었고, 경박격포는 4,717문에서 4,899문으로 증가되었고, 중박격포는 208문에서 241문으로 증가되었다. 문반동포는 443문에서 1,030문으로 증가되었고, 로켓포는 73문에서 162문으로 증가되었다. … 탱크는 125대에서 160대로 증가되었다."

20) Xiaobing Li, *China's Battle for Korea: The 1951 Spring Offensive*(Bloomington, Indiana: Indiana University Press, 2014), pp.214~221.

21) Hermes, Truce Tent and Fighting Front, pp.284~285.

다.[22] 따라서 중국군은 장차 진행될 국군과 유엔군과의 교전에서 고수방어에 성공한 이후, 진지를 중심으로 공격할 수 있는 유리한 여건이 마련되었다고 평가하였다.[23]

### 나. 국군 제9사단: 'Old & New'

백마고지 전투 승리의 주역 국군 제9사단은 1950년 10월 25일에 충청도 출신 장병을 근간을 이뤘던 제28, 29, 30연대를 모체로 창설되었다. 제9사단은 창설 직후부터 약 2개월 동안 경상북도와 전라북도 일대의 산악지대를 중심으로 활동하던 적 게릴라를 진압하는 작전을 수행하였으며, 이후 중국군 참전으로 전세가 복잡해지자 육군본부의 명령에 의해 1950년 12월 중순에 드디어 전선으로 출동하였다.

하지만 창설 직후 제대로 병력과 장비 등 주요 전력을 완비하지 못한 상황에서 전방으로 진출한 제9사단은 중국군의 춘계공세 도중에 심각한 위기에 직면하였다. 제9사단은 국군 제3군단 예하에서 동부전선에 배치되어 산악지대 작전을 수행하였으며, 1951년 4월에는 국군과 유엔군의 총반격 작전의 선두에서 한계령 부근까지 진출하기도 했다. 그러나 1951년 5월에 개시된 중국군의 제5차 공세에서 제9사단은 현리지구 전투에서 패배하였다. 중국군 2월 공세 초기에 제8사단이 당했던 횡성전투에서의 패배와 마찬가지로 국군 제3군단이 현리전투에서 당한 패배는 이 시기에 국군이 가지고 있던 고질적인 문제와 근본적인 한계를 드러낸 대표적 사례였다.

---

22) 『중국군의 한국전쟁사』 3권, p.397.
23) 『중국군이 경험한 6·25전쟁』 제1권, p.176.

현리전투에서 치욕적 패배를 당한 직후 국군 제9사단의 상황을 파악할 수 있는 기록은 극히 제한적이다. 다만 1951년 6월 30일에 미 제8군사령부가 국군 제9사단에 대한 군수분야 점검 직후 작성한 보고서 등 일부 미군 기록에 따르면, 이 시기 제9사단의 군수 및 병참 상황은 매우 열악했다. 식량과 군복, 전투화 등에서는 미군의 지원으로 인해 큰 어려움이 없었으나, 전투장비와 차량 등의 보유 현황은 매우 심각해서 전투임무를 수행하기 어려울 지경이었다. 그 이유는 현리전투 직후 미 제8군사령부가 국군 제3군단 예하부대에 대한 병참지원을 금지했는데, 이에 따라 국군 제3사단과 국군 제9사단에게는 전투물자와 장비가 제공되지 않았기 때문이었다. 따라서 1951년 6월 현재 제9사단이 보유한 81㎜ 박격포는 고작 12문으로, 편제 보유량 54문의 1/4에 불과했다. 제9사단의 일부 부대가 상급부대의 지시에 의해 작전에 투입될 경우, 기관총과 박격포 등 임무수행에 필요한 장비는 인접 미 제3사단으로부터 대여하여 사용했다.[24]

1950년 11월부터 1년 넘게 국군 제9사단의 포병 고문관으로 근무한 엘든 앤더슨(Eldon B. Anderson) 소령은 창설 초기 제9사단의 전투수행 능력에 대한 구체적으로 서술하였다.[25] 그는 제9사단이 포병 화기 및 탄약 부족으로 인해서 제대로 전투임무를 수행할 수 없었다고 지적하며, 또한 일시적으로 미군 부대가 제9사단에게 포병화력을 배속 및 제공하는 경우에도 국군 지휘관들이 이들을 효과적으로 사용한 사례는 거의 없었다고 주장하였다. 그는 국군의 경우 간부들이 전체적으로 화력의 중요성을 인

---

24) "Staff Visit 9th ROK Division", 30 June 1951.
25) Debriefing Report, No. 76, 6 March 1952, Fort Sill, Oklahoma, RG 550, Records of HQ, US Army Pacific, Military Historian's Office, Organizational Files, Box 61. NARA.

식하지 못하고 있었으며, 평상시에도 기관총이나 포병 장비 등에 대한 수리와 정비에도 별다른 관심을 기울이지 않았다고 평가하였다. 따라서 비록 한국군 장병들의 전사적 기질은 미군에 비해 결코 뒤처지지 않았지만, 한국군의 작전수행에 결정적 차질을 가져오는 요소로 간부의 리더십 부족과 포병화력 운용 미숙 등이라고 분석하였다.

이처럼 한국 전선의 주축을 담당해야 할 국군 부대에 심각한 문제가 발생하자, 미군 지휘부는 이를 해결하는 방안을 모색하였다. 1951년 4월에 미 제8군 사령관으로 부임한 밴 플리트 중장은 현리전투 직후 국군 제3군단을 해체하였는데, 이로 인해서 태백산맥 동쪽에서 작전을 수행하던 국군 제1군단을 제외한 모든 전선의 전방에서 한국군 부대의 모습을 찾아볼 수 없었다.[26] 한국군의 작전수행에 심각한 문제점을 보고 받은 조지 마셜(George C. Marshall) 미 국방장관은 과거 필리핀에서 실시했던 방안, 즉 미군 지휘관이 한국군 부대를 지휘하는 방안을 검토하라고 지시하기도 했다.[27] 하지만 이와 같은 조치만으로는 한국군이 가지고 있는 근본적인 해법은 될 수 없었다. 한국군이 다시 전장에 투입되어 중국군에 맞서 싸울 수 있는 군대로 만들기 위한 해법이 필요했다.

결국 미 제8군사령부는 전체적인 훈련과 전투수행 능력이 부족한 한국군 부대를 교육훈련 시키기 위해서 야전훈련사령부(the Field Training Center, FTC)[28] 설치라는 해법을 선택하였다. 이를 통해서 미 제8군사령부가 의도했던 바는 한국군 사단급 부대의 전투 효율성(combat effectiveness)

---

26) 나종남, "한국전쟁 중 한국 육군의 재편성과 증강, 1951~53", p.220.
27) Chief of Staff to Command in Chief, Far East Command, 23 May 1951, Van Fleet Paper, Box 86.

을 향상, 즉, 한국군 사단이 장차 전투임무를 수행할 수 있을 정도의 전투 수행 능력을 갖추도록 훈련을 실시시키는 것이었다. 이를 위해서 미 제8군사령부 예하 미군 각 군단이 한국군 사단을 훈련시키기 위해 야전훈련 사령부를 설치하여 운용하되, 한국군에 대한 전체적인 훈련 책임과 통제는 KMAG이 담당할 예정이었다.[29] 밴 플리트 사령관은 FTC 훈련 프로그램을 구상하던 1951년 6월 중순부터 한국군의 사단급 부대에 대한 훈련의 중요성을 강조하면서, 미군 각 군단장들로 하여금 FTC 훈련 프로그램에 준비에 만반을 기하라고 지시하였다. 특히 한국군이 전투 중에 약점으로 지적되었던 각종 장비에 대한 효율적 운용, 소부대 전투 기술, 수색과 정찰, 장교와 부사관의 리더십 향상 등에 역점을 맞추라고 지시하였다.[30]

미군 각 군단이 운영하는 FTC에서 한국군 사단급 부대를 훈련시키기 위해 구상한 표준훈련 기간은 대략 9주였다. 이를 자세하게 살펴보면, 제1주에는 부대 이동 및 훈련준비, 훈련을 시작하기 위한 부대검열을 실시하고, 나머지 8주는 개인훈련으로부터 시작하여, 소부대 및 대부대 훈련으로 구성되었다. 첫 주에는 개인정비와 편제 장비 훈련을 시작하기 위한 준비시간이었으며, 이후 본격적인 훈련이 시작되어 사격과 기동, 제대별 화력운용과 전술 등이 분대, 소대, 중대, 대대 순서로 진행될 예정이었다. 제대별 훈련이 종료된 직후에는 약 1주일에 걸쳐 마지막 단계인 FTC 본부

---

28) 1951년 7월 말부터 조직되기 시작해서 8월부터 임무를 수행한 the Field Training Center 혹은 the Field Training Command에 대해서는 유성종, "6·25전쟁 시 야전훈련사령부(FTC)의 창설과 역할", 軍史, 제91호, 2016, pp.1~32를 참고할 것.

29) 나종남, "한국전쟁 중 한국 육군의 재편성과 증강, 1951~1953", pp.232~235.

30) Commanding General, US Eighth Army to Commanding General, I US Corps, "Letter of Instructions", 19 June 1951, Van Fleet Papers Box 81.

에 의한 검열 혹은 지휘소 훈련(Command Post Exercise, CPX)이 진행될 예정이었다. 한편 훈련 기간 중에는 1주일 동안 최소 60시간, 1일 10시간 이상의 훈련시간이 엄수되었다. 또한 규정된 시간 중 30%는 야간훈련에 할당되었다.[31]

제9사단은 밴 플리트 미 제8군사령관의 지시에 의해 한국군 사단 중에서 최초로 미 제1군단이 주관한 FTC 훈련 프로그램에 입소하였으며, 1951년 8월 18일부터 10월 12일까지 약 8주 동안 훈련을 받았다. 이 시기에 국군 제9사단이 FTC에서 훈련받는 과정과 결과가 어떠했는지를 구체적으로 파악할 수 있는 사료는 찾을 수 없었다. 다만 다음에서 제시하는 일부 사료를 통해 국군 제9사단의 FTC 입소훈련이 기대 이상으로 성공적이었음을 짐작할 수 있다. 우선, 1952년 초에 KMAG이 작성한 야전훈련사령부의 확장 가능성에 대한 보고서이다. KMAG 본부는 1952년 2월 말에 야전훈련사령부의 운용에 대한 보고서를 통해 왜 미 제8군 사령부가 FTC를 조직하였고, 어떻게 운용하고 있는지를 개략적으로 설명하였다. 특히 국군 제9사단이 제1야전훈련사령부에 입소하여 성공적으로 훈련을 받은 내용을 개략하였으며, 이러한 성공이 차후 제2 및 제3야전훈련사령부의 조직 및 확장으로 연결되었다고 분석하였다.[32] KMAG도 제1야전훈련사령부에서 진행된 훈련 프로그램으로 인해서 "국군 제9사단의 전투 효율성이 대단히 증가하였다(the greatly increased battle worthiness of the 9th ROK division)"고 분석하였는데, 특히 훈련을 통해 전투원 개인은 물론 각급 부대의 지휘자 및 지휘관의 전투 중 역할과 리더십이 향상되었다고

---

31) 유성종, "6·25전쟁 시 야전훈련사령부(FTC)의 창설과 역할", p.20.

32) "HQ, Field Training Command - Command Report, January 1952", 29 February 1952.

분석하였다.[33]

　야전훈련사령부에서 8주간의 교육을 성공적으로 마친 국군 제9사단은 1951년 10월 12일에 미 제1군단에 배속되었으며, 이후 10월 20일에 미 제3사단으로부터 철원 평야 북방의 281고지와 395고지 일대를 인수하였다. 이후 제9사단은 우측에 제30연대를, 좌측에 제29연대를 배치하고, 후방에 제28연대를 예비로 배치하였다. 또한 미 제1군단의 우익을 담당하던 국군 제9사단은 우측의 미 제15사단 및 좌측의 미 제1기병사단과 연계하면서 작전을 수행하였다.[34] 그리고 1951년 11월 초에 제281고지와 395고지에서 중국군 제42군 예하 126사단과의 약 4일에 걸쳐 격렬한 고지쟁탈전을 치르는 과정에서 처음에는 고지를 빼앗겼으나, 이후 성공적인 반격작전을 통해 마침내 두 고지 모두 탈환하였다.[35] FTC에 입소하기 이전에는 예상하거나 기대할 수 없는 결과였다. 이러한 차이는 제9사단이 그동안 야전훈련사령부에서 미군이 주도하는 훈련을 성실하게 수행한 결과였으며, 또한 점차 확대되는 국군에 대한 화력 증강 프로그램의 효과가 긍정적으로 작용한 것이었음을 알 수 있다.

　이처럼 국군 제9사단은 미 제3사단을 대신하여 투입되어 실시한 최초의 전투에서 중국군의 공격을 완벽하게 저지함으로써 임무를 완수하였다. 물론 1951년 11월에 395고지를 공격한 중국군의 병력과 화력 규모

---

33) "HQ, Field Training Command - Command Report, January 1952", 29 February 1952.

34) 『휴전회담 개막과 고지쟁탈전』 p.559.

35) KMAG이 밴 플리트 사령관에게 보고한 바에 따르면, 395고지에 대한 전투에서 국군 제9사단은 적과의 교전에서 약 400명을 확정 사살하는 동안 단 1명의 사상자만 발생할 정도로 완벽하게 작전을 수행했다. "HQ, Field Training Command-Command Report, January 1952", 29 February 1952.

가 압도할 수준은 아니었다고 하더라도, 국군 제9사단에게는 불과 5개월 전에 중국군에게 치욕적인 패배를 당했던 현리전투에서의 기억을 씻어낼 수 있을 만큼의 소중한 승리였다. 뿐만 아니라 이 전투를 통해서 국군 제9사단의 모든 장병은 전시 재편성을 위해 미군의 주도하에 성실하게 진행되었던 FTC 훈련의 성과와 향상된 전투수행 능력을 체감하였으며, 이를 통해 차후 실시될 전투에 대한 자신감을 갖게 되었다.[36]

한편 1951년 10월 중순에 전선으로 복귀한 국군 제9사단은 11월 초에 수행한 일련의 전투 이후에도 부대 자체의 교육훈련을 지속적으로 실시하였다. 특히 1951년 11월 말 이후 1952년 5월경에 이르기까지 정전회담으로 인해서 전 전선이 소강상태에 빠져 있었는데, 이 기간 중에 제9사단은 KMAG의 지도에 따라 FTC에서 훈련했던 내용을 보완하였다. 또한 철원 평야 북방지역의 산악지역에서 전투를 수행할 수 있도록 소부대 전술훈련, 화력훈련, 야간전투, 보전협동 훈련 등에 박차를 가했다.

국군 제9사단이 1952년 초에 자체적으로 실시한 훈련 중에서 가장 눈에 띠는 것은 각급 제대의 공격 및 방어훈련, 보병에 대한 포병 및 전차의 화력지원, 각종 화기의 실사격 훈련 등이었다. 특히 1952년 6월에 실시한 자체 훈련에서는 공격과 방어 시에 보병과 포병, 공병 등을 통합적으로 운용하는데 역점을 둔 Team Combat Training을 중점적으로 실시하였다.[37] 반면에 1952년 7월에는 각 연대별로 필요한 훈련을 자체적으로 판단하여 실시토록 하였는데, 가장 두드러진 훈련은 사격과 소부대 전술, 그리고 야간전투였다. 각 연대별로 살펴보면, 우전방에 투입된 제28연대는

---

36) "HQ, Field Training Command-Command Report, January 1952", 29 February 1952.
37) ROKA Combat Units-Command Report, June 1952.

소구경 화기의 실사격 훈련(Small Arms Practice Firing)에 역점을 두었으며, 좌전방에 투입된 제30연대는 중대 습격(Company Raid) 훈련에 가장 많은 시간을 할애하였다. 반면에 후방에서 예비 임무를 수행하던 제29연대는 가장 많은 훈련을 실시하였는데, 특히 공격 및 방어 시의 소대전투, 소총 전투사격, 보전협동조 훈련(Tank-Infantry Team Work Training) 등을 중점 적으로 실시하였다.[38]

그리고 1952년 8월에는 지금까지 실시했던 훈련과는 차원이 다른 대 대적인 사단급 훈련이 실시되었다. 우선 상급부대인 미 제9군단의 통제 에 의해 진행된 8주 훈련 프로그램이 1952년 8월 초에 종료되었다. 이 훈 련에서는 전방의 전선에 배치된 연대의 후방 예비대대를 대상으로 집중 적으로 훈련시켰으며, 특히 전선에 배치되었을 당시 수행한 전투에서 파 악된 훈련 소요를 중심으로 훈련을 전개하였다.[39] 군단 통제 훈련이 종료 된 직후 제9사단장 김종오 소장은 8월 13일부터 약 5주간에 걸쳐 자체 사 단통제 자체 훈련을 주도하였다. 이 훈련은 전방의 전선에 배치된 연대의 교환 주기를 고려하여 각 연대별로 최소 3주 이상 대대급 이상 공격과 방 어훈련을 실시할 수 있도록 지시하였다. 이때 제9사단장이 훈련 중점으로 내세운 사항은 고도의 사격 기술훈련(high level of firing training)과 야간전 투 친숙훈련(familiarization of combat in night time)이었다. 또한 주별 및 일 일 훈련 시간은 야전훈련사령부에서 적용했던 것과 유사하게 주별 최소 60시간 이상, 일별 최소 10시간 이상으로 결정하였다. 제30연대는 사단

---

38) "Report on the Subject of Training Conducted during July", ROKA Combat Units-Com-mand Report, July 1952.

39) ROKA Combat Units - Command Report, August 1952.

에 배속된 미 제53전차중대와 협력하여 보전협동 공격을 중점적으로 실시하였는데, 각 중대별로 하루 씩 돌아가면서 전차를 활용한 고지 공격연습을 실시하였다. 또한 야간전투에서 전차를 활용한 공격방법 등을 중점적으로 연습하였다.[40]

당시 제9사단에서 근무했던 국군 지휘관들은 훗날 백마고지 전투에서의 승리가 1952년 여름에 본격적으로 실시했던 사단의 체계적 훈련에 힘입은 바 크다고 주장하였다. 사단장 김종오 소장의 명령에 의해 부대 교육훈련을 담당했던 부사단장 김동빈 대령은 예하 부대에 대한 사격, 화약물 취급 등의 훈련에 중점을 두었다고 주장하며, 이와 같은 5주짜리 집중 훈련이 종료된 직후에 백마고지에 대한 적의 공격이 시작된 것이 다행이라고 회고하였다.[41] 제30연대 1대대장 김영선 소령도 8월 14일부터 9월 20일까지 사단 계획에 의하여 5주간 교육훈련을 마친 이후 대대 장병의 사기가 어느 때보다 왕성하였고, 훈련의 성과도 매우 컸다고 회고하였다. 특히 김영선 소령은 전선에 투입된 이후에도 지속적으로 대대에 대한 교육훈련을 실시하였는데, 전투임무 수행 중의 교육훈련에 더 큰 효과가 있다는 점을 확인하였기 때문이라고 주장하였다.[42]

요약하면, 국군 제9사단은 1951년 하계에 약 8주 동안 FTC에서 미 제1군단이 주도하는 전시 훈련을 실시하였으며, 이를 통해서 전체적으로 기동과 화력을 통합적으로 운영하는 사단의 전투수행 방식에 큰 변화를 경험하였다. FTC에서 새로운 전투수행 방식을 체득한 제9사단은 전초전 격

---

40) Training Memorandum No. 21, ROKA Combat Units - Command Report, August 1952.
41) 중앙일보사 편, 『민족의 증언』 6권, p.163.
42) 김영선, 『김영선 회고록: 백마고지의 광영』, pp.62~63.

으로 치러진 1951년 11월 초의 전투에서 그 효과를 실감할 수 있었다. 이후 1952년 춘계와 하계에는 사단 자체적으로 실시된 실전에 대비한 훈련을 통해서 전투 효율성을 향상시켰다. 이와 더불어 사단장 김종오 소장을 포함한 제9사단의 지휘관들의 작전 지휘 및 전투수행 능력이 향상된 상태에서 백마고지 전투에 임하였다.

## 3. 백마고지 전투 : 경과와 분석

### 가. 전투 경과

국군 제9사단은 좌측에 제30연대, 우측에 제29연대를 배치하고, 제28연대를 예비로 확보하였으며, 배속된 제51연대를 대대 단위로 운용하면서 주저항선을 방어하였다. 이 중 백마고지 방어를 담당한 제30연대는 395고지에 제1대대, 중마산 일대에 제2대대, 역곡천 남안에 제3대대를 예비대로 배치하였다. 적은 중국군 제38군단 예하 제114사단 제340, 제324연대가 배치되어 있었으며, 제113사단이 좌측 미 제2사단 정면에, 제112사단이 제38군단 예비로 배치되어 있었다. 작전기간 중 기상은 대체로 청명하였으며 야간에도 월광으로 인하여 비교적 관측이 양호하였다. 특별한 제한요인이 없는 한 월광은 야간공격을 위주로 하는 적에게 유리하였고, 청명한 날씨는 아군의 항공지원에 유리하였다.

백마고지 전투의 경과는 크게 네 단계로 구분할 수 있다.[43] 첫 번째 단

---

43) 백마고지 전투의 구체적인 경과를 파악할 수 있는 사료는 크게 두 가지다. 첫째는 전투가 진행된 날짜를 기준으로 전투 경과를 기술한 제9사단과 예하 연대의 전투상보에 작성된 날짜별 전투 경과

계는 본격적인 전투부대 사이의 직접 전투가 시작되기 이전의 포격전이 주를 이뤘던 10월 3일부터 6일이며, 두 번째는 10월 6일부터 8일까지로 제30연대와 28연대가 395고지에서 작전을 담당했던 1차~5차 전투이다. 세 번째 단계는 제29연대가 395고지에서 작전을 주도했던 10월 9일과 10일 사이의 벌어졌던 6차~9차 전투이다. 마지막 단계는 국군 제9사단의 세 개 연대가 모두 395고지 전투에 투입되어 주봉(主峯)을 확보한 10월 11일과 12일 사이에 벌어진 10차~12차 전투이다.

첫 번째 단계는 10월 3일부터 6일까지인데, 미 제5공군의 항공기가 10월 3일 22:30분부터 10월 6일 15:10분까지 적의 공격 기세를 사전에 격파할 목적으로 19회에 걸쳐 적 예상 집결지와 포병부대, 접근로 등에 대대적인 폭격을 실시했다. 이에 대해서 중국군도 포격으로 맞서더니, 10월 3일부터는 점차 강화되어 10월 5일에는 하루 만에 약 2,000발의 포탄을 쏟아 부었다. 이와 같은 중국군의 집중포화는 395고지의 아군 방어진지에 대한 파괴사격이었는데, 제9사단이 395고지를 인수한 이래 가장 치열하게 전개되었다.

총 12회의 전투로 구성된 2, 3, 4단계는 아래 <표 1>에서 보는 바와 같이 정리할 수 있다.

---

이다. 육군본부, 『한국전쟁사료: 전투상보』 58권 (제9사단) pp.657~758; HQ, 9th US Corps, "Special After Action Report Hill 395 (White Horse Mountain) 6-15 October 1952." 두 번째는 12차례에 걸쳐 실시된 공방전을 중심으로 기술한 사료인데, KMAG에서 작성한 Command Report이다. 8202nd Army Unit, US Military Advisory Group, "Command Report, Oct. 1952, ROKA Combat Units, KMAG, 9th ROK Division, etc." 공간사 서술도 대부분 이 두 가지 사료에 근거한다. 국방군사연구소, 『한국전쟁 (下)』(1997), pp.389~395; 국방부 군사편찬연구소, 『6·25전쟁사 10권: 휴전회담 고착과 고지쟁탈전 격화』(2012), pp.396~430.

<표 1> 백마고지 전투 단계 구분

| 구분 | | 교전 개시 | 지속 시간 | 병력 규모 | | 비고 |
| --- | --- | --- | --- | --- | --- | --- |
| | | | | 한국군<br>(+ 역습/추월) | 중국군 | |
| 2<br>단<br>계 | 1차 | 10. 6. 19:15 | 60분 (1h) | 2개 대대 | 1개 대대 | |
| | 2차 | 10. 6. 20:40 | 200분 (3h 20m) | 2+1개 대대 | 5개 중대 | |
| | 3차 | 10. 7. 00:40 | 270분(4h 30m) | 3개 대대 | 2개 대대 | |
| | 4차 | 10. 7. 14:00 | 760분(12h 40m) | 2+2개 대대 | 5개 중대 | 정상 쟁탈전 |
| | 5차 | 10. 8. 02:40 | 1,125분(19h 25m) | 3+1개 대대 | 3개 대대 | 정상 쟁탈전 |
| 3<br>단<br>계 | 6차 | 10. 9. 00:20 | 1,450분(24h 10m) | 4+2개 대대 | 4개 대대 | 정상 쟁탈전 |
| | 7차 | 10. 10. 00:30 | 370분(6h 10m) | 4개 대대 | 1개 대대 | 정상 쟁탈전 |
| | 8차 | 10. 10. 08:00 | 320분(5h 20m) | 3+2개 대대 | 1개 대대 | 정상 쟁탈전 |
| | 9차 | 10. 10. 15:20 | 1,240분(20h 40m) | 2+4개 대대 | 2개 대대 | 정상 쟁탈전 |
| 4<br>단<br>계 | 10차 | 10. 11. 12:15 | 1,485분(24h 45m) | 2+4개 대대 | 5개 중대 | 정상 쟁탈전 |
| | 11차 | 10. 12. 13:40 | 130분(2h 10m) | 2+1개 대대 | 1개 대대 | |
| | 12차 | 10. 12. 19:50 | 425분(7h 5m) | 2+4개 대대 | 2개 대대 | |

위 표에서 알 수 있듯이, 국군 제9사단은 10월 6일부터 15일까지 백마
고지에서 중국군 제38군 예하 3개 사단의 공격을 받아 10여 일간 12차례
의 쟁탈전을 반복하여 7회나 395고지 주봉의 주인이 바뀌는 혈전을 수행
하였다. 그리고 끝까지 백마고지를 확보하는데 성공하였다.

## 나. 전투 분석

백마고지 전투를 자세하게 기록한 사료가 제시하는 다양한 통계 자료
를 입체적으로 검토하면 국군 제9사단이 이 전투를 수행하는 과정에서 입
증한 전투수행 능력의 실체, 즉 중국군을 상대로 승리할 수 있었던 요소를

파악할 수 있다. 여기에서 살펴볼 자료는 총 12차례의 전투가 진행되는 과정에서 발견된 탄약 소모량, 사상자 규모, 전투별 교전 지속시간, 교전 사이의 간격, 피아 투입부대 규모 등이다. 이들에 대한 분석을 통해 백마고지 전투에 대한 입체적, 다각적 이해가 가능하며, 또한 이 전투를 성공적으로 이끈 국군 제9사단의 전투수행 방식에 상당한 변화가 있었음을 파악할 수 있다.

가장 먼저 살펴볼 자료는 백마고지 전투가 진행되던 약 10일 동안 전투에 사용된 각종 화력장비의 포탄 소모량과 폭격의 규모이며, 이를 아래의 <표 2>과 <표 3>에서 확인할 수 있다.

## <표 2> 피아 포병 사격 및 아군 항공 지원[44]

| 일시/기간 | 적 포병(발) | 아군 | | | 비고 |
| | | 포병(발) | 항공기 | | |
| | | | 소티(회) | 폭탄량(lb) | |
| 10. 5 ~ 6 | 1,468 | 2,183 | 55 | 83,200 | |
| 10. 6 ~ 7 | 10,910 | 19,428 | 61 | 115,800 | |
| 10. 7 ~ 8 | 2,226 | 12,251 | 76 | 117,480 | 정상 쟁탈전 |
| 10. 8 ~ 9 | 12,024 | 31,102 | 52 | 49,100 | 정상 쟁탈전 |
| 10. 9 ~ 10 | 4,474 | 19,222 | 46 | 48,820 | 정상 쟁탈전 |
| 10. 10 ~ 11 | 4,340 | 23,455 | 90 | 224,160 | 정상 쟁탈전 |
| 10. 11 ~ 12 | 3,430 | 18,940 | 200 | 216,760 | 정상 쟁탈전 |
| 10. 12 ~ 13 | 5,467 | 23,023 | 76 | 128,680 | 정상 쟁탈전 |
| 10. 13 ~ 14 | 5,768 | 18,587 | 70 | 142,300 | |
| 10. 14 ~ 15 | 4,631 | 19,808 | 19 | 16,000 | |
| 계 | 44,339 | 149,604 | 745 | 1,142,300 | |

이 자료에서 알 수 있듯이, 중국군은 전투 초기인 10월 6~7일, 8~9일에 가장 많은 포병사력을 실시하여 국군 제9사단을 몰아붙여 395고지를 신속하게 탈취하려 하였다. 반면에 아군은 10월 8~15일까지 매일 평균 약 20,000발이 넘는 포병사격을 실시하였는데, 이 기간 중에는 395고지 주봉에 대한 쟁탈전이 치열하게 전개되었고, 이 과정에서 포병이 막강한 화력을 지원하여 교전부대의 작전을 지원하였다. 한편 작전기간 전체에 걸쳐 아군 항공기에 의한 폭격도 실시되었는데, 주로 395고지 정상을 둘러싸고 치열하게 전투가 전개되던 10월 10일부터 12일 사이에 가장 많은 출격과 막대한 분량의 폭격이 집중적으로 투하된 것을 알 수 있다.

아래 <표 3>에서는 작전기간 중 아군이 운용한 다양한 포병 화기의 일자별 탄약 소모량을 파악할 수 있다. 대체로 국군 제9사단을 직접 지원하던 105㎜ 4개 포병대대가 화력지원의 주축을 이뤘으며, 미군이 운용한 155㎜ 2개 포대와 4.2" 중박격포 1개 중대가 전방 교전부대에 대한 화력지원에 가세하였다. 시기적으로는 중국군이 최초로 395고지 주봉을 점령당한 10월 7~9일 사이, 그리고 아군이 395고지 주봉을 완전하게 점령한 뒤 강력한 방어진지를 구축하려던 10월 10~12일 사이에 가장 많은 포탄이 소모되었다. 즉, 395고지 전투가 가장 격렬하게 전개되는 순간에 아군 포병 및 항공지원 부대가 가장 많은 화력지원을 제공함에 따라 전장에서 작전을 수행하던 전투부대가 이를 효율적으로 이용할 수 있었던 것이다.

---

44) 8202nd Army Unit, US Military Advisory Group, "Command Report, Oct. 1952, ROKA Combat Units, KMAG, 9th ROK Division, etc."

## <표 3> 일자별 탄약 소모량[45]

(단위: 발)

| 구분 | 105mm | | | | 155mm | | 4.2" | 계 |
|---|---|---|---|---|---|---|---|---|
| | 제51 포병대대 | 제52 포병대대 | 제50 포병대대 | 제30 포병대대 | 미 제213 포병대대 | 미 제955 포병대대 | 제9중박 격포중대 | |
| 10. 6~7 | 4,054 | 6,214 | | 3,550 | 1,002 | 2,648 | 3,597 | 21,065 |
| 10. 7~9 | 1,550 | 13,125 | 6,778 | 13,807 | 12,999 | 11,751 | 3,179 | 63,189 |
| 10. 9~10 | 199 | 6,900 | 1,933 | 4,157 | 2,757 | 332 | 776 | 17,054 |
| 10. 10~12 | 11,857 | 27,817 | 14,586 | 21,741 | 6,973 | 2,226 | 3,296 | 88,496 |
| 10. 13~15 | 4,029 | 4,000 | | 5,406 | 12,595 | 5,054 | 5,021 | 36,105 |
| 계 | 21,689 | 58,056 | 17,343 | 48,661 | 36,326 | 22,011 | 15,869 | 219,945 |

이상에서 제시한 자료를 통해 국군 제9사단의 전투수행 방식에 큰 변화가 있음을 잘 파악할 수 있다. 국군 제9사단은 과거의 병력 중심(man-power based) 전술에서 벗어나 화력과 기동(firepower&mobility)이 결합된 전술을 구사하였으며, 보병과 포병, 보병과 전차의 협동전술을 무리 없을 정도로 구사하여 임무를 완수하였다. 또한 국군 제9사단은 395고지라는 제한된 공간에서 포병부대와 공군의 화력지원을 적절하게 이용하여 전투를 수행해야 했으며, 특히 보포 및 보전협동 공격을 통해 고지 정상에 대한 탈환과 더불어 적의 공격을 격퇴하는 임무를 완수해야 했다. 이처럼 국군 제9사단이 싸우는 방식의 변화를 통해 전투수행 능력을 향상시켰으

---

45) 육군본부, 『한국전쟁사료: 전투상보』 58권 (제9사단), pp.657~758의 일자별 기록을 정리한 자료임. 395고지 전투 기간 중 국군과 미군이 사용한 포병 탄약의 분량은 약 7만 여발 정도의 차이가 있다. 이들 차이는 국군의 기록과 미군의 기록에서 발생하는 것인데, 이들 중 어느 기록이 정확한 것인지를 확정하기 힘들다.

며, 이를 통해서 대규모의 적을 압도할 수 있었다.[46]

다음에 살펴볼 자료는 일곱 차례나 395고지 정상을 뺏고 빼앗는 격전을 벌이는 과정에서 피아가 각각의 전투에 투입한 병력규모와 사상자, 보충 병력 등이다. 먼저 총 12차례의 공방전을 벌이는 동안 각 전투에 투입된 피아의 투입부대 규모는 다음의 <표 4>에서 보는 바와 같다.

**<표 4> 전투별 피아 투입부대 규모[47]**

| 구분 | 아군 규모 | | | 적 규모 | 비고 |
|------|-----------|---------|-----|---------|------|
|      | 최초 투입 | 역습 / 반격 | 계 | | |
| 1차 | 30연대 1·3대대 | | 2개 대대 | 1개 대대 | |
| 2차 | 30연대 1·3대대 | 28연대 1대대 | 2+1개 대대 | 5개 중대 | |
| 3차 | 30연대 1·3대대<br>28연대 1대대 | | 3개 대대 | 2개 대대 | |
| 4차 | 30연대 1·3대대 | 28연대 1·2대대 | 2+2개 대대 | 5개 중대 | 정상 쟁탈전 |
| 5차 | 28연대 1·2대대<br>30연대 1대대 | 28연대 3대대 | 3+1개 대대 | 3개 대대 | 정상 쟁탈전 |

---

46) 백마고지 전투 기간 중 사용된 포탄 사용량을 다른 전투와 비교하면, 우선 미 제3사단 15연대가 1951년 9월 24일부터 10월 6일까지 Hill 487과 Hill 477에서 수행한 전투(Battle of Bloody Angel)에서 사용한 총 포탄은 61,836발(105mm 48,576발, 155mm 13,260발)에 불과했으니, 약 10일 동안 20여만 발의 포탄이 투하된 백마고지 전투의 상대적 치열도를 파악할 수 있다. 미 제2사단과 프랑스 대대가 1951년 9월 13일부터 30일까지 17일 동안 수행한 단장의 능선 초기 전투에서 사용된 총 포탄은 221,579발(105mm 184,191발, 155mm 37,388발)이었으며, 항공기에 의한 폭격지원은 총 25회, 440 소티였다. 또한 미 제3사단이 1953년 7월 13~20일에 폭찹고지(the Pork Chop Hill) 전투를 수행하는 7일 동안 사용한 탄약은 총 115,763발로 집계되었는데, 이 숫자는 백마고지 전투에서 사용된 포탄 숫자와 유사하다. 5th Historical Detachment, EUSAK, The Battle of Bloody Angel, 30 January 1952; "Heartbreak Ridge, September-October, 1951", Special Report, G-3 Section, 2nd Infantry Division; 폭찹고지 전투에서 중국군이 사용한 포탄은 약 71,826발인데, 이는 백마고지 기간 중에 중국군이 사용한 포탄 양보다 많다. McWilliams, On Hallowed Ground: The Last Battle for Pork Chop Hill, p.417.

47) HQ, 9th US Corps, "Special After Action Report Hill 395(White Horse Mountain) 6-15 October 1952"

| 6차 | 28연대 1·3대대<br>30연대 1·3대대 | 29연대 1·3대대 | 4+2개 대대 | 4개 대대 | 정상 쟁탈전 |
|---|---|---|---|---|---|
| 7차 | 28연대 1·3대대<br>29연대 1·3대대 | | 4개 대대 | 1개 대대 | 정상 쟁탈전 |
| 8차 | 28연대 1·3대대<br>30연대 1대대 | 29연대 1·3대대 | 3+2개 대대 | 1개 대대 | 정상 쟁탈전 |
| 9차 | 28연대 1·3대대 | 29연대 1·3대대<br>30연대 2·3대대 | 2+4개 대대 | 2개 대대 | 정상 쟁탈전 |
| 10차 | 28연대 1·3대대 | 29연대 1·2대대<br>30연대 1·2대대 | 2+4개 대대 | 5개 중대 | 정상 쟁탈전 |
| 11차 | 30연대 3대대,<br>29연대 3대대 | 30연대 1대대 | 2+1개 대대 | 1개 대대 | |
| 12차 | 30연대 1·3대대 | 28연대 1·3대대<br>29연대 1·2대대 | 2+4개 대대 | 2개 대대 | |

　이 자료에서 알 수 있듯이, 최초로 395고지 정상에 대한 쟁탈전이 개시된 시기는 10월 7일 오후이고, 제4차 공방전부터였다. 이때부터 백마고지 전투가 가장 치열한 격전으로 접어들었다고 볼 수 있다. 이 전투에서 중국군의 공격부대는 대체로 아군의 방어병력에 비해 1/2 혹은 1/3수준이었는데, 주로 야간공격을 통해서 아군이 방어하는 395고지 정상을 공격하여 점령하였다. 하지만 아군은 정상에서 밀려난 즉시 적 병력의 2~3배에 해당하는 예비대를 동원하여 역습 및 반격을 개시하여 고지 정상을 반복적으로 재탈환하였다. 한편, 전투에 투입된 규모 면에서 가장 많은 피아 병력이 투입된 시기는 10월 8일부터 12일 사이에 진행된 5차부터 10차까지의 공방전이었으며, 이 시기에 아군은 평균적으로 5개 대대 규모의 병력, 적군은 약 2개 대대 이상의 병력을 투입하여 교전하였다.

또한 이 자료에서는 국군 제9사단장 김종오 장군을 포함한 예하 지휘관들이 매 전투마다 효율적으로 주력부대를 지정하고, 시기적절하게 예비대를 편성하여 투입함으로써 위기를 극복하였음을 알 수 있다. 특히 395고지 주봉에 대한 쟁탈이 이뤄졌던 4차부터 10차에 이르는 공방전에서는 결정적 시간과 장소에서는 항상 아군의 투입병력과 화력이 적의 병력 규모와 화력을 압도하였다. 이러한 조치가 가능했던 이유는 국군 제9사단의 지휘관들이 치열하게 지속되는 395고지에서의 불확실한 전투상황을 타개하기 위해서 강력한 예비대를 보유한 뒤, 이들을 적절한 시기에 투입하여 전체적으로 전황을 유리하게 전개하려 하였기 때문이었다.

한편 백마고지 전투 기간 중 발생한 피아의 사상자 데이터는 다음의 <표 5>에서 확인할 수 있다.

**<표 5> 피아 인명손실[48]**

(단위: 명)

| 구분 | | 적 | | | 구분 | 아군 | | | |
| --- | --- | --- | --- | --- | --- | --- | --- | --- | --- |
| | | | | | | 국군 제9사단 전투상보 | | | 미 제9군단 보고서 |
| | | 국군 제9사단 전투상보 | 미 제9군단 보고서 | 중국군 공간사 | | 장교 | 사병 | 계 | |
| 전사 | 확정 | 8,234 | 2,695 | 1,748 | 전사 | 22 | 483 | 505 | 421 |
| | 추정 | 6,098 | 1,873 | | | | | | |
| | 항공 | | 707 | | | | | | |
| 부상(추정) | | 1,001 | 4,241 | 3,062 | 부상 | 93 | 2,423 | 2,516 | 2,391 |

48) HQ, 9th US Corps, "Special After Action Report Hill 395 (White Horse Mountain) 6-15 October 1952"; 8202nd Army Unit, US Military Advisory Group, "Command Report, Oct. 1952, ROKA Combat Units, KMAG, 9th ROK Division, etc."

| 포로 | 57 | 51 | 562(실종) | 실종 | 2 | 389 | 391 | 507 |
|---|---|---|---|---|---|---|---|---|
| 계 | 15,390 | 9,525 | 5,372 | 계 | 115 | 2,906 | 3,021 | 2,812 |

위 자료에서 알 수 있듯이, 약 10일 동안의 전투에서 국군 제9사단의 총 사상자는 약 3,000여 명이었다. 이중에서 전사자는 전체 사상자의 약 1/6 정도이며, 실종자도 10% 이상이니, 전체 사상자 중에서 전사자와 실종자의 비율이 상대적으로 높은 비율을 차지하였다.[49] 중국군 제38군의 인명손실에 대한 기록은 파악하는 주체에 따라 큰 차이가 있는데, 이중에서도 전사자와 부상자의 숫자에서 큰 격차가 있음을 알 수 있다.

약 10일 동안 백마고지 전투를 수행하는 동안 국군 제9사단에 발생한 전체 사상자 규모는 1951년 2월 11~13일 사이에 횡성전투에서 국군 제8사단에서 발생한 총 7,464명(대부분 포로 및 실종자)의 사상자와는 비교할 수 없을 정도로 적다.[50] 반면 미 제23연대전투단이 1951년 2월 중순에 지평리 전투에서 중국군 약 5개 사단과 약 5일 동안 대결하는 과정에서 발생한 사상자는 총 342명(사망 51명, 부상 250명, 실종 42명)에 불과했으니, 제9사단이 수행한 백마고지 전투에서 훨씬 많은 사상자가 발생했음을 알 수 있다.[51] 또한 6·25전쟁에서 미군이 수행한 대표적인 고지쟁탈전으로 알려진 단장의 능선 전투(the Battle of Heartbreak Ridge, 1951. 9. 13~10. 15)를 수행한 미 제2사단과 프랑스 대대에서 약 1달 동안에 발생한 사상자가 총

---

49) 중국군 공간사에서는 백마고지 전투 중에 발생한 국군 제9사단의 인명 손실을 총 9,300여 명으로 추산하였다. 국방부 군사편찬연구소, 『중국군의 한국전쟁사 3권』 p.420.

50) Coleman, Wonju: The Gettysburg of the Korean War, p.157.

51) Ryan, Battle of Chipyong-ni, 13-15 February 1951, Tab C.

3,736명(전사 597명, 부상 3,055명, 실종 84명) 정도였는데, 이 숫자는 제9사단이 10일 동안 백마고지 전투에서 입은 인명피해 규모와 비슷하다.[52] 또한 미 제3사단이 1953년 7월 13~20일 사이에 폭찹고지(the Pork Chop Hill) 전투를 수행하는 동안 발생한 사상자는 총 1,118명(사망 52명, 부상 894명, 실종 172명)이었는데, 이 숫자는 백마고지 전투에서 발생한 국군 제9사단 사상자의 약 1/3 정도였다.[53] 이처럼 6·25전쟁 중에 발생한 다른 전투와 비교할 때, 1952년 10월의 백마고지 전투에서 발생한 제9사단의 사상자 규모가 상대적으로 많았으며, 그만큼 이 전투가 치열하게 수행되었음을 알 수 있다.

**<표 6> 국군 제9사단이 노획한 적 장비 현황, 1952. 10. 5.~15.**[54]

| 장비명 | 수량 | 비고 |
|---|---|---|
| 중기관총(Heavy Machine Gun) | 8정 | |
| 기관총(Machine Gun) | 40정 | |
| 60미리 박격포(Mortar, 60-mm.) | 22문 | |
| 82미리 박격포(Mortar, 82-mm.) | 3문 | |
| 자동소총(Automatic Rifles) | 27정 | |
| 3.5인치 로켓 발사기(3.5-inch Rocket Launchers) | 22문 | |
| 무전기(Radios) | 4대 | |

---

52) Office of the Chief of Military History, Special Staff, US Army, Action on 'Heartbreak Ridge,' p.17, 18, 26, RG 319, Records of the Army Staff, 1903-1960, Background Files to the Study, "Combat Action in Korea", 1951-1960, NARA.

53) McWilliams, On Hallowed Ground: The Last Battle for Pork Chop Hill, p.416.

54) 8202nd Army Unit, US Military Advisory Group, "Command Report, Oct. 1952, ROKA Combat Units, KMAG, 9th ROK Division, etc."

| | | |
|---|---|---|
| 방독면(Gas Masks) | 73개 | |
| 경기관총(Light Machines Guns) | 57정 | |
| 57미리 무반동총(57-mm Recoilless Rifles) | 11정 | |
| 반기관총(Submachine Guns) | 312정 | |
| 소총(Rifles) | 530정 | |
| 방공기관총(Antiaircraft Machines Guns) | 2정 | |

한편 작전 기간 중 제9사단에는 총 1,836명의 신병이 보충되었는데, 이는 당시로서는 유례가 없던 일이다. 제9사단의 병력 증원을 구체적으로 살펴보면, 10월 10일에는 890명(장교 1명, 사병 889명), 10월 11일에는 312명(장교 14명, 사병 298명), 10월 12일에는 366명(장교 17명, 사병 349명), 10월 15일에는 사병 300명이 등이었다. 백마고지 전투 초기까지 일일 단위로 장교와 사병이 고작 10명 이내로 보충되었으나, 백마고지에서 진행되는 혈전 소식이 알려지면서 육군본부가 가용한 보충병력을 우선적으로 제9사단에 할당하였기 때문이었다. 이렇게 보충된 병력들은 각 연대와 대대에 배치되었으며, 기존의 전투원들과 힘을 합쳐 전투 후반기에 전세를 역전하고 전황을 유리하게 유지할 수 있도록 일조하였다.

마지막으로 분석할 자료는 약 12회로 진행된 공방전의 지속 시간, 각 교전 사이의 간격 등인데, 이를 종합하면 다음의 <표 7>와 같다.

---

55) 8202nd Army Unit, US Military Advisory Group, "Command Report, Oct. 1952, ROKA Combat Units, KMAG, 9th ROK Division, etc."

## <표 7> 교전 지속 시간 및 교전 사이 간격[55]

| 구분 | 교전 개시 | 교전 종료 | 지속 시간 | 교전 사이 간격 | 비고 |
|---|---|---|---|---|---|
| 1차 | 10. 6. 19:15 | 10. 6. 20:15 | 60분 (1h) | | |
| 2차 | 10. 6. 20:40 | 10. 7. 00:00 | 200분 (3h 20m) | 25분 | |
| 3차 | 10. 7. 00:40 | 10. 7. 05:10 | 270분(4h 30m) | 100분(1h 40m) | |
| 4차 | 10. 7. 14:00 | 10. 8. 02:40 | 760분(12h 40m) | 590분(9h 50m) | 정상 쟁탈전 |
| 5차 | 10. 8. 02:40 | 10. 8. 23:05 | 1,125분(19h 25m) | 0분 | 정상 쟁탈전 |
| 6차 | 10. 9. 00:20 | 10. 10. 00:30 | 1,450분(24h 10m) | 85분(1h 25m) | 정상 쟁탈전 |
| 7차 | 10. 10. 00:30 | 10. 10. 06:40 | 370분(6h 10m) | 0분 | 정상 쟁탈전 |
| 8차 | 10. 10. 08:00 | 10. 10. 13:20 | 320분(5h 20m) | 80분(1h 20m) | 정상 쟁탈전 |
| 9차 | 10. 10. 15:20 | 10. 11. 12:04 | 1,240분(20h 40m) | 120분(2h) | 정상 쟁탈전 |
| 10차 | 10. 11. 12:15 | 10. 12. 13:20 | 1,485분(24h 45m) | 11분 | 정상 쟁탈전 |
| 11차 | 10. 12. 13:40 | 10. 12. 16:50 | 130분(2h 10m) | 20분 | |
| 12차 | 10. 12. 19:50 | 10. 15. 11:00 | 425분(7h 5m) | 180분(3h) | |

위 자료에서 알 수 있듯이, 대체로 395고지 정상 탈취를 둘러싼 공격과 탈취, 역습 등의 순서로 전개된 교전의 지속시간은 그렇지 않은 교전에 비해 상대적으로 오랫동안 진행되었다. 특히 4차, 5차, 6차, 9차, 10차 공방전은 최소 12시간, 최장 24시간이 넘게 지속된 전투였다. 반면에 7차와 8차 공방전에서는 395고지 정상을 뺏고 빼앗는 치열한 전투가 전개되었음에도 불구하고 5~6시간 정도 만에 종료되었다. 물론 6차 공방전과 7차 공방전 사이의 간격이 전혀 없기 때문에 전투 지속시간 구분이 무의미하

다고 생각할 수 있으나, 두 전투에 참가한 아군의 교전부대가 상이했기 때문에 이때의 교전시간은 유의미하다.

이와 같은 데이터에서 알 수 있는 것은 1951년 초의 사창리 전투, 횡성 전투, 현리 전투 등지에서 국군 부대가 적과 제대로 교전조차 하지 못하고 붕괴하였던 과거의 전투와 달리, 국군 제9사단의 예하부대는 24시간이 넘게 중국군에 맞서 밀고 밀리는 접전을 지속했음을 알 수 있다. 이를 위해서는 지휘관의 상황에 맞는 리더십, 전투원의 전투의지와 이들을 지원하는 충분한 장비와 보급품, 공격과 방어에 필수적인 화력지원 등 모든 요건이 충족되어야 했다. 이처럼 백마고지 전투에 임한 국군 제9사단의 전투수행 능력이 향상되었으며, 이를 통해서 적을 압도하였음을 알 수 있다.

한편 각 교전의 간격, 즉 전투기간 중 일시적으로 총성과 포성이 멈췄던 시간을 살펴보면 다음과 같다. 우선 1차부터 3차까지의 공방전은 거의 연속적으로 진행되었다. 또한 4차부터 11차 공방전이 진행되는 약 8일 동안 교전이 멈춰진 시간은 고작 8시간 30분 정도에 불과했다. 10월 7일 오후부터 15일 정오경까지 백마고지에서는 밤낮을 가리지 않고 전투가 벌어졌으며, 이 기간 중에 총성과 포격이 멈췄던 시간은 길어야 2시간 이내였다. 또한 4차와 5차 공방전, 6차와 7차 공방전은 쉴 사이 없이 곧바로 진행된 연속전투였으며, 9차부터 11차 사이의 전투도 거의 멈추지 않고 지속되었다. 이처럼 수차례 교전이 거의 쉴 새 없이 지속되었는데, 이를 통해서 국군 제9사단의 사단장과 연대장의 효율적 부대교체와 전투운영, 향상된 작전지휘 능력을 엿볼 수 있다. 전투 기간 중 사단장을 포함한 국군 제9사단의 주요 지휘관들은 395고지 탈환을 둘러싸고 전개되는 전투의 구체적 상황을 정확하게 간파하고 이에 대처하였다. 특히 전황이 유리하거나 불리한 상황에 대한 조치사항을 미리 준비하였으며, 매번 주도적으로 전황을 이끌어가기 위해서 적에 비해 더 많은 병력과 화력을 투입하여 395고지 주봉을 장악하는데 모든 노력을 집중하였음을 알 수 있다.


## 4. 맺음말

국군 제9사단 예하 부대들이 395고지를 중심으로 중국군과 치열하게 전투를 수행하는 동안 미 제9군단은 국군 부대에 대한 포괄적 화력지원 임무를 수행하였다. 특히 395고지에 대한 탈환 및 확보 임무를 담당한 국군 제9사단 예하부대에 대한 효율적 화력지원을 위해 다양한 장소와 위치에 전방 관측소를 운영하였다. 그중에서도 395고지 정상 일대에서 중국군과 백병전을 벌이고 있는 국군 부대들에 대한 직접적, 효율적 화력지원 임무를 수행하기 위해서 미군 포병부대는 395고지 정상 인근에 'OP LOVE'를 두었는데, 이 관측소(Observation Post, OP)는 북쪽을 관측할 수 있는 위치의 지하에 구축된 콘크리트 벙커였다. 이 외에도 395고지에서의 전황을 남서쪽에서 자세하게 관측할 수 있는 284고지에 'OP ROGER'를 구축하였는데, 적이 395고지를 점령할 경우 기관총 조준 사격이 가능한 곳이었다. 미 제9군단 예하 제213 포병대대 B 포대(the 213th Field Artillery Battalion Baker Battery) 소속의 Joseph C. Adams Jr. 소위는 395고지 정상 인근의 'OP LOVE'에서 전방 관측(Forward Observer) 임무를 수행하였다. 같은 대대의 A 포대(Able Battery) 소속의 Jack G. Callaway 소위는 284고지 정상에 설치된 'OP ROGER'에서 전방관측 임무를 수행하였다.[56]

중국군이 대규모 공세를 개시하여 395고지 정상을 탈취한 10월 7일의 제4차 공격에서 395고지 정상에 위치한 벙커 OP LOVE에서 활동하던 Adams Jr. 소위는 자신과 동료들이 적에게 포위되고 있음을 직감하였다. 이에 따라 그는 즉시 자신이 소속된 제213포병대대장에게 395고지 정상에 대한 대대적 포격을 요청하였다("The Chinese are all over the... place start shooting at my bunker."). 진내사격(陣內射擊) 요청이었고, 얼마 지나지 않아 제213포병대대 소속의 155㎜ 포에 의한 대규모 포격이 시작되었다. 395고지에서 전개되는 상황을 인근 284고지에서 자세하게 관찰하던 Callaway 소위는 즉시 395고지 정상에서 활동하는 중국군 위치를 구체적으로 파악한 뒤, 40m 간격으로 포병 화력을 유도하여 고지 정상의 적을 효과적으로 제압하였다. 이날 전투 중 Adams 소위는 철수하는 적의 총격에 헬멧이 관통되는 과정에서 쓰러졌고, 이때 받은 충격으로 부상을 입기도 했다. 하지만 그는 끝까지 전방 관측장교의 임무를 포기하지 않았다.

10월 7일에 시작된 395고지 정상에 대한 중국군의 공격은 10월 11일까지 일곱 차례나 반복되었고, 그때마다 국군 제9사단 예하 연대와 대대 병력들이 적과 맞서 싸웠다. 그리고 국군은 매번 적의 공격을 격퇴하였는데, 이 과정에는 OP LOVE와 OP ROGER에서 활동하던 미군 포병대대의 관측장교들의 포병 및 공군화력 유도가 결정적인 역할을 했다. 10월 10일과 11일에는 미 포병 관측장교들이 제공한 정보가 직접 미 공군 폭격기에 전달되어 항공폭격 지원이 이뤄질 수 있었다.

---

56) 미군은 백마고지 전투 기간 중 OP LOVE와 OP ROGER에서 성공적으로 임무를 수행한 두 명의 관측장교에게 은성훈장(Silver Star)을 수여하였다. Gibby, "The Battle for White Horse Mountain", p.39.

아군과 적이 혼재된 395고지 정상에서 임무를 수행하던 미군 포병 관측장교는 국군 제9사단의 작전수행은 어떻게 평가할까? 이들은 작전 기간 중 국군 제9사단 예하 제28, 제29, 제30연대의 효율적 부대교체와 적시 적절한 병력증강을 '가장 인상적(most impressive)'이라고 평가하였다. 마치 국군 지휘관들이 전투 현장을 바라보면서 통제하는 것과 같다고 회고하였다.[57] 또한 한국군 지휘관들이 상급부대의 화력지원 시스템을 제대로 이해하고 있었으며, 전황이 불리하게 전개될 경우 가장 먼저 화력지원을 요청하는 것을 높게 평가하였다. 한편 미군 포병부대 장병들은 한국군 신설 포병 부대원의 빠른 학습능력과 신속한 작전수행을 우수하게 평가하였으며, 특히 야간전투 중 정확한 조명탄 지원능력은 최고 수준이라고 평가하였다.[58]

물론 이러한 평가가 상당한 시간이 지난 이후에 채록된 구술자료에 근거한 것이며, 또한 백마고지 전투에 대한 한국과 미국의 공간사 서술이 완성된 이후 나온 것이라는 점에서 사료적 가치가 큰 것은 아닐 수 있다. 그럼에도 불구하고, 전투 직후 일부 언론과 국군 참전자들이 제한된 시각에서 강조하였던 '불굴의 의지와 정신력에 의한 승리'라는 오래된 시각을 벗어낼 수 있는 새로운 시각이라는 점에서 주목할 가치가 있다. 이를 통해서 국군 제9사단이 수행한 백마고지 전투는 한국군이 최초로 경험한 현대적 전투였으며, 이 전투에서 나타난 자료를 근거로 평가할 때 국군 제9사단의 작전수행 능력은 동일한 시기의 미군 전투부대에 비해 결코 뒤지지 않았다고 평가할 수 있다.

---

57) Sobieski, A Hill Called White Horse, pp.195~201, 202~208.

58) Gibby, "The Battle for White Horse Mountain", p.41.

이상에서 제시한 바와 같이, 과거의 연구에서 관심을 쏟지 않았던 자료를 분석하여 백마고지 전투를 재조명함으로써 기존에 주목하지 않았던 새로운 시각을 제시할 수 있었다. 또한 이 전투에 대한 구체적 사료 분석을 통해 기존의 연구에서 막연하게 언급하였던 여러 가지 자세한 정황을 명확하게 입증할 수 있었으며, 이러한 과정을 통해 전투에 영향을 미친 여러 가지 요소에 대해서도 관심을 갖게 되었다. 이러한 연구가 계기가 되어 승리와 패배의 원인을 찾아내는 목적 지향적 전투사(combat history)를 넘어서서 전투에 참가한 다양한 인간들의 모습에 관심을 갖는 새로운 군사사(new miliary history) 경향의 전투 연구(combat studies)가 필요한 시점이다.

# 1951~1953년 화살머리고지 전투의 시기별 양상과 특징[*]

## 박동찬
국방부 군사편찬연구소 책임연구원

## 1. 머리말

화살머리고지(Arrowhead Hill)는 강원도 철원군 철원읍 대마리에 위치하고 있으며, 철원에서 서북쪽으로 13㎞ 떨어진 지점의 양의 창자와 같이 굽이도는 역곡천 북안에 돌출한 281m의 구릉이다.

'화살머리'라는 명칭에 대해서는 1952년 프랑스대대가 이곳에서 전투

---

[*] 태봉학회 · 한국군사사학회 · 철원역사문화연구소, 『6·25 전쟁 70주년의 역사적 의미와 철원』, 2020.

를 치르면서 남쪽으로 화살촉 모양을 한 고지의 형상을 보고 화살머리고지라고 부른데서 비롯되었다는 것이 일반적인 견해이다. 실제로 프랑스대대는 1952년 10월에 이곳에서 전투를 치른 후 '프랑스군은 어떻게 화살머리고지를 사수했는가(How the French held Arrowhead)'라는 보고서를 작성해 상부에 보고했다. 여기서 프랑스군은 처음으로 '화살머리고지'라는 명칭을 공식 문서에 기록했다.[1] 6·25전쟁 당시 화살머리고지는 자료마다 다른 명칭으로 기록되어 있는데, 미군 지휘보고서(Command Report)에는 281고지로, 국군 전투상보에는 281.2고지 또는 화살촉고지로, 중국 측 자료에는 281.2고지로 나타나고 있다.[2]

주지하듯이 화살머리고지 전투가 주목받기 시작한 것은 2019년 4월 남북한 공동유해발굴작업이 시작되면서부터였다. 그전까지 화살머리고지 전투는 1952년 10월에 프랑스군이, 1953년에 국군 제2사단이 중공군과 치렀던 고지쟁탈전 정도로 인식되어 왔으며, 이에 대한 연구도 거의 이루어지지 않았다. 특히 1951년 10월에 미 제3사단이 고지를 점령한 후 1953년 7월 27일 정전협정이 체결될 때까지 단 한 번도 중공군에게 빼기지 않았던 화살머리고지에서 어떠한 상황이 전개되었는지에 대한 연구는 전혀 이루어지지 않았다.

이에 이 글에서는 미 제3사단의 화살머리고지 점령 과정에서부터 국군 제2사단의 최후 방어까지 크게 4시기로 구분하여 시기별 전투의 양상

---

1) Major Mark M. Boatner, "How the French held Arrowhead, 1~15 Oct. 1952", RG550, Organizational History Files, 1959-1973, Entry A1, Box 63, NARA.

2) 미 제1·제9군단, 미 제2·제3·제45사단의 지휘보고서(Command Report); 육군본부, 『한국전쟁사료(제1사단 직할대, 제2사단, 17연대)』(47), 1986; 중국군사과학원 군사역사연구부 저/국방부 군사편찬연구소 역, 『중국군의 한국전쟁사』 3, 국방부 군사편찬연구소, 2005.

과 그 특징을 살펴보고자 한다. 우선, 1951년 10월부터 1952년 4월까지 미 제3사단의 화살머리고지 점령과정과 국군 제9사단의 제1차 전투를 살펴보고, 다음으로 1952년 4월에서 7월까지 미 제45사단의 제2차 전투와 7월에서 12월까지 미 제9연대와 제23연대의 제3차 전투에 대해 살펴볼 것이다. 끝으로 1953년 중공군의 최후공세와 국군 제2사단의 제4차 화살머리고지 전투를 살펴볼 것이다. 이를 위해 이 글에서는 미국 측 자료인 미 제1·제9군단, 미 제2·제3·제45사단의 "1951년 10월~1952년 12월 지휘보고서(Command Report)", 국군 제2사단 "전투상보", 중국 측 공간사인 『抗美援朝戰爭史』全3卷, 『抗美援朝戰爭的經驗總結簡史』을 주로 활용했다. 중국 측 공간사인 『抗美援朝戰爭史』全3卷은 국방부 군사편찬연구소에서 『중국군의 한국전쟁사』(전3권)로, 『抗美援朝戰爭的經驗總結簡史』는 육군 군사연구소에서 『중공군이 경험한 6·25전쟁』으로 번역 출간되어 있다.

## 2. 코만도 작전과 제1차 화살머리고지 전투

### 1) 미 제3사단의 화살머리고지 점령

철원 서북쪽 13㎞ 지점에 위치한 화살머리고지를 유엔군이 탈환한 것은 1951년 8월부터 시작된 '유엔군의 하계·추계 공세' 때였다. 이 공세는 7월 10일부터 시작된 휴전회담이 의제 2항인 '군사분계선 설정 문제'로 난항을 겪는 상황에서 이를 타개하고자 취해진 조치였다. 7월 26일부터 휴전회담장에서는 군사분계선 문제가 논의되기 시작했지만, 38도선을 주장하는 공산군 측과 현 전선을 주장하는 유엔군 측의 입장이 극명하게 대립되어 실마리를 찾지 못했다.

휴전회담으로 인한 전선의 소강상태가 지속되는 가운데 공산군은 이를 이용해 방어선을 3중으로 편성하고 유엔군의 항공폭격에 견딜 수 있도록 진지를 강화했다. 특히 공산군은 7월 20일경에 이미 유엔군 전초선에서 1~5㎞ 떨어진 주요 지형지물로 연결된 전초저항선(Outpost Line of Resistance)을 설치하고 이곳에서 유엔군의 작전활동에 강력히 저항했다. 또한 7월 하순부터 공산군은 유엔군의 주요지역에 대한 탐색활동을 강화하고, 포병을 전방에 전개시키는 등 전투준비태세를 강화해 나갔다.

반면 유엔군은 휴전회담 분위기와 군사작전의 제한으로 점차 활력을 잃어 가고 있어 이에 대한 대책이 필요했다. 그 일환으로 미 제8군사령관 밴플리트는 일정한 목표를 선정하여 공격작전을 실시하기로 했다. 이른바 '제한목표공격'이었다. 그러나 7월 29일로 계획된 이 작전은 30년 이래 가장 심한 장마로 7월 31일 취소되었다가 장마가 그친 8월 18일에 다시 시작되었다. 작전목표는 유엔군의 방어선 중 남쪽으로 처진 만곡부(彎曲部)를 밀어 올려 기복을 없애고, 아군 병참선과 캔자스선 방어에 위협을 주는 지형지물을 탈취하는 데 있었다.[3]

제한목표공격의 주공은 미 제10군단이었으며, 각 군단에는 다음과 같은 임무가 부여되었다. 첫째, 중동부지역의 미 제10군단은 전선의 중앙, 즉 해안분지 북쪽 고지군을 점령하여 만곡부를 제거하고, 동부전선의 국군 제1군단은 미 제10군단과 협조된 작전을 통해 방어선을 남강까지 추진한다. 둘째, 중서부전선의 미 제9군단은 금성분지를 점령하여 철의삼각지

---

3) 국방부 군사편찬연구소, 『6·25전쟁사: 휴전회담 개막과 고지쟁탈전』 9, 2012, 317~319쪽.

를 확고하게 통제할 수 있는 발판을 구축하고 철원—김화 간의 철로를 확보한다. 셋째, 서부전선의 미 제1군단은 방어선을 10㎞ 정도 추진하여 연천—철원 철로를 확보하고 이를 철원—김화 철로와 연결시켜 서울—김화 도로는 물론 이 철로를 군 병참선으로 이용한다는 것이었다.[4]

미 제8군의 제한목표 공격작전은 1951년 8월 18일 해안분지 탈취를 목표로 한 '포복작전(Operation Creeper)'으로부터 시작되었다. 이 작전에는 미 제10군단과 국군 제1군단이 참가했다. 국군 수도사단과 제11사단의 향로봉 전투, 국군 제8사단의 노전평 전투, 국군 제5사단과 미 제2사단의 피의능선 전투, 미 제2사단의 단장의능선 전투, 국군 제7사단과 제8사단의 백석산 전투 등이 모두 이 작전기간에 이루어진 주요 전투였다.

미 제10군단과 국군 제1군단이 포복작전을 진행하는 동안에 서부전선에서는 미 제1군단(미 제1기병사단, 미 제3사단, 영연방 제1사단, 국군 제1사단)이 10월 3일부터 9일까지 전선을 10㎞ 추진하기 위한 '코만도작전(Operation Commando)'을 실시했다. 코만도작전은 군단 방어선을 한강 하구—문산—연천—철원을 잇는 와이오밍선(Wyoming Line)으로부터 고랑포—사미천—고왕산—마량산—역곡천 남안—281고지—중가산—정연리를 잇는 제임스타운선(Jamestown Line)으로 북상시켜 새로운 방어선을 구축하기 위함이었다. 이때 281고지(화살머리고지)가 처음으로 유엔군의 작전목표에 포함되었다.

코만도작전에서 미 제1군단은 예하 사단에 각각 1~2개씩의 공격목표를 부여했다. 서쪽부터 국군 제1사단은 판부리 서쪽 146고지—91고지(공격

---

4) 국방군사연구소, 『한국전쟁』(하), 1997, 99~100쪽.

목표명 Moon)를, 영연방 제1사단은 187고지와 고왕리 일대(Foster), 마량산
—고잔리 일대(Moore)를, 미 제1기병사단은 346고지—덕은동 일대(Cour-
son)와 347고지·갈현리 일대(Craig)를, 미 제3사단은 중토동—324고지—
덕산리 일대(Batler)와 281고지—266고지—중어성 일대(Watts)를 공격목표
로 부여받았다.

281고지는 미 제3사단 공격목표 왓츠(Watts)에 포함된 곳이었다. 미 제
3사단은 공격 당일 제7연대가 395고지와 266고지를 점령하고, 제65연대
가 철원평야 284고지와 중가산 일대를 점령했다. 그리고 제15연대가 공격
목표 버틀러(Batler) 남쪽의 487고지를 점령한 후 천덕산을 공격했다. 미
제3사단은 10월 6일까지 2개의 공격목표인 왓츠와 버틀러를 탈취하는데
성공했다. 281고지는 공격 둘째 날인 10월 4일 제7연대 3대대에 의해 점
령되었다.[5]

### 2 ) 국군 제9사단의 제1차 전투

제1차 화살머리고지 전투는 1951년 11월 3일부터 4일까지 국군 제9사
단 제29연대 제2·3대대와 중공군 제126사단 제376연대 간에 이루어진 전
투였다. 국군 제9사단은 1951년 8월 1일 육군본부 직할로 전환되어 부대
정비와 훈련을 실시하다가 10월 15일부로 미 제1군단에 배속되고, 10월
20일에 미 제3사단의 작전지역을 인수했다.[6] 제9사단은 281고지와 395
고지(백마고지)를 포함하는 좌측지역을 제29연대가, 그 우측지역을 제30

---

5) Hq. EUSAK, "Command Report, Oct. 1951", p.33; Hq. Third Infantry Division, 'Narrative',
"Command Report October 1951", RG 407, Entry No. NM3 429, Box 2921, NARA.
6) 보병제9사단, 『백마부대사』 제1집, 1982, 154쪽, 158쪽.

연대가 담당했다.

당시 제9사단은 281고지와 395고지의 방어를 사단 전체 방어의 핵심으로 생각했다. 양 고지는 철원—연천—서울에 이르는 3번 도로와 철원—김화—화천으로 이어지는 배후도로를 통제할 수 있는 요충지였다. 만약 이 고지들을 상실할 경우 보급 및 교통의 중심지인 철원이 위태로울 수 있다는 것이 제9사단장의 판단이었다. 이에 사단에서는 제29연대에 화력의 우선권을 부여했으며, 연대에서는 제2대대를 281고지 방어에, 제1대대를 395고지 방어에 전념하게 했다.[7]

제9사단 정면의 적은 중공군 제42군 예하 제126사단이었다. 왕첸샹(王振祥)이 지휘하는 중공군 제126사단은 국군 제9사단의 주저항선으로부터 약 5km 북쪽의 396고지—459고지—596고지—501고지—431고지 선에 거점화된 진지를 구축하고 있었다. 이들은 8,000여 명의 전투병력과 82mm와 60mm 박격포 각 12문과 18문, 75mm 직사포 12문, 기관총 42정 등을 보유하였으며, 122mm 야포 1개 대대의 지원을 받고 있었다.[8]

제1차 전투는 11월 3일 밤 10시 30분 중공군 제376연대 제1대대가 281고지를 목표로 우회와 포위 공격을 가하면서 시작되었다. 고지 정상의 제6중대는 백병전을 치르면서까지 대응했지만, 탄약 부족과 병력 손실이 커 4일 새벽 3시에 고지에서 철수했다. 대신 제3대대(−)가 새벽 4시부터 공격에 투입되어 서쪽과 남쪽에서 고지 탈환 공격을 시작하고, 전열을 재정비한 제6중대가 동쪽에서 공격을 가했다. 이 전투는 4일 정오 무렵에 제

---

7) 육군본부, 『한국전쟁사료: 전투상보(제9사단 제29연대, 제30연대, 제11사단, 제9, 13, 20연대)』(59), 1987, 14~15쪽.

8) 육군본부, 『한국전쟁사료』(59), 10~11쪽.

2·3대대 병력이 고지정상을 탈환하면서 13시간 만에 끝났다. 전투결과는 다음의 표에서 보는 바와 같다.[9]

**< 표 > 제29연대의 전과 및 손실**

| 구 분 | 전 과 | | | | | | | 손 실 | | |
|---|---|---|---|---|---|---|---|---|---|---|
| | 사살 | 포로 | 중 기관총 | 경 기관총 | 무 반동총 | 다발총 | 소총 | 전사 | 부상 | 실종 |
| 제2대대 | 35 | 2 | | 2 | | | | 17 | 51 | 9 |
| 제3대대 | 101 | 50 | 8 | 16 | 3 | 18 | 36 | 8 | 22 | |
| 계 | 136 | 52 | 8 | 18 | 3 | 18 | 36 | 25 | 73 | 9 |

281고지 탈환에 실패한 중공군 제126사단은 공격 방향을 395고지로 돌렸다. 395고지에서는 11월 5일 저녁 9시부터 6일 오전 11시까지 치열한 공방전이 전개되었다.[10] 281고지와 395고지 제1차 전투의 양상은 이후 정 전협정이 체결될 때까지 거의 동일한 형태를 띠고 진행되었다. 즉 중공군 은 281고지와 395고지를 하나의 공통된 공격목표로 설정하고, 순차적 공 격과 동시공격을 병행하는 형태를 취했다.

# 3. 1952년 제2·3차 화살머리고지 전투

## 1) 미 제45사단의 제2차 전투

제1차 전투 이후 281고지에서의 전투는 다소 소강상태에 접어들었다. 1951년 11월 27일 휴전회담에서 잠정군사분계선과 비무장지대 설치 문제

---

9) 보병제9사단, 앞의 책, 163~170쪽.
10) 위의 책, 171~177쪽.

가 합의되면서 휴전이 곧 이루어질 것이라는 분위기가 조성되었다. 유엔군 측에서는 현 전선의 유지와 강화에 집중하면서 모든 공격작전을 제한했으며, 공산군 측에서도 30일간의 임시 휴전기간을 이용해 종심 깊은 방어진지 구축과 전투력 증강에 집중했다.

전쟁의 양상은 쌍방 공히 상대방의 주저항선을 돌파하는 공격보다는 주저항선을 확보·유지하기 위한 방어에 중점을 두게 되었고, 전초의 전술적 운용이 지상작전에서 가장 큰 비중을 차지하게 되었다. 이와 더불어 양측은 수색정찰대를 운용하여 제한된 규모의 공세적인 전투정찰을 지속했다. 281고지에서도 이러한 현상은 마찬가지였다.

이 시기에 281고지를 담당하던 국군 제9사단이 미 제1군단에서 미 제9군단으로 배속 전환되어 백마고지 서측까지만 담당하게 되었고 281고지는 미 제1군단 제45사단이 담당하게 되었다. 이것은 1952년 4월 5일 국군 제2군단이 재창설되면서 미 제9군단과 미 제10군단 사이의 금성지구에서 25km의 정면을 담당하게 되면서 전선조정이 이루어졌기 때문이었다. 이에 따라 백마고지는 미 제9군단 예하 국군 제9사단이, 화살머리고지는 미 제1군단 예하 미 제45사단이 각각 담당하게 되었다.

미 45사단은 작전지역내에서 반드시 확보해야 할 주요 전초진지 11개를 선정하고, 동쪽의 중세리 무명고지부터 서쪽의 불모고지까지 일련번호를 부여했다. 281고지가 2번, 에리고지가 8번, 포크찹고지가 10번, 불모고지가 11번 이었다.[11] 11개의 주요 전초진지를 확보하기 위해 미 제45사단은 카운터작전(Operation Counter)계획을 수립하고 6월 한 달 간 공격

---

11) Hq. Forty Fifth Infantry Division, 'Narrative Summary', "Command Report, June 1952" Book Ⅰ, pp.8~9, RG 407, Entry No. NM3 429, Box 4304, NARA.

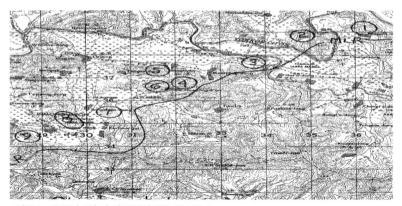

<자료 1> 1952년 6월 미 제45사단 주요 전초진지

작전을 전개했다. 이 공격작전은 크게 3단계로 구분해 볼 수 있는데, 제
1단계는 6월 1일부터 7일까지 주저항선인 제임스타운선을 강화하고, 제
2단계는 6월 17일까지 전초저항선(OPLR)을 견고히 하며, 제3단계는 새
로 점령한 아군 전초진지에 대한 적의 공격을 무력화시키는 것이었다. 특
히 8~11번 전초진지에 대한 적의 공격을 무력화시키는 것이 핵심이었다.
8~11번 전초진지는 사단의 좌측 방어지역으로 에리고지, 187고지, 포크찹
고지, 불모고지였다. 이 지역에서는 6월 중순 이후 중공군 제39군 소속의
중대~연대급에 이르는 병력이 계속해서 공격을 가해 미 제179·제180연
대와 격렬한 전투를 전개했다.

　이때 미 제45사단의 동쪽 방어지역에 위치한 281고지에서는 미 제279
연대 제2대대가 6월 9일 저녁 10시에 281고지 서북쪽 약 2㎞ 지점의 중공
군 전초진지를 공격하면서 제2차 화살머리고지 전투가 시작되었다.[12] 이
공격은 사단 동쪽 방어지역의 전초저항선을 견고히 함은 물론 사단 서쪽

---

12) 위의 문서, p.10.

방어지역에 대한 중공군의 압력을 분산시키기 위한 것이었다. 제2차 전투는 1951년 11월에 전개된 제1차 전투와는 그 양상이 정반대였다. 방어자와 공격자가 반대로 변한 것이었다. 제2차 전투에는 미 제279연대 제2대대 외에도 7월 2일부터 제180연대 제3대대가 투입되었다. 이때부터 281고지 일대에서는 미 제180연대 제3대대가 방어하는 가운데 비교적 규모가 큰 전투정찰이 실시될 경우 제279연대 제2대대가 추가 투입되는 형태의 전투가 반복되었다.[13]

  제2차 전투는 미 제45사단과 제2사단의 부대교체가 이루어질 때까지 계속되었다. 양 사단의 부대교체는 '썬더인디안(Thunder Indian)' 작전계획으로 7월 14~18일 사이에 이루어졌다. 미 제45사단이 미 제10군단으로 배속이 전환되고, 미 제9군단 예비로 있던 미 제2사단이 제1군단에 배속되어 제45사단의 작전지역을 인수했다.[14] 281고지는 미 제9연대 1대대가 인수했다. 이로써 미 제45사단의 화살머리고지 전투는 종료되었다. 제2차 화살머리고지 전투는 제1차 전투 때와는 달리 아군이 281고지 서북쪽에 위치한 중공군 전초진지를 공격하는 '공격전투'의 성격을 띠었다는 특징을 지니고 있었다.

### 2 ) 미 제2사단 23연대 프랑스대대의 제3차 전투

  281고지에서 제180연대 3대대와 제9연대 1대대의 부대교체는 1952

---

13) Hq. Forty Fifth Infantry Division, 'Narrative Summary', "Command Report, July 1952" Book Ⅰ, pp.5~9, RG 407, Entry No. NM3 429, Box 4304, NARA.

14) 위의 문서, p.2. 미 제45사단은 미 제1군단에 배속되어 1951년 12월부터 이 지역에서 작전수행을 시작한 후 209일 만에 다른 지역으로 이동하게 되었다. 중공군의 공격이 계속되는 가운데 미 제45사단과 미 제2사단은 7월 16일~18일 전선부대를 순차적으로 교체시켰다(같은 문서, p.9.).

년 7월 17일 완료되었다.[15) 작전지역을 인수한 제9연대 1대대는 7월 18일부터 281고지 서북쪽 1㎞ 지역에 대한 전투정찰을 시작했다. 이것을 시작으로 제9연대는 9월 중순 제23연대와 진지교대를 할 때까지 대대를 바꿔가면서 281고지 서북쪽에 대한 전투정찰을 계속했다. 제9연대의 전투정찰에서 적과의 접촉은 극히 드물었지만, 전초진지에 대한 포격전은 거의 매일 같이 반복되었다.[16) 제9연대는 9월 21일 작전지역을 제23연대에 인계했다.

미 제23연대는 7월 18일부터 약 1개월 간 사단의 서쪽방어지역을 담당했던 부대로 8월 19일 제38연대에 작전지역을 인계한 후 군단예비로 있다가 9월 21일 제9연대 작전지역을 인수했다. 작전지역 인수 당시 미 제23연대는 제3대대를 약 1개월 간 281고지 주변 일대의 방어작전에 투입할 예정이었다. 그러나 9월 18일부터 미 제1군단 서쪽 방어지역인 사천강─임진강 일대에서 중공군의 추계 제1단계 공세가 시작되면서 281고지에도 중공군의 공격이 예상되자 연대는 제3대대를 증원하기 위해 프랑스대대의 조기투입을 결정했다.[17)

중공군은 9월 18일부터 10월 5일까지 서부전선과 중동부전선을 중심으로 18개 목표를 선정하고 대규모 공세를 취했다.[18) 중공군의 추계 제1

---

15) Hq. Second Infantry Division, 'Supporting Document Section Ⅱ: Periodic Operations Report No. 1039(1952. 7. 19)', "Command Report, July 1952", p.5, RG 407, Entry No. NM3 429, Box 2795, NARA.

16) Hq. Second Infantry Division, 'Supporting Document Section Ⅱ: 9th Regimental Periodic Operations Report, July 1952', "Command Report, July 1952", p.5, RG 407, Entry No. NM3 429, Box 2795, NARA.

17) Hq. Second Infantry Division, 'Narrative Summary', "Command Report, September 1952", pp.3~4, RG 407, Entry No. NM3 429, Box 2801, NARA.

18) 육군군사연구소, 『抗美援朝戰爭的經驗總結簡史: 중공군이 경험한 6·25전쟁』Ⅰ, 181~182쪽.

단계 공세에서 281고지는 중공군의 공격대상이 아니었기 때문에 이곳에서의 전투는 소강상태를 유지했지만, 미 제23연대장은 중공군의 차후 공격이 철원방면에 집중될 것으로 판단하고 10월 3~5일 연대예비인 프랑스대대를 281고지 전담 방어임무에 투입했다.[19]

중공군의 추계 제2단계 공세는 중공군 7개 군이 약 180㎞의 정면에서 23개의 목표물을 대상으로 10월 6일 동시공격을 가하면서 시작되었다. 공세 당시 중공군은 프랑스대대의 281고지와 그 우측 국군 제9사단 30연대 1대대의 395고지를 각각의 공격목표로 선정하고 있었다. 중공군 추계 제2단계 공세는 이전의 산발적인 공격과는 달리 같은 시간대에 23개 목표물에 대한 동시공격이 이루어졌다는 특징을 지니고 있었다. 이는 중공군이 추계 제1단계 공세작전에서 통일적인 공격이 부족해 성공적인 작전을 수행하지 못했다는 평가에 따른 것이었다. 특히 제2단계 공세에서 중공군은 281고지와 395고지의 전술적 중요성을 고려하여 반드시 점령해야 할 목표로 선정하고 제38군에 그 임무를 부여했다.[20]

281고지에 대한 중공군의 공격은 제113사단 제338연대 소속의 1개 대대가 6일 18:45경에 프랑스대대의 좌측 전초(Perron)를 점령한 후 19:00경에 281고지 정면을 공격하면서 시작되었다. 이날 중공군은 281고지 점령을 위해 2개 대대 병력을 투입했다.[21] 중공군은 5시간 동안 281고지에

---

19) Major Mark M. Boatner, "How the French held Arrowhead, 1~15 Oct. 1952", pp.1~2, RG550, Organizational History Files, 1959-1973, Entry A1, Box 63, NARA.

20) 중국군사과학원 군사역사연구부 저/국방부 군사편찬연구소 역, 『중국군의 한국전쟁사』 3, 국방부 군사편찬연구소, 2005, 418~419쪽.

21) 위의 문서. 중공군 제38군은 10월 6일 15개 포병 중대의 지원 아래 제113사단의 3개 중대와 별도의 1개 소대를 281고지 공격에 투입하였으며, 계속해서 7일까지 제113사단의 6개 중대와 2개의 기관총 중대를 공격에 투입했다(중국군사과학원 군사역사연구부 저/국방부 군사편찬연구소 역, 위

약 1천 발의 포탄을 퍼부어 프랑스군의 모든 방어지역을 화염과 포연에 휩싸이게 했다.

프랑스군 방어선 곳곳에서는 치열한 전투가 계속되었다. 군단과 사단에서는 프랑스군을 지원하기 위해 4개 포병대가 시간당 6,000발의 포탄을 쏘아댔으며, 프랑스대대 소속의 경전차 소대가 1,200발의 전차포를 발사했다. 프랑스 지원 중대 또한 81㎜박격포를 비롯해 각종 구경의 포 950발을 발사했고, 프랑스대대 좌측의 미 제23연대 1대대도 지원사격을 가했다.

6월 6~7일 이후에도 중공군은 매일 야간공격을 시도했지만, 강력한 화력지원을 받으면서 철근 시멘트로 만든 토치카가 줄지어 있는 프랑스대대의 281고지를 점령하는 데에는 실패했다. 281고지 우측의 395고지(백마고지)에서 전투가 고조되어 가는 것과는 달리 시간이 흐르면서 281고지의 전투는 점차 진정되어 갔다. 결국 중공군은 10월 10일 새벽에 281고지에서 물러났다. 이로써 제3차 화살머리고지 전투는 종료되었다.[22]

제3차 화살머리고지 전투에서 프랑스군은 47명이 전사했으며, 중공군은 확인된 시체만 600구가 넘는 인명손실을 입었다. 이와 관련하여 중공군 지휘부는 "지원군이 10월 6일 저녁 유엔군의 23개 진지에 대해 공격을 진행했고, 21개 진지는 점령했지만 281고지와 395고지에서 실패했다"고 평가했다. 그리고 양 고지 점령에 실패한 원인으로 '조급한 작전전개, 부적당한 목표 선정, 지형의 불리, 작전계획의 노출' 등을 들었다.[23] 이러한

---

의 책, 419~420쪽).

22) 국방부 전사편찬위원회, 『한국전쟁사: 유엔군 참전편』 제10권, 1979, 539~546쪽.

23) 중국군사과학원 군사역사연구부 저/국방부 군사편찬연구소 역, 위의 책, 420쪽.

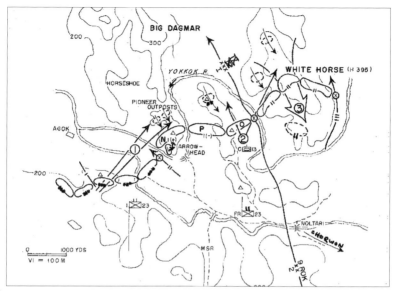

* 제3차 화살머리고지 전투 상황도(1952. 10. 1~15)
* 출처: How the French held Arrowhead, 1~15 Oct. 1952.
* 비고: ① 미 제23연대 1대대 281고지 화력지원 ② 제73전차대대 C중대(M46) 백마고지 직접
지원 ③ 1952년 10월 9일 03:00 백마고지에 적 최대 침투

중공군 지휘부의 평가 중 281고지 전투에서 중공군이 실패할 수밖에 없
었던 것은 '부적당한 목표 선정'이 가장 큰 원인이었다고 할 수 있다. 보다
정확히 말하면 정보판단에 큰 문제가 있었다는 점이다. 당시 중공군 제38
군은 281고지를 방어하는 부대가 국군 제2사단 소속의 2개 중대 병력으로
판단했다.[24] 그러나 281고지에는 그들의 생각과는 달리 강력한 화력지원
을 받고 전차로 자체무장한 프랑스대대가 있었다. 중공군은 공격 하루 전
날인 10월 5일 281고지에 전담 방어부대로 프랑스대대가 배치된 사실을

---

24) 위의 책, 419쪽.

간과한 것이다.

결국 제3차 화살머리고지 전투는 중공군 입장에서 볼 때, 정확한 정보 파악의 부재로 잘못된 목표를 선정하여 공격에 실패한 전투였고, 역으로 유엔군 입장에서 볼 때, 281고지의 방어력을 사전에 강화한 미 제2사단의 정확한 상황인식과 대응조치로 방어에 성공한 전투였다고 할 수 있다.

# 4. 1953년 중공군 최후공세와 화살머리고지 전투

## 1) 중공군 최후공세 전략

제3차 화살머리고지 전투가 한창이던 1952년 10월 8일부터 포로문제로 무기휴회에 들어갔던 휴전회담이 1953년 4월 26일 재개되면서 종전 가능성이 커졌다. 하지만 한편으로 그동안의 경험상 전쟁이 지속될 가능성도 여전히 남겨져 있었다. 이때 중국 수뇌부는 전쟁이 계속될 것으로 보았고, 설령 정전이 성립되더라도 일정기간 긴장상태가 유지될 것으로 생각했다. 또한 그들은 휴전회담도 강력한 작전과 병행되어야만 순조롭게 이끌어 갈 수 있다고 생각했다.[25]

중국 군사위원회는 4월 30일부터 5월 4일까지 진행된 회의에서 하계 공세를 결정했다. 그들은 이 공세의 목적을 부대의 훈련과 경험 축적, 휴전회담의 지원과 방어선의 개선에 두었다. 공세의 방침으로는 "작은 승리를 모으고, 여러 번의 승리로 대승을 얻는 것을" 제시했다. 이에 따라 공격

---

25) 위의 책, 593쪽.

목표는 "1개 대대 규모 이상이 되지 않아야 하고, 공격 때마다 1~2개 소대에서 1~2개 중대 정도의 적을 섬멸하는 것"으로 했다.[26]

중공군의 하계공세는 3단계로 구분하여 실시하도록 계획되었다. 제1단계 작전의 기본개념은 제2·제3단계 작전의 전초전 성격을 띠고 있었으며, 공격방향도 주로 중서부와 중동부전선의 미 제9군단과 국군 제2군단, 그리고 미 제10군단의 금성돌출부를 지향하게 했다. 제2단계 공세는 다시 두 방식으로 구분되었는데, 첫 번째로 대대급 이하를 목표로 공격하고, 두 번째로 대대급 이상을 목표로 했다. 주요 공격대상은 국군 제5사단과 제8사단이었다. 제3단계 공세는 금성돌출부 전 지역을 대상으로 최종공세를 가한다는 것이었다.[27]

중공군의 하계 1단계 공세는 1953년 5월 13일부터 26일까지 진행되었다. 이 공세에는 중공군 4개 군(제23·제24·제60·제67군)이 동원되었으며, 20개의 목표를 선정하여 공격했다. 특히 김화 저격능선—금성 남쪽 중치령·회고개—교암산—지형능선—수도고지—949고지—973고지—883고지를 연하여 형성된 금성돌출부에 중공군의 공격이 집중되었다.[28]

하계 2단계 공세는 5월 27일 시작되었지만, 공세 초기에 중공군은 작전계획을 바꿔 공세를 중지하고 6월 10일에 재공세에 나섰다. 중공군이 공세계획을 변경한 것은 미군을 위시한 유엔군에 대한 공격방침을 한국군을 위주로 한 공격으로 전환하고자 했기 때문이었다. 이러한 배경에는 당시의 형세에 근거하여 휴전회담의 진행뿐 아니라 작전행동을 더욱 촉

---

26) 위의 책, 598~600쪽.
27) 위의 책, 602~604쪽.
28) 국방부 군사편찬연구소, 『6·25전쟁사: 고지쟁탈전과 정전협정 체결』1, 2013, 213~217쪽.

진하면서 새로이 한국전선에 투입된 부대에게 작전경험을 얻을 수 있도록 하기 위함이었다. 이러한 방침에 따라 중공군은 전후방 부대의 교체를 실시하는 한편, 모든 역량을 집중해 북한강 동서 양측의 국군 제8사단과 제5사단을 공격하기로 결정했다. 제2단계 공세는 6월 10일부터 18일까지 진행되었으며, 이 공세로 국군 제2군단은 북한강 동안의 949—973—883 고지군과 서안의 수도고지 지역을 빼앗겨 13km 정면에서 4km를 후퇴할 수밖에 없었다. 이들 고지는 1951년 추계공세에서 격전 끝에 탈취한 것이었는데 끝까지 지키지 못하고 이때 상실했다.[29]

중공군 수뇌부는 1953년 6월 23일까지 제2단계 공세를 종결짓고 6월 24일부로 제3단계 공세를 위한 준비에 착수했다. 중공군의 제3단계 공세는 '6·18 반공포로 석방'과 밀접한 관계가 있었다. 제3단계 공세는 반공포로 석방으로 제2단계 공세의 결과가 무색해지고 전쟁에서 승리하였다는 선전효과가 퇴색됨에 따라 한국정부에 휴전협정을 준수하도록 군사적 압력을 가하는데 목적이 있었다. 이와 더불어 전장과 협상에서 주도권을 행사하려는 의도에서 한국군에 대한 새로운 공세를 취하라는 6월 19일자 마오쩌둥의 지시에 부합하기 위함이기도 했다. 중공군 지휘부는 7월 13일부터 제3단계 공세를 시작하기로 하고 금성돌출부에 배치된 한국군 4개 사단을 섬멸한다는 목표를 설정했다. 이 공세에 앞서 중공군은 탐색전을 전개하기로 했는데, 그것의 대상이 바로 화살머리고지였다.[30]

---

29) 국방군사연구소, 『한국전쟁』(하), 1997, 502~533쪽.
30) 위의 책, 534~538쪽.

## 2 ) 국군 제2사단의 제4차 전투

제4차 화살머리고지 전투는 1953년 6월 29일부터 7월 11일까지 국군 제2사단이 중공군 제23군 예하 제73사단과 벌인 전초진지쟁탈전이었다. 이 전투는 크게 2단계로 구분된다. 제1단계는 6월 29일부터 30일까지 전개된 전초전이었으며, 제2단계는 7월 6일부터 11일까지 양측 간에 치열한 공방전이 전개된 전투였다.

국군 제2사단이 화살머리고지를 담당하게 된 것은 1953년 2월이었다. 그 전까지 화살머리고지는 미 제3사단이 담당하고 있었다.[31] 미 제9군단의 좌전방 사단이었던 미 제3사단은 1952년 12월 9일 <미 제9군단 작전지시 제7호>에 따라 군단 전투지경선이 281고지 서쪽까지 확장되면서 281고지를 담당하게 되었다. 그리고 1951년 1월 23일 <제9군단 작전지시 13호>로 국군 제2사단이 미 제3사단의 작전지역을 인수하면서 정전협정 체결 시까지 국군 제2사단이 281고지를 방어하게 되었다.[32]

미 제3사단의 전선을 인수해 미 제9군단의 좌측지역을 맡게 된 국군 제2사단은 약 10㎞의 전투정면 중 제31연대를 우측에, 제32연대를 281고지·395고지가 포함된 좌측에 배치하고 제17연대를 예비로 두었다. 사단의 병력과 장비는 편제에서 크게 부족하지 않았고, 여러 포병대대의 화력지원과 미 제5공군의 지원이 가능했다. 반면 국군 제2사단 정면에는 중공군 제23군 예하 제73사단이 배치되어 있었다. 중공군 제73사단은 병력이

---

31) 281고지는 제3차 화살머리고지 전투 이후 프랑스대대가 계속해서 방어하다가 1952년 12월 군단 전투지경선 조정에 따라 미 제9군단 예하 미 제3사단에게 인계되었다.

32) Hq. IX Corps, "Command Report, December 1952", p.8, RG 407, Entry No.NM3 429, Box 1922; Hq. IX Corps, "Command Report, January 1953", p.9, RG 407, Entry No.NM3 429, Box 1941, NARA.

약 1만 명이었으며, 일일 평균 7~8,000발의 포격지원이 가능한 수준이었다. 양측 간의 거리는 1~2㎞에 불과했다.[33]

1953년 6월 29일에 시작된 전초전은 181고지 정상에서 약 6~700m 전방에 위치한 아군 전초 2개와 그로부터 서북쪽으로 약 600~800m에 위치한 중공군 전초 2개 사이에서 전개되었다. 아군 전초진지 2개는 프랑스군이 주둔할 때 가블리로프(Gavriloff)와 페론(Perron)으로 불렸던 전초였으며, 중공군 전초는 방송고지와 K고지로 명명된 전초였다.[34] 전초전은 국군 제32연대 제6중대가 방송고지를 기습하면서 시작되었고, 이에 대한 역습으로 중공군이 아군 전초 2개를 공격하면서 9시간에 걸쳐 전개되었다. 양측에서 쏘아대는 수천발의 포탄이 작렬하는 가운데 백병전까지 전개되었던 전초전은 국군 제32연대의 승리로 끝났다.[35]

제2차 전투는 7월 6일부터 11일까지 약 1주일간 전개되었다. 교전은 7월 6일 중공군 제218연대가 아군 전초 2개를 공격하면서 시작되었다. 아군 전초 2개는 7일 새벽에 중공군에게 모두 점령되었고, 뒤이어 국군 제2사단의 탈환작전이 이어졌다. 전투는 북한군 전초 K고지와 방송고지까지 확대되었다. 아래의 표에서 보는 바와 같이 국군 제2사단과 중공군 제73사단은 작게는 소대, 크게는 대대 규모의 전투를 20회나 실시했다. 교전은 주로 218고지 정상에서 약 600~700m 서북쪽에 위치한 아군 전초진지를 중심으로 전개되었다.[36] 이 전투는 7월 11일 새벽에 국군 제2사단이

33) 국방부 군사편찬연구소, 『6·25전쟁사: 고지쟁탈전과 정전협정 체결』 1, 276~277쪽.
34) How the French held Arrowhead, 1~15 Oct. 1952; 국방부 군사편찬연구소, 『6·25전쟁 주요전투』 2, 2017, 152쪽.
35) 국방부 군사편찬연구소, 『6·25전쟁 주요전투』 2, 2017, 279~282쪽.
36) 육군본부, 『한국전쟁사료: 전투상보(제1사단 직할대, 제2사단, 제17연대)』(47), 1986, 866~867쪽.

아군 전초 2개를 완전히 확보하고, 나아가 중공군 전초인 K고지를 공격한 제31연대 3대대가 목표진지를 탈취한 후 백마고지 인근지역으로 복귀하면서 마무리되었다.[37]

< 표 > 화살머리고지 전투 상황(1953. 7. 6~11)

| 날짜 | 교전시각 | 적병력 | 아군병력 | 기도 | 지점 |
|---|---|---|---|---|---|
| 7. 6. | 22:50 | 1개 중대 | 31명 | 적 공격 | CT344388 |
| | 22:50 | 1개 중대 | 30명 | 적 공격 | CT347392 |
| 7. 7. | 03:50 | | 제32연대 수색중대 | 아군 반격 | CT344388 |
| | 06:30 | | 제17연대 9중대 | 아군 반격 | CT348387 |
| | 07:00 12:50 | | 제17연대 11중대 | 아군 반격 | CT347385 |
| | 10:35 | | 1개 중대 | 아군 공격 | CT347392 |
| | 10:40 | 1개 소대(+) | | 적 증원 | CT347386 |
| | 10:45 | 1개 소대(+) | | 적 증원 | CT348397 |
| | 11:00 | 1개 소대(+) | | 적 증원 | CT347386 |
| | 11:00 | 1개 소대(+) | | 적 증원 | CT348397 |
| | 12:50 | 3개 소대 | 제17연대 11중대 | 적 저항 | |
| | 20:30 21:10 | 1개 대대(+) | | 적 증원 | CT343388 |
| | 15:30 22:50 | 2개 중대 | 제17연대 10중대(+) | 아군 공격 | CT343388 |

---

37) 국방부 군사편찬연구소, 『6·25전쟁사: 고지쟁탈전과 정전협정 체결』 1, 282~288쪽.

| | | | | | |
|---|---|---|---|---|---|
| | 22:45 04:30 | 1개 중대(+) | 제17연대 11중대 | 적 증원 반격 | CT345385 |
| | 04:00 06:00 | 1개 중대 | 제32연대 6중대(+) | 아군 공격 | CT343388 |
| | 04:00 07:00 | 1개 중대 | 제31연대 7중대(+) | 아군 공격 | CT346386 |
| 7. 8. | 19:35 22:10 | 1개 중대 | 포격 | 적 반격 | CT348398 |
| | 21:20 | 1개 소대 | 2개 소대 | 적 반격 | CT346388 |
| | 22:20 | 1개 중대(+) | 2개 소대 | 적 증원 | CT346385 |
| | 01:53 03:35 | 1개 중대 | 제32연대 5중대(-) | | CT346385 |
| | 03:00 06:00 | 1개 중대(+) | 1개 중대(-) | 아군 반격 | CT344388 |
| 7. 9. | 10:30 21:30 | 1개 중대 | 제32연대 2·5중대 | 아군 공격 | CT344388 |
| | 13:30 21:30 | 2개 중대 | 제31연대 1중대(+) | | CT344387 |
| | 18:50 | 1개 중대(+) | | 적 증원 | CT347395 |
| | 20:40 | 1개 중대(+) | | 적 증원 | CT341389 |
| | 22:05 01:10 | 1개 중대(+) | 제31연대 5중대 | 아군 방어 | CT347392 |
| 7. 10. | 02:45 03:45 | 1개 중대 | 제31연대 5중대 | 아군 방어 | CT347392 |
| | 03:40 10:55 | 2개 소대 | 제31연대 11중대 | 아군 기습 | CT344387 |
| 7. 11. | 01:27 04:40 | 1개 중대 | 제31연대 10·11중대 | 아군 공격 | CT344387 |
| 7. 10. 7. 11. | 22:00 05:00 | ? | 2개 소대 | 아군 기습 | CT347400 CT347396 |

출처: 육군본부, 『한국전쟁사료: 전투상보(제1사단 직할대, 제2사단, 제17연대)』(47), 1986, 866~867쪽.

전투의 격렬함을 반증하듯 양측의 피해는 매우 컸다. 국군 제2사단 전투상보에 의하면, 사살된 중공군이 1,600명을 상회하고, 부상자도 600명을 넘었다. 반면 국군도 전사자 212명, 실종자 19명, 부상자 815명의 인명손실을 당했다.[38]

제4차 화살머리고지 전투는 그 이전 전투와는 달리 양측의 공방전으로 전개되었으며, 4개의 전초를 중심으로 협소한 지역에서 치열한 전투가 이루어졌다는 특징을 지니고 있었다. 약 13일간의 치열한 전투 결과 국군 제2사단은 화살머리고지를 끝까지 확보하여 이 고지를 점령한 후 백마고지를 측방에서 위협해 두 고지를 동시에 탈취하려던 중공군 제23군의 작전에 결정적인 차질을 안겨주었다. 나아가 철원지역을 확보하는데 크게 기여한 전투라고 그 의의를 부여할 수 있다.


## 5. 맺음말

1953년 7월 11일 제4차 화살머리고지 전투가 끝나면서 그동안 철원 281고지에서 벌어진 치열한 전투는 사실상 종료되었다. 1951년 10월 6일 미 제3사단 7연대 3대대가 281고지를 점령한 후 국군 제9사단 29연대, 미 제45사단 예하 279연대 2대대와 180연대 3대대, 미 제2사단 예하 9연대와 프랑스대대, 국군 제2사단 38연대가 281고지 방어임무를 수행했다.

앞서 살펴보았듯이 화살머리고지에서는 6·25전쟁 기간 크게 4차례

---

38) 육군본부, 『한국전쟁사료: 전투상보(제1사단 직할대, 제2사단, 제17연대)』(47), 1986, 886쪽; 한국전쟁사료: 전투상보(제2사단 17연대, 31연대, 32연대, 제2사단 직할대)』(48), 1986, 928쪽.

의 전투가 벌어졌다. 제1차 전투는 1951년 11월 국군 제9사단과 중공군 제126사단 간에, 제2차 전투는 1952년 6월~9월 미 제45사단과 중공군 제113사단 간에, 제3차 전투는 1952년 10월 미 제2사단의 프랑스대대와 중공군 제113사단 간에, 제4차 전투는 1953년 6월~7월 국군 제2사단과 중공군 제73사단 간에 이루어졌다.

약 2년간 281고지에서는 중공군의 공격과 유엔군의 방어(제1·3차 전투), 유엔군의 공격과 중공군의 방어(제2차 전투)전투가 반복되었으며, 제4차 전투에서 상호 공방전을 전개한 끝에 유엔군의 승리로 최종 종결되었다. 전투 양상은 소규모 정찰전에서부터 연대급 전투에 이르기까지 다양했으며, 백병전에서부터 대포병전까지 모든 형태의 전투가 수행되었다.

화살머리고지 전투는 백마고지 전투와 더불어 철원지역 확보 여부를 결정짓는 전투였다는 점에서 그 의의를 찾을 수 있다. 양 고지 중 어느 한 곳이라도 방어에 실패할 경우 철원지역은 물론 철원—김화—평강으로 연결되는 철의삼각지대마저 위태롭게 될 수 있었고, 이는 중동부 전선 전체의 위기가 될 수 있었다. 이러한 위기를 막아낸 것이 4차에 걸친 화살머리고지 전투였다고 할 수 있다.

# 6·25전쟁과 철원지역민들의 삶 [*]

## 김영규
철원역사문화연구소 소장

---

**목차**

## Ⅰ. 머리말

철원은 수복지구이다. 수복지구는 6·25전쟁 전 북한 땅이었다가 전쟁 후 남한에 편입된 지역을 말한다. 철원은 해방과 동시에 소련군이 진주했고 인민위원회가 설치되면서 공산통치가 시작되었다. 그 상징물이 노동당사이다. 한반도 중심부에 위치한 철원군은 지정학적으로 군사적으로 요

---

[*] 태봉학회 · 한국군사사학회 · 철원역사문화연구소, 『6·25 전쟁 70주년의 역사적 의미와 철원』, 2020.

노동당사 전경

충지이기에 외적의 침입이나 전쟁이 발발하면 항상 쟁패의 대상이었다. 6·25전쟁 때는 철원에 주둔한 인민군들이 포천·의정부를 거쳐 3일 만에 서울로 진격했다. 1·4후퇴 때 미군의 초토화작전으로 철원은 완전히 불바다가 되었고 주민들은 터전을 떠났으며 이후 2년간 치열한 고지전이 벌어졌다. 1953년 7월 27일 전쟁은 끝났지만 원래 살던 고향은 DMZ와 민통선에 가로막혀 들어갈 수 없었고 미 군정 통제를 받았다. 전쟁으로 도시는 사라졌고 마을주민들은 남북으로 뿔뿔이 흩어졌으며 모든 기록마저 사라졌다. 1945년 해방과 동시에 분단되어 공산치하 5년, 이후 전쟁기간 3년, 그리고 미군정 1년까지 포함하여 1945년부터 1954년까지 10년간 철원의 역사는 없다. 필자는 2007년 국사편찬위원회 지역사자료조사 총 695건 440권 37,069장을 수집했고, 그해 「수복지구인 철원지역 주민 21명의 삶과 애환」이란 구술조사를 진행했다. 2008년 「철원 민통선 북방마을 사람들」 18명을 면담했고, 2010년 행안부 「내고장 역사찾기」 사업을 수행해 철원군청 624건 86,764장 자료 확인과 각읍면 241건 11,463장 목록을 작성하였다. 하지만 이 정도 자료로는 잃어버린 10년 역사를 복구할 수가 없어서 지난 2005년부터 15년간 당시를 기억하는 어르신 100여 명을 만나 채록하여 사라진 철원의 현대사 일부를 복원하였다. 이번 학술회의에 제출한 논문은 그동안 채록한 내용을 바탕으로 6·25전쟁 발발 전후 철원지역 주민들의 삶을 시간대별로 재구성해보는데 의의가 있다.

## II. 6 · 25전쟁과 철원지역민들의 삶

1945년 2차 세계대전이 종결되어 대한민국은 해방되었지만 북위 38도선을 경계로 남과 북을 미·소 강대국이 분할 점령함으로써 국토가 분단되었다. 남한지역에서는 UN 감시 하에 자유 총선거가 실시되어 단독정부와 제헌국회가 구성되었고, 북한지역은 소련군 비호 아래 김일성이 공산주의 독자정권을 수립하였다. 김일성은 남한 적화통일을 이루고자 1950년 6월 25일 일요일 새벽 일제히 38선을 넘어 한반도를 불바다로 만들었다. T-34/85형 탱크를 앞세워 파죽지세로 진격한 인민군은 26일 의정부, 27일 미아리를 접수하고, 28일 새벽 한강 인도교가 폭파되고 수도 서울을 점령하였다. 북한이 도발한 6·25전쟁은 전사자만 해도 한국군 12만 명, 미군 5만 4천여 명, 북한군 30~40만 명, 중공군 60만 명, 민간인 300만 명에 이르는 막대한 인명 피해가 발생했다. 그리고 공업시설의 절반 가량이 파괴되어 경제적·사회적 암흑기를 초래했다. 전쟁은 해방전후

번성했던 철원지역 과거의 영화를 잿더미로 만들었고 이 지역 주민들에게는 영원히 잊지 못할 쓰라린 상처를 남겼다. 6·25전쟁이 발발한지 70년이 되었지만 철원·김화·평강 등지에는 아직도 전쟁의 상흔이 고스란히 남아있다.

## 1. 8·15 해방직후 공산치하에서 철원지역민들의 삶

▶ 철원군 철원읍 관전리 출신 故 이상욱(李相旭 1932년생) 씨 증언 ◀

1945년 8월 15일 해방이 되자마자 38선이 갈려 분단되었고 철원읍내에는 바로 소련군이 진주하고 리 인민위원회가 조직되어 공산주의 치하가 되었다. 인민위원회가 조직되고 공산정부가 들어서자 토지개혁을 실시하여 토지몰수와 무상분배 작업이 진행되었다. 비교적 부농이었던 아버지는 모든 토지를 몰수당했고 그때부터 아버지는 삶에 의욕을 잃고 마음의 병을 얻어서 신세한탄만 하시면서 세월을 보내기 시작했다. 이로 인해 그때부터 장남인 내가 거의 집안 살림을 꾸려가야만 했다. 새로 분배받은 토지는 마을에서 멀리 떨어져 있었고 척박한 진흙땅이어서 5마지기에 겨우 쌀 3가마밖에 수확하지 못했다. 워낙 지력이 없는 황무지인데다가 당시 15세였던 나는 농사기술도 없고, 비료와 거름이 부족해 이내 농사짓는 일을 포기하였다. 임시학교가 운영되었지만 일제강점기 지주의 아들이라는 신분 때문에 즉 반동분자 아들이라는 낙인이 찍혀 학교에서 받아주지 않았다. 나이가 어렸음에도 불구하고 학교에 가지 않고 낙심한 아버지를 대신해 집안일을 꾸려나가며 가장 역할을 하였다.

1946년 3월 5일 전격적으로 토지개혁이 실시되었다. "토지는 밭갈이하는 농민에게, 악질 지주자본가 인텔리, 일제시대의 ○○들을 숙청하자." 1차, 2차, 3차로 숙청을 했고 토지개혁법에 의해 3정보 이상 되는 것은 몰수를 했는데 분배하는 형식이 머슴살이하고 소작인들에 우선 분배되고 그 나머지 토지는 토지 없는 사람들에게 균형 분배했다. 부친은 소지주였고 일제강점기 일제 앞잡이가 아니었으며 교육자로서 비교적 양심적인 지주였기에 1차 몰수대상은 아니었다. 그리고 지주였지만 소작인들이나 일꾼, 머슴들에게 혹독하게 하지 않았기에 2차 몰수 대상으로 분류되었다. 부친은 원래 현대 신학문을 당시에 했고 민족교육을 위해 사숙(사립학교)을 설립했고, 어머니의 부모인 조윤성씨는 한학자로서 토성리 황철성씨와 3·1운동 당시 만세운동을 지휘한 사람이기 때문이기도 하였다. 당시 박만권 씨는 3정보 이상 토지를 갖고 있는데다가 인심도 얻지 못하여 1차로 몰수당하고 150리 밖인 금성으로 추방되었다. 박만권 씨는 가족을 데리고 금성으로 갔다가 월남하여 수원경찰서 형사가 되었다. 우리 집도 재산 전체가 몰수되어 소작인들에게 분배가 되었고 자작으로 짓던 농토는 일꾼들에게 돌아갔으며 규정상 추방되어야 하기에 토성리로 거처를 옮겼다. 당시 3정보(9천 평) 이상 몰수 추방자는 이길리에 2가구, 양지리에는 5가구 정도 되었다. 토지는 물론이고 가옥하고 자재도구 일체 등 모든 재산을 완전히 몰수당했다. 이길리 몰수 토지는 이길리 사람들한테 양지리 몰수 토지는 양지리 사람들한테 분배하는 것이 원칙이었다. 공산정부에서는 수확물의 25%를 현물세로 내야 했는데 벼나 잡곡류는 물론 오이·호박·

가지 같은 채소나 과일에도 적용되었다.

일제강점기 탄압을 피해 만주에 떠돌다가 마르크스 사상에 심취해 공산주의자가 되어 국내로 들어와 어운면에서 머슴살이하던 이가 있었다. 그는 공산주의 사상과 이념, 문학에 소질이 있고 일제에 대항하며 실전 공산주의를 몸소 익힌 인물이라 주변 소작인과 머슴들이 그에게 감응되어 이길리 지역에서만 96세대 136명이 공산당원이 되었다. 공산당에 가입하지 않은 10세대 정도는 반동이라 하여 감시 대상이 되었다. 또 공산당원으로서 제각각 프락치로 세포조직이 되어 자기의 요시찰자를 감시하였으며 어느 누구에게도 해가 되거나 나쁜 이야기를 못했다. 과거 고등학교 중학교 소학교를 나온 사람이나 한문을 배운 사람들, 한글이나 좀 아는 사람들이 그의 공산주의 사상에 세뇌되어 공산당이 조직되고 토지개혁이 되면서 공산당 철원지부가 조직되었다. 철원군 당사는 각 부락에서 쌀 백 가마씩을 거두어 공산당이 무철근 소련식공법으로 건축되었고 연천, 포천, 김화 지역의 중심적인 공작지령소였다. 철원군 어운면 이길리 사람들 중에는 박병권 화천군당 위원장, 송한수 일동면당 위원장, 군사동원부장, 군사세포책임자, 어운면민청위원장, 철원군여성동맹위원장 등의 간부들이 있었다.

▶ 철원군 어운면 양지리 출신 김규장(金圭章 1931년생) 씨 증언 ◀

양지리에서는 한 집이 몰수당했고, 집안에서는 대여섯 집이 토지를 몰수당하고 추방되었다. 3정보(9,000평)가 기준으로 가재도구 모두 **빼앗고**

추방되었으며 서울로 피신하는 이도 많이 발생하였다. 토지 몰수 때 마을에서 빠져나왔고 부친은 월남을 기도하다 전곡에서 붙잡혔다.

▶ 철원군 철원읍 관전리 출신 김송일(金松一 1931년생) 씨 증언 ◀

공산정부에서는 3정보(9,000평) 이상의 토지소유자를 형사입건했고 이를 피하여 월남하기도 했으며, 토지는 모두 몰수하여 국유화하고 소작인들에게 무상분배하여 경작권을 부여했다. 가가호호 마을 단위로 민청회를 조직하여 마을 사람들을 모아놓고 문맹퇴치사업을 벌였으며 김일성 항일운동, 김일성 우상화 강화 강습회 학습회 독보회 등이 자주 열렸다. 학교에서도 김일성 우상화 세뇌교육이 강제로 매일 열리다시피 했으며, 이에 소극적이면 전교 민청대회에서 자아비판이나 호상비판을 받아야하고, 경고, 견책, 최고 경고, 출맹, 출학 등의 벌칙이 있었다.

▶ 철원군 동송읍 상노리 출신 안승덕(安承德 1926년생) 씨 증언 ◀

공산치하에서는 거의 강제적으로 공동작업반에 참여해 마을 농사일을 함께 처리해야 했다. 작업일정은 리(반)에서 결정했기에 개인 농사일이 아무리 급해도 먼저 할 수 없었다. 농사일은 파종이든 수확이든 적기에 이루어지지 않으면 소출이 많이 떨어져 급하면 낮에 공동작업을 마친 후 밤에 자정 늦게까지 개인 농사일은 따로 한 적도 있었다. 토지몰수 및 무상분배 할 때 개인소유 땅이 많은 사람도 몰수했지만 소작하는 땅이 과다한 사람도 땅을 내놓고 재분배하였다. 현물세는 논 작물 27%, 밭작물 23%이었으나 토지 구획이 불분명해 면적 측정이 정확치 않았고, 논 작물은 면적 대비 수확량 샘플 조사를 하고, 밭작물은 여러 작물이 함께 재배된 경우 수확량 계산이 일방적이고 불합리해 수확량의 40~50%나 걷어가는 착취나 다름없었다. 동네에서 30리(12㎞)가 넘는 철원읍 시내인 사요리나 철원 선창역까지 현물을 납부해야 했는데 담배 같은 것을 공출하려면 오밤중에는 나가야 제대로 처리하고 돌아올 수 있었는데 역시 오밤중이 되어서야 집에 돌아올 수 있었다. 징수에 불만은 있었지만 공출량을 줄이고자 수확량을 속이는 일은 없었다. 왜냐하면 그에 따른 자아비판과 문책이 두려웠기 때문이다. 공산치하에서 그런 융통성은 생각조차 할 수 없었다. 공산치하에서는 마을단위(리)로 민청, 농민회, 군중회, 여성동맹 등이 조직되어 있어 1주일에 5일 정도는 일과가 끝나면 그룹별로 2~3시간 정도 공산주의 강습에 참가해야 했다. 부락 당대표와 부락 인민위원장(이장)이 마을의 중심이었고, 20~30세 전후 청년들은 민청에 속하여 마을 일을 주도적으로 처리하였다.

▶ 철원군 철원읍 대마리 출신 故 이주창(李周昌 1926년생) 씨 증언 ◀

공산치하의 현물세 징수는 깐깐했다. 마을마다 남자 3~4명, 여자 1~2명으로 구성된 판정위원(농지위원)들이 수확물이 발생할 때마다 찾아와 사방 1평의 농작물을 수확하여 곡식의 낱알까지 세며 간평을 했다. 간평 작물에 이름과 지번을 쓰고, 간평 결과 대비하여 소유 평수를 곱하면 전체 징수 내역이 산출된다. 당시 여자 평가위원들은 곡식을 고르는 키를 들고 다니며 작황조사를 하였다. 수확물이 발생할 때마다 소에다 농작물 부대를 매달고 인목면사무소까지 직접 가서 몇 번씩이고 현물세를 내야했다. 공산정부에서는 재정이 부족하다는 구실로 여러 번 징수를 했고 수확물의 거의 절반을 가져가는 것이나 다름없었지만 누구나 불평불만을 할 수는 없었다. 공산치하에서 개인의사 표출은 상당한 후환을 감수해야 했기에 어느 누구도 공개적으로 자신의 마음을 드러낼 수는 없었다.

▶ 철원군 갈말읍 내대리 출신 임응재(任應宰 1931년생) 씨 증언 ◀

6·25전쟁 발발하기 2년 전인 1948년부터 북한에서는 조선 인민 민주주의공화국 국방력 증강을 위해 전 주민 인민회의를 통해 소련으로부터 비행기 도입을 위한 헌납금 모금을 공개적으로 전개하여 토지 5마지기(1,000평)를 소유한 자는 마지기당 좁쌀 1가마니를 내고, 20마지기(4,000평)를 소유한 대농은 입쌀로 더 많은 양을 내라고 강요하였다. 이러한 헌납금 모금 행사는 미리 짜여진 철저한 계획 하에 일부의 거짓 선동으로 꾸민 일종의 강제 약탈이었고 이때부터 6·25전쟁 준비는 시작된 것으로 여겨진다. 18세 이상 성인이 되면 민청, 리 인민회의, 당원회의, 농민회의 등 많은 조직에 의무적으로 가입하여야 했다. 거의 매일 회의에 참석하여 소비에트 공산체제 강습을 받아야했고, 불참할 경우는 자아비판과 호상비판이 뒤따랐다. 도시에서 고등교육을 받은 자들이 각 마을에 파견되어 새로운 혁명가나 군가를 가르쳤고, 집단으로 모이면 주먹을 쥐고 흔들며 일부 선창에 맞춰 합창했다. 그러한 합창은 자연스럽게 모두가 항상 함께한다는 공동의식이 싹트도록 유도한 것 같았고, 그 분위기에서 개인적인 불평이나 반발은 도저히 생각할 수 없었다.

▶ 김화군 김화읍 읍내리 출신 신동철 씨 著 『그해 겨울밤』 내용 ◀


　　나는 학교에서 무슨 대회가 열린다고 해서 달려갔는데 그 넓은 운동장
엔 인파가 꽉 차 넘쳐날 지경이었다. 이날 동원된 사람 수는 운동장이 생
긴 이래 제일 많은 것 같았고 어쩌면 김화읍이라는 고을이 탄생한 후 가
장 큰 규모의 군중대회일지도 몰랐다. 얼핏 보기 맨 앞줄에 서 있는 사람
들은 각자 자기네 고을의 명칭을 쓴 팻말―예컨대 서면, 근남면, 근북면,
근동면으로부터 창도, 김성, 원남, 원동, 원북, 통구, 임남면에 이르기까지
김화군 1개 읍, 11개 면 주민들이 다 참가했다는 표지를 들고 있었으며 곳
곳에 검정 글씨를 크게 써서 들고 온 기다란 헝겊이 바람에 펄럭였다. 제
일 많이 눈에 띈 게 '김일성 장군 만세!'였다. 그 뒤를 이어 '푸로레타리아
계급 혁명 완성'이라든가 '단결하자 무산대중 이룩하자 계급투쟁'이라는
글귀도 보였으며 '일제 잔재 몰아내서 새 나라 건설하자'는 구호도 적혀
있었다. 맨 먼저 연단에 오른 사람이 개회 선언을 하자 요란한 박수 소리
와 함께 함성이 터졌다. 이어진 연설 때도 옳소! 옳소! 하는 소리가 군중들
사이에서 연달아 나와 말이 중단되기 일쑤였다. 낡아빠진 마이크 때문에
목이 쉰 것처럼 들려 알아듣기 힘들었지만 이날 연단에 선 사람들은 대충
'김일성 장군의 영도 하에 일치단결하여 새로운 나라를 건설하는 데 앞장
서자'고 촉구하는 것 같았다.


▶ 김화군 김화읍 용양리 출신 김준영(1936년생) 씨 증언 ◀


　　8·15 해방이 되고 북한정권이 들어서면서 이승만 정권을 비난하는 구

호가 난무했고 스탈린과 김일성 사진이 중학교 교실에 나란히 걸렸다. 학교나 교실에 들어갈 때마다 사진에 대해 부동자세로 경례(목례)를 했다. 이승만이나 김구는 공산혁명과 통일을 위해서 반드시 타도해야 할 대상으로 사상교육이 행해졌다. 중학교 교실 벽에는 이승만 정권을 타도하자고 선동하는 내용의 만화가 울긋불긋 그려져 있었다. 학교에서는 길일성이 어떻고 스탈린 대원수님이 어떻다는 우상화 교육이 귀에 못이 박힐 정도로 반복되었다. 보통 군가나 혁명가 그리고 김일성 장군의 노래를 자주 불렀다. 얼마나 반복해서 불렀는지 74년 세월이 흐른 지금까지도 김일성 장군의 노래는 3절까지 생생하게 기억이 난다. 중학교 2학년 때 러시아어(소련말)도 배웠는데 지금은 다 잊어먹고 단어 몇 개만 어렴풋하다. 친구들 중에서 2~3살 나이가 많거나 덩치가 좋은 아이들은 인민군에 차출돼 군대에 끌려갔다. 나는 키가 작고 왜소해 다행스럽게도 인민군에 끌려가지 않았다.

▶ 김화군 근북면 율목리 출신 김호선(金浩善 1932년생) 씨 증언 ◀

공산치하에서는 문맹자 퇴치를 위해 남녀노소에 관계없이 초등학교에 별과를 설치해 교육하였고, 1~2년 교육 후 나이에 따라 중학교니 고등학교니 진학시켰는데 빈농이나 노동자의 아들 등 성분이 좋은 사람이나 사상성이 좋은 사람들은 우대되었다. 공산치하에서 일제강점기 철원농업학교가 없어지면서 3년제 철원농업전문학교로 바뀌었고 농과와 토목과 2개로 나뉘었다. 율목리에서 30~40분 걸어 유곡리역에 도착해서 전차를 갈아타고 철원의 학교로 통학했다. 주요 교과목으로는 응용역학, 삼각함수, 측량학, 설계, 제도 등이었고 그 외에 더욱 중점적으로 배웠던 것이 군사훈련과 독보회, 학습회가 있었다. 독보회에서는 맑스·엥겔스 주의와 변증법적 유물론 등 공산주의 이론에 관해 민주조선이라는 신문을 통해 하는 공부였다. 학습회는 학교 차원에서 전체적으로 이루어지는 공산주의 강습이다. 농민들도 일을 마치면 저녁에 회의가 자주 있어 나가야 했다. 공산주의 사회는 학생이고 농민이고 장사꾼이고 노동자고 항상 시간에 얽매어 있는 사회였다.

▶ 김화군 근남면 사곡리 출신 故 박재연(朴在淵 1924년생) 씨 증언 ◀

해방직후 마을유지들이 중앙정부가 수립되고 치안이 확립될 때까지 마을자치로 면장과 치안대장을 뽑았다. 박창완 씨가 근남면장으로 뽑혔고 김인섭 씨가 치안대장에 뽑혔다. 치안대는 3명을 뽑았는데 박재성 씨가 마현리를 박원준 씨가 잠곡리를 조봉현 씨가 사곡리를 담당하였다. 자치위원회 면장은 1946년 조선인민민주주의 공화국이 등장하면서 잘렸다. 공산정부의 실체도 드러나기 시작했다. 공산치하가 시작되며 전격적으로 무상몰수 무상분배 토지개혁이 실시되었다. 토지개혁 당시 근남면에서는 친일파로 면장을 지낸 강백년 씨와 박재민 씨, 이주경 씨, 김용성 씨 등 4집이 모든 재산이 몰수되었고 마을에서 추방되었다. 몰수된 토지는 대부분 그것을 부치던 소작인이나 머슴들에게 그대로 분배되었다. 토지 등기문서는 없고 경작권만 인정하는 공부가 있었다. 국가에 내는 세금으로는 생산물의 25%를 내는 현물세가 있었고 1평을 샘플로 검사하는 간평이라는 절차가 있었다. 김용해 씨 창고에 보관되어 있던 거둬들인 곡식은 대부분 소련군정이었기에 소련군이 와서 실어갔다. 1평을 간평(평해)해서 25%라지만 실제로는 그보다 더 많은 근 30% 이상 부과되었다. 심한 경우는 반타작도 못한다는 불평이 자자했다. 공산치하에서는 조선은행권 화폐도 사용되고 소련군정이 발행한 군표도 많이 통용되었다. 공산치하에서는 농민동맹, 청년동맹, 여성동맹, 예술동맹 등 단체가 참 많았다. 몰수가옥을 면 인민위원회 재무계에서 관리하는데 이를 어떻게 처분할지는 한민선 노동당위원장 마음이었다. 한민선과의 갈등으로 체포령이 내렸다는 말을 듣고 1947년 3월 말경 월남 자금 30원을 마련해서 박태섭 박시환과 함께 육단리를 통해 일동 쪽으로 월남하였다.

## 2. 6·25전쟁 남침 준비와 개전초기 철원지역민들의 삶

승일교는 한탄강 협곡에 세워진 최초 근대식 콘크리트 다리이다. 해방 전후와 6·25전쟁 전후 기구한 역사적 운명을 간직한 철원군만큼이나 승일교 건설 과정도 드라마틱하다. 승일교를 자세히 보면 가운데를 기준으로 좌우 다리모양이 다르다. 이는 다리를 놓은 주체가 다르기 때문이다. 승일교 공사는 1948년 8월 공산치하에서 남침교두보 확보를 위해 시작되었다. 다리공사에는 철원과 김화지역 주민들이 노력공작대란 명목아래 동원되었다. 하지만 절반도 놓지 못한 상태에서 6·25전쟁이 발발해 공사는 중단되었다. 중부전선에서 치열하게 전투할 무렵이던 1952년 4월 미군 공병대가 승일교 보강공사에 투입되어 5개월에 걸친 공사 끝에 완공했다. 미군이 주도한 승일교 공사에는 미처 피난가지 못하고 철원 땅에 남아 있던 KSC 노무부대원들도 투입되었다. 남북합작의 공사과정을 알고 있

6·25 전쟁이 발발해 공사 중단된 승일교

는 철원주민들은 그때부터 남한 이승만 대통령의 "승(承)"자와 북한 김일성의 "일(日)"자를 따서 승일교(承日橋)라 부르기 시작했다. 승일교는 체제를 달리하는 주체들이 자기들 필요에 의해 건설했다. 전면남침 적화통일을 위해 공산정부에서 공사가 시작된 다리를 반대편 적의 입장이던 미군들이 북진통일을 위해 완공했다.

▶ 철원군 철원읍 관전리 출신 故 이상욱(李相旭 1932년생) 씨 증언 ◀

1946년 군당부(노동당사) 건립 성금으로 벼 3가마를 강제 징수 당했고, 1948년에는 승일교 공사 부역에도 아버지를 대신해 나가 주로 시멘트 내리고 옮기는 일을 하였다. 당시는 교량 건설 초기라서 하부 교각 기반조성 작업의 일환으로 시멘트 작업을 위한 나무받침대 세우는 작업이 한창이었고 지금도 한탄대교를 건너면 당시 상황이 눈에 선하다. 모래와 자갈 혼합비율은 3:1을 반드시 지켰고 이끼 낀 모래와 자갈을 세척해서 사용할 만큼 철두철미하였다. 그리고 산정호수에서 이동 넘어가는 여우고개 도로 닦는 공사에도 부역 동원되어 쌀을 갖고 며칠씩 숙식을 직접 해결하며 공사를 진행하였다. 이렇게 도로 및 교량 건설 사업에 부역 동원되는 사람들을 공작대라고 불렀고, 승일교와 여우고개 도로 건설 사업은 6·25전쟁 전면 남침을 위한 준비 작업이었다. 공산치하에서 조국보위훈련이라 하여 마을 단위 기초 군사훈련을 많이 했고 언제든지 실전에 투입될 수 있을 정도로 분대전투, 소대전투 훈련을 자주 받았다.

▶ 철원군 갈말읍 군탄리 출신 故 이장성(1919년생) 씨 증언 ◀

공산치하에서는 인민경제 5개년 계획을 실시하여 이미 전쟁 준비를 계획했고 전쟁 발발 몇 개월 전 갈현고개 참호 파기에 동원되기도 했다. 전쟁 직전에는 수많은 탱크와 인민군대가 남하하는 것을 볼 수 있었고 후에 다시 돌아오는 것은 보지 못했다. 전쟁이 발발하자 승일교 건설현장 노무자들은 전투병을 따라 후방복구연대(군인 신분)에 소속되어 도로복구, 다리건설 등에 투입되었다. 사상이 투철한 열성분자만이 전투지역 복구대에 투입되었고, 나는 사상이 불순한 요시찰 인물로 낙인찍혀 함께 가지 못하고 고향에 남게 되어 수도원으로 은신하여 3개월 동안 도피생활을 했다. 당시에 밥을 지으려 연기만 발생하면 미군 비행기 폭격과 기총사격이 가해져 상당히 조심했다. 국군과 미군이 진주하자 대부분 군탄리 주민들은 자의인지 타의인지 북으로 갔다. 공산 사상이 좋아 스스로 간 사람도 있겠지만 아마도 살아남으려고 갔을 것이다.

▶ 철원군 동송읍 상노리 출신 안승덕(安承德 1926년생) 씨 증언 ◀

1950년 음력 8월 초순 양력 9월 10일경 리 인민위원회의 지시로 철원읍 월하리 한다리 근처 탱크 방공호 작업을 위해 모였다가 나이 많은 사람들은 작업장으로 가고 젊은 청년들은 장흥리 부흥동에 있는 동송면 인민위원회 병사계로 보내졌다. 인민군 징집이었다. 그곳에서 다시 철원군 인민위원회로 보내져서 신체검사를 하고 내일 출발해야 하니까 집이 가까운 사람들은 다녀오라고 하였다. 추석이 며칠 남지 않아 부모님께 인사드리고 다음날 점심을 먹고 집을 나섰다. 모인 병력이 수백 명가량 되었고 열을 지어서 평강 군사동원부로 향했는데 비행기 폭격 때문에 낮에는 이동 못하고 밤에 걸어서 이동했다. 전선에서는 인민군들이 퇴각을 거듭하며 쫓기고 있는 시점이라 미군의 비행기 폭격도 심했다. 사요리에서 출발하여 밤새 걸어서 이튿날 날이 훤히 밝을 무렵 평강에 도착했다. 평강 입구 솔밭에서 주먹밥으로 아침을 해결하고 복계를 거쳐 검불랑과 세포을 지나 회양과 삼방이 갈라지는 삼거리까지 이르렀다. 인민군이 국군의 공세에 밀려 퇴각하면서 징집한 병력들을 몰고 가는 셈이었다. 삼방골짜기를 들어가 삼방약수터에 가니 그 근처에 큰 전나무가 있고 돌무지무덤이 하나 있었는데 동네사람들은 그것이 궁예왕의 무덤이라고 했다. 약수를 먹으며 궁예왕의 무덤을 다시 한 번 물끄러미 쳐다봤다. 더 걸어서 신고산을 거쳐 안변에 도착했다. 짚신을 신었고 발이 터져 양쪽 발바닥에서 피가 질질 흘렀다. 발이 성한 사람들의 빠른 발걸음을 따라갈 수 없어 5명 정도가 조금 뒤쳐져 따라갔다. 안변 시내에 막 들어서는데 큰 다리가 있길 래 나도 모르게 다리 난간수를 세게 되었는데 모두 36칸 이었다. 난간수를 센 것은 과연 내가 이 다리를 다시 살아서 건너올 수 있을 까 하는 염려가 있었기 때문이다. 안변 군사훈련장 뒷산 막사 앞 운동장에 수백 명의 병력 들이 옹기종기 둘러앉았다. 연천·철원·평강·김화 등지에서 모두 모인 자 원들이라 굉장히 많았다. 아프다는 사람들이 많으니까 선별작업을 했다. 아픈 사람들만 별도로 마당에 앉혀 놓고는 일종의 정밀신체검사를 했다. 발바닥에서 피가 나 내보이며 걸음을 못 걷겠다고 했더니 고개를 갸웃갸 웃하며 괜찮을 거라고 나가라 했다. 밖에 나와서보니 몇 사람이 인민군에 안 끌려가기 위해 필사적으로 자해를 하고 있었다.

▶ 철원군 철원읍 대마리 출신 故 이주창(李周昌 1926년생) 씨 증언 ◀

철연도로(철원~연천)는 공산치하에서 매호당 12m 부역으로 건설한 군 사도로인데 6·25전쟁 당시 서울로 진격하는 중요한 역할을 했다. 이때부 터 이미 공산정부에서는 6·25전쟁 준비를 한 것으로 여겨진다. 6·25전쟁 이 발발하기 직전에는 일반인들 야간통행을 전면 금지시켰고, 철원읍 시 내에도 1주일 동안은 거의 집에서 못나오게 했다. 밤에 탱크 이동소리가 요란하게 들렸고, 병력과 군수물자 수송이 대단했다. 철원읍 시내 농업고 등학교 운동장에 인민군들이 새까맣게 집결해 있었다. 그 다음날 가보니 그들은 아무도 없었고 이후 남쪽 방향에서 쿵쿵하는 포 소리가 들리기에 전쟁이 시작되었음을 알 수 있었다. 인민위원회에서 틀어놓은 라디오에서 는 군가와 혁명가가 울려 퍼지고 인민군이 어디어디를 점령했다는 사실과 전황을 알리고 있었다. 몇 차례의 인민군 징집을 피할 수 있었다. 그 이후에도 인민군에 끌려가면 개죽음 당할 것 같아 어떻게든 징집을 피할 방법을 모색했다. 밀가루 반죽을 조금 만들어 빨간 물감을 들여서 귀 구멍을 틀어막았다. 아무것도 들리지 않았고 귀에서는 고름이 나오는 것 같아 보였다. 이내 귀머거리처럼 행동하며 아무것도 못 듣는 척 했다.

▶ 철원군 갈말읍 내대리 출신 임응재(任應宰 1931년생) 씨 증언 ◀

6·25전쟁이 발발하기 직전에 인민군에 징집되어 통천훈련소에 훈련을 받으러 갔지만 남으로 월남한 가족이 많아 혁명과업 수행에 지장이 된다는 일종의 불순분자로 분류되어 더 이상의 훈련은 받지 않고 집으로 가게 되어 며칠을 걸어서 귀환했다. 6·25전쟁이 시작되었다는 것은 인민군 통천훈련소에서 쿵쿵되는 포 소리를 듣고 알았고, 동해선 열차에 탱크와 전쟁 물자를 가득 싣고 나무로 가린 채 남으로 향하는 것을 본적이 있다.

▶ 철원군 갈말읍 지포리 출신 故 김국규(金國奎 1923년생) 씨 증언 ◀

6·25전쟁이 발발하기 직전에 인민군들이 개울 건너 논에 군수물자를 산더미처럼 쌓아 놓고 부락 노동당원이 경비하게 하였는데 다음날 전부 없어진 것을 보고 의아하게 생각했었는데 바로 전쟁이 시작된 것이었다. 6·25 당일 날도 어떤 특별한 움직임이 없이 평일과 같았으며 포 소리나 총소리가 들리지 않았다. 다만 노동당원들의 라디오 방송에서 어디어디를 점령했다는 소식을 듣고 전쟁이 시작되었음을 알 수 있었다. 당시 노동당

원들은 정말 세도가 좋았다. 전쟁이 시작되고 수개월 지나서 인민군 징집 영장이 나와 철원읍 월하리까지 걸어가서 신체검사를 받아야했다. 걸어가다가 비행기만 뜨면 밭고랑으로 몸을 숨겼다. 저녁 무렵에야 철원읍 군사동원부에 도착했고 늦게 온 것에 대하여 따로 책하지는 않았다. 다시 평강으로 가라고 하여 밤새도록 평강군사동원부까지 걸어가는데 집집마다 이미 인민군 패잔병들이 즐비했고 길가에는 비행기 폭격도 자주 있었다. 동행한 4명이 같이 평강 적십자병원으로 환자를 후송하고 비행기 폭격으로 밖으로 뛰쳐나오니 날이 훤해졌다. 평강군사동원부에 도착하니 이미 모두 북으로 패주하고 아무도 없었다. 하는 수 없이 피난민을 따라 걸어서 지포리로 나왔고 딱히 조사하거나 방해하는 사람은 없었다.

▶ 철원군 동송읍 장흥리 출신 이주성(李周成 1928년생) 씨 증언 ◀

6·25전쟁이 발발하기 전 열흘간 계속해서 탱크와 세발 오토바이 그리고 인민군들이 남으로 내려갔다. 주로 초저녁이나 새벽에 많이 나갔는데 들어오는 사람은 없고 계속해서 나가서 무언가 이상한 생각이 들었다. 그러더니 조금 있다가 어디를 점령했고 어디를 차지했다는 소식이 전해져 전쟁이 났는지 알게 되었다. 그다음부터는 인민군 징집이 이어졌는데 나는 대한청년단 관련 사건이 있어서 반동분자로 낙인찍혀 아예 징집 대상이 아니었다. 며칠 지나서 전세가 역전되어 부상당한 사람과 찔뚝거리는 사람 등 나갔던 인민군들이 패잔병이 되어 다시 돌아왔다. 인민군에 끌려갈까 봐 다시 그들의 눈을 피하려고 김치광에 땅을 파 굴을 만들고 그 밑에 숨어 지냈다. 징집을 피하려고 자해하기 위해 옻나무 진을 몸에 바르고

목이 부어 20일 넘게 앓아 죽을 뻔 했다.

▶ 철원군 철원읍 관전리 출신 장홍기(張弘基 1932년생) 씨 증언 ◀

6·25전쟁이 발발하기 3~4개월 전부터 관전리 앞 큰 길로 탱크와 고사
포 등 현대식 장비들이 줄지어 내려갔다. 일반 주민들이 모를 정도로 대부
분 밤에 이동했지만 6월이 다가오면서 상황이 급박해서인지 밤낮 가리지
않고 나갔다. 6월 24일 소위 인민반장이 돌아다니며 내일 조선중앙방송
12시 낮 방송을 꼭 들으라고 당부했다. 방송을 들으니 국방군이 영평 쪽으
로 쳐들어왔고 우리 인민군이 이를 격퇴하고 남쪽으로 내려가는 중이라
고 했다. 이는 전면 남침을 도발하기 위한 핑계꺼리였고 실제 38경비대가
국방군과 국지전을 벌인 경우도 있었다. 사실 철원주민들은 이참에 국방
군이 쳐들어와 공산치하를 종식시켜줄 것이라고 기대하고 있었다. 그리고
미국의 군사력이 막강하여 절대 이남이 밀리지 않을 것이라고 여겼으나
개전 초기 서울이 쉽게 점령되는 것을 보고 모두들 의아해 했다.

▶ 철원군 어운면 양지리 출신 김규장(金圭章 1931년생) 씨 증언 ◀

어운면 이길리, 강산리, 중강리와 갈말면 내대리, 상사리에 특히 공산
주의 열성분자들이 많았다. 공산치하에서 중학생 이상이면 1주일에 한번
씩 군사훈련 받았고 학생은 학교에서 주민은 마을에서 군사훈련을 실시
하였는데 이를 조국보위훈련이라 한다.

▶ 김화군 김화읍 암정리 출신 故 윤희섭(1933년생) 씨 증언 ◀

6·25전쟁이 발발하기 오래 전부터 김화 일대에 인민군 병력이 집결했고 전쟁 직전에는 수많은 탱크와 야포가 이곳을 거쳐 삼팔교를 지나 포천 방향으로 향했다. 특수부대가 마을에 와서 손수 교통호를 파고 전쟁 준비를 서둘렀다. 마을주민들은 이동고개 길을 닦는데 동원되었다. 노력동원에 안 나가면 동네에서 반동으로 낙인 찍혀 정치보위부에 끌려갈 수도 있어 모두 나가야했다. 당시 중학교 3학년들이 인민군에 주로 나갔는데 시험을 쳐서 합격하면 금줄 하나에 별 하나 단 장교 남한으로 치면 소위가 되었다. 당시 휴가 나온 선배들을 보면 단꼬 쯔봉에다가 긴 장화를 신고 있었는데 멋져 보였다. 너희들도 인민군에 가면 이렇게 될 수 있다며 우리들에게 인민군에 나갈 것을 권유하곤 했다. 전쟁이 임박해서는 나이가 어려도 총만 쏠 줄 알면 의용군으로 막 끌어갔다. 훈련소에서 단기훈련을 받고 바로 전선에 투입되었다. 나도 조금만 있었으면 인민군에 징집될 나이라 아버지와 같이 그들 눈을 피해 다녔다. 전쟁이 시작된 지 얼마 안 돼 전세가 역전되어 인민군과 동네빨갱이들이 마을에 와서 주민들을 위협하였다.

▶ 김화군 김화읍 용양리 출신 김준영(1936년생) 씨 증언 ◀

6·25전쟁이 발발하기 2달 전부터 보급품들이 줄지어 나가고 1달 전부터는 말이 끄는 포대와 탱크가 집결했다. 우리 집에서 기르던 말들도 다 징발되었고 우마차를 만들어 포를 끌었다. 전쟁 발발 10일 전에는 김화역

에서 대규모 인민군 병력이 하차했고 도보로 남쪽으로 향했다. 김화중학교를 임시 숙소로 정해 교실마다 인민군 병력들이 꽉꽉 찼다. 학교에 머물다가 밤이 되면 병력들이 움직였다. 꼭 밤에 나갔다. 당시 금줄 2개에 별이 2개 달린 계급장(중령 대대장급)을 단 인민군 장교와 얘기를 나눴는데 심각하게 너희들 부모님 잘 모시고 공부 열심히 하라고 당부했다. 마치 전쟁터로 향하며 영영 헤어지는 아들에게 유훈을 남기는 듯한 분위기였다. 그 사람의 말이 너무 진지했기에 지금도 기억이 생생하다. 전쟁이 시작되자 학교 조회시간에 교장선생님이 훈화를 통해 지금 인민군이 어디를 점령했고 어디로 진격하고 있다고 세세하게 설명했다. 우리의 위대한 인민군이 3일 만에 수도 서울을 탈환했다고 자랑스럽게 말하며 만세도 불렀다. 위대한 수령 김일성 장군에 대한 칭송도 빠뜨리지 않았다. 그 이후 학교에서 수시로 선생님들이 얘기해줘 6·25전쟁 상황을 알 수 있었다.

▶ 김화군 근북면 율목리 출신 김호선(金浩善 1932년생) 씨 증언 ◀

철원농업전문학교에서는 인민군 간부양성을 목적으로 하는 군사훈련이 참 많았다. 소대공격, 중대공격, 대대공격 등의 전술과 소총(목총) 16개 동작의 훈련이 반복되었다. 학교에서는 100명 단위로 수시로 인민군에 보냈다. 학교로 오라는 통지에 20명 학생들이 함께 인민군에 끌려가 안변으로 집결하였는데 거기에서 도망 나와 남천강을 건너 신고산 삼방을 거쳐서 배득령을 넘어 평강 어린재로 해서 평강읍을 거쳐 집으로 돌아오는데 딱 1주일 걸렸다. 1주일 간 밥이라야 옥수수밥 딱 1끼 먹었고 중간에 감자 캐먹고 하여 버틸 수 있었다. 비가 계속 오는 날씨에 다행히 병은 안 났지만 평강 인근에서 산딸기를 너무 많이 먹어 설사가 계속되어 고생했다. 처음에 여러 명이 함께 도망 나왔으나 중간에 평강 등지에서 떨어졌고 붙잡힌 아이들은 인민군에 끌려갔고 나는 용케 집으로 돌아올 수 있었다. 1950년 7월에 1주일 만에 집에 오니 부친이 놀라며 몸을 숨기라 했고 이후 1년간 숨어 지내다가 미군이 들어오자 월남했다. 철원역에 철도 침목이 잔뜩 쌓여 있었는데 전쟁이 벌어지면 연천 전곡으로 이어지는 경원선을 연장하기 위한 것이었다. 철도 침목에 "함"자가 찍혀 있었는데 이것은 함경에서 가져왔다는 것이고 지금 현재 단절되어있는 경원선을 잇기 위한 준비였다. 그리고 소련으로부터는 군수물자 수송에 차질이 없게끔 구형 트럭들은 수없이 많이 제공되었으며 T-30 탱크도 여러 대 지원되었다. 열차를 이용해 소련제 야포, 탱크, 군용트럭들이 속속 도착하여 철원역에 도착하였으며 군용물자수송이 많아져 일반열차 수송이 중단되거나 줄어들었다. 전쟁 직전에는 열차운행이 자주 끊겨 학교통학이 힘들었다. 일반 민간인들은 태우지 않았다. 중무장한 인민군들이 잔뜩 타고 있었고 김화에서 내려 화천 중동부전선으로 이동하는 병력이었다. 전선의 병력이동과 배치는 이미 완벽하게 마친 상태였다.

### 3. 남북간 치열한 공방전 속에서의 철원지역민들의 삶

▶ 철원군 철원읍 관전리 출신 故 이상욱(李相旭 1932년생) 씨 증언 ◀

유엔군과 국군이 38선을 돌파하고 철원을 지나 압록강까지 진격했더라도 철원과 김화, 평강지역에는 인민군 패잔병이 항상 1개 사단 정도는 머물고 있었다. 당시 국군과 인민군이 번갈아가며 마을을 점령하게 되어 마을사람들의 운명도 오락가락 하였다. 국군이 마을에 진주하여 친구 아버지가 치안대장이 되어 16세에 치안대 생활을 하게 되었고, 빨갱이 색출과 마을과 마을 간의 소식 전달이나 공무 심부름을 주로 하였다. 인민군 패잔병이 다시 마을을 점령하게 되어 치안대 생활을 한 것이 발각이 나 인민군에 끌려가던 중 당시 인민위원장이 마을에 꼭 필요한 사람이라고 구명하여 가까스로 마을에 남게 되었고, 할 수 없이 민청반장을 하였다. 치안대 생활한 것을 누가 고발하여 철원읍의 인민군 연대본부로 끌려가던 중에 감시 소홀을 틈타 도망쳐 다시 집으로 돌아올 수 있었다. 인민군이 퇴각할 당시 우리 마을 72세대 중에 54세대가 북으로 갔고, 나중에 확인하여보니 18세대만이 남으로 나왔다. 어떤 집은 남북으로 식구가 갈려 이산가족이 된 경우도 발생했다. 당시 전쟁 중이라도 최소한의 식량 확보를 위한 농사는 계속 지었다.

▶ 철원군 어운면 이길리 출신 故 김영배(金瑛培 1928년생) 씨 증언 ◀

6·25전쟁 당시 전세가 바뀌어 국군이 진격하자 어운학교 교양주임이 주동이 되어 교사들을 집합시켜 강제로 북으로 몰고 가려는 준비를 했다. 인민군이 퇴각하면서 월정파출소나 월정내무서에서는 사상범들이나 사상불순자, 인민군 탈영자들은 데려갈 수 없으니 즉결처분을 실시했다. 비가 부슬부슬 내리는 밤에 북으로 가는 대열에서 도망 나와 이길리 뒷산에 이튿날 새벽에 도착하니 공산주의 성향의 빨갱이들은 이미 모두 빠져 나가 북으로 넘어갔고 마지막으로 마을을 빠져나가는 인민군위원장 세포위

원장 등 서너 사람과 마주쳤다. 그들이 단도로 위협하여 다시 산으로 도피했다.

▶ 철원군 동송읍 상노리 출신 안승덕(安承德 1926년생) 씨 증언 ◀

1951년 3월 경 인민군이 유엔군에 쫓겨 퇴각할 때에 마을의 열성당원이나 세포위원들의 강압에 의해 마을사람 대다수가 북으로 갔다. 우리 가족은 천만다행으로 방공호에 숨어 있다가 이를 피할 수 있었다. 6·25 전쟁 전에 상노리 일대에는 150여 가구가 살았으나 나중에 주민의 80%는 북으로 갔고 수복 후에 다시 돌아온 사람은 10% 정도에 불과이다.

▶ 김화군 근북면 두촌리 출신 故 황선로(黃善老 1931년생) 씨 증언 ◀

해방 이후 공산치하에서 일제 지주집안 반동분자로 낙인찍히고, 사촌형님이 민주당(우익)에서 활동한 내력이 있어 모든 재산을 몰수당했고, 우리 집안(황씨) 머슴 출신 공산당 열성분자들(일명 빨갱이)의 간섭과 핍박으로 도저히 살 수 없었기에 공산주의라면 지금도 치가 떨린다. 인민군에도 몇 번 징집되었으나 동료의 도움으로 풀려났고 살아남으려고 어쩔 수 없이 인민군 치안대 활동도 했지만 어떻게든 이남으로 내려가고 싶었다. 6·25전쟁 초기에는 그곳 만해도 후방이라 전쟁 징후를 거의 몰랐고, 방송이나 소문을 통해 전쟁이 시작되었음을 알게 되었다. 미군 B-29 폭격기가 철원·김화·평강지역을 수차례 폭격하고 9·28수복 후 미군과 국군이 38선을 돌파하여 철원에 진주하게 되자 그곳 주민들은 모두 패주하는 인민군과 함께 북으로 피난을 가게 되는데, 고향인 김화군 근북면에서 평강 방향으로 걸어가다가 생각해보니 북으로 가게 되면 세포위원장과 여맹위원장이 반동분자로 몰아서 죽이게 될 것 같아 대열에서 빠져나와 다시 남으로 피난하였다.

▶ 철원군 갈말읍 내대리 출신 임응재(任應宰 1931년생) 씨 증언 ◀

6·25전쟁이 한창이던 1951년 나보다 2살 많은 형님(임철재)은 인민군에 징집되었다가 부상을 당해 대열에서 탈출해 고향으로 귀환하여 요양 중이었는데 상처가 낫자마자 마을 당 간부의 부름을 받고 모처로 끌려가 행방불명되었다. 후일 같이 끌려갔던 사람들의 증언에 의하면 형님이 한청(자치치안대, 우익)에서 활동한 전력을 빌미로 반동분자로 몰려 학저수지 부근 농장창고(감옥)에서 무참히 처형되었다고 한다. 지금도 끌려가던 형님 모습이 눈에 선하다. 국군과 미군의 진격으로 인민군은 북으로 패주하였고 당시 마을 주민의 70~80%는 북으로 올라갔다. 이는 공산체제가 좋아서 갔다기보다도 그저 살아남으려고 간 것이라고 생각된다. 월남한 가족이 많거나 몸이 병들고 쇠약해 같이 거동할 수 없거나 노부모가 있는 사람들은 어쩔 수 없이 철원에 그대로 남았던 것이다.

▶ 철원군 동송읍 상노리 출신 안승덕(安承德 1926년생) 씨 증언 ◀

국군이 진격하여 대한청년단이 부락자치 치안을 맡았다가 1·4후퇴 때 인민군이 들어와 상황이 반전되어 많은 사람이 죽음을 당했고 행방불명되었다. 이로 인하여 지금도 당시 상황을 드러내놓고 예기할 수 없는 비밀이 존재한다.

▶ 김화군 김화읍 암정리 출신 故 윤희섭(1933년생) 씨 증언 ◀

패퇴하는 인민군들이 주변 산속으로 모두 숨어들었다. 9월 21일 경에 한국군 본대가 원산 쪽으로 올라가고 평양으로 진격할 무렵 김화에 도착한 후발 군인들이 여관에서 묵다가 산속에 숨어있던 인민군 패잔병들에게 포위를 당한 적이 있었다. 아군 헌병 1개 중대가 숙소에서 습격당해 다 죽고 2명만 겨우 살아나왔다. 곳곳에 인민군 패잔병들이 도사리고 있기 때문에 간헐적으로 교전이 벌어졌다. 그러다보니까 치안대로 활동하는 사람들이 많이 죽었다. 공산치하에서는 지역빨갱이들이 날뛰었는데 그들이 지목하면 살아남을 수가 없었다. 인민군과 치안대 간에 혹독한 복수극이 벌어졌다. 아버지와 나는 정미소 왕겨가 나오는 통속에 3일간이나 숨어 지내다가 그들이 잠시 자리를 뜬 사이 빠져나올 수 있었다. 나는 치안대에 들어가 고향의 치안사업을 수행했다. 그런데 9월 29일 금성에서 인민군 패잔병이 다시 쳐들어온다는 말이 들려 서둘러 마을을 빠져나와 운천에 몸을 숨겼다. 다시 아군들이 전열을 정비해 빨갱이 소탕작전을 벌였고 지금 학포리 큰 소나무가 있는 교회 근처에서 그들을 처형하였다. 그런데 그 중 한명이 그 현장에서 빠져나와 다시 인민군을 몰고 쳐들어오는 바람에 짧은 기간이었지만 치안대 활동을 한 사람들은 제각각 흩어졌고 아예 마을에서 벗어나 피난을 갔다.

▶ 김화군 김화읍 생창리 출신 이을성(1934년생) 씨 증언 ◀

6·25전쟁 초기 인민군 징집영장이 3번이나 나왔고 원산까지 끌려가 훈련소에 집결해 있는데 미군이 공습해 뒷산으로 도망가서 김화집으로 돌아왔다. 중간에 인민군에 붙들려 잠시 고지까지 수류탄과 포탄을 나르기도 했다. 이후 동네에 돌아다니다가 집안빨갱이한테 붙들려 생창리 2리 민주선전실에 한참 갇혀있었는데 감시가 소홀한 틈을 이용해 도주했다. 그때가 7월달이었는데 인민군들이 수수단 뒤로 오줌을 누러간 사이 도망쳐서 대성산으로 도피했다. 여름에 들어가 겨울을 났는데 혹독한 추위와 싸웠고 먹을 것은 아버지가 갖다주는 미숫가루로 연명했다. 눈이 많이 와 아버지가 못들어오면 어느 지점까지 받으러 나오기도 했고 그마저 연락이 끊기면 굶어야 했다. 인민군에 들키면 끝장이니까 상당히 조심했다. 가랑잎과 덤불을 긁어모아 이불로 삼았고 온몸에 이가 득실득실했다. 다행히 같이 도망친 동네아이가 있어 동굴 속에서 서로 의지하며 버틸 수 있었다. 겨울에 눈이 쌓이면 눈을 녹여 식수로 이용했다. 이듬해 국군 2사단 30연대 병력들이 마을에 들어와 산속에 숨어있던 사람들을 찾아다니며 나오라고 해서 내려왔다. 사실 한국군이라고는 하지만 인민군 패잔병일 수도 있기 때문에 도통 분간할 수가 없었다. 당시 인민군에 안가려고 도망가서 산속에서 숨어지내는 사람들이 꽤 많았다.

▶ 김화군 김화읍 용양리 출신 김준영(1936년생) 씨 증언 ◀

인민군과 국군, 중공군과 미군들이 번갈아 마을을 점령하면서 우익(치안대)과 좌익(빨갱이)으로 나뉘어있던 마을사람들 간에 보복이 발생했고 그 사이에서 희생된 이들이 많았다. 아버지(김기호 金淇昊)는 지역빨갱이들 보복활동이 벌어지는 것을 보고 그날 밤으로 대성산 근처 풍암리 뒷골로 피신하였다가 거기서 국군 장교와 만나 다른 치안대원 3~4명과 함께 바로 월남했다. 근남면 사곡리와 마현리에는 공산주의자들이 많았는데 이들을 치안대가 점령하면서 일소했고 다시 중공군과 인민군이 들어오면서 이번에는 치안대에 연루되었던 사람들을 죽였다. 마현리 계곡에서 피아간에 많은 양민들이 희생되었다. 특히 지리산에 있다가 퇴각하는 빨치산 패잔병들이 마을에 들어와서는 무고한 양민들까지 죽였다. 누가 누구인지 구분할 수 없는 혼란한 세상이었다. 복장은 있었지만 이 역시 변장을 했을 수도 있고 민간인 복장을 한 사람들이 특히 더 많아 구분이 안 되었다.

▶ 김화군 근동면 교전리 출신 故 장계근(張桂根 1929년생) 씨 증언 ◀

9·28 서울 수복 후 50년 10월에 국군이 진주하게 되어 마을 치안을 담당할 치안대로 활동하던 중 인민군 패잔병의 기습공격을 받아 산으로 쫓겨 피신하게 되었다. 치안대는 공산치하 시절부터 남한과 연락이 된 정보원들의 주도로 마을 젊은이 위주로 조직되었다. 1·4 후퇴 때는 인민군이 재 진입하여 많은 치안대 가족들을 집단학살하여 20명이 죽었다.

## 4. 한반도 공산화를 막은 또다른 영웅들 KSC 노무부대

6·25전쟁 당시 철의 삼각지, 백마고지, 저격능선, 수도고지 전투 등 우리나라 전사에 길이 빛날 전투가 모두 철원지역에서 있었다. 다만 이러한 전투에서 잘 드러나지 않은 숨은 공로자들이 있는데 그들이 노무부대원들이다. 전쟁은 군인만 하는 것이 아니다. 고지에서 전투 중인 대원들에게 식사를 추진하고, 새로 점령한 고지에 철조망을 가설하며, 사망자 시신을 처리하는 등 온갖 잡일을 했던 사람들이 KSC 노무부대이다. 6·25전쟁이 발발할 무렵 철원지역은 이북 땅이었기에 입대 적령기 청년들은 대부분 인민군에 끌려갔다. 인민군 징집은 거의 죽음이나 다름없다고 생각한 청년들은 6개월 이상 산이나 동굴로 피신해 미군이 들어오기만을 기다렸다. 미군이 진주하자 동네 치안대가 되거나 하우스보이가 되어 그들을 도

지게부대라고 불렸던 노무부대

왔다. 중공군이 개입하자 미군은 마을사람들을 모두 안전지대인 포천지역으로 소개(疏開)한다. 疏開란 "주로 적의 포격으로부터 피해를 줄이고자 전투대형의 거리나 간격을 넓히거나, 공습이나 화재 따위에 대비하기 위하여 한 곳에 집중되어 있는 주민이나 시설물을 분산시키는 것"을 뜻하는 군사용어다.

철원피난민 1차 집결지는 포천 문하리(현재 양문 근처)였다. 거기에서 다시 2차로 광나루나 천호동으로 소개되었다. 포천 문하리에서 젊은이들을 차출하여 전방에서 전투 중인 미군이나 국군을 지원하는 노무부대를 편성하였다. 이것이 바로 KSC(한국노무단, Korean Service Corps)의 시초이다. 철원 출신 장정들은 갈 곳이 없었다. 고향을 버리고 정처 없이 가는 것이 그랬고, 가본들 여기보다 딱히 나을 것도 없었다. 그렇다고 바로 국군에 나가는 것도 여의치 않았다. 이래 죽나 저래 죽나 마찬가지이고 그나마 끼니 걱정 안하는 것만 해도 다행으로 생각하고 노무대 차출에 응했다. 노무대원들은 자기 고향 근처에서 미군의 전쟁 수행을 도와 인민군 남하를 막는데 결정적인 역할을 하였다. 하루에 두 번씩 포탄을 등에 지고 금학산을 오르내렸다. 백마고지 최전선에 철조망을 가설하고 갈현고개 꼭대기에 참호도 팠다. 유엔군은 1951년 6월 전투 병력을 절감하고 전장에 적시에 보급품을 운반하기 위해 민간인 운반단을 포함 여러 형태의 노무자들을 흡수해 '한국노무단(KSC)'을 창설했다. 한국노무단은 총 3개 사단 및 2개 여단으로 편성·운용되었으며 준군사적 군단 규모의 특수한 조직체였다.

노무자들은 전선부대에 탄약, 연료, 군자재, 식량, 식수, 보급품 등을 운반해주었음은 물론 진지공사와 전사자 부상자 후송, 도로와 교량 보수 등의 다양한 역할을 수행하였다. 노무자들의 운반 수단은 주로 지게나 멜빵이었다. 특히 그들이 주요한 운반 수단으로 사용했던 지게가 영어 알파벳 A를 닮았다고 해서 유엔군들은 그들을 소위 'A Frame Army(지게부대)'라고 불렀다. 휴전 때까지 유엔군에 의해 운용된 노무자 숫자만 해도 약 10만이 넘으며 이들 중 1951~53년 전선부대를 직접 지원한 노무자 가운데 확인된 희생자만도 총 8,794명이다. 이러한 노무자들의 전쟁 지원 활동에 관하여 당시 국군과 유엔군의 전투지휘관들은 "어떤 의미에서는 전투의 절반을 그들이 치렀다"라고 증언하고 있다. 미국 워싱턴의 6·25전쟁 참전 기념공원에는 유엔군 참전 용사들의 모습과 함께 전쟁을 지원한 한국인 노무자들의 모습이 인상 깊게 새겨져 있다. 그것은 바로 치열한 전투가 벌어지는 산악지역에 탄약과 식량을 지게로 지고 올라가 유엔군을 지원한 '군번 없는 용사'들을 기리기 위한 것이다. 철원 출신 KSC 노무부대원들은 현재 겨우 모임의 명맥만 유지한 채 10여 명만 생존해 있다.

▶ 철원군 철원읍 관전리 출신 故 이상욱(李相旭 1932년생) 씨 증언 ◀

미군이 진주하여 철원은 곧 치열한 전쟁터가 될 것이니 약 15일 정도 피난 가 있으라며 간단한 가재도구만 갖추고 빨리 트럭에 올라타라고 하여 양문 문하리 임시 피난민수용소에 소개되었다. 문하리에 머물던 중에 미군들이 전쟁 노무자로 젊은 청년들을 차출하였는데 이래저래 끌려가나 피난 생활하며 빌어먹는 것보다는 나을 것 같아 아버지에게 말씀드리고 노무대에 자원하였다. 차출된 사람 중에서 젊은 사람 위주로 편성하여 정식 군인과 같은 101사단 노무사단(KSC)이 결성되어 철원 인근 지역에서 도로 복구 및 교량 보수, 백마고지 근처 최전방의 철조망 가설, 지뢰 매설, 탄약 운반, 환자 수송, 사망자 처리 등의 일을 했다. KSC에서는 철원읍 시가지에 나와 잔존하는 건물이나 가옥이 인민군의 은폐지나 피신처로 이용되는 것을 방지하기 위해 모두 기름을 붓고 불 질렀는데 이를 초토화작전이라 한다. 최전방 전선에서 철조망 가설 중에 적의 사격으로 죽은 이가 발생할 정도로 위험한 고비도 많이 넘겼다. 노무대는 1~3급 등급을 나눠 임금을 지급했고, 휴가와 제대도 있었다. 하지만 휴가래야 갈 곳도 없고, 제대해야 전쟁 중에 정착할 곳도 없고 고향은 전쟁터로 바뀌었으며 가족이 어디 있는지 알 길도 없어 그대로 그곳에 잔류하는 사람이 많았다. 그저 죽지 않고 살아남아야 한다는 일념 하에 전쟁이 빨리 끝나기만 바랄 뿐이었다.

▶ 철원군 갈말읍 내대리 출신 임응재(任應宰 1931년생) 씨 증언 ◀

1951년 미군이 진주하여 철원지역 주민들을 모두 후방으로 소개시켜 만세교 근처 문하리로 피난하여 며칠 머물다가 미3사단 10공병대 노무자로 수개월간 일하였다. 당시 포천 만세교 문하리에는 철원에서 피난 온 사람 수천 명이 있었고, 거기서 건장한 사람을 차출해 공병대 소속 노무자(징용자)로 활용했다. 이들은 주로 도로 복구와 교량 건설, 참호 구축, 철조망 건설 등에 동원되었고, 공병대 소속의 노무부대(KSC)와는 신분이 전혀 달라 징용 해제 후에 다시 군복부를 해야 했다. 노무자 생활이 여의치 않아 다시 나와 친구 몇 명과 당시 토성리, 지경리, 문혜리 등지의 미군 부대를 찾아다니며 군속 자리를 구하던 중에 미 10포병대 군속으로 들어가게 되어 철원, 김화에서 주둔하며 장교식당에서 3년쯤 일했다. 당시 군속은 1개 중대 7~8명 정도가 일했고 1달에 2천원 급료를 받았으며 일단 먹고 자는 문제가 해결되어 누구나 원했다. 당시 미군 부대에 근무하면서 고향 소식을 탐문해보니 고향에는 민간인이 전혀 없었고 가족들 근황도 전혀 알 수 없었다.

▶ 철원군 갈말읍 동막리 출신 윤석원(尹錫元 1934년생) 씨 증언 ◀

1951년 봄 국군과 미군이 진주하여 양문 문하리로 소개(疏開)되어 피난 중에 노무대에 차출되어 일반 노무자로 일하다가 1951년 8월 16일 담터에서 노무사단(KSC)이 결성되어 정식 입대해 노무대 관리 기간 사병이 되었다. KSC는 전투병과 마찬가지로 이동이 많이 때문에 일정한 곳에 정착할 수가 없었으며 주로 참호, 교통호, 진지 구축과 탄알 수송, 식사 추진, 부상병 이송, 시체 운반 등의 일을 했다. 철조망 가설, 도로 복구, 지뢰 운반 등도 중요한 임무였다. 전투가 시작되기 전 작전회의에서 미 공군과 포병의 지원 사격이 결정되면, 전투부대원들의 임무도 결정되고, 각 노무부대의 임무도 하달되며 각자 맡은 임무를 수행하면 되는 것이다. 식사는 배급되는 알랑미와 보리쌀, 완두콩에다 벌판에서 추진한 호박, 오이, 감자 등으로 직접 요리해 먹고, 천막 없이 노숙을 주로 했다. 1951년 봄 형성된 주저항선을 사이에 두고 2년간 고지를 뺏고 뺏기는 공방전이 지루하게 계속되었다.

▶ 김화군 근북면 두촌리 출신 故 황선로(黃善老 1931년생) 씨 증언 ◀

6·25전쟁 1·4후퇴 때 마을동료 4명과 함께 가장 안전하다고 생각되는 루트인 한탄강협곡을 따라 남으로 내려오다가 미군 수색병에게 붙잡혀 토성리 뒷산의 미 통신대대에 1주일 머문 뒤 대광리 미 5연대에서 김화·평강 출신 40여 명이 1주일간 간단한 교육을 받고 몇 명이 조를 이뤄서 밤에 경비행기에 탑승하여 산에 투입되었는데 날이 밝아 주위를 확인하니 고향마을 뒷산이었다. 휴대한 지도를 펴고 고향마을 동태와 인민군 주둔지 및 주요시설을 확인했는데 당시 고향에는 민간인은 한명도 없었고 인민군만 득실거렸다. 다시 밤이 되자 고향인 북으로 갈지 남으로 다시 갈지를 고민하다 이래 죽나 저래 죽나 마찬가지이고 북의 공산체제는 치가 떨려 한탄강을 따라 전과 같이 다시 남하하던 중 미군부대보다는 한국군 부대에 의탁하는 것이 안전할 것이라 생각되어 유곡리 9사단 수색대에 붙잡혔다. 공산 간첩으로 오인되어 수없이 매를 맞고 취조당하다 그 부대에 파견된 미군 정보원의 눈에 띄어 통역관을 통해 자신의 북한 침투·귀환 경위를 설명하게 되어 가까스로 다시 대광리 미 5연대로 복귀했다. 임무 완수 후 풀어준다던 약속은 지켜지지 않았다. 미군 상사는 지금이 최악의 전시 상황이라 후방으로 보낼 방법도 없고 생사도 장담할 수 없을뿐더러 북에서 내려온 신분 불명의 젊은 청년들이라 아군이든 적군이든 붙잡히면 죽일 것이라는 것이다. 그래서 여기에 남아서 미군 전투부대를 돕는 노무대에 들어가 전투격전장이나 고지에 실탄이나 포탄을 나르거나, 평상시는 미 군영 내 식당에서 주방보조 등의 일을 하게 되었다. 연천(지금 전곡 다리 밑)으로 이동하여 1개월간 대기하다가 미 5연대(탱크부

대)가 금학산을 공격하게 되어 9명이 1개조를 이루고 분대장의 지휘 하에 금학산 정상까지 50㎜ 박격포탄을 6개씩 등에다 짊어지고 날랐다. 하루에 한 번씩 날랐고 약 한 달 동안 계속되었다. 또한 그 당시에는 양민이나 피난민 중에서 차출하여 보급대를 조직하여 최전방 전장까지 전투원에게 식사를 추진하는 일을 주로 맡겼고, 노무대는 M-1 실탄과 박격포탄 등을 진지까지 지어 나르는 일을 주로 했다.

▶ 김화군 근남면 양지리 출신 故 이병준(1920년생) 씨 증언 ◀

6·25전쟁이 한창일 때 공병대에 소속된 노무대원으로서 철원에 다시 가게 되었는데 폭격으로 산산이 부서지고 불타 도시의 형체를 전혀 알아볼 수 없었다. 참으로 비참했다. 노무대 본거지는 연천 마거리라는 마을이었고 적이 쳐내려오면 아래쪽으로 내려가고 다시 적이 후퇴하면 위로 올라가고를 반복했다. 전방고지에 가서 작업하면 위험했지만 죽으면 죽으라지 하는 심정으로 일했다. 한번은 차를 타고 전방지역으로 들어가다가 포탄이 날아와 터지는 바람에 여러 명이 죽었는데 다행히 살아남았다. 이미 가족들은 어디로 갔는지 알지도 못하고 나중에 만나 확인해보니 서울로 경기도로 전라도로 각기 퍼져있었던 것이다. 전쟁이 끝나서 살아서 다시 만난 것만 해도 행운이고 복이었다. 이미 노무대에 나갈 때 아이가 넷이나 있는 가장이었다.

## 5. 6·25전쟁 당시 철원(김화)지역 피난민들의 이동 경로

▶ 철원군 갈말읍 지포리 출신 故 김국규(金國奎 1923년생) 씨 증언 ◀

다른 동네는 북으로 가는 사람들이 많았으나 지포리는 극히 일부 열성 당원들을 제외하고는 대부분이 남쪽으로 피난을 갔다. 동네에서 남으로 피난 가다가 가던 방향에 중공군이 많아 다시 집으로 돌아오던 중에 비행기 폭격으로 처와 자식을 잃었다. 지금의 처는 수복 후에 재혼한 사람이다. 1951년 3월 걸어서 수원 남양까지 피난을 갔고, 특별히 갈 곳도 없고 증명도 없어 7명 가족이 같이 피난민수용소를 찾아갔다. 피난민수용소에서 노무자로 지원하여 대광면 근처 금학산에서 이틀 동안 탄알을 운반하였지만 고향에는 올 수 없었다. 주변은 온통 전쟁터이었기에 민간인은 군인과 함께 아니면 암만 고향 근처라도 도통 한걸음도 움직일 수 없었다.

▶ 철원군 철원읍 관전리 출신 김송일(金松一 1931년생) 씨 증언 ◀

1951년 1월 전염병에 걸려 남으로 피신도 못하고 고생하다가 회복하여 고향에 숨어 있을 무렵인 1951년 4~5월 경에 미군이 진주하여 철원읍 전체를 비우라며 트럭에 주민들을 태워서 포천 문하리로 소개시켰다. 미군들 전투방식이 전투가 오래 지속될 것 같으면 인명 피해를 최소한으로 줄이기 위해 주민들을 일단 소개시켜 시내를 비워놓고 풍부한 전략 물자를 바탕으로 대대적인 폭격과 공습을 가한 후 점령하는 스타일이다. 피난 생활 중 대구와 부산에 머무를 기회가 있었는데 대구 시민회관에서 밴드

공연과 일반인들 춤추는 광경을 보고는 충격을 받았다. 고향 철원 전쟁터에서는 조국을 위해 청년들이 피 흘리며 죽어가고 있는데 여기 후방에서는 술과 음악 여자가 어우러져 전쟁의 실상을 전혀 느낄 수 없었다.

▶ 철원군 동송읍 상노리 출신 안승덕(安承德 1926년생) 씨 증언 ◀

1951년 봄 미군들이 진주해 주민들을 포천 양문 문하리로 소개하고 피난시키기에 3일 간 머물다가 트럭에 실려 의정부, 서울 한강, 천안에 갔다가, 1950년 7월 평택에 머물게 되었다. 공회당에 50명이 수용되어 피난민증을 발급 받고 피난민연락소 배급으로 생활했고, 1951년 6월 어머니가 병환으로 돌아가셨다. 징집을 피하고자 나이를 5살 부풀렸고, 발에 상처를 내 절뚝거리기도 했다. 이후 전주로 이동하여 종방수용소(직조공장)에서 1년 생활했고, 1952년 8월 도토리를 주워 연명할 요량으로 원주(횡성)로 이동하여 약 2년간 생활했고, 종전 후 바로 마을로 들어가진 못해 1954년 3월 관인 탄동리로 돌아왔고, 1955년 현재 거주지인 상노리로 입주했다.

▶ 철원군 철원읍 관전리 출신 故 이상욱(李相旭 1932년생) 씨 증언 ◀

1953년 4월 전쟁이 채 끝나기 전에 노무대를 제대하고 먼저 제대한 친구인 조영택을 찾아가 가족의 연락처를 수소문했다. 피난민수용소 명부를 확인한 결과 원주에 있다는 사실을 알고 서울, 수원을 거쳐 원주에 갔으나 가족은 없었다. 당시 원주 가는 버스가 전복사고를 일으켜 다시 한

번 죽을 고비를 넘겼다. 다시 서울 광나루에 와서 처음부터 수소문하여 경기도 광주에서 마을 구장 지내던 분을 만났고 그분의 도움으로 서현리에서 극적으로 2년 만에 가족을 상봉할 수 있었다. 배급 쌀로 연명하여 영양 섭취가 좋지 않고 삶에 의욕을 잃어버린 아버지는 무척 많이 야윈 상태였다. 그런 모습을 보니 장남으로서 눈물이 펑펑 쏟아졌다. 그 마을에서 2개월 정도 머물다 군대 입대 영장이 나와 수원 연병장에 집결하여 군산훈련소, 제주도훈련소를 거쳐 춘천 보충대로 이송되어 양구 20사단에 배치되었다. 그럴 즈음에 휴전이 성립되었고, 휴전선 설치 작업을 수행했으며 휴전선 일대에서 월북자, 월남자 감시하는 임무도 했다. 5년간의 군대생활을 마치고 1958년 고향 철원에 정착하였다.

▶ 철원군 북면 회산리 출신 이근회(李根澮 1940년생) 씨 증언 ◀

철원군 북면 회산리에 있을 때는 미군이 공습하면 봉래산 바로 밑에 있는 방공호로 피신했고, 남으로 내려와 철원읍에서는 금학산 밑으로 피난 갔다. 철원에서 소개된 주민들은 미군 트럭에 실려 포천 문하리로 집결했고 다시 광나루를 거쳐 천호동으로 이동했다. 일부 사람들은 수원이나 평택에 떨어졌고 더 멀리는 전라도 지역까지 갔다.

▶ 김화군 근북면 율목리 출신 김호선(金浩善 1932년생) 씨 증언 ◀

1951년 봄에 국군이 진주할 때 남으로 나올 수 있었다. 우리 마을 사람 대부분 미군트럭에 실려 포천 문하리를 거쳐 경기도 광나루(서울 천호동)

로 갔다. 걸어서 신갈리를 지나 용인을 거쳐 평택에 다다랐다. 거기서 해산해 전라북도 전주까지 내려갔다가 다시 수원으로 올라와 전곡까지 와서 거주하다가 군대에 나갔다. 당시 피란민 수용소에서 배급을 주어 식사를 해결할 수 있었다. 평택에 오니까 주막거리에서 술을 먹고 노래하는 이들이 보이 길래 지금 전방에서 무슨 일이 벌어지고나 있는지 한심스럽게 보였다. 한편으로 공산주의 체제에서는 상상도 할 수 없는 자유로움이 느껴졌다.

▶ 김화군 김화읍 용양리 출신 김준영(1936년생) 씨 증언 ◀

1951년 5월 13일경에 오성산을 경계로 두고서 미군들이 10여 일 들락날락하였다. 학포리에 진을 치고 있는 미군들이 생창리까지 들어와 암정리 다리 근처에서 오성산에 대고 집중 포격을 가했다. 그리고는 다시 학포리 쪽으로 철수했다. 그렇게 열흘 동안 오성산에 대고 포격을 퍼부었다. 하루는 오후 4시 반쯤 유엔군이 들어오더니만 방공호에 숨어있던 우리들을 찾아내고는 나이 많은 어른을 제외하고는 같이 있던 남자들 3~4명을 줄로 묶어 데리고 갔다. 갑작스럽게 끌려가게 되었고 거기서부터 걷기 시작했다. 날이 새고 학포리 다리 밑에서 주섬주섬 아침밥을 해먹고 있는데 군인 1명이 오더니 피난 갈 사람들 빨리 나오라고 하였다. 군인들의 지시로 거기서 출발해 걸어서 오전 11경 지경리 삼거리에 도착했다. 거기에 가니까 유곡리 토성리 생창리 사곡리 등지에서 나온 피난민들이 200여 명 몰려 있었다. 소 끌고 나온 사람에 가재도구 지고 나온 사람에 아이들까지 엄청 많은 사람이 대기하고 있었다. 이렇게 많은 사람이 전쟁

틈바구니에서 숨어 지냈던 것이다. 곧이어 미군 GMC 트럭이 열댓 대 오더니만 피난민들을 마구 실었다. 덜그럭덜그럭 트럭을 타고 갈현고개 넘어서 지포리를 지나 성동에 이르러서 좌측 일동으로 빠져 허허벌판에 풀어놨다. 거기에는 훨씬 더 많은 사람이 몰려 있었다. 가자마자 유엔군과 국군 그리고 민간인들이 DDT를 펌프에 넣어가지고 나오는 사람들 머리에서 발끝까지 하얗게 뒤집어 씌었다. 사람들 몸에다가 막 뿜어댔다. 사실 당시 피난민들의 몸에는 이가 버글버글했다. 그리고는 거기서 밥을 해먹고 다시 하룻밤을 더 보냈다. 다음 날 아침에 엄청나게 많은 트럭이 오더니만 사람들에게 모두 타라고 했다. 올라타서 덜거덕거리며 달려 일동에서 포천으로 빠져 의정부 축석고개를 너머 미아리 고개로 넘어갔다. 당시 보았던 도봉산 풍경은 아직도 생생하다. 미아리고개 넘어서 돈암동으로 해서 경기도 광나루(서울 천호동)에 도착했다. 오후에 어렴풋할 때 도착했는데 어디가 어딘지 도대체 알 수가 없었다. 일동에서보다 더 많은 수백 명 사람이 몰려있어 서로 짓밟힐 정도였다. 아무것도 없는 허허벌판에 댕그런히 사람들만 풀어놨다. 천막도 없었다. 조금 있으니까 담당자들이 와서는 가족 단위로 배급을 줬다. 갈 데도 없었고 어디로 가야하는 건지 아무 대책이 없었다. 대부분의 사람이 남들 따라서 이리가고 저리가고 했다. 한동네에서 같이 나온 사람들이니 헤어지기가 뭐해 무리가 져서 그냥 정처 없이 갔다. 누구는 안성 쪽으로 가고 누구는 수원 쪽으로 간다고 했다. 계획이 없으니까 무리를 따라서 멋도 모르고 갔다. 그래서 광나루에서 안성까지 1주일 걸려 걸어갔다. 5살짜리 아이를 끌고 가니 하루 20~30리 정도밖에 갈 수 없었다. 안성에 가니 거기에도 피난민 수용소가 있었고 그래도 가는 곳마다 며칠 치씩 배급을 주어 연명할 수 있었다. 먹고 가고 먹고 가고 그러한 형태가 반복되었다.

▶ 김화군 근북면 두촌리 출신 故 황선로(黃善老 1931년생) 씨 증언 ◀

　휴전이 되면서 노무대에서 나와서 9명이 한 장의 신분증을 지참한 채 신병이 평택경찰서로 이송되고 다시 분산되어 수원경찰서로 가게 되었다. 군부대에서 달랑 한 장 써준 신분증으로 9명이 뿔뿔이 흩어지면서 더 이상 각자의 신분을 보장받을 수 없었다. 자신의 신분을 증명할 길이 없어 또다시 무수한 고초를 겪게 되었다. 전쟁은 개인의 입장과 처지를 전혀 보증해주지 못한다. 지금까지 살아있는 것만 해도 하늘이 도운 것이라고 여기며 살아남은 자로서의 소명을 다하고 있다. 미군 수원비행장 외곽 경비를 맡는 부대에 들어가 근무하던 중인 1954년 여름 우연히 길을 지나던 큰 형님을 3년 만에 만나 화성군 정남면에 거주한다는 사실을 알게 되었고 나중에 미군 상사의 도움으로 챙겨준 씨레이션을 몇 박스 지참하고 찾아갔었다. 형님을 만나서 가족들의 안부를 확인하던 중에 이북에 동생들을 남겨두고 너 혼자만 나왔느냐는 질책에 복받치는 설움을 참지 못하고 한없이 눈물을 흘려야했다. 당시 처했던 입장을 몰라주는 형님이 무척 원망스러웠고 그 이후에도 내가 몇 번의 죽을 고비를 넘기며 고생한 것을 생각하면 무어라 할 말이 없었다. 수원 북문에 있던 김화피난민수용소에서 김화 출신 신기복과 도창보통국립학교 친구인 김호선을 만나서 정착에 도움을 받았다. 수원비행장 근무를 청산하고 마을에서 잠시 방앗간을 운영하던 중에 입대 영장이 나와 4번의 소집과 귀향을 번복한 끝에 1955년 논산훈련소에 입소하여 훈련을 받았고 1사단 사령부 통신병으로 복무하고 1958년 만기 제대했다. 제대 후 바로 신철원에 정착하였다.

▶ 김화군 근북면 유곡리 출신 이호봉(1938년생) 씨 증언 ◀

처음 전쟁이 발발했을 때는 인민군들이 어디까지 진격했다고 방송이
나왔다. 하지만 미군이 반격하고 맥아더 장군의 인천상륙작전으로 전세가
역전되어 인민군 무장대들이 마을에 들이닥쳐 주민들을 이북으로 철수시
켰다. 마을사람들 다수가 이북으로 올라갔다. 하지만 고향을 떠날 수가 없
어 대열에서 빠져나와 산속으로 숨었다. 산속에 있는데 얼마 안 있어 유엔
군들이 들어오고 미군들이 들어와 모두 나오라고 방송을 하며 며칠을 돌
아다녔다. 산속에 숨어 있다가 하는 수 없이 나왔는데 한 3일만 피해있으
라며 마을 사람들 모두를 GMC 트럭에 실어 후방으로 격리시켰다. 그렇
게 해서 이동 지나 일동 근처 5군단 앞에 있는 하천바닥에 내려졌다. 지금
생각해보니 포천 가는 길 38교 근처 하천 변이었다. 이튿날 아침밥을 주
어서 먹었더니 다시 트럭에 타라고 해 탔더니 몇 시간을 달려 서울 광나
루 당시 경기도 한강변으로 옮겨졌다. 그리고는 각자 갈 데로 가라고 하는
데 어디가 어딘지 분간할 수가 없었다. 철원사람들은 철원수용소로 가고
김화사람들은 김화수용소 갔다. 부모님들이 가니까 우리는 당연히 따라가
야 했다. 김화수용소에 가서 접수를 하니 밀가루도 몇 되박 주고 양쌀이라
고 그거 몇 되박 주고 우유로 죽 쑤어주고 조금씩 타다 먹고 하며 살았다.
수용소에서 생활하다가 가평 북면으로 가서 화전 밭을 일궈 농사를 지었
다. 전쟁이 끝나고 철원이 수복되어 차츰차츰 해서 토성리에 평강사람과
김화사람이 집중되어 있었다. 그때 당시 한 군데에 입주 시킬 때 차로 다

실어와 들어왔다. 거기서 좀 살다가 청양3리에서 좀 살고 그러다가 도창리에 와 살다가 결국 여기 유곡리로 들어왔다.


## III. 맺음말

### ◇ 6·25전쟁기간 중 철원주민들의 이동 상황

철원주민들 이동상황은 크게 세 부류로 구분된다. 첫째 부류는 해방 후 공산정부가 들어서면서 반동분자나 토지몰수 대상자로 낙인찍히고 열성분자들의 감시와 핍박을 못 이겨 일찌감치 38선을 넘어 월남한 부류이다. 일제강점기 관리를 지냈거나 대대로 이어오는 마을의 유력 집안, 대규모 토지를 보유한 지주 집안 등은 공산주의 혁명의 타도 대상인 부르조아 계급이자 반동분자, 사상불순자로 낙인이 찍혔다. 그들에 대한 감시와 핍박이 심해지자 어떻게든 남한으로 내려갈 궁리만 하게 된다. 조사자 중 토지 몰수를 당한 사람은 황선로, 김영배, 이상욱 씨 등이 해당된다. 그러나 이들 중 공산정권 초기에 월남한 이는 아무도 없다. 첫째 부류는 당시 전체 철원 주민의 5% 미만이다.


둘째 부류는 전쟁이 한창 진행 중인 1950년 9월~10월 경에 인민군 퇴각할 때 북으로 이주한 부류이다. 자습당원이나 열성당원들은 이미 인민군의 전세를 알고 자진 월북했으며, 전혀 아무 사정도 모르는 다수의 철원주민들은 세포위원장과 인민위원장의 지시와 인민군의 강제압송으로 북으로 이주해야 했다. 특히 월북자가 많았던 부락은 이길리(김영배), 내대리

(임응재), 독검리(이주창), 김화 근북면(황선로), 관우리(이상욱), 군탄리(이장성) 등이었는데 여러 어르신의 증언을 종합해보면 마을 주민의 70% 이상이 북으로 갔고 노약자와 병자만 남았다고 말한다. 북으로 끌려가다가 대열에서 이탈해 마을에 숨어 지내다가 국군이 진주하자 은신처에서 나온 사람들이 있는데 이들은 나중에 미군의 소개 작전 때 남으로 피난한다.

셋째 부류는 미군과 국군이 진주하고 철원이 치열한 전쟁터로 변하자 주민들 소개 작전으로 양문 문하리 임시피난민수용소로 이주한 사람들과 중공군 남하로 국군이 퇴각할 때 남으로 피난한 사람들이 이 부류에 속한다. 이들 대부분은 열성분자와 인민군의 강제 월북을 피해 숨어있던 사람들로 전체 철원 주민들의 20% 내외이다. 피난민 중 젊은 청년들은 미군에 차출되어 노무대원이나 일반 노무자로 전쟁 수행을 도왔다. 필자가 조사한 대상자 대부분이 당시 미군 노무대원으로 휴전될 때까지 2년간 철원에 머물면서 치열한 전쟁터에서 철원을 사수한 장본인들이다. 철원지역 현대사의 공백기를 메워주고 삶의 현장을 지킨 이들이다. 이들은 대부분이 죽을 고비를 4~5번씩 넘었고, 마을에 남아있을 때나 피난 과정, 노무대원 임무수행 중에 죽은 사람들이 생존한 사람들보다 두세 배는 넘는다고 말한다. 이들 대부분은 휴전 후에 다시 국군에 입대하고 제대 후 고향에 돌아온다.

◇ 전쟁과 최소한의 인권 문제
전쟁과 인권을 동시에 언급한다는 것은 어불성설이다. 전쟁 상황에서는 최소한 인권도 지켜지지 않았다. 황선로 어르신은 국군이 진주하고 인민군이 퇴각할 무렵 고향 김화군 근북면에서 북으로 피난을 가다가 열성 분자들의 핍박에 남으로 가야 살 수 있다고 판단하고 친구 3명과 함께 한탄강 절벽을 따라 남으로 탈출을 감행한다. 인민군과 미군의 대치 지역에서 국군 수색병에게 잡혀 간첩으로 오인되어 초주검이 되도록 맞았다고 한다. 미군에 신병이 인도되어 바로 김화지역 인민군 주둔 정보를 알아오는 정보원으로 침투된다. 하지만 침투할 때는 데려다주지만 적의 진영에서 빠져나오는 것은 각자 알아서 하는 것이었다고 말한다. 같이 갔던 동료들의 생사는 거의 모르고 자신만 살아남은 것 같다고 얘기할 때 전쟁이라는 상황이 이렇게 개인 생사를 무시해도 되는 것인가 하는 생각이 들었다.

김영배 어르신은 KSC 노무대로 백마고지 전투에서 공을 세워 국가로부터 화랑무공훈장까지 받은 분이다. 노무대 제대를 앞두고 서울 친지를 찾아가던 중 경찰에 붙잡혀 제대로 된 신분증이 없다는 이유만으로 무참히 매를 맞고 가족들에게 알리지도 못한 채 다시 군대 훈련소로 보내질 때 공권력이 한 개인의 인생을 이렇게 짓밟아도 되는가 하는 회의감이 들었다고 술회했다. 김 선생님은 육군통신학교에서 4년 8개월 근무하고 만기 제대했다. 김화군 근동면 출신의 장계근 어르신은 인민군에 징집되어 원산까지 갔다가 구사일생으로 빠져나와 고향으로 귀환하고 국군이 진주하면서 치안대원으로 활동하게 되는데 치안대원 중에서 빨갱이에게 사적인 원한이 있는 사람이 그를 처형하였고 이것이 발단이 되어 후에 인민군 패잔병이 다시 마을을 점령하였을 때 치안대 가족들이 무참히 몰살당하는 일이 발생했다고 증언한다. 전쟁 상황 중이니 적을 처형해야 하지만 어찌 좀 심하다고 생각했는데 아니나 다를까 염려하던 일이 발생해 무척 가슴 아팠다고 회고한다. 전시에는 개인의 생사나 인권이 유린되는 경우가 비일비재하다고 어르신들은 말한다. 어떤 분은 그보다 더 심한 경우도 있었다고 하면서 손사래를 치며 더 이상 말씀을 안 한다. 다시는 이런 비극이 우리 역사에 되풀이되지 않았으면 하는 마음이 간절하다.

### ◇ 격변기 이데올로기의 피해자들

일제강점기에 집안이 부유했거나 대대로 토지를 많이 소유한 집안은 해방이 되고 38선이 갈라지고 공산치하가 되면서 무조건 타도 대상이 되었다. 그들이 어떻게 치부했는지는 안중에 없었고 부유하다는 사실 자체만으로 반동분자로 낙인찍히고 토지를 몰수당하였다. 어떤 분의 선친은 일제강점기 구장을 지냈다는 사실만으로 구금되어 고생만하다가 돌아가셨다고 말한다. 그는 살아남기 위해 공산정부에 협조하였고 원래 가진 것이 없어 나름대로 열심히 공부하여서 공무원 시험을 보아 공산정부 면서기가 되었다고 한다. 하지만 반동분자 출신이라고 낙인찍혀 좀처럼 자리잡을 틈이 없었다고 술회했다. 그는 그때부터 어떻게든 여기를 벗어날 궁리만 했고 천신만고 끝에 38선을 넘어 이남으로 내려왔다. 6·25전쟁이 발발하고 국군이 진격하자 치안대를 자청해 인민군 패잔병 소탕에 목숨을 바쳤다.

또 어떤 분은 공산치하에서 6·25전쟁이 발발하자 인민군 징집영장이 나왔고 본인은 징집을 피하고자 피신하여 있던 중 아버님이 자기 때문에 내무서에 감금되어 고초를 당하고 있다는 소식을 듣고 자수하여 인민군으로 전쟁터에 나가게 되었다고 한다. 전쟁터로 나간 지 3개월 만에 패잔병이 되어 구사일생으로 집에 돌아왔다. 인민군복을 벗어던지고 필사적으로 탈출하여 국군 진영으로 가족과 함께 나올 수 있었다고 말한다. 또 다른 분은 인민군에 징집되나 친지의 도움으로 전쟁터에 안 끌려갔고, 국군이 진주하자 치안대원으로 활동하게 되었다고 한다. 하지만 인민군이 다시 마을을 점령해 치안대 전력이 드러나 인민군에 끌려갈 지경이었으나 마을 인민위원장의 구명으로 군대는 안가고 민청반장이 되어 협력했다고 증언한다. 다시 미군이 진주하여 후방으로 소개되고 KSC 노무대원으로 차출되어 반공일선에서 사선을 넘으며 전쟁을 수행했다.

장흥리 거주하는 홍수철 어르신은 반공포로 출신이다. 그 어르신은 일본군~인민군~유엔군(포로)~한국군 등 4개국 군대를 모두 다녀왔다. 중국에서 공산당 숙청으로 친구를 잃으면서 공산주의에 염증을 느꼈고 어떻게든 이남으로 내려올 생각만 하였다고 술회한다. 6·25전쟁 때 인민군에 징집되고 수색지역 전투 중 대열에서 이탈하여 투항하여 포로가 되었고, 1953년 6·18 반공포로 석방 때 석방되어 가정을 꾸렸고 다시 대한민국 군대에 입대하게 된다. 그는 자유를 택한 대신 북에 있는 가족을 포기해야 했다. 처자식에게 지은 죄 죽을 때까지 못 갚을 것이라며 가슴아파했다. 그 절절한 마음이 비망록에 적혀있다. 철원은 6·25전쟁 전 공산 치하였고 전후 수복된 지역이라서 이외에도 이데올로기 피해자들은 수없이 많으며 이제라도 그들의 아픔을 감싸고 치유하는 프로그램이 절실히 요구된다.

## ◇ 80대 어르신들의 적개심과 반공정신 그리고 평화통일

이주창 어르신은 공산치하에서 인민군에 안 갈려고 귀머거리 행세를 하였고, 국군 진주 후 KSC 노무대에서 2년 동안 전쟁 수행을 도왔으며, 다시 국군에 입대해 7년 4개월이나 복무하고 계급도 병장으로 제대했다. 거의 10년을 반공일선에서 보냈는데 국가로부터 받는 보상금은 월 7만원선이었다. 황선로 어르신은 열성분자들의 핍박을 피해 남으로 피난하던 중 어린 두 동생을 병으로 잃고 장례도 변변하게 치르지 못했다고 한다. 69년이 지난 지금도 동생을 버린 죄책감에 잠을 못 이룬다고 생전에 증언했다. 임응재 어르신은 2살 위인 형님이 인민군에게 처형되었고, 그 끌려가는 뒷모습이 아직도 눈에 선해 형님 생각만하면 눈시울이 붉어졌다. 김영배 어르신은 국군이 진주하여 이길리 치안책임자로 일했는데 인민군 패잔병의 공격을 받아 양지리 앞산으로 피신하게 되었고, 그 와중에 가족들이 토성리로 도피하다가 자식들이 죽게 되고, 그길로 헤어진 처는 피란도중 병 걸려 죽었다. 김송일 어르신은 인민군 패잔병으로 같이 구사일생으로 살아남은 동료를 갈아입힐 평상복이 없어 사지로 보내야만 했던 일로 가슴 아파한다. 김국규 어르신 또한 1·4후퇴 때 피난을 막 떠나려 집을 나서던 중 폭격으로 처와 자식을 잃었다.

홍수철 어르신은 공산주의가 싫어서 자유 대한을 선택했고 북에 남기고 내려온 처자식을 비롯한 가족 친지와 헤어져 혼자 속울음을 삼키면서 여생을 보내다가 돌아가셨다. 북의 가족이 다칠까봐 이산가족 재회 신청도 하지 않고 있으며 그저 북의 가족이 자신을 이해하고 용서해주기만 바랄뿐이었다. 이상욱 어르신은 해방 당시 풍족하고 행복했던 가정이 공산치하에서 모든 토지가 몰수되면서 아버지는 울분과 화병으로 삶을 포기하고 가족 돌보는 일마저도 소홀히 하여 17세라는 어린 나이 때부터 가정 살림을 책임져야했다. 그 이후 아버지는 거의 폐인이 되다시피 했다. 안승덕 어르신은 평택 피난지에서 모친상을 당했는데 생전에 먹을 것 하나 챙겨드리지 못하고 객지에서 제대로 못 모신 것 때문에 평생 가슴아파한다.

6·25전쟁 기간 중 사랑하는 가족을 눈앞에서 잃은 분이 이 이외에도 상당히 많다. 그들보고 공산당을 포용하라는 것은 두 번 죽이는 꼴이었다. 필자는 본 조사를 진행하면서 그들이 왜 그렇게 빨갱이 빨갱이 하면서 적개심을 불태우고 공산주의 타도를 외치는지 이해할 수 있었다. 그렇다고 엄연히 존재하는 북한을 인정하지 않고서 어찌 평화 정착이나 통일한국 미래를 생각할 수 있을까? 2018년 대통령의 북한 방문을 보고 한 어르신이 이런 말을 했다. "난 저 놈들이 무조건 싫어, 저 놈들은 대화가 아니라 무조건 까부셔야 돼. 그렇다고 전쟁을 할 수는 없겠지. 어휴 그래도 평화통일은 해야지. 우리 대통령님이 좋은 결과 갖고 오겠지!"라며 이북 공산주의는 싫지만 그래도 같은 동포이고 한 민족이기에 머리를 맞대고 진지하게 문제를 해결해가야 한다는 기대감을 나타냈다.

태봉학회 총서 2

제3부

# 정전체제의
# 변화와 극복

## 6·25 전쟁과
## 철원

THE KOREAN WAR
AND CHEORWON

# 6·25전쟁 전사자 유해 교환과 비무장지대 발굴 재조명[*]

## 조성훈

(전) 국방부 군사편찬연구소 소장

## 목차

## 1. 문제제기

2020년은 6·25전쟁이 일어난 지 70주년이 되고, 정전협정이 체결된 지 벌써 67주년이 되는 해이다. 하지만 아직도 전쟁 시기 국군과 유엔군을 포함한 포로와 실종자, 전사자 유해[1] 송환 등 인도적 문제마저 여전히 해결되지 않은 채 남아 있다. 전투지에 묻힌 채 미처 수습되지 못한 북한

---

\* 조성훈, "정전협정 직후 유해교환의 성과와 한계 재조명", 『한국정치외교사논총』 42-1, 2020.

군과 중국군의 유해도 남아있다.

우리나라에서도 국가를 위해 희생한 '그들을 조국의 품으로 마지막 한 분을 모실 때까지 잊지 않겠다'라고 강조하면서 6·25전쟁 50주년이 되던 2000년부터 유해발굴사업을 추진하고 있다. 국방부 유해발굴감식단(MND Agency for KIA Recovery & Identification)에서 전쟁 중 국군 전사자 규모를 육군, 해군, 공군, 기타 등 137,899명, 실종자 24,000명으로 모두 16만 명이 넘는다고 추정하고 있다. 유해 발굴대상 규모는 국립현충원에 모셔진 안장자와 위패봉안자 가운데 전쟁 시기 안장자 29,202위와 이미 발굴한 11,579구(국군 10,237구, 유엔군 13구, 북한군 725구 중국군 유해 725구 등, 2018년 현재)를 제외하면 아직도 12만 명 이상이 남아 있을 것으로 추정하고 있다. 이 가운데 4만 명은 비무장지대와 북한 지역에 남아 있을 것으로 추산하고 있다. 미 포로실종국(Defense POW/MIA Accounting Agency, DPAA)에서도 한국전 미군 실종자 7,800명 가운데 5,300명이 북한에서 전사하거나 실종되었다고 파악하고 있다.[2]

하지만 북한에 묻혀 있을 국군 및 유엔군 전사자 유해 교환은 정전협정 체결 이듬해인 1954년 9월 1일부터 10월말까지 북한군과 중국군 13,528구를 송환한데 비해, 한국군 608구, 미군 1,869구, 영국군 51구, 국

---

1) 전쟁 당시에 영현중대를 창설했고, 정전협정과 유해 교환 당시에 '군사인원 시체 발굴, 교환', '시체교환 합의'(국무총리비서실, '쌍방의 군사인원 시체교환에 대한 건의의견' 1954; 『마산일보』 1954.7.25.)처럼 시체라는 표현이 다수 쓰였지만 심사자의 의견을 반영해 피아를 포괄할 수 있는 유해로 기술했다.

2) https://www.withcountry.mil.kr/cop/withcountry/withExcavateView.do?id=withcountry_020201000000(검색일: 2020.6.10.); 조성훈, 2018. '완전한 종전을 향해! … 유해발굴 송환, 어디까지 왔나?', 『통일한국』(7월); "Korean War POW/MIA Accounting Efforts(https://www.ncnk. org/resources/briefing-papers/all-briefing-papers/korean-war-powmias, 검색일: 2020.6.21.; https://www.dpaa.mil/Our-Missing/Korean-War, 검색일: 2020.6.15.).

적 불명 1,635구 등 4,190구를 인도받은데 그쳤다. 냉전체제가 붕괴된 직후에 북미협상으로 미국 정부는 1990년 5월 하순 미군 유해 5구를 인도받은 이래 1996년부터 2005년까지 33차례에 걸쳐 모두 420여 구를 송환받았다. 그러나 2005년 5월 24일 북한의 핵과 미사일 개발로 북한 지역에서 미군 유해발굴 공동작업은 중단되었다가, 관계 진전에 따라 일부 추가되었다. 지난 2020년 6월 25일 북한에서 미군 유해로 보고 하와이로 보내졌으나 국군으로 판정되어 돌아온 국군유해 147구도 그 성과의 일부이다.

정전협정 체결 이후 비무장지대에서 공동으로 유해를 일시 발굴한 사례가 있었지만, 2018년 '9.19 남북군사합의'를 통해 비무장지대를 평화지대로 만들기 위한 대책의 하나로 이곳에서 시범적 남북공동유해발굴에 합의함으로써, 60여 년이 넘는 다가갈 수 없었던 강원도 철원군 '화살머리고지'에서 유해발굴이 가능했다. 화살머리고지에서는 1951년 10월 미 제3사단이 고지를 점령한 이후 휴전 직전인 1953년 7월 중국군의 최후공세에 이르기까지 4차례에 걸친 고지 쟁탈전이 벌어졌다.[3]

남북군사합의서에 의하면 남북 공동으로 유해발굴을 진행하기로 했으나, 북측이 공동발굴을 하자는 남측의 요청에 어떠한 응답도 하지 않아 2019년 4월부터 11월까지 진행된 단독 발굴 작업에서 261구의 유해를 발굴했다. 유해 261구는 국군 117구, 중국군 143구, 유엔군 1구로 추정된다. 당초에 국군 전사자 유해 200여 구를 포함해 미군과 프랑스군 등을 합해 모두 300여 구가 묻혀있을 것으로 추정됐는데 발굴 면적의 약 40%에서만 261구가 나왔으니 추정치보다 훨씬 많은 유해가 나왔다. 중국군의 유

---

3) 박동찬, 2020. "1951~1953년 화살머리고지 전투의 시기별 양상과 특징", 태봉학회·한국군사사학회, 철원역사문화연구소 공동학술회의, "6·25전쟁 70주년의 역사적 의미와 철원" 7월.

해도 143구로 예상보다 많이 나왔다.[4] 이처럼 화살머리고지에서 유해발굴은 정전협정 후 유해발굴 규모와 교환이 그만큼 제한적이었음을 드러내는 것으로, 발굴사업의 의의가 크다는 점이 확인되고 있다.

기존 연구성과로는 미국의 포로송환정책을 다루면서 전후 북한과 미국과 유해송환협상과 성과가 정리되었고 북한 지역 포로수용 실태와 수용중 사망한 유해발굴 가능성을 제기했으며, 국군 제7사단의 덕천전투와 8사단 영원 전투사례를 통해 북한 지역 주요 전투지역에서 남겨진 유해에 대해 주목했다. 또한 북한지역 유해 발굴을 기대하면서, 국방부 군사편찬연구소에서 『6·25전쟁 유해소재 분석지도』를 발간했다. 미국에서 전쟁 시기 미군 유해 수습과 관리, 송환 및 신원 확인 등에 관한 연구가 있다.[5]

본고에서는 정전협정 체결 직후 유해교환의 성과와 한계를 재조명해, 앞으로 비무장지대와 북한 지역까지 유해발굴과 교환이 확대되기를 기대하면서 정리했다.

---

4) KBS 2020.4.19.

5) 서주석, 1997. "미국의 대북한 포로송환 정책", 국방군사연구소, 전쟁기념관, 6월, "한국전쟁과 전쟁포로 처리문제"; 조성훈, 2010. "6·25전쟁중 북한 포로수용소 실태와 국군포로 사망자 유해발굴 가능성", 『군사』 75; 오홍국, 2010. "북한지역 국군의 유해소재 분석 및 향후 과제", 『군사』 75; 국방부 군사편찬연구소, 2010. 『6·25전쟁 유해소재 분석지도』; Coleman, Bradley Lynn, 2008. "Recovering the Korean War Dead, 1950-1958: Graves Registration, Forensic Anthropology, and Wartime Memorialization". *The Journal of Military History* Vol.72, No.1; "Operation GLORY: Historical Summary". 2004. Condensed from Graves Registration Division, Korean Communications Zone (KCOMZ). Fort Lee, VA: Army Quartermaster Museum(July-December); Keene Judith, 2010. "Bodily Matters Above and Below Ground: The Treatment of American Remains from the Korean War" the National Council on Pubic History, *The Public Historian* Vol. 32, No. 1.

## 2. 휴전협상 과정과 유해교환 문제

정전 후 설치된 분묘등록위원회에서 샌더스(W. C. Sanders) 대령이 전사자 유해교환의 의의에 대해 다음과 같이 설명했다. "전사한 군인을 그들의 유족이 있는 고국으로 돌려보내는 것은 전장에서 목숨을 바친 사람이나 전쟁포로로 있다가 죽은 사람들이 모름지기 받아야 할 영예이다. 이러한 우리의 동기는 오로지 인도주의적인 것이며 정치적인 의미는 아니다"[6]라고 강조했다.

국군이 6·25전쟁 초기인 1950년 9월 5일 부산에서 영현등록 및 처리를 위해 '묘지등록중대'를 창설했고, 미군도 영현부대(Graves Registration Service)를 운용해 전사자 유해를 수습해 도쿄로 수송했으며 그곳에서 신원확인, 입관 등 절차를 거쳐 본국으로 이송했다.[7] 최초 미군 묘지는 대전에 1950년 7월 8일 설치되어 이곳에 미 제24사단이 대전전투에서 패배해 후퇴할 때까지 5구가 매장되었다. 한반도에서 시신 수습은 북위 37도 아래는 한국후방기지사령부(KCOMZ), 그 이북은 미 8군사령부 영현부대가 담당했다. 미 8군사령부는 3개 영현중대를 운용해 1954년 3월 하순까지 약 100곳을 정리하였고 이해 8월 말까지는 모두 마무리할 것으로 목표로 했다.[8] 하지만 정전협정 이후에 남한 지역에서는 그 대상지역이 비무장지대 25마일 이남이어서,[9] 비무장지대와 북한 지역에서 유해수습은 별도의 노력이 필요했다.

6) 분묘등록위원회, "제5차 회의록 기록" 1954.10.11., 군사정전위원회, "분묘등록관계서류", 1954, p.4.
7) 미군 영현등록반이 전쟁 전 서울 인근지역에서 일본군이 매장한 미군 유해를 수습한 적이 있었다("사진: Korean laborers, supervised by an Army Graves Registration Team, disinter the remains of American soldiers from a military cemetery near Seoul" 1948.12.1., 국사편찬위원회).

1951년 7월초에 휴전협상이 본격적으로 시작되면서, 이 해 12월 11일 부터 포로문제는 논의되기 시작하였으나 1953년 6월 8일 포로의 송환에 대한 합의를 볼 때까지 가장 커다란 쟁점이 되었다. 이러한 갈등 속에서도 다행히 포로 중 사망자를 포함한 전사자 유해 교환에 대한 논의가 있었다. 휴전협상에서 1951년 말까지도 묘지등록에 대해 이해가 없었으나, 협정 문안에 양측의 사망한 군사인원의 시체의 회수(recovery)와 소개(evacuation)에 대해 1952년 1월말에 제안되었다.[10]

포로명단 교환에서 공산 측은 1951년 12월 26일 미군포로 명부를 제출하면서 벽동과 창성수용소에서 사망한 569명의 명단을 포함시켰다. 이 가운데 405명만 매장지가 포함되어 있었다.[11] 이를 계기로 유엔군 측에서 이에 대한 논의가 구체화된 것으로 보인다.

'시체발굴에 관해 정전협정 13항 ㅂ목'을 채택하게 된 예비회담의 경위는 다음과 같다.[12] 1952년 1월 26일 기안된 정전협정 초안 13항에 "매장 소재지가 기록되어 있는 경우에는 전쟁포로를 포함한 죽은 군사인원을 발굴하고 후송하기 위해 상대방의 분묘등록인원으로 하여금 자기 군사통제지역에 들어오는 것을 허락한다"는 사항을 포함시켰다. 1월 27일

---

8) "국군영현부대를 아십니까?", 2003. 『국방저널』(3월); 육군본부, 1969. 『육군병참사』 1, p.238; "Graves Registration Service in Korean Conflict", History of the Korean War, Vol. III, RG 550 Records of United States Army, Pacific, 1954, p.17; "Personnel Lessons Learned, Korea" March 1954, 국사편찬위원회, p.3; "8204th Army Unit-American Graves Registration Service Group", 1954.8, 국사편찬위원회.

9) HQ UNC MAC, "Memo fo Record" May 27, 1954, 국사편찬위원회, p.3.

10) Office of the Secretariat, UNC MAC, "Graves Registration", 1952.11-1953.4, 국사편찬위원회, p.4.

11) HQ UNC MAC, "Memo fo Record" May 27, 1954, 국사편찬위원회, p.20, 26.

12) "시체발굴에 관한 정전협정 13항 F목 채택 경위", 군사정전위원회, "분묘등록관계서류", pp.1-17.

참모장교회의에서 대로우(D. O. Darrow) 대령은 협정 세칙에 관한 초안을 공산 측에 수교했다.

이어서 1952년 1월 30일 협정세칙에 관한 제3차 참모장교회의에서 북한군 장춘산 대좌는 초안에 대한 질문을 했고, 이에 대해 유엔군 측은 많은 시체를 흥남, 평양 등지에도 공동묘지에 매장한 사실을 보충 설명했다. 공산 측은 이러한 특수한 혹은 상세한 문제는 생략하기를 원했다. 이에 대해 대로우 대령은 양측의 시체발굴을 가능하게 할 어떠한 조항이 협정 속에 포함되어야 한다는 입장을 계속 주장했다.

2월 5일 회의에서 장 대좌는 공산 측 안을 제출했다. 그 내용은 "매장지가 양측에 의하여 합의를 보고, 또 그 존재가 확인된 경우에는 정전협정 발효 후 일정한 시한 내에 상대 묘지발굴 인원으로 하여금 전쟁포로를 포함한 군사인원의 시체를 발굴하고 후송하기 위하여 상기 장소에 들어갈 수 있도록 자기 측 군사통제지역에 들어오는 것을 허한다. 구체적인 방책과 시한은 군사정전위원회에 의한 토의를 통하여 결정한다"는 등이다. 이에 대해 2월 8일 참모장교 회의에서 수정을 거듭한 끝에 3월 25일 최종안이 결정되었다.

그 결과 정전협정 13항 ㅂ에는 정화 및 정전의 구체적인 조치 하나로 "매장지점이 기록에 있고 분묘가 확실히 존재하고 있다는 것이 판명된 경우에는 본 정전협정이 효력이 발생한 후, 일정한 기한에 그의 군사통제 아래 있는 한국 지역에 상대방의 분묘등록인원이 들어오는 것을 허가하여 이러한 분묘 소재지에 가서 해당 측의 사망한 전쟁포로를 포함한 죽은 군사 인원의 시체를 발굴하고 또 반출하여 가도록 한다. 상기 사업을 진행하는 구체적인 방법과 기한은 군사정전위원회가 이를 결정한다. 적대 쌍방

사령관들은 상대방의 죽은 군사인원의 매장 지점에 관계되는 얻을 수 있는 일체 자료를 상대방에 제공한다"고 정했다.

정전협정이 체결된 직후인 1953년 8월 4일 제7차 군사정전위원회에서 유엔군 측이 각방이 통제하고 있는 비무장지대 내에서 발견된 군사인원 유해를 공동감시소조를 통해 인도하자고 제안했다. 그 의도는 이미 매장된 유해가 아니라 통제지역 내 정리 과정에서 발견한 시체를 조속히 실현하자는 것이었다. 신속한 확보를 위해 정전협정 발효 후 72시간이 경과된 다음 45일 이내에 완료하도록 제안했다. 8월 27일 열린 군사정전위원회 비서장회의에서 공산 측의 실행상 곤란한 요소가 있다는 의견을 수렴해 비무장지대 내 시체 회수 및 인도에 대한 합의에 이르렀다.[13]

그후 1954년 8월 17일 군사정전위원회 제47차 회의에서 쌍방은 '상대방의 군사인원 시체 인도인수에 관한 행정상의 세목의 양해'에 대해 비준을 했다. 세목 1항은 "각방은 탐사하기에 노력한 후 자기 측 군사통제지역 내의 보고된 지점들이 있는 것으로 확인된 상대방 전쟁포로의 시체를 포함한 군사인원의 시체를 발굴하며 쌍방이 합의를 본 지정된 구역에 수송하여 죽은 군사인원의 소속 측에 인도하는 것을 책임진다"고 규정되었다.

이 세목은 1954년 10월 30일 자로 유효기간이 만료되었으나, 이후 어느 일방이 자기 측 지역 내에서 상대방에 속하는 군사인원의 시체를 발견하는 경우에 군사정전위원회 비서장을 통해 시체의 인도 인수에 대한 조치를 취한다고 합의했다.

---

13) "군사정전위원회 제11차 회의록" 1953.8.13.; "군사정전위원회 제12차 회의록" 1953.8.19.; "군사정전위원회 제11차 회의록" 1953.8.28.

# 3. 비무장지대 및 상대지역 유해조사

## 1) 비무장지대 유해발굴

전쟁포로와 사민(私民) 송환 문제가 마무리되지 않았지만, 정전협정 체결 직후 군사정전위원회에서 유해 교환을 추진했다. 이미 포로교환 사업을 위해 양측을 군사분계선 내에서 공동감시 소조의 감독 아래 지뢰제거, 도로확충 등이 1953년 9월 1일까지 진행되었다.[14]

먼저 비무장지대 전장 정리작전을 통해 유해를 회수할 수 있었다. 1953년 9월 중순부터 공산 측과 논의를 통해, 10월 20일에 양측은 비무장지대 내에서 자기 편 유해를 찾아 내 후송하는 사업에 합의했다.[15]

1953년 10월 23일부터 실행할 수 있도록 합의했지만, 실제로는 10월 28일부터 비무장지대에서 시신 회수작전이 시작되었다. 이때 서부전선에서는 미 제1해병사단, 영연방 1사단, 미 25사단, 미 7사단, 그리고 한국군 1사단에서도 2~3개 팀을 조직해 부대별 담당구역과 비무장지대 상대지역에서 공동조사팀과 함께 유해를 수습하도록 했다. 이 지역에서 수습된 유해는 동두천과 문산으로 이송하도록 했다.[16]

국군 제2, 3군단사령부는 미 제8군사령부와 제10군단 등의 지시를 받고 예하 사단에 지원을 지시했다. 제2군단에서 6개조를 편성했고, 3군

---

14) GHQ FEC/UNC, "Command Report" Aug. 1953, 군사편찬연구소 HD 1563, pp.56-57.

15) "Graves Registration Service in Korean Conflict", History of the Korean War, Vol. III, RG 550 Records of United States Army, Pacific, 1954, 국립중앙도서관, p.179.

16) I US Corps, "Appendix I(Graves Registration Activities in the 윽) 새 Annex II(adminstration) to I-US-POPN O 41" Oct. 9, 1953, HQ UNC Armistice Affairs Division, "Grave Registration Committee Mtgs upon disc of UMNMAC", 1953.11.-1954.7, 국사편찬위원회.

단에는 9개조를 편성했다. 편성된 인원들은 모두 비무장이어야 하며, 신분증을 소지하도록 했다. 1953년 11월 1일부터 수색작업을 실시하도록 지시하면서, 시체발굴을 위해 수색이 실시되는 지역에 대해 공동조사팀과 협조하도록 했다. 묘지 위치는 유엔군 측 군사정전위원회를 통해 통보를 받았다. 예를 들면 CT838423 지역에 52구, CT902453 지역 8구 등이었다.[17]

제5사단은 2개조를 조직해 2군단사령부를 통해 제8공동조사팀과 협조해 북한강 동쪽 지대에서 발굴을 담당할 것, 6사단은 1개조를 편성해 제7공동조사팀과 협조해 실시하도록 했다. 제8사단과 제11사단은 2개조씩 편성해 제7공동조사팀과 협조하도록 했다.

병참계통에서 장비를 지원하고, 공병에서는 지뢰철거에 필요한 장비를 지원하도록 했다. 각개 조에는 경험있는 미군 영현대원 2명을 비롯해 영어와 중국어 통역관, 지뢰 및 부비트랩 철거 인원 2명, 한국군 영현 등록 인원(장교 포함), 운전병, 담가대원 10명 등을 편성하도록 했다. 각 사단장은 고문단과 협조해 8군 및 한국병참관구의 영현등록 인원에게 숙소와 식사를 책임지도록 했다.

한국군 및 카투사를 제외한 유엔군 측 시체는 전부 화천 소재 미 8군 영현등록반(제293영현등록 중대 1소대)에 후송하도록 했다. 한국군 및 카투사 시체는 제2군단 영현등록 묘지가 있는 함밤골로 이송하도록 했다. 시체의 국적을 확인할 수 없을 때에는 화천 미 8군영현등록반으로 후송하도

---

17) 제2군단사령부, "비무장지대에서 영현등록업무" 1953.10.23., Office of the Secretariat, UNC MAC, "Miscellaneous: Graves Registration Activities in the Demilitarized Zone, etc.", Oct. 1953- March 1955, 국사편찬위원회; HQ X Corps, "Graves Registration Activities in the DMZ".

록 했다.[18]

서부전선에서 제3·4공동조사팀부터 시작되었다. 1953년 10월 30일에는 5, 6번팀이 시작했고, 11월 1일에는 7번, 10번 팀, 2일에는 8번과 9번팀이 시작했다. 공동조사팀(당시, 합동관찰단으로 기술)은 5개조를 편성했는데, 각조는 20명을 넘지 않았다.[19] 유엔군 측은 미리 정리한 자료를 토대로 제3공동조사팀 32명, 제4팀 103명, 제5팀 18구, 제7팀 76구, 제8팀 173구, 제9팀 15구, 제10팀에는 83구 등 500구를 배분했다.[20]

제4공동조사팀의 경우, 1953년 10월 23일 임진강변 계호동에서 공산 대표를 만나 유엔군 측이 파악한 매장지를 그들에게 넘겨주었고 양측이 이를 논의했다. 11월 9일 14시 계호동에서 공산 측 공동조사팀과 함께 비무장지대 남측에서 공산 측이 제출한 이미 파악된 곳에서 확인할 예정이었다. 공산 측은 경도 38°15`20" 위도 127°03`51"지역에 13구가 있을 것으로 알려주었지만 1구만 찾았고, 38°16`23" 위도 127°05`25"지역에는 7구가 있을 것으로 통지했지만 1구도 발견할 수 없었다. 모두 20곳에서 86구를 예상했지만 실제는 8구에 그쳤다. 12일에 오전 10시에 군사분계선을 넘어가서 16시 45분까지 사고없이 27구를 찾았다.[21] 제7공동조사팀의 경우는 1953년 10월 23일, 비무장지대 공산 측 지역에서 발견된 유엔군 측 인원 38°19`36" 127°40`21" 52명 38°21`16" 127°44`44" 8명 등 76명

---

18) "비무장지대에서의 영현등록업무", 군사정전위원회, "분묘등록관계서류".

19) HQ X Corps, "Graves Registration Activities in the DMZ"

20) HQ UNC Armistice Affairs Division, "Grave Registration Committee Mtgs upon disc of UMNMAC", 1953.11.-1954.7, 국사편찬위원회.

21) Headquarters United Nations Command Armistice Affairs Division, 201-01, Grave Registration Committee Mtgs upon disc of UNMAC, Trf ORCEN, Ret FRC 2 yrs later, Nov. 1953-July 1954, 국사편찬위원회, pp.6-23.

이었다.[22]

공동조사는 1953년 11월 21일 마쳤다. 그 성과로 유엔군 측에서는 모두 616구를 수습했는데, 이 가운데 한국군 시신 363구, 미군 253구, 기타 순이었다. 공산 측은 607구를 찾았다.[23]

하지만 비무장지대 전장정리 과정에서 유해를 수습한 후 상대방 비무장지대로 확대하려는 노력은 공산 측의 비협조로 성과가 없었다. 그 결과 일부 제한적인 성과에 그쳤다. 1954년 10월 8일 비무장지대 공산 측 지역에서 미군 영현등록대원이 미군 전사자 유해 4명을 발굴했다. 같은 해 11월 10일 공동감시소조의 감독 아래 공산 측이 유엔군전사자 유해를 분묘등록위원회가 인수할 수 있도록 군사분계선으로 운구했다. 1955년 8월 23일에는 북한 측이 고리실 인근 남측 비무장지대에서 발굴한 미군 브라운(Charles Brown) 대위 유해를 공동감시 소조에게 전달했다.[24]

## 2 ) 상대 지역 전사자 유해 규모 논의

전쟁 중 미군이 노획한 북한문서에 의해 밝혀졌지만, 전쟁 초기 경상남도까지 내려왔던 북한군 제3보병사단 3연대 1대대 소속으로 창녕지역 전투에서 전사한 평안남도 용강군 양곡면 마영리 출신 이재욱을 비롯해

---

22) "UN Component JOT No.7 to JOT Operations UNC MAC" Oct. 23, 1953, 국사편찬위원회, p.46.

23) "Graves Registration Service in Korean Conflict", History of the Korean War, Vol. III, RG 550 Records of United States Army, Pacific, 1954, 국립중앙도서관, p.180.

24) "American Grave Registration Personnel Remove the Remains of Four American Soldiers on the Communists Side of DMZ" 1954.10.8., 국사편찬위원회 전자사료관; "사진: At the southern demilitarizes zone near Korisil, the body of Capt. Charles Brown, US Army, is turned over to members of the UN Commission Joint Observer Team by Lt. Col. Chun Chung Ho of the North Korean Army." 1955.8.23., 국사편찬위원회.

김덕호, 이종억, 최강북 등이 남곡면 신암리에 매장되었다. 중국군도 1951년 6월 7일 1051고지 인근에서 가매장한 유해 옆에 팽소영(彭少榮)의 인적사항을 기록한 표지판을 남겼다.[25]

1950년 중순 참전 이후 중국군의 거듭된 공세 속에, 미군은 시신을 가매장(even hasty burial)도 할 수 없고 수송할 차량도 모자란 채 밀려 쫓겨나왔다. 평양 유엔군 임시묘지는 1950년 12월 3일 폐쇄시키고, 철수하면서 개성, 사리원 등지에 임시묘지를 설치해, 개성에서 112구를 포함해 모두 868구를 의정부, 인천으로 이송했다. 하지만 미 제1해병사단, 7사단은 장진호 주변의 고토리 1묘지에 17구와 2묘지에 116구, 유담리 86구 등 426구를 남겼고, 미 3사단은 북청에 74구, 원산 133구 등을 남기고 철수했다.[26]

휴전협상 당시에 유엔군 측은 국군 외에 북한에 묻혀 있을 유엔군 전사자 유해 규모를 최소 1,600명으로 파악하고 있었고, 공산 측 유해가 남한 지역에 약 8,500명이 묻혀있을 것으로 추산했다. 그들의 규모에는 수용 중 사망한 포로를 포함했다. 유해교환 계획안에는 정전협정 효력이 발생한 후 10일 안에 수용소에서 사망한 포로의 인명, 국적, 계급, 다른 신원확인 자료, 사망 일자 및 원인, 매장지 등에 관한 정보를 상대방 측에 제공하여야 한다고 했다.[27]

---

25) 조성훈, 『6·25전쟁과 국군포로』, 군사편찬연구소, 2014, pp.296-297; "Chinese Communists graves, bodies and markers" June 7, 1951, RG 319, 국사편찬위원회,

26) "Graves Registration Service in Korean Conflict", History of the Korean War, Vol. III, RG 550 Records of United States Army, Pacific, 1954, 국립중앙도서관, pp.64-65; Coleman, Bradley Lynn, "Recovering the Korean War Dead, 1950-1958: Graves Registration, Forensic Anthropology, and Wartime Memorialization", .

정전협정 후에도 북한 지역에 묻혀 있는 유엔군 유해 규모에 대해 미 군묘지부대에서 1,600명에서 1,759명에 이른다고 추정했다. 이 통계에는 1,500명에 이르는 항공 작전 중 희생된 장병, 사망한 실종자, 포로 사망자 등은 포함되지 않았다.[28] 또한 북한 지역에서 전사 및 사망한 한국군을 포함하면 그 규모는 11,000여 명으로 늘어난다.[29]

이미 공산 측은 1953년 8월 6일 벽동, 창성 등지의 수용소에서 사망한 호주군 1인, 영국군 33명, 미군 447명 등 481명의 명단을 알려주었다. 이는 1951년 12월 26일 제출한 명단과 중복되지 않았다. 8월 13일에는 천마, 만포, 개성 등지 수용소에서 사망한 국군포로 598명의 명단을 추가로 인도하여 그들이 통보한 아군 포로사망자 수는 1,079명이었다. 8월 20일에 개성수용소에서 사망한 국군포로 3명 명단을 제출했다.[30]

1954년 2월 초 미 8군, 후방기지사령부, 유엔군 측 군사정전위원회에서는 남북에 걸쳐 있는 유해 발굴과 교환을 위해, 그 기간을 180일로 하고 그 시기도 1954년 5월 1일부터 10월 말까지 할 것을 유엔군사령부에 제의했다. 유엔군 측은 매장지가 농사 등으로 훼손될 것을 우려해 조기 착수를 선호했다. 이에 따라 2월 26일 유엔군사령부는 관련 협상을 3월 1일부터 구체화하고 그 기간도 180일로 할 것을 승인했다. 이어서 쌍방은 보급지원을 하고, 유해발굴에 동원된 200명 규모에 대한 인건비 지급, 비무장지

---

27) HQ Army Forces Far East, "Operation Plan: AFFE No. 5-53", Office of the Secretariat, UNC MAC, "Graves Registration", 1952.11-1953.4, p.134.

28) "Graves Registration Service in Korean Conflict", History of the Korean War, Vol. III, RG 550 Records of United States Army, Pacific, 1954, 국립중앙도서관, p.129, 165.

29) GHQ FEC/UNC, "Command Report" Aug. 1953, 군사편찬연구소 HD 1563, pp.62-63.

30) GHQ FEC/UNC, "Command Report" Aug. 1953, 군사편찬연구소 HD 1563, pp.60-61; HQ UNC MAC, "Memo for Record" May 27, 1954, 국사편찬위원회, p.20, 26.

대 25마일 이상 거리에 대해서는 인원, 차량 등에 대한 철도수송 등을 구체화했다. 3월 19일 공산 측과 협의를 통해 북한 지역의 유엔군 묘지 10곳의 위치, 묘지별 유해 규모, 남한 내 공산 측 유해 매장지 등의 정보를 상호 통보하기로 합의했다.[31]

유엔군 측은 1954년 3월 19일 비서장 회의에서 상대방 통제지역에서 유해 발굴을 제안했다. 이때 확보된 자료를 토대로 북한 244개소에 유엔군이 806명이 매장되어 있다는 자료를 제출했다. 이후 제주도와 거제도에 매장된 공산 측 유해는 모두 부산으로 이송했다고 공산 측에 통보했다. 공산 측은 5월 9일 남한 지역에서 사망한 3,521명의 매장 자료를 제공하고 이를 확인해 줄 것을 요청했으나, 상대지역에서 유해 발굴 제안에 대한 답신을 하지 않았다. 유엔 측에서도 답신을 요구했으나, 공산 측은 남한 지역 그들의 유해에 대한 관심을 가질 뿐 5월 하순까지도 진전이 없었다.[32]

상대방 비무장지대에서 유엔군 측은 분묘발굴계획에 관한 참모장교 회의에서 이미 1954년 6월 4일 상대방 분묘등록 인원이 자기 측 지역에 들어가는 것을 허용한다는 정전협정 제13항 ㅂ목의 취지를 환기시켰다. 이 규정이 즉각 시행할 수 있도록 4명의 상대방 비무장 분묘등록위원으로 하여금 매개 묘지 또는 다수의 묘지가 있는 지점 및 고립된 묘지 소재지에서 진행되는 동안 참석하도록 허가하여 매개 시체의 가장 중요한 신원을 보존하는데 실제 사업을 진행하는 인원과 협조하기 위해 입회하도록

---

31) GHQ FEC/UNC, "Command Report" Feb. 1954, 군사편찬연구소 HD 1569, p.20; GHQ FEC/UNC, "Command Report" Mar. 1954, 군사편찬연구소 HD 1570, pp.12-13; GHQ FEC/UNC, "Command Report" Apr. 1954, 군사편찬연구소 HD 1570, pp.25-26.
32) GHQ FEC/UNC, "Command Report" May 1954, 군사편찬연구소 HD 1571, pp.22-25.

하자는 제안을 했다. 분묘등록 위원은 장교 1명, 사병 3명으로 구성한다는 구체적인 계획을 알렸다.[33] 이에 대해 공산 측은 유엔군 측이 제주도와 거제도에 있던 유해를 부산으로 수집을 해놓았기 때문에 굳이 쌍방에서 발굴할 것이 아니라 쌍방에서 회수한 유해를 비무장지대에서 교환하자며 역제안을 했다. 이 방안에 대해 유엔군 측이 반대하면서 옵저버팀 파견안을 제시했으나 합의에 이르지 못했다.[34]

이어서 7월 8일 유해발굴계획에 관한 제4차 참모장교 회의에서 시체발굴시 상대방 인원이 알려진 묘지에 가도록 하는 것은 정전협정 제13항 ㅂ목의 의도라면서 이를 거듭 요구했다. 사망한 자기 측의 군인을 보호하려는 본능적인 의사가 누구든지 자연스러운 것이라고 설명했다. 감시원을 두는 것은 자기 측 인원의 시체를 돌보는 전통적 수요를 충족시키는 실제적 방법이라고 했다. 공산 측을 설득하기 위해 4명의 비무장감시원을 절반으로 줄일 용의가 있다고 새로 제안했으나, 공산 측은 동의하지 않았다.

1954년 7월 16일 시체발굴계획에 관한 제5차 참모장교회의에서 유엔군 측이 시체 발굴지역에 대한 상대방이 참관할 수 있도록 다시 요구했다. 이에 대해 공산 측은 이미 죽은 군사인원을 집결시켰으므로 상대방 인원을 파견해 발굴하는 것은 의의가 없다고 재차 반대했다. 결국 유엔군 측도 유엔군 측은 연내에 유해 교환이 어려워질 것을 우려해 분묘등록위원회를 구성해 비무장지대에서 유해를 교환하는데 합의했다.[35]

---

33) "분묘발굴계획에 관한 제3차 참모장교 회의록" 1954.7.1, 군사정전위원회, "분묘등록관계서류", p.3.
34) GHQ, FEC & UNC, "Command Report" June 1954, 군사편찬연구소 HD 1571, pp.16-18.
35) "시체발굴계획에 관한 제5차 참모장교 회의록 기록" 1954.7.16, 군사정전위원회, "분묘등록관계서류", p.3; GHQ FEC/UNC, "Command Report" July 1954, 군사편찬연구소 HD 1572, pp.19-22; GHQ FEC/UNC, "Command Report" Aug. 1954, 군사편찬연구소 HD 1572, p.28.

다만 1954년 7월 8일 이날 유엔군 측이 이미 통보한 북한지역 244개소에 대해, 공산 측은 매장지점에 대해 조사해, 83개의 매장지에 매장사실을 확인했고 답변했다. 유엔군 측이 매장지에 299구를 주장했지만, 조사한 결과 230명이 있었다고 했다. 제출한 10곳의 별개 지역에서 약 1,400구의 시신을 확인했다고 말했다. 지금까지 전체 250개소를 확인해 950구를 발견했다고 했다. 공산 측은 발굴시 식별 재료와 죽은 인사인원의 유물과 함께 시체에 같이 포장해 인도할 것을 주장했다.

또한 1954년 10월 중순에 유엔 공군 추락 인원에 대해, 항공기 추락지점의 위치에 대한 조사를 토대로 그 지점 가운데 확실한 재료가 있는 곳과 매 지점별 사상자 수를 정리한 일람표를 수교하고, 공산 측이 해당 각 지역을 조사해 그 지역에서 시체가 발견되면 보고해 줄 것을 요청했다. 이에 대해 공산 측은 비행기 추락으로 인해 사망자 자료는 인도사업 전에 넘겨주어야 했다고 지적하면서 시체인도인수 세목에 규정된 기한 내에 조사를 완료할 수 없을 것이 분명하지만 시체가 발견되면 인도할 수 있을 것이라고 답변했다.[36) 유엔군 측은 그들에게 북한군 및 중국군 군사통제지역내 항공기추락 위치 및 사상자수 일람표를 제출했다. 예를 들면 위도 39°22`00" 경도 125°47`00" 3명, 위도 39°08`00" 경도 127°07`00" 4명, 위도 39°23`00" 경도 125°45`00" 8명 등을 제시했다.[37)

한편 1952년 3월 무렵 유엔군 측은 전투지 및 포로수용소에서 사망한 공산 측 인원이 8,500명에 이를 것으로 추정했다. 정전협정 체결 직후인

---

36) 분묘등록위원회, "제5차 회의속기록" 1954.10.11., 군사정전위원회, "분묘등록관계서류", pp.1-2.
37) HQ United Nations Command Armistice Affairs Division, 201-01, Grave Registration Committee Mtgs upon disc of UNMAC, Trf ORCEN, Ret FRC 2 yrs later, Nov. 1953-July 1954, 국사편찬위원회, pp.113-121.

1953년 8월 6일 유엔군 측은 군사인원 시체 발굴(13 ㅂ) 및 수용중 전쟁포로 사망자 등(58 ㄱ(2), 58 ㄴ)에 관련된 일부 명단을 공산 측에 건네주었다. 이때 유엔군 측은 북한인 7,584명 중국인 481 명, 민간인억류자 353명 등 모두 8,418의 사망자 명단을 제공했다. 8월 16일에는 사망 혹은 도망한 북한인 포로 25명의 명단을 추가로 알렸다.[38]

이를 종합해 1954년 11월 10일까지 유엔군 측은 공산 측 남한 지역에 매장된 공산 측 인원은 정전협정 체결 무렵에 12,000구 규모로 추산했다.[39] 1954년 7월 1일 판문점에서 열린 시체발굴계획에 관한 제3차 참모장교회의에서 유엔군 측은 공산 측이 제출한 2,202개소에 5,157구의 시신 여부에 대해 1개소를 제외하고 신중하게 조사를 했으며, 709개 지점에 매장되어 있다는 점을 확인했다고 통보했다. 결국 유엔군 측은 북한군과 중국군 시신 약 12,000명과 공산 측이 추가로 확인을 요구한 개별적 묘지 710개소 2,066명 등 약 14,000명 인도하겠다고 말했다.

유해교환 직후에 미군 영현부대에서는 유엔군 유해가 포함되지 않았음을 파악하고 이를 공산 측에 요구했으나[40] 상대방 지역에 남겨진 유해에 대한 추가적인 검토와 발굴은 이행되지 못했다.

---

38) "Graves Registration Service in Korean Conflict", History of the Korean War, Vol. III, RG 550 Records of United States Army, Pacific, 1954, 국립중앙도서관, p.179.

39) GHQ FEC/UNC, "Command Report" Aug. 1953, 군사편찬연구소 HD 1563, pp.60-61; "Graves Registration Service in Korean Conflict", History of the Korean War, Vol. III, RG 550 Records of United States Army, Pacific, 1954, 국립중앙도서관, p.129, 166.

40) Coleman, Bradley Lynn, "Recovering the Korean War Dead, 1950-1958: Graves Registration, Forensic Anthropology, and Wartime Memorialization", p.212.

## 4. 유해 교환 규모와 한계

### 1 ) 유해 교환

유엔군 측은 사망한 전쟁포로를 포함한 군사인원 시체의 인도 인수사업을 1954년 8월부터 10월 말까지 90일간으로 하고, 이 기간 내에 마무리할 수 없을 경우 분묘등록위원회에서 서로 협의하여 결정하기로 했다. 샌더스 대령은 공산 측에 이를 1954년 9월 1일 이전에 할 수 없는지 물었고, 이에 대해 그들은 많은 시체를 접수하려면 상당한 준비가 필요하다고 대응했다. 당시 유엔군 측에서는 거제도와 제주도 공산포로 사망자 유해를 정전협정 13 ㅂ항 교환 이전에 송환하려는 구상도 있었다.[41] 교환 장소도 분묘등록위원회 본부지역보다 동장리 부근으로 하자고 했다.

이후 유엔군 측은 60일 기간도 융통성을 두어서 일방이 요구하면 응하는 입장이었다. 그러나 공산 측이 60일이 적합하다는 입장을 재확인해, 유해 인도인수사업은 1954년 9월 1일부터 10월 30일까지 60일간 신속히 완료하는 것으로 결정되었다.[42]

유해교환작전[Operation Glory]은 공산 측이 유엔군 유해를 매주 월요일부터 토요일까지 6일간 10시부터 13시까지 인도하고, 유엔군 측은 13시부터 16시까지 공산 측에 인도하는 순서로 진행되었다.[43]

분묘등록위원회는 양측의 시신을 인수인계하는 역할을 했다. 제1차 분

---

41) HQ UNC MAC, "Memo for Record" May 27, 1954, 국사편찬위원회, p.3.
42) 분묘등록위원회, "제1 회의록 기록" 1954.7.21., 군사정전위원회, "분묘등록관계서류", pp.2-5; GHQ FEC/UNC, "Command Report" July 1954, 군사편찬연구소 HD 1572, p.22.
43) "세목의 실시", 군사정전위원회, "분묘등록관계서류".

묘등록위원회는 1954년 7월 21일 오후 판문점에서 개최되었다. 유엔군 측 위원으로 샌더스 미군 대령, 한국군 정재봉 대령이고, 공산 측은 북한군 김무지(金武智) 대령, 중국군 차오원난(Tsao Wen Nan) 대좌이다.

1954년 9월 1일 부슬비가 내리는 이날 유해 교환에서 아군은 한국군 유해는 없이 미군 193구, 국적 불명 7구 등 200주를 인수했고, 공산 측에 인도한 인원은 북한군 500구, 중국군 100구 등 600주였다. 3일 용산역 앞에서 북한에서 스러진 '자유의 수호신'으로서 영현 봉영식을 거행해 그들의 영혼을 위로했다.[44]

유엔군 측 군사정전위원회 1954년 11월 10일 "시체교환 일일보고서"에 의하면, 인수받은 한국군은 608명, 미군 1,869구, 영국군 51구, 호주군 26구, 터키군 1구, 국적 불명 1,635구 등 4,190구이다.[45] 보고자는 당시 군사정전위원회 대한민국 대표인 임선하 소장이었다.

이 기간에 유엔군 측이 공산 측에 넘겨 준 13,528명 속에는 북한군 9,716명, 중국군 2,503구, 국적 불명 1,307명 등이었다. 공산 측에 인도한 북한군 9,716구 가운데, 대다수는 거제도포로수용소 사망 인원이었다. 공산 포로 사망자는 1954년 2월 15일 현재 부산에 7,150구, 거제도 1,373구, 부산 추모사찰 79구 등 8,602명이었다. 부산추모사찰에 화장되어 있는 경우는 모두 전투 중 부상으로 인한 사망자였다.[46] 거제도의 경우, 1953년 8

---

44) "시체교환 합의", 『마산일보』 1954.7.25; "북쪽 땅에 침략자 남긴 채 말없이 돌아오는 '自由'의 守護神" 『동아일보』 1954.9.1; "戰友의 奉迎裏 無言의 凱旋 第一日에 二百柱(유엔側)" 『동아일보』 1954.9.2.; "雙方屍體交換繼續 오늘 龍山驛서 市民奉迎式" 『동아일보』 1954.9.3.

45) 군사정전위원회, "분묘등록관계서류", p.144. 당시 미군 지휘보고서에서는 공산 측이 4,101명을 송환했다고 정리했다(GHQ, FEC & UNC, "Command Report" Oct. 1954, 군사편찬연구소 HD 1573, p.24), 추후 한국군 당국에서는 4,091구로 정리했다(합참, 2001. 『군사정전위원회편람』 5, p.172).

월 6일 현재 1,334구, 8월 16일 21명, 8월 26일 4명, 10월 6일에 3명 등이 늘어 모두 1,373명이었다.[47]

유엔군 측에서는 개별적 매장보고에 기초해 1954년 9월 13일부 명단 가운데 북한으로 국적이 확인된 인원은 부산 전쟁포로 제1묘지에 윤창형, 황성빈, 김석용, 조유상, 심동구 등이 있었다. 제2묘지의 민준식, 김경국, 성홍출, 신중긍, 김종훈, 리규세, 김옥남, 임지호, 민경규 등이 있었다.

이들이 남북한 어느 출신인지 불문명하다고 표기되어 있는 명단에는 부산 전쟁포로수용소 제1묘지에 매장된 리제용(CIV., 63611), 장재규(63600), 장병식(62933), 박준화, 김준용, 박동주 등이 있었고, 제2묘지에 묻혀 있던 서광도, 김창근, 리성식, 강득화, 원송운, 김봉석, 유진섭, 신정갑, 안태은, 김태복 등이 포함되어 있었다.

또한 한국적으로 인정된 포로는 부산 제1묘지에 정일성, 박순은, 한한기, 박종득, 안광수, 유재영 등 25명이고, 제2묘지에는 최태식, 정경성, 황세윤, 오중수, 박창범, 강대영, 최명한, 박한수 등이고 불명인 경우도 있었다. 이들은 남한에서 북한군에 의해 동원된 민간인억류자(Civil Internee, CI)로 공산 측에 인도되지 않고 국군에 인도되었다.[48]

---

46) "Total No. of Internments" Feb. 15, 1954, HQ United Nations Command Armistice Affairs Division, 201-01, Grave &Body Location Upon disc of UNCMAN, Trf ORCEN, Ret FRC 2 yrs later, March 1954-Oct. 1954, 국사편찬위원회, p.14; HQ UNC MAC, "Memo for Record" May 27, 1954, 국사편찬위원회, p.25.

47) HQ UNC MAC, "Memo for Record" May 27, 1954, 국사편찬위원회, p.19. 휴전 후 수용소 자리에서 1,200구가 넘는 시신이 발견되었다("이념을 감금한 땅, 거제도 포로수용소" 『경향신문』 2020.6.23.)는 대상도 이미 송환되었던 사망자 유해로 보인다.

48) "시체 교환시 판명된 사망 민간인포로", 『동아일보』 1954.10.13.

## 2 ) 전사자 유해 교환의 한계

1954년 10월 11일 재5차 분묘등록위원회 판문점 회의실에서 샌더스 대령은 시체교환사업에 대해, "귀측 분묘등록 인원이 협조적 태도와 주의와 존엄으로써 행동했다"면서 호의를 나타냈다. 하지만 전체 교환 기간은 60일인데, 공산 측은 1954년 9월 1일부터 21일까지 4,023구를 식별 자료와 함께 인도했다.[49] 이후 약간 늘어 송환된 총 유해는 4,190구에 그쳤다.

이미 1954년 3월 19일 비서장 회의에서 유엔군 측이 북한 지역에 설치한 10개 묘지에 1,683구가 있다고 자료를 제출했는데, 공산 측은 조사한 결과 1,438구를 확인했다고 했다. 3월 20일 비서장 회의에서 유엔군 측은 244개 지점에 805명 자료를 제출했는데, 이 자료에 근거해 83개 지점에서 238구를 발견했다고 했다. 그밖에 그들이 광범위한 조사를 통해 유엔군 측 자료와 다른 275개소에서 952구를 발견했다고 보고했다. 하지만 7월 8일 참모장교회의에서 유엔군 875구, 남한군 520구 등 1,395구를 인도했다. 4,023구 외에 추가로 78구를 발굴했다고 했던 규모[50]를 송환했을 뿐이다.

1954년 9월 28일 미 극동군사령부에서 유엔군사령부에 북한 지역에 매장된 유해가 송환되지 않았던 점을 지적했다. 샌더스 대령은 1954년 10월 11일 분묘등록위원회 제5차 회의에서 유엔군이 설정한 묘지 10개소 가운데 7개소에서 인수한 시신의 수효가 매장보고와 차이가 있다는 점을 지적했다. <표 1>에서 나타나듯이 흥남 제2묘지에서는 1구도 교환하지 않았다고 지적하고 이 묘지의 위치를 표시한 참고지도를 수교하면서, 공산 측

---

49) GHQ FEC/UNC, "Command Report" Sep-Oct. 1954, 군사편찬연구소 HD 1573, p.26.
50) 분묘등록위원회, "제5차 회의속기록" 1954.10.11., 군사정전위원회, "분묘등록관계서류", pp.5-6.

에 각 묘지에서 아직도 발굴되지 않는 시체를 찾기 위해 노력할 것과 그 결과를 보고해 줄 것을 요청했다.[51] 1954년 3월에는 고토리 166구, 북청 50구, 숙천(39°24ʾ30″, 125°36ʾ46″) 159구, 개성 10구 등 총 1,683구로 파악했는데,[52] 이후 약간 조정되었다.

**<표 1> 북한지역 유엔군 측 미발굴 유해 일람표(1954.11)**

| 묘지명 | 매장 수 | 인수 건수 | 미인수 건수 |
|---|---|---|---|
| 흥남 제1 | 410 | 408 | 2 |
| 흥남 제2 | 47 | 0 | 47 |
| 고토리 제2 | 149 | 119 | 30 |
| 평양 | 623 | 439 | 184 |
| 원산 | 132 | 129 | 3 |
| 유담리 | 86 | 83 | 3 |
| 개성 | 32 | 13 | 19 |
| 계 | 1,479 | 1,191 | 288 |

하지만 추가 송환없이 유해교환은 마무리되었다. 이때 송환된 유해의 신원을 확인하기 전에는 누락 인원을 파악하는데 어려움이 존재했던 요소도 있었다.[53] 현재 미 국방부포로실종국(Defense POW/MIA Accouning Agency, DPAA)에서는 유담리 193구, 고토리 30구 등 장진호 지역 1,018구,

---

51) 분묘등록위원회, "제5차 회의속기록" 1954.10.11., 군사정전위원회, "분묘등록관계서류", pp.2-3; GHQ FEC/UNC, "Command Report" Sep-Oct. 1954, 군사편찬연구소 HD 1573, p.28.

52) "Lists of Location of UNC Cemeteries Established by the UNC Forces in the North Korea, March 1954, Headquarters United Nations Command Armistice Affairs Division, 201-01, Grave &Body Location Upon disc of UNCMAN, Trf ORCEN, Ret FRC 2 yrs later, Sep.1953-Aug. 1954, 국사편찬위원회, p.121.

53) GHQ FEC/UNC, "Command Report" Sep-Oct. 1954, 군사편찬연구소 HD 1573, p.28.

군우리 380구, 평양 묘지 180구 등과 포로수용소 지역 1,200구, 비무장지대 1,000구 등[54]이 아직도 발굴되지 못한 것으로 평가하고 있다.

국군 유해의 경우도 600여 명에 그쳐 정전 당시 파악했던 7,000~8,000명에 이르는 포로 후송중 혹은 수용소에서 사망했던 규모에 비하면[55] 일부에 지나지 않았다. 전투지역 매장자를 포함하면 더더욱 제한된 규모이다.

공산 측은 유엔군 측이 14,000명을 인도하겠다고 했으나, 1954년 10월 11일까지 13,528구만 인도했다면서 약 500구가 인도되지 않았다고 주장했다. 이 가운데에는 사망한 포로 인원 8,602명이 포함되었다고 확인했다.[56] 유엔군 측은 약 14,000명을 인도할 예정이었으나, 군인이 아닌 일반 사민(私民) 546명이 포함되어 있다는 점을 확인하고 이들을 제외시켰을 뿐이었다. 정전협정 제13항 ㅂ목은 전쟁포로를 포함한 죽은 군사인원에 만 적용되는 것이므로 교환사업에서 제외되었다. 공산 측에 송환하기 위해 동장리에 수용하고 있었던 이들 546구는 1954년 10월 4일 문산에서 한국과 유엔군사령관 사이 협정을 체결해 한국 육군이 인수하도록 했다. 이들은 유엔군 포로수용소에서 민간인억류자로 분류된 인원으로 남한 출신 51구, 북한 출신 171구, 불명자 324구 등 546구이다.[57]

---

54) https://www.dpaa.mil/Resources/Fact-Sheets/Article-View/Article/569604/major-remains-concentrations-in-north-korea(검색일: 2020.6.23.).

55) GHQ FEC/UNC, "Command Report" Aug. 1953, 군사편찬연구소 HD 1563, pp.62-63; 육본 부관감실 인사처리과, 「한국군 출신 포로현황」1958. 미군 포로를 비롯해 일부는 공산군에 살해되었다기보다는 혹한과 부상으로 인한 고통에 삶을 포기한 경우도 있었지만, 국군 7,000명, 미군 6,270명 등 총 13,400명이 희생되었다는 조사결과도 있다(조성훈, "6·25전쟁중 북한 포로수용소 실태와 국군포로 사망자 유해발굴 가능성", p.175). 정전협정 58항 ㄱ항에 수용중 사망한 포로의 성명, 국적, 계급별 및 기타 식별자료 또한 사망일자와 원인 매장지 자료를 제공하도록 했다.

56) 분묘등록위원회, "제5차 회의속기록" 1954.10.11., 군사정전위원회, "분묘등록관계서류", pp.6-7.

한편 한국 정부는 경기도 파주시 적성면 적군묘지에 매장되어 있는 중국군 유해를 2014년 3월 28일 437구를 중국 정부에 인도한 이래 2019년 4월 10구를 포함해 6차에 걸쳐 모두 599구를 송환했다. 북한군 유해 689구도 적군묘지에 묻혀 있다는 점은 북한군이나 중국군 유해도 전쟁 당시 전투지역에서 추가로 발굴할 가능성은 크다.

## 5. 맺음말

이상에서 살펴본 대로 정전협정 조항에 유해송환 항목이 반영되었고, 체결 이후 유해교환과 비무장지대의 일부 발굴이 있었다는 점에서 그 의의가 있었다. 그러나 기간이 짧았고 교환 건수도 매우 제한적이었다. 정전협정 체결직후 비무장지대 전장정리 과정에서 유엔군 측에서는 모두 616구를 발굴했는데, 이 가운데 한국군 시신 363구, 미군 253구, 기타 순이었다. 공산 측도 607구를 수습했을 뿐이다. 상대방 지역에 대한 유해 규모에 대한 논의는 있었으나 실제로 발굴 및 교환이 이루어지지 않았다.

유엔군 측이 공산 측에 거제도포로수용소 수용 중 사망한 포로 8,602구를 포함한 13,528구를 송환한데 비해, 공산 측이 송환한 아군 유해는 모두 4,190구에 그쳤다. 이는 전투지에서 미처 수습하지 못한 유해, 유엔군 측이 공산포로와 귀환포로 등의 증언과 첩보를 토대로 파악한 이동과정과 수용 중에 사망한 아군포로 규모인 국군을 비롯한 유엔군 희생자 규모

---

57) 분묘등록위원회, "제5차 회의속기록" 1954.10.11., 군사정전위원회, "분묘등록관계서류", p.3; 참고서류, 1954.10.3.; "시체 교환시 판명된 사망 민간인포로", 1954, 『동아일보』(10월 13일).

를 제대로 반영하지 못한 것이었다.

이미 1954년 8월 17일 군사정전위원회 제47차 회의에서 쌍방은 '상대방의 군사인원 시체 인도인수에 관한 행정상의 세목'은 1954년 10월 30일 자로 유효기간이 만료되었으나, 이후 어느 일방이 자기 측 지역 내에서 상대방에 속하는 군사인원의 시체를 발견하는 경우에 군사정전위원회 비서장을 통해 시체의 인도 인수에 대한 조치를 취한다고 합의했다.[58]

유해교환 이후에도 유엔군 측은 매년 군사정전위원회에서 확인되지 않았던 포로들에 대한 해명을 요구하는 것과 별도로 사망자의 유해 송환을 거듭 요청했다. 이때 <표 2>에서처럼 실종자가 강조되었다.[59]

<표 2> 북한 소재 국군 및 유엔군 실종자 현황

(단위: 명)

| 계 | 한국 | 미국 | 영국 | 터키 | 남아공 | 벨기에 | 콜롬비아 | 그리스 |
|---|---|---|---|---|---|---|---|---|
| 2,233 | 1,647 | 389 | 16 | 167 | 8 | 3 | 2 | 1 |

1954년 유해교환 이후 처음으로 1981년 8월 남한 내에서 중국군 유해 2구가 발견되는 계기로, 유엔군 측은 1982년 12월 21일 제415차 정전위원회에서 그동안 아직 해명이 안된 아군 인원들을 찾기 위해 공산 측의 해명을 요구하였음을 상기시키는 동시에, "이제 행방불명된 포로들의 시체 매장장소를 확인하기 위한 새로운 노력이 필요하다"고 제기하였다.[60]

---

58) 1956년 2월 23일, 공동조사팀 2조에서 공산측이 275번 표지 인근에서 발굴된 유엔군 측 시신 2구를 인도했다.

59) 국방정보본부, 1986. 『군사정전위원회편람』, pp.183~184; 국방정보본부, 1993. 『군사정전위원회편람』 2집, p.128.

60) 국방정보본부, 『군사정전위원회편람』 2집, pp.210~211.

이어서 1985년 8월 하순 혼 3세(Charles F. Horne III) 군사정전위원회 수석대표는 서한으로 실종 유엔군의 생사확인과 사망자의 유해송환을 요청했다.

마침 1990년대 이후 미·북관계가 개선되면서 간헐적으로 북한에서 미군 유해가 송환되었고, 남북한 사이에도 2018년 '9.19 남북군사합의'를 통해 이듬해 4월부터 11월까지 진행된 화살머리고지에서 진행된 발굴 작업에서 잠정적으로 261구의 유해를 발굴했던 것처럼 성과가 확인되고 있다.

비무장지대와 북한 지역에서 유해발굴 및 교환 문제는 더 이상 정치적 혹은 군사적인 이유로 미루거나 중단되지 말고 지속적으로 추진되어할 것이다. 남북한 공동유해발굴은 미귀환 국군포로, 이산가족 등 6·25전쟁 유산 청산과 함께 남북한 사이에 신뢰 조성을 위한 중요한 인도적 과제이다.

# 참고문헌

## 1. 1차 문헌

국무총리비서실, '쌍방의 군사인원 시체교환에 대한 건의의 건' 1954, 국가기록원.

군사정전위원회, "분묘등록관계서류", 1954.

"군사정전위원회 제11~12차 회의록" 1953.8.13., 19.

육본 부관감실 인사처리과, 「한국군 출신 포로현황」1958.


Office of the Secretariat, UNC MAC, "Graves Registration", 1952.11-1953.4, 국사편찬위원회

Office of the Secretariat, UNC MAC, "Miscellaneous: Graves Registration Activities in the Demilitarized Zone, etc.", Oct. 1953- March 1955, 국사편찬위원회.

"Personnel Lessons Learned, Korea" March 1954, 국사편찬위원회.

"8204th Army Unit-American Graves Registration Service Group", 1954.8, 국사편찬위원회.

"Graves Registration Service in Korean Conflict", History of the Korean War, Vol. III, RG 550 Records of United States Army, Pacific, 1954, 국립중앙도서관.

GHQ FEC/UNC, "Command Report" July 1953-Dec. 1954, 군사편찬연구소.

HQ United Nations Command Armistice Affairs Division, 201-01, Grave &Body Location Upon disc of UNCMAN, Trf ORCEN, Ret FRC 2 yrs later, Sep.1953-Aug. 1954, 국사편찬위원회.

HQ United Nations Command Armistice Affairs Division, 201-01, Grave

&Body Location Upon disc of UNCMAN, Trf ORCEN, Ret FRC 2 yrs later, March 1954-Oct. 1954, 국사편찬위원회.

HQ UNC MAC, "Memo for Record" May 27, 1954, 국사편찬위원회,

"UN Component JOT No.7 to JOT Operations UNC MAC" Oct. 23, 1953, 국사편찬위원회.

HQ UNC Armistice Affairs Division, "Grave Registration Committee Mtgs upon disc of UMNMAC", 1953.1.1.-1954.7, 국사편찬위원회.


## 2. 2차 문헌

서주석, 1997. "미국의 대북한 포로송환 정책", 국방군사연구소, 전쟁기념관, 6월, "한국전쟁과 전쟁포로 처리문제".

오홍국, 2010. "북한지역 국군의 유해소재 분석 및 향후 과제", 『군사』 75.

육군본부, 1969. 『육군병참사』 1.

조성훈, 2010. "6·25전쟁중 북한 포로수용소 실태와 국군포로 사망자 유해발굴 가능성", 『군사』 75, 2010. 6.

"국군영현부대를 아십니까?", 2003. 『국방저널』 3월.

국방부 군사편찬연구소, 2010. 『6·25전쟁 유해소재 분석지도』.

조성훈, 2010. 『6·25전쟁과 국군포로』, 군사편찬연구소.


Coleman, Bradley Lynn, 2008. "Recovering the Korean War Dead, 1950-1958: Graves Registration, Forensic Anthropology, and Wartime Memorialization". *The Journal of Military History*, January 8.

Keene Judith , 2010. "Bodily Matters Above and Below Ground: The Treat-

ment of American Remains from the Korean War", the National
Council on Pubic History, *The Public Historian* vol. 32, No. 1, 등

# 중국군 최종 철군과 북중관계[*]

한상준

아주대학교 사학전공 교수

## I. 서론

1953년 7월 27일 한국전쟁 정전협정 체결 당시 북한에는 약 120만 명의 중국인민지원군(이하 중국군으로도 표기)이 주둔하고 있었다. 북한에 잔

---

* 이 글은 중국인민지원군 철군과 북중관계에 관한 필자의 기존 논문(한상준, 「중국인민지원군 철군의 원인과 중·북 관계」, 『아태연구』 19권 2호, 2012.; 김동길·한상준, 「제2의 해방: 북한자주화와 1956-57년의 중국-북한 관계」, 『국가전략』 제20권 2호, 2014.; 한상준, 「'간섭정책'에서 '유화정책'으로: 전후 중국의 대북정책, 1953-1956」, 『중국근현대사연구』 80, 2018.; 한상준, 「안보위협에 대한 공동인식과 북중관계의 '탄생'」, 『대구사학』 129, 2017)을 바탕으로 작성한 것임.

류했던 중국군은 정전 직후부터 1955년 말까지 단계적인 철수를 진행하였다. 1958년 1월 1일, 북한 주둔 중국군 병력은 약 29만 명이었다. 따라서 1953년 7월 27일부터 1958년 1월 1일까지 약 90만 명의 중국군이 북한에서 철수한 셈이다. 한편, 한국전쟁 정전 직후 남한에도 약 32만 명의 미군이 주둔하고 있었다.[1] 주한 미군도 정전 직후부터 군대를 철수하여 1958년 1월 1월에는 약 5만 명의 병력만이 남아 있었다. 또한 1958년 1월 1일 기준으로 북한 인민군 병력은 약 33만 명이었고, 한국군 병력은 약 61만 명이었다.[2] 요컨대, 1958년 북한에는 29만 명의 중국군과 33만 명의 북한군이, 남한에는 5만 명의 미군과 61만 명의 한국군이 존재했다.

1950년 10월 19일 압록강을 건너 한국전쟁에 참전했던 중국군은 1958년 10월 26일 북한에서 최종적으로 철수하였다.[3] 1958년 중국군의 철군은 주한미군의 철수여부와 상관없이 감행됐던 중국군만의 일방적인 철수였다.[4] 중국군의 단독철군은 한반도의 군사력 균형을 무너뜨렸고,[5] 북한의 국가 방위에 대한 부담을 가중시켰다.[6] 더욱이 철군이 진행됐던

1958년은 주한미군이 군사력을 증강시킴에 따라 한반도에서 안보·군사적 위협이 고조됐던 시기기도 하였다.[7] 하지만 중국군의 철군은 단행되었다. 어째서 북중은 주한미군 전력증강에 따라 한반도 안보환경이 악화됐던 상황 속에서 남북의 군사력 균형 상실, 북한의 방위 부담 증가 등과 같은 상황을 감수하면서 중국군을 철군시켰던 것일까?

## II. 철군의 배경: '8월 종파사건'과 헝가리 사태

'8월 종파사건'은 1956년 8월 30일 개최됐던 조선노동당 중앙위원회 8월 전원회의에서 비롯되었다. 김일성 지도부의 전횡과 독단에 반기를 들었던 반김일성 인사들은 8월 전원회의에서 불만을 표출하였다. 회의에서 비판을 제기했던 인물은 상업상 윤공흠이었다. 윤공흠은 당내에서 김일성 개인숭배 비판이 철저하게 진행되지 못했고, 조선노동당의 간부에 대한 인사 정책에도 심각한 문제가 있음을 지적하였다. 하지만 윤공흠의 발언은 조선노동당 지도부에 의해 제지되었다.[8] 오히려 전원회의는 이들 반김일성 세력에 대한 징계를 결정하였다. 최창익과 박창옥이 직위에서 해임되고, 상업상 윤공흠, 직업총동맹 위원장 서휘, 건재공업국장 리필규의

---

7) 1957년 6월 21일 군사정전위원회 제75차 회의에서 유엔 측은 외부로부터 한반도로 무기반입을 금지시켰던 정전협정 13조 D항의 폐기를 선언했고, 7월 15일 미 8군사령부는 제7사단을 핵전쟁에 대비한 펜토믹 사단(Pentomic Division)으로 개편했다. 또한 미국은 1958년 핵탄두의 탑재가 가능한 280㎜ 대포와 에네스트 존(Honest John) 등을 한국에 배치하였다. *Foreign Relations of the United States(-FRUS) 1955~1957, Vol. XXIII*, Washington D.C.: U.S. Government Printing Office, 1993, pp.322-325.

8) "Memorandum of Conversation with Bak Uiwan, 6 September 1956", *CWIHP(Cold War International History Project) Bulletin*, Issue 16, p.489.

당적이 박탈되고 직무가 정지되었다.[9] 조선로동당 8월 전원회의에서 반대파에 대한 징계가 내려진 8월 30일 윤공흠, 서휘, 리필규 등은 전원회의 장소를 빠져나와 문화선전부 부상 김강과 함께 중국으로 탈주하였다.[10]

반김일성 인사들의 중국 망명 사건은 곧바로 중소 공산당의 관심을 받았다. 망명자들은 북한 실정에 관한 장문의 편지를 중소 공산당 중앙에 전달하여 김일성의 전횡을 폭로하였다.[11] 중소는 1956년 9월 15일부터 27일까지 북경에서 열렸던 중국공산당 제8차 전국대표대회에서 북한 문제를 논의했다. 양국은 미코얀(A. Mikoyan)과 펑더화이(彭德懷)를 중심으로 대표단을 구성한 후 '8월 종파사건'에 직접 개입하였다.[12] 결국 북한은 중소대표단의 요구를 수용하여 조선노동당 9월 전원회의를 개최하고, 8월 전원회의에서 내려졌던 반대파에 대한 징계를 취소하였다.[13]

중소의 '8월 종파사건' 개입으로 김일성과 반대파 간의 분란은 표면상 해결된 듯 보였지만, 사실상 중소의 북한 간섭은 북중관계가 악화되는 결과를 불러왔다. 이는 북한지도부가 중소의 '8월 종파사건' 개입을 북한 내정에 대한 간섭으로 인식했기 때문이다.[14]

---

9) 「최창익, 윤공흠, 서휘, 리필규, 박창옥 등 동무들의 종파적 음모행위에 대하여(전원회의 결정, 1956년 8월 30-31일)」, 『결정집 1956년』, 평양: 조선로동당중앙위원회, 1956, pp.13-14.

10) '8월 종파사건' 망명 당사자의 증언은 안성규, 「중국 망명한 연안파 거물들의 恨과 충격증언」, 『월간중앙』 5월호, 1994, pp.557-569; 정태수·정창현, 「'8월 종파사건'의 전모」, 『WIN』 6월호, 1997, pp.148-154을 참고.

11) 「毛澤東接見蘇共中央代表團談話記錄」, 1956年 9月 18日(북경대학교 한반도연구센터 내부자료).

12) 「毛澤東接見蘇共中央代表團談話記錄」, 1956年 9月 18日; 심지화 저, 김동길 외 역, 『최후의 천조-모택동 김일성 시대의 중국과 북한』, 서울: 선인, 2017, pp.483-521.

13) 「최창익, 윤공흠, 서휘, 리필규, 박창옥 동무들에 대한 규율 문제를 개정하는 데 대하여(전원회의 결정, 1956년 9월 23일)」, 『결정집 1956년』, 평양: 조선로동당중앙위원회, 1956, p.24.

14) 중소 간섭에 대한 김일성의 불만에 관해서는, 金日成, 「我們的人民軍是工人階級的軍隊·革命的軍隊, 必須不斷加强階級政治教育(1963年2月8日對人民軍部隊政治副團長以上幹部和駐地黨政機關

한편, 1956년 2월 소련공산당 제20차 대회에서 후르시초프가 스탈린을 비판한 후, 폴란드와 헝가리는 그 후폭풍에 시달리고 있었다. 스탈린 시기 숙청됐던 고물카(Gomulka, Wladyslaw)와 나지(Nagy, Imre) 등이 양국의 중앙 정치무대로 복귀하였다.

폴란드의 고물카는, 1949년 폴란드공산당에서 축출되고 1951년 7월에 투옥도 되었지만, 1956년 10월 20일 폴란드통일노동자당(Polish United Workers' Party) 제1서기에 올랐다. 그는 폴란드식 사회주의의 실행과 소련 국적의 로코소우스키(Rokossowski)를 폴란드공산당 정치국원 및 국방부 장관에서 해임하는 문제를 둘러싸고 후르시초프와 대립하였으며, 이에 후르시초프는 무력을 동원하여 고물카를 위협하였다.[15] 그러나 고물카는 사회주의 진영을 절대 이탈하지 않을 것을 약속하고 "소련이 폴란드를 필요로 하는 것보다 폴란드가 소련을 더욱 필요로 한다"면서 소련과 우호동맹 관계를 유지하겠다고 약속하였다. 이로써 양국 간의 긴장국면은 평화적으로 해결되었다.[16]

헝가리의 나지는 스탈린 사후인 1953년 7월 총리에 올랐으나, 1955년

幹部的講話)」,『金日成著作集(1963.1-1963.12)』第17卷, 平壤: 外國文出版社, 1984年, p.80; 金日成, 「關于現階段我國國民經濟的發展方向(1963年9月5日在朝鮮勞動黨第四屆中央委員會第七次全體會議上的結論)」,『金日成著作集(1963.1-1963.12)』第17卷, 平壤: 外國文出版社, 1984年, pp.324-325 등을 참고.

15) 로코소우스키(Rokos sowski)는 1956년 10월 19일 정치국원 직책에서 해임되었으며, 11월 13일 폴란드 국방 부장관직에서도 해임되어 모스크바로 돌아갔다. 소련에 돌아간후 로코소우스키 소련국방부 차관에 임명 되었다. Mark Kramer(Transalated and annotated), "The 'Malin Notes' on the Crises in Hungary and Poland, 1956", *CWIHP Bulletin*, 1996, p.404.

16) Johanna Granville, "Hungarian and Polish Reactions to the Events of 1956: New Archival Evidence", *Europe-Asia Studies*, Vol.53 No.7, 2001, pp.1051-1076; Krzysztof Persak, "The Polish: Soviet Confrontation in 1956 and the Attempted Soviet Military Intervention in Poland: Reassessments and New Findings", *Journal of Contemporary History*, Vol.33 No.2, 2006, pp.1285-1310.

4월 당내 보수파의 비판을 받고 당적을 박탈당하였다. 1956년 소련공산당 제20차 당대회 후, 헝가리노동자당의 라코시(Rakosi, Matyas) 제1서기가 물러나고 유대계 헝가리인 거로(Gero, Erno)가 후임에 임명되었으나, 지식인들과 군중들의 불만은 여전하였다. 1956년 10월 6일 거행된 헝가리 최고지도자 라이크 라슬로(Rajk László)의 부다페스트 장례식을 계기로 군중시위가 촉발되었으며, 10월 22일 부다페스트에는 대규모 군중집회가 열려 라코시의 처벌과 나지의 복권, 소련군의 헝가리 철수를 요구하였다. 시위는 전국 각지로 확산되었으며 점차로 반공, 반소적으로 변하였다. 이에 소련군은 10월 24일 제1차 무력 개입을 단행하여 헝가리의 주요 도시를 점령하고 통제하였다. 동시에 정치국원 미코얀과 수슬로프(Suslov)의 중재로 나지를 총리로 임명하여 시위대의 불만을 무마하려 하였으나, 군중시위는 더욱 격화되어 소련군 철수와 헝가리의 사회주의 진영 탈퇴 요구로 발전하였다.[17] 1956년 10월 30일, 소련 정치국은 소련군 철수를 결정하고 나지 정부와 협상을 통한 평화적 해결을 결정하였으나, 영국과 프랑스의 이집트 수에즈 운하 폭격에 영향을 받아, 31일에 헝가리 시위를 무력으로 진압할 것을 결정하였다.[18] 이에 11월 1일, 나지 총리는 바르샤바조약기구로부터 탈퇴하고 중립국임을 선언했으며, 유엔 사무총장에게 군사적 지원을 요청하는 서한을 보냈다.[19] 소련은 카다르가 모스크바에서

---

17) Csaba Be´ke´s, "The 1956 Hungarian Revolution and the Declaration of Neutrality", *Cold War History*, Vol.6 No.4, 2006, pp.477-500.

18) 헝가리에 대한 소련의 무력개입에 관한 소련정치국회의 관련 자료는 다음을 참조. Mark Kramer(Transalated and annotated), "The 'Malin Notes' on the Crises in Hungary and Poland, 1956", *CWIHP Bulletin*, 1996, pp.385-410.

19) 나지 총리가 다그 함마르셸드(Dag Hammarskjold) 유엔사무총장에게 보낸 문서를 참조. United Nations General Assembly, First Emergency Special Session(1-10 November 1956).

수립을 선포한 '헝가리 노농정부(Provincial Workers' and Peasants' Government)'의 무력개입 요청을 수락하는 형식으로 11월 4일 제2차 무력개입을 전격 단행하여 나지 정부를 전복시키고 그를 체포하였다.[20] 소련군의 무력개입 초기 3일 동안, 22,000명의 헝가리인과 2,300명의 소련 군인들이 사망 또는 부상을 당하였다.[21] 헝가리 사태는 폴란드의 경우와는 달리 유혈 사태로 그 막을 내렸다.

## III. 북한의 철군 요구와 중국의 의심

북한의 '8월 종파사건'에 대한 중소의 공동 개입 이후 북중관계의 긴장은 심화되었다. 이는 북한이 중소의 '8월 종파사건' 개입을 내정 간섭으로 인식했기 때문이다. '8월 종파사건' 이후 북중관계가 악화됐던 상황에서 중국군 철군 문제가 불거졌다. 당시 중국군 철군 문제에 결정적인 영향을 끼쳤던 것은 동유럽 사회주의권에서 발생한 헝가리 사태였다.[22]

비록 소련의 군사개입은 형식상 헝가리 카다르 정부의 군사개입 요청을 수락하는 방식을 취했지만, 소련의 '붉은 군대'가 같은 '사회주의 형제국' 정권을 붕괴시켰다는 사실은 약 30만 중국군이 주둔했던 북한의 김

---

20) 나지 총리는 1956년 11월 22일 소련군에 체포되어 루마니아로 이송되었으며, 1958년 6월 교수형에 처해졌다.

21) Bela Kiraly, "Hungary's Army: Its Part in the Revolt", *East Europe*, Vol.7 No.6, 1958, pp.3-16.

22) '8월 종파사건', 중국군 철군, 헝가리 사태의 상호 연관성에 주목한 연구로는 다음을 참조. 한상준, 「중국인민지원군 철군의 원인과 중·북 관계」, 『아태연구』 제19권 제2호, 2012; 김동길·한상준, 「제2의 해방: 북한자주화와 1956-57년의 중국-북한 관계」, 『국가전략』 제20권 2호, 2014; 이종석, 「북한 주둔 중국군 철수에 관한 연구」, 『세종정책연구』 19, 2014.

일성 정권을 극도로 긴장시켰다. 1956년 '8월 종파사건'에 대한 중소의 간섭 이후 북중관계의 긴장이 고조됐던 상황에서, 헝가리 사태에 대한 소련의 군사개입은 북한 내부에서 중국군 철수 요구를 급격히 상승시켰던 직접적인 '도화선'이 되었다. 말하자면 소련군이 헝가리 나지 정권을 전복시키는 사건을 목도했던 김일성은 북한에 주둔한 중국군도 신뢰할 수 없다고 판단하였다.

한편 한국전쟁 정전 이후 중국군이 북한에서 많은 문제를 일으키고 있었다는 사실도 북한의 철군요구 제기에 일정 정도 영향을 끼쳤다고 생각된다. 1954년부터 1956년 8월까지의 기간 중국군이 북한정부 인사와 주민들을 불법 구금하거나 마찰을 일으킨 사건이 총 355건 발생하였다. 1955년 10월 21일, 중국군 부대 주변에서 사냥을 하던 북한 외무상 남일 일행이 중국군 소대장에 의해 2시간 동안 억류당한 사건이 발생했고, 조선노동당 고위 간부 박정애와 북한 내무상 방학세 등도 중국군에 의해 억류된 적이 있었다.[23] 불완전한 통계에 의하면 1954-56년 간 중국군의 차량, 총기, 강간, 폭행 사건 등으로 인한 북한 주민 사상자는 417명이었고, 1954-55년에만 중국군에 의한 북한 부녀자 강간 사건이 68차례 발생하였다. 그 밖에 중국군에 의한 무분별한 벌목, 중국인 사병의 밀수행위, 경작지와 농작물 및 주민 묘지의 훼손 등은 북한에서 심각한 사회문제를 일으켰다.[24] 많은 북한인들이 중국군을 '점령군'으로 인식했으며 이는 북한

---

23) 「停戰以來志願軍與朝鮮黨政軍民關係中的若干問題」, 新華社編, 『內部參考』, 1956年 12月 8日, p.158.

24) 「停戰以來志願軍與朝鮮黨政軍民關係中的若干問題」, 新華社編, 『內部參考』, 1956年 12月 8日, pp.160~162; 「志願軍與朝鮮人民關係中存在的一些問題」, 新華社編, 『內部參考』, 1957年 1月 22日, pp.427~429.

의 주권을 침범하는 것이라고 여겼을 뿐만 아니라 일부 북한의 지도자들도 중국군에 대한 부정적인 인식을 갖고 있었다.[25]

1956년 11월 북한정부는 다음과 같은 두 가지 조치를 취하였다. 첫째, 북한은 한반도 문제 해결을 위한 회담을 유엔에서 개최하자고 중소에 제안하였다. 둘째, 북한은 중국군 철수를 중국 측에 요구하였다. 특히 1956년 10월 30일 소련정부가 발표한 '소련과 기타 사회주의 국가 간 우호와 협력을 발전·강화시키는 기초에 관한 선언'은 북한이 중국에게 중국군 철군을 요구할 수 있는 외부적 조건을 제공했다. '선언'에서 소련은 소련군이 주둔하고 있는 국가들과의 협상을 통해 이들 국가로부터 군대를 철수하겠다고 선언하였고, 11월 2일 중국정부도 소련의 '선언'을 적극 지지하는 성명을 발표했기 때문이다.[26] 북한은 이러한 사회주의 진영 내부의 국제적 흐름에 편승하여 중국군에 대한 철군을 요구할 수 있었다.

소련의 헝가리 무력개입이 시작된 다음날인 1956년 11월 5일, 평양주재 소련대사관은 북한정부의 비망록을 소련 정부에 전송하였다. 당시 북한은 동일한 비망록을 중국에게도 전달하였다. 북한정부의 제안은 관련국 및 중국이 참가하는 한반도 평화회의를 유엔에서 개최하자는 것이었다. 북한은 "유엔 회원국 중 14개 국가만이[27] 조선전쟁에 참전했고, 전쟁

---

25) 「중화인민공화국 주재 소련 대사관의 1956년 업무보고(1957년 4월 18일)」, АВПРФ(Архив Внешней Политики Российской Федерации, 러시아 외교정책 문서보관소), Ф.5, оп.28, п.103, д.409, л.139~143.

26) 「蘇聯政府關于發展和進一步加强蘇聯同其他社會主義國家的友誼和合作的基础的宣言」, 『人民日報』, 1956年11月1日, 第1面; 「中華人民共和國政府關于蘇聯政府一九五六年十月三十日宣言的聲明」, 『人民日報』 1956年11月2日, 第2面.

27) 원문에는 14개국으로 표기되어 있지만, 실제로 한국전쟁에 전투병력을 파견한 유엔 회원국은 16개 국가였다.

에 참전하지 않은 국가들은 우리의 평화회의 개최 제안을 지지할 수도 있다"고 주장하였다. 또한 북한정부의 설명에 따르면, 유엔에 평화회의 개최를 제의하는 사실 자체가 북한에게는 유리한데, 이 문제에 관한 결정이 어떻게 내려지던지 간에 평화에 대한 북한의 의지를 보여줄 수 있는 기회가 될 수 있기 때문이었다.[28] 하지만 중국정부는 "미국은 항상 유엔을 활용하여 조선문제에 간섭하였고, 조선과 중국 및 기타 사회주의 국가들은 언제나 유엔의 간섭을 결연히 반대하였다. …… 유엔은 실질적으로도 법률적으로도 조선전쟁의 상대국이다"는 이유를 들어 북한의 제안에 반대하였다.[29]

곧이어 북한은 중국군대의 철수도 중국에게 요구하였다. 김일성이 중국군 철수를 요구한 직접적인 이유는, 앞에서도 언급했듯이 '8월 종파사건'에 대한 중·소의 공동간섭과 헝가리 주둔 소련군에 의하여 나지 정권이 붕괴되는 것을 목도하고서, 중국군을 자신의 안위와 안전을 위협할 수 있는 가장 위협적인 요인으로 보았기 때문이다. 당시 김일성의 철군요구에 직면한 마오쩌둥은 다음과 같이 언급하였다.

그렇지만 가장 중요한 것은 **김일성이 우리의 수십만 지원군이 조선에 주둔하는 것을 좋아하지 않는다는 것이다. 그는 우리에게 나가라고 한다.** 소련군대가 폴란드에 주둔하는 것은 바르샤바 조약이 있기 때문이지만, 우리에게는 〔그런 조약이〕 없다. 그들이 지원군을 요청했고, 만약 다시 요청하기를 원

---

28)「伊萬諾夫與南日會談紀要: 關于聯合國召開和平會議問題(1956年11月28日)」, 沈志華主編, 『俄羅斯解密檔案選編: 中蘇關係(1956.10-1958.3)』第7卷, 上海: 東方出版中心, 2015, pp.108-109.

29)「蘇聯駐中國大使館工作報告(1957年4月18日)」, 沈志華主編, 『俄羅斯解密檔案選編: 中蘇關係(1956.10-1958.3)』第7卷, 上海: 東方出版中心, 2015, p.213.

하지 않는다면, 우리가 무슨 이유로 떠나지 않고 남는다는 말인가?[30] (강
조는 필자)

중국은 북한의 움직임을 사회주의 진영을 이탈하려는 신호로 간주했
고, 특히 헝가리 사태 이후 중소에 대한 불신이 커졌던 북한이 유엔에 의
탁하여 자신의 안전을 보장 받으려 한다고 의심하였다. 1956년 11월 30
일, 마오쩌둥은 중국주재 소련대사 유딘(Yudin)을 만난 자리에서 북한에
대한 강한 우려를 나타냈다.

> 현재 동방에도 모순이 발생했다. …… 하지만 헝가리 사건처럼 발전할지는
> 이후의 상황을 지켜봐야 한다. …… 북한의 제안은 이해할 수 없으며 그들
> 의 사상을 위험하다. **헝가리 사건 발생 후, 북한 동지들은 아마도 우리와 같은**
> **국가들은 믿을 수 없다고 여겼을 것이다.** 이것은 매우 위험한 생각이다. ……
> **김일성은 중국과 소련이 그를 신임하지 않는다고 생각한다.** …… **나지는 성공하**
> **지 못했지만, 김일성은 성공할 수 있다.** …… 제국주의가 희망하는 것은 사회
> 주의 국가를 중립화하여 사회주의 진영에서 이탈하게 하는 것이다.[31] (강
> 조는 필자)

김일성과 나지 행동의 유사성은 김일성에 대한 마오쩌둥의 의구심을
확대시켰던 근본적인 요인이었다. 실제로 1956년 11월 1일 나지는 헝가리
사태 해결을 위한 특단의 조치로서 헝가리 중립화를 선언했고, 소련군의

---

30) 「毛澤東接見尤金談話記錄」, 1956年 11月 30日(북경대학교 한반도연구센터 내부자료).
31) 「毛澤東接見尤金談話記錄」, 1956年 11月 30日(북경대학교 한반도연구센터 내부자료).

즉각적인 철수를 요구했으며, 유엔에 서신을 보내 헝가리 문제를 논의해 달라고 요청하였다. 마오쩌둥은 나지의 행동과 김일성의 제안을 동일하게 여겼다. 이것은 나지가 사회주의 진영을 벗어나려고 시도했던 것처럼, 김일성도 중국의 영향력에서 벗어나고 나아가 사회주의 진영을 이탈하는 것은 아닐까 하는 의심이었다.

# IV. 중국의 철군 결정

중국의 북한에 대한 우려와 불신에도 불구하고, 1956년 말 중국은 북한으로부터 중국군을 철수하기로 결정하였다. 중국이 북한의 철군요구를 받아들이고 철군을 결정한 까닭은 무엇일까? 중국의 철군 결정에는 북한의 중소 노선에 대한 충실한 추종, 한반도 전쟁 재발 가능성이 낮다는 확신, 철군을 통해 북중 간 긴장을 낮추는 것이 중국에게 유리하다는 중공지도부의 현실적인 판단 등이 종합적으로 영향을 끼쳤다.

첫째, 마오쩌둥의 우려처럼 북한이 사회주의 진영을 이탈하려는 움직임은 나타나지 않았고, 김일성은 동유럽 사태의 혼란 속에서도 폴란드·헝가리 사건에 대한 중소의 정책을 흔들림 없이 지지하였다.

소련의 군사개입으로 헝가리 나지 정권이 붕괴되고 새롭게 카다르 정부가 수립된 직후인 1956년 11월 12일, 김일성은 조선민주주의인민공화국 내각 수상 명의로 카다르에게 축전을 보내면서, "반혁명 세력의 폭력과 파괴로 인한 후과(後果)를 신속히 처리하는 것을 돕기 위하여 10만 평방미터의 판유리를 포함한 기타 물품의 지원 결정" 사실을 통보하였다.[32] 김일성이 카다르에게 보낸 축전은 사실상 소련과 중국에게 보내는 메시지였다. 다시 말해 북한은 사회주의 진영의 충실한 일원으로서 중소의 정책과 노선에 반대하지 않는다는 사실을 공개적으로 천명한 것이다.

북한은 언론 매체의 지면을 통해, "헝가리 노동자들은 소련군대의 도움 하에 반혁명 세력을 진압하고 자신의 이익을 회복하였다", "이번 헝가리 사건을 통해 우리는 사회주의 대가정 속에서 긴밀하게 단결해야 한다는 것을 인식했다", "특히 소련과 중화인민공화국과의 연계를 강화하는 것은 우리의 인민민주주의적 사회제도를 공고하게 발전시키는 믿음직한 담보"라고 강조하였다.[33] 또한 "소련과 중화인민공화국을 포함한 사회주의 국가들 간의 친선, 단결, 상호협조 관계의 심화 발전은 우리의 혁명 완수와 조국 평화통일의 기본적인 담보이다", "헝가리의 혁명세력은 소련의 도움 아래 반혁명 세력의 파괴적인 음모를 성공적으로 분쇄하였다", "소련군대가 헝가리 노동계급에게 제공한 원조는 인민의 자유와 행복을 위한 고귀한 국제주의적 의무"였고, 따라서 "헝가리에 대한 소련군대의 원조는 전적으로 정당하다"고 지적하였다.[34]

둘째, 중국은 한반도에서 전쟁이 재발 가능성이 낮다고 봤기 때문에 북한에서 중국군을 철군해도 큰 문제는 없다고 판단하였다.

1953년 7월 27일 정전협정이 체결된 이후 한반도 냉전구조가 고착화

---

32) 「웽그리야 사건과 관련하여」, 『국제생활』 제22호, 평양: 국제생활사, 1956, p.1.

33) 「웽그리야 사건과 관련하여」, 『국제생활』 제22호, 평양: 국제생활사, 1956, p.2.

34) 「프로레타리아 국제주의는 우리 승리의 담보이다」, 『국제생활』 제23호, 평양: 국제생활사, 1956, pp.9-12.

되면서 남과 북의 군사적 긴장은 항시적인 것이 되었지만, 한반도에서 전쟁 재발 가능성이 반드시 증가했던 것은 아니고 오히려 낮아졌던 측면도 존재하였다. 한국의 경우 정전협정 체결 직후인 1953년 8월 8일 이승만과 미국 국무장관 덜레스(J. F. Dulles)가 가조인했던 「한미상호방위조약」이 10월 1일 워싱턴에서 변영태 외무장관과 덜레스 사이에서 정식으로 체결되었고, 1954년 11월 18일 발효되었다.[35] 또한 한미양국은 1954년 11월 17일 「한국에 대한 군사 및 경제원조에 관한 대한민국과 미합중국 간의 합의의사록」을 체결하여, 한국군에 대한 작전통제권을 유엔군사령부에 귀속시키는 것에 합의하였다.[36] 한미군사동맹의 형성은 한반도 냉전구조를 더욱 심화시켰지만, 미국이 「한미상호방위조약」을 통해서는 북한의 남진을 막고 「합의의사록」을 통해서는 남한의 북진을 막았다는 평가처럼,[37] 한반도에서 전쟁이 재발하는 가능성을 억제하고 통제하는 측면도 분명히 존재하였다. 이는 한국전쟁 정전 이후 한반도의 안정적인 현상유지를 최우선적 목표로 설정했던 중국의 한반도 전략에도 부합하는 것이었다.[38]

한편 중국도 한반도에서 전쟁이 재발할 가능성은 낮다고 보았는데, 이러한 중공의 인식은 중국군을 철수시켜도 북한과 중국의 국가안보에 중대한 문제가 발생하지는 않을 것이라는 정책적 판단에 힘을 실어 주었

---

35) 「대한민국과 미합중국간의 상호방위 조약」, 장삼열 외, 『한미동맹 60년사』, 서울: 국방부군사편찬연구소, 2013, pp.405-406.

36) 「한국에 대한 군사 및 경제원조에 관한 대한민국과 미합중국 간의 합의의사록」, 장삼열 외, 『한미동맹 60년사』, 서울: 국방부군사편찬연구소, 2013, p.410.

37) 김일영·조성렬, 『주한미군 역사, 쟁점, 전망』, 서울: 한울, 2014, p.73.

38) 김동길·한상준, 「제2의 해방: 북한자주화와 1956-57년의 중국-북한 관계」, 『국가전략』 제20권 2호, 2014, pp.79-82.

다. 예를 들어, 1954년 제네바 회의가 개최됐던 시기 중국지도부는 한반도 문제에 관한 미국과의 담판이 교착국면에 빠질 것이라고 예상하면서도, "한반도에서 다시 전쟁이 발생하는 것은 쉽지 않을 것"이라고 판단하였다.[39] 1955년 말에서 1956년 초, 중국지도부는 "국제정세가 안정되었다"는 확신을 더욱 확고히 가졌고,[40] 1957년 초, 주더(朱德)는 국무원 부총리 겸 국가경제위원회 주임 보이보(薄一波)와의 대담에서, "단기간 내에 세계대전이 발생하지는 않는다. 형제국가들의 경제발전이 군대의 병력 유지로 인해 고전하고 있다"는 의견을 나타내었다.[41] 이렇듯 중공지도부는 한반도에서 전쟁이 다시 발생할 가능성을 높지 않다고 판단했고,[42] 북한에서 중국군을 철수시켜도 군사적인 측면에서 큰 문제는 없을 것이라고 인식하였다.

사실 휴전선과 북중 국경이 인접한 압록강변까지의 거리는 약 400킬로미터에 불과하였다. 중국군의 철군은 북한에서 외국군대를 철수시키는 것인 만큼 그 자체로서 중대한 의미를 갖지만, 군사적 측면에서 판단한다면 중국군 철수에 군사전략적 의미를 크게 부여하기는 힘들다. 다시

---

39) 「周恩來和賴嘉文談話記録」, 1954年4月19日. (中共中央文獻研究室編, 『周恩來傳』, pp.1116-1117에서 재인용) ; 中共中央文獻研究室編, 『周恩來年譜 1949-1976』(上), 北京: 中央文獻出版社, 2006, pp.360-361.

40) 中共中央文獻編輯委員會編, 『周恩來選集』(下), 北京: 人民出版社, 1984年, pp.236-237.

41) 中共中央文獻研究室編, 『朱德年譜(新編本): 1886-1976』(下), 北京: 中央文獻出版社, 2006年, p.1576.

42) 당시 북한도 한반도에서 전쟁이 다시 발생할 가능성을 낮게 보았다. 1955년 2월 8일, 김일성은 북한 주재 소련 임시대리대사 라자레프에게 "현재 남조선인들이 군사행동을 재개하려 한다고 생각할 근거는 없으며, 그들은 단순히 긴장상태를 유지하기를 바라고 있다"고 하면서, 남한의 북한에 대한 군사돌발 가능성을 낮게 평가하였다. 「조선민주주의인민공화국 주재 소련 임시대리대사 라자레프의 일지(1955년 2월 8일)」, 『북한관계사료집 73』(조선민주주의인민공화국 주재 소련 대사의 일지 1), 국사편찬위원회, 2013년, 220쪽.

말해 중국군이 본국으로 철수했다고 해도 국경을 이루고 있는 압록강 하나만 건너면 언제라도 수십만의 군대를 다시 북한지역에 파견할 수 있었다.[43] 따라서 이런 측면을 감안한다면, 중국군이 북한 내부에 주둔하든 혹은 중국으로 철수하든지 북한의 국방이나 중국의 국가안보를 방위하는데 있어서 커다란 차이는 없었다.[44] 중국군을 북한에 주둔시키는 목적이 북한정권을 남한과 미군의 공격으로부터 방어하고, 북한이라는 완충지대를 확보하여 궁극적으로 중국의 국가안보를 지켜내는 것에 있었다고 한다면, 중국은 중국군을 철수시킨 이후에도 북중 양국의 결속을 바탕으로 소기의 군사전략적 목표를 달성할 수 있었다. 철군을 해도 북한 방어나 중국 국가안전에 결정적인 지장이 없고, 오히려 북한이 중국군 주둔을 원치 않고 철군을 요구하는 상황에서, 중국은 철군을 선택하여 북한과의 관계를 더욱 밀착시키고자 하였다.

셋째, 철군을 통해 북한을 안심시키고 북중관계를 개선하는 것은 한국 전쟁 정전 이래 한반도 정세의 안정을 추구했던 중국의 한반도 전략목표에도 부합하는 것이었다.

중국은 1953년부터 시작된 제1차 경제개발 5개년 계획과 사회주의 체제 건설의 성공적인 완수를 위하여 주변 국제환경의 안정을 추구하였다. 중국의 '평화공존 5원칙'은 1953~56년간 국제 분쟁을 피하려는 중국 외교 노선의 상징성을 함축하고 있었다. 1953~54년, 중국은 인도, 미얀마 등과 외교 협상을 통해 국경지역의 분쟁을 없애려 노력했고, 1954년 4~6월 제

---

43) 軍事科學院軍事歷史研究部, 『抗美援助戰爭史(第3卷)』, 北京: 軍事科學出版社, 2000, pp.519-545.
44) 이 문제에 관해서는, 김택빈·김영수, 「1958년, 위기의 북한과 중국의 선택: 북한 주둔 중국군 철수의 원인과 배경」 「통일문제 연구」 27권 1호, 2015를 참고.

네바 회담에서는 베트남 분쟁 종식과 인도차이나 반도 긴장 완화에 기여하고자 했다. 1955년 4월, 중국은 반둥회의에 참석하여 서로 다른 정치제도를 갖고 있는 국가들 간의 단결과 화합을 강조하였다. 1956년 10월, 중국은 폴란드·헝가리 문제를 처리하는 과정에서도 '평화공존 5원칙'을 주장하여, 사회주의 국가들 간의 평등과 상호존중을 역설하였다.[45)]

1953년 7월 27일 한국전쟁 정전 후 중국의 한반도 전략과 대북정책은 국제정세의 안정을 추구했던 1953~56년 중국 외교방침의 기본 선상에 있었다. 중국은 북한이 단독으로 전쟁을 일으키는 것을 막기 위해 북한의 군사력을 억제하는 한편 전후 대북 경제 원조를 통해서는 북한의 안정을 도모하였다. 1956년 말, 중국은 북한의 중국군 철군 요구를 받고 비교적 신속하게 병력 철수를 결정하였고, 철군문제로 인해 북중갈등이 심화되는 것을 피하며 한반도 정세안정에 끼칠 악영향을 방지하고자 하였다.

## V. 결론

중국군이 북한에서 완전히 철수한 것은 1958년이지만, 철군논의는 1956년 말 북한 측의 요구로 중국 내부에서 이미 시작됐고, 중국도 1956년 말(12월) 철군을 결정하였다. 1958년 중국군의 철군은 주한미군의 철수 여부와 무관하게 진행됐던 일방적인 단독철군이었다.

1956년 말(11월), 북한이 중국군 철군을 요구했던 것은 다음의 두 가지

---

45) 한상준, 「중국군 철군의 원인과 중·북 관계」 『아태연구』 제19권 제2호, 2012, pp.27-28.

원인에서 기인했다. 첫째, 1956년 '8월 종파사건'으로 인해 1956년 9월 중소로부터 내정간섭을 당한 사건이었다. 중소의 내정 간섭 이후 중국에 대한 북한의 반감과 불만이 고조되었다. 둘째, 1956년 11월, 소련군에 의한 헝가리 나지 정권의 붕괴가 북한에게 끼쳤던 영향이었다. 소련군이 사회주의 정권을 무너뜨렸다는 사실은 북한에게 깊은 충격을 주었다. 말하자면 1956년 하반기, 북한이 내정 간섭을 겪으며 느꼈던 중국에 대한 불신이 헝가리 나지 정권의 붕괴를 계기로 중국군에 대한 실질적인 철군을 요구했던 것이다.

1956년 말(12월), 중국은 북한의 중국군 철군 요구를 받고 병력 철수를 결정하였다. 중국이 철군을 결정했던 주된 원인은 다음과 같다. 첫째, 북한은 마오쩌둥의 우려했던 것처럼 사회주의 진영을 이탈하려고 하지 않았고, 중소의 노선을 충실히 따랐다. 만약 김일성이 헝가리의 나지처럼 사회주의 진영을 벗어나 독자노선을 추구했다면, 중국이 북한에 주둔한 중국군을 동원하여 사태를 조정하려 했을지도 모른다. 그러나 그러한 조짐은 나타나지 않았고, 중국은 철군을 선택했다. 둘째, 중국은 한반도에서 전쟁이 다시 발생할 가능성은 낮다고 보았고, 군대를 철수해도 북한의 방위나 중국의 안보에 결정적인 문제는 없다고 판단하였다. 따라서 중국군이 북한에 주둔하던, 혹은 압록강을 건너 중국 경내에 주둔하던 간에 군사전략적 측면에서 큰 차이는 없었으며, 오히려 중국군 철군은 주한미군의 철군을 압박할 수 있는 정치·외교적 카드로 활용될 수 있었다. 셋째, 중국군 철군을 통해 김일성 정권을 안심시키고 북한과의 긴장관계를 해소하는 것은 한국전쟁 정전 이래 한반도 정세의 안정을 추구했던 중국의 한반도 전략목표에도 정확히 부합하는 것이었다. 다시 말해 철군 문제로 인한 북중 간 갈등이 장기화 되는 것은 한반도 정세를 불안정하게 만드는 요인이 될 수 있었고, 이는 당연히 중국의 국가 이익에 반하는 것이었다. 요컨대 중국은 철군 문제로 인한 북한과의 불필요한 갈등과 긴장을 조기에 해소하고, 양국관계의 개선을 통해 한반도 현상의 안정을 추구하고자 하였다.

한편, 중국군 철군문제를 둘러싼 북중관계의 전개양상은 양국관계의 취약성을 그대로 드러냈다. 북중은 표면적인 우호·협력 관계와는 상반되게 서로를 불신하고 의심하였다. 마오쩌둥은 김일성을 믿지 못했고, 김일성은 북한에 주둔한 중국군대를 두려워했다. 마오쩌둥은 김일성이 헝가리의 나지처럼 사회주의 진영을 이탈할지 모른다고 의심했고, 김일성은 소련군이 헝가리 정권을 무너뜨렸던 것처럼 중국이 중국군을 통해 북한 정권을 위협할지도 모른다고 우려하였다.

중국의 입장에서 중국군 철군은 북한을 압박할 수 있는 물리적 수단, 곧 '채찍'을 상실했다는 것을 의미했다. 그렇지만 이것이 한반도에 대한 중국의 전략이 바뀌었다는 것을 의미하지는 않는다. 중국군 철수 이후에도 한반도 정세의 안정적 유지라는 중국의 전략목표는 변함없이 유지되었다. 다만 이후 중국은 '채찍' 보다는 '당근'을 더 많이 사용해야만 했다. 1961년 「북중동맹조약」이나 1962년 「북중국경조약」에서 중국이 북한 측에 유리한 내용으로 협정을 체결하고 더 많은 양보를 했던 사실은 그와 같은 맥락에서 이해될 수 있을 것이다.

# 참고문헌

## 1. 신문, 잡지, 연표

『월간중앙』(서울)

『WIN』(서울)

『人民日報』(북경)

『국제생활』(평양)

외무부문서국문서과, 『대한민국외교연표(1948-1961)』, 1962년.


## 2. 1차 사료

『결정집 1956년』, 평양: 조선로동당중앙위원회, 1956.

『남북관계사료집』 제1권, 과천: 국사편찬위원회, 1994.

『북한관계사료집 73』(조선민주주의인민공화국 주재 소련 대사의 일지 1), 국사편
　　　찬위원회, 2013년.

「毛澤東接見蘇共中央代表團談話記錄」, 1956年 9月 18日.

「毛澤東接見尤金談話記錄」, 1956年 11月 30日.

「停戰以來志願軍與朝鮮黨政軍民關係中的若干問題」, 新華社編, 『內部參考』, 1956
　　　年 12月 8日.

「停戰以來志願軍與朝鮮黨政軍民關係中的若干問題」, 新華社編, 『內部參考』, 1956
　　　年 12月 8日.

「志願軍與朝鮮人民關係中存在的一些問題」, 新華社編, 『內部參考』, 1957年 1月 22日.

『金日成著作集(1963.1-1963.12)』第17卷, 平壤: 外國文出版社, 1984年.

沈志華主編, 『俄羅斯解密檔案選編: 中蘇關係(1956.10-1958.3)』第7卷, 上海: 東方
　　　出版中心, 2015.

"Current Intelligence Weekly Summary"(13 February 1958), *Central Intelligence Agency(CIA)*.

United Nations General Assembly, First Emergency Special Session (1-10 November 1956).

*Foreign Relations of the United States(FRUS) 1955~1957, Vol. XXIII*, Washington D.C.: U.S. Government Printing Office, 1993.

"Memorandum of Conversation with Bak Uiwan, 6 September 1956", *CWIHP(Cold War International History Project) Bulletin*, Issue 16.

Mark Kramer (Transalated and annotated), "The 'Malin Notes' on the Crises in Hungary and Poland, 1956", *CWIHP Bulletin*, 1996.

「중화인민공화국 주재 소련 대사관의 1956년 업무보고(1957년 4월 18일)」, *ABП РФ*(Архив Внешней Политики Российской Федерации, 러시아 외교정책 문서보관소), Ф.5, оп.28, п.103, д.409, л.139~143.

### 3. 논문, 저서

김동길·한상준, 「제2의 해방: 북한자주화와 1956-57년의 중국-북한 관계」, 『국가전략』 제20권 2호, 2014.

김용현, 「한국전쟁 이후 중국인민지원군의 역할에 관한 연구」, 『북한연구학회보』 제10권 제2호, 2006.

이종석, 「북한 주둔 중국인민지원군 철수에 관한 연구」, 『세종정책연구』 19, 2014.

한상준, 「韓國戰爭 停戰 以後, 中國人民志願軍 撤軍問題를 둘러싼 北·中의 異見과 軋轢」, 『中國近現代史硏究』 75, 2017.

한상준, 「중국인민지원군 철군의 원인과 중·북 관계」, 『아태연구』 제19권 제2호, 2012.

한상준, 「'간섭정책'에서 '유화정책'으로 : 전후 중국의 대북정책, 1953-1956」, 『중
　　국근현대사연구』 80, 2018.

한상준, 「중국인민지원군 단독철군 문제 재론」, 『동양사학연구』 142, 2018.

김일영·조성렬, 『주한미군 : 역사, 쟁점, 전망』, 파주: 한울, 2009.

심지화 저, 김동길 외 역, 『최후의 천조-모택동 김일성 시대의 중국과 북한』, 서울:
　　선인, 2017.

와다 하루끼 저, 서동만 역, 『한국전쟁』, 파주: 창비, 2003.

장삼열 외, 『한미동맹 60년사』, 서울: 국방부군사편찬연구소, 2013.

軍事科學院軍事歷史研究部, 『抗美援助戰爭史(第3卷)』, 北京: 軍事科學出版社, 2000.

中共中央文献研究室编, 『周恩来传』, 北京: 中央文獻出版社, 2011.

中共中央文献研究室编, 『周恩来年谱 1949-1976』(上), 北京 : 中央文献出版社, 2006.

中共中央文献编辑委员会编, 『周恩来选集』(下), 北京 : 人民出版社, 1984年.

中共中央文献研究室编, 『朱德年谱(新编本) : 1886-1976』(下), 北京 : 中央文献出
　　版社, 2006年.

Bela Kiraly, "Hungary's Army: Its Part in the Revolt", *East Europe*, Vol.7
　　No.6, 1958.

Csaba Be′ke′s, "The 1956 Hungarian Revolution and the Declaration of
　　Neutrality", *Cold War History*, Vol.6 No.4, 2006.

Johanna Granville, "Hungarian and Polish Reactions to the Events of 1956:
　　New Archival Evidence", *Europe-Asia Studies*, Vol.53 No.7, 2001.

Krzysztof Persak, "The Polish: Soviet Confrontation in 1956 and the At-
　　tempted Soviet Military Intervention in Poland: Reassessments and
　　New Findings", *Journal of Contemporary History*, Vol.33 No.2, 2006.

# 한러관계의 역사적 고찰과 한반도 평화[*]

이재훈

한국외국어대학교 디지털인문한국학연구소 전임연구원

## Ⅰ. 서론

1860년 조선과 러시아가 국경을 접한 이래 러시아는 한반도의 운명이 바뀌는 매 순간 우리 곁에 있었다. 그들은 제국주의적 팽창의 시기에, 일제강점에서 해방되던 시기에, 냉전의 시기에, 그리고 탈냉전으로 넘어가는 순간에도 항상 자기의 힘을 과시하듯 우리의 운명이 나아가는 방향을 변경시키거나 지정하는 역할자의 한 축이었다.

지금도 크게 달라지지 않은 것 같다. 제국주의도 냉전도 사라진지 오

---

[*] 태봉학회 · 한국군사사학회 · 철원역사문화연구소, 『6·25 전쟁 70주년의 역사적 의미와 철원』, 2020.

래지만, 러시아는 아시아와 유럽을 아우르는 광대한 영토를 기반으로 전 세계적 차원에서 단단한 정치적, 군사적 영향력을 행사하고 있다. 따라서 과거 러시아의 직접적인 영향을 받았던 한반도도, 비록 축소되기는 했지만 지금도 그 영향에서 완전히 벗어나는 것이 불가능하다.

이 글에서는 한러관계에 대한 역사적 고찰을 통해 현재 한반도의 평화를 구축하고 유지하는데 있어 러시아가 점하는 위치와 위상을 살펴보고자 한다. 이 글에서 다루는 시기와 현재는 시대적 조건과 관계의 양상이 다르기 때문에 과거의 경험이 현재에 정확히 부합하지는 않을 것이다. 하지만 시기를 관통하면서 러시아가 지속적으로 보여주었던 한반도에 대한 인식과 정책은 현재의 조건에도 상당부분 유효할 것으로 판단한다.

이 글에 적용하는 추론은 다음과 같다. 러시아에게 한반도는 정치적, 전략적, 경제적으로 매력을 지닌 지역이지만, 동아시아에서 러시아와 접경하고 있는 만주(중국), 더 나아가 러시아의 영향권과 접하고 있는 유럽 지역에 비해 상대적 가치는 떨어졌다. 따라서 러시아는 낮은 가치의 한반도를 때로는 현상유지와 세력균형, 그리고 일정한 양보를 통해, 또 때로는 공세적 진출을 통해 활용하면서 가치가 높은 지역에서 자신의 우위를 유지하고 강화하고자 하였다. 그리고 러시아의 공세적 진출은 한반도에서의 전쟁으로 이어졌다.

이러한 추론의 적합성을 확인하고자 다음의 두 시기를 선택하였다. 첫 번째는 1860년 조러 접경부터 1904년 러일전쟁까지의 시기이며, 두 번째는 1945년 해방부터 1950년 한국전쟁까지의 시기이다. 이 두 시기는 러시아의 대한반도정책이 현상유지에서 공세적 진출로 이어졌고, 그 결과가 전쟁이었다는 점에서 동일하다.

## Ⅱ. 러시아의 대한반도정책
## : 현상유지에서 공세적 대응으로

### 1. 조선과 러시아의 수교-쇄국을 통한 현상유지

1860년 러시아와 청이 북경조약을 체결하면서 조선과 러시아는 두만강을 경계로 국경을 접하게 되었다. 연해주를 확보한 러시아는 그곳의 방어를 위해 국경수비대를 파견하고, 미개척지 개발을 위한 이민을 추진하였다. 하지만 자연환경이나 기후조건이 유럽지역 러시아와는 현저히 달랐기 때문에 연해주 개발정책은 순조롭게 진행될 수 없었고, 이로 인해 국경수비대의 식량과 생필품, 그리고 개발을 위한 민간 노동력 등을 인접한 조선과 만주에서 구할 수밖에 없었다.

이에 러시아는 조선과의 교역으로 연해주의 수요를 충족시키고자 "1865년 청국 주재 공사 블란갈리에게 조선과 교역할 경우의 이해득실과 교역수단에 대해 보고하도록 지시하였다. 이에 대해 블란갈리는 정부 간 교섭은 중국의 불만을 사고 서양열강으로부터도 견제 받게 되므로 장래 조선에서 누릴 수 있는 러시아의 통상이익에 해가 될 것이라고 하면서 조선과의 제한적 국경교역만을 제안"[1]하였다.

이러한 블란갈리의 보고가 러시아의 대한반도정책에 영향을 주었던 것으로 보인다. 이후 조선의 쇄국상태가 서양열강과의 관계에서 자신에게 보다 유리하리라고 판단한 러시아는 "조선과의 국가 간 직접교섭을 포기하고, 지방정부인 동시베리아 총독 코르사코프에게 조선 전역이 아닌 조

---

1) *Памятники сибирской истории XVIII века. Книга вторая.* 1713-1724(СПБ. 1885), c.384. Б. Д. Пак, *Россия и Корея*, ИВ РАН, 2004, cc.71-72에서 재인용.

선 국경지역과의 통상관계를 수립하라"[2]는 지시를 내렸다. 이에 같은 해 여름 코르사코프는 겔메르센을 경흥으로 파견하여 함경감사에게 통상요구서한을 전달하게 했지만, 겔메르센을 맞이한 경흥부사의 완강한 거부로 11월이 되어서야 서한을 전달할 수 있었다.[3]

여기에서 주목할 부분은 이 시기 러시아는 쇄국상태의 조선을 전면적으로 개방시키려는 의지가 없었다는 것이다. 당시 러시아에게 있어 조선과의 전면적 통상관계 수립은 이익보다는 손해를 줄 가능성이 보다 컸다. 왜냐하면 국제관계를 고려할 때 양국 간의 통상관계 수립은 조선과 기타 열강과의 통상관계 수립으로 이어질 수밖에 없는데, 러시아는 연해주의 낙후성으로 인해 조선과의 전면적 통상에서 얻을 수 있는 것이 극히 제한적이었던 반면, 굳게 폐쇄되어 있던 조선의 대문을 다른 나라들에게 열어주는 빌미를 제공한다는 측면에서 보다 많은 손해를 볼 수밖에 없었기 때문이었다.[4] 그렇기 때문에 러시아는 국가 간의 전면적 통상이 아니라, 연해주 국경지대의 수요를 충족시켜줄 만큼의 지방과 지방간의 '제한적 교역'을 추구했던 것이고, 이는 곧 조선의 쇄국을 유지하고자 하는 러시아의 대한반도 현상유지정책을 의미하는 것이었다.

그런데 1870년대 중반이후 러시아는 제한적 국경교역이 아닌 '전면적 교류'를 염두에 두는 국가 수준의 조약 체결을 강구하게 된다. 1876년 강화도조약이 체결되면서 조선은 더 이상 폐쇄된 나라가 아니었기 때문이

---

2) Б. Д. Пак, 위의 책, c.72.

3) 연갑수, 『대원군집권기 부국강병정책 연구』(서울대학교 출판부, 2003), 112쪽 참조.

4) 당시 러시아는 "조선의 쇄국상태는 우리에게 유리하다. 우리 태평양 속령이 발전하지 못했으므로 조선정부에게서 (통상의) 권리를 받아도 이를 사용하지 못할 것이며, 서양열강이 우리 대신 사용할 수 있기 때문"이라고 인식하였다: Б. Д. Пак, 앞의 책, c.72.

다. 이에 러시아는 1880년 3월 통상조약 체결 가능성을 타진[5]한 이래, 수차례의 시도 끝에 1884년 '조러수호통상조약'을, 1888년에는 '조러육로통상장정'을 체결할 수 있었고, 이를 통해 러시아는 한반도를 둘러싼 열강 간의 각축 속으로 한 걸음 내딛게 되었다. 이제 러시아는 한반도에 대해 쇄국의 현상유지가 아닌 세력균형의 현상유지를 추구하게 된다.

## 2. 영국의 거문도점령과 러시아-세력균형을 통한 현상유지 1

1885년 4월 영국이 거문도를 점령하였다. 이는 아프가니스탄과 페르시아 지역에서 전개되던 영국과 러시아의 대립으로 인한 것이었다. 당시 영국은 양 지역을 인도의 안전을 위한 완충지대로 생각했던 반면, 유럽 제국, 특히 영국에 의해 흑해와 발트해를 통한 지중해로의 진출로가 막혀있던 러시아는 중동을 통한 남쪽으로의 진출을 도모하였다. 따라서 이 지역에서 양국의 대립은 불가피했고, 그 여파는 양국의 주전론을 강화시키면서 다른 지역들로까지 퍼져나갔다.

이에 러시아는 영국과의 대립이 극동에 영향을 주리라는 판단 하에 자국 극동함대의 모기지인 블라디보스토크 항을 중심으로 영국해군의 공격에 대비하였다. 영국 또한 러시아와의 전면전에 대비하여 블라디보스토크를 공격할 수 있는 전진기지를 확보해야 하는 입장이었다. 그 전진기지의 최적지가 바로 거문도였다.

영국이 거문도를 점령하자 러시아는 영국군 철수 외교에 주력하였다. 조선정부를 상대로 자신도 다른 항구를 점령하겠다고 엄포를 놓는 한

---

5) Б. Д. Пак, 위의 책, c.93; 『고종실록』 고종 17년 2월 27일 참조.

편, 조선에 군사교관단을 파견할 준비가 되었다고 달래기도 하였다. 또한 1886년 9월에는 청의 이홍장과 북경 주재 러시아대리공사 라디젠스키가 텐진에서 회합하여 "조선의 현 질서를 무너뜨리지 않고, 조선의 불가침권을 유지한다"[6]는 조선의 현상유지를 내용으로 하는 구두협약을 체결함으로써, 영국의 거문도 철수를 압박하면서 러시아도 조선 항구 점령의 의도를 가지고 있지 않음을 표명하기도 하였다.

결과적으로 1887년 2월 영국이 거문도에서 철수함에 따라 조선을 둘러싼 양국의 대립이 마무리되었다. 그리고 1888년 5월 연아무르총독 코르프와 외무성 아시아국장 지노비예프가 주재한 특별회의에서는 이홍장과 라디젠스키가 약정한 조선의 현상유지를 러시아 극동정책의 기조로 하면서, 설혹 조청관계가 전통적인 종속관계로 유지된다 할지라도 러시아가 이에 반발할 필요가 없다는 인식에까지 도달하였다.[7] 왜냐하면 기존의 조청관계가 어느 시기까지는 오히려 타 열강의 조선 진출을 막아주는 유용한 방파제 역할을 할 수 있을 것으로 보았기 때문이다.

## 3. 청일전쟁과 러시아―세력균형을 통한 현상유지 2

1894년 청일전쟁은 러시아가 대한반도 현상유지정책을 펼치는 또 하나의 장이었다. 동년 6월 초 동학혁명에 직면한 조선정부의 요청으로 청이 파병하자, 일본도 청에게 파병을 통고하고 조선에 병력을 급파하였다. 청일 간에 조선에 대한 영향력을 둘러싼 큰 싸움이 벌어질 판이었다.

이에 러시아도 조선의 상황에 개입하게 된다. 우선 6월 22일 이홍장

---

6) 김원수, '청일전쟁 및 삼국간섭과 러시아의 조선정책', 『韓國政治外交史論叢』(36-2), 2018, 39쪽.
7) 위의 논문, 40-41쪽.

이 러시아에 청일양군공동철병 중재요청을 하자 주일공사 히트로보가 일본외상에게 이를 문의했으며, 6월 24일에는 조선정부가 공동철병 중재를 요청하자 이를 일본외상에게 전달하기도 하였다.[8] 이러한 러시아의 움직임은 청일 간의 분쟁, 전쟁을 통한 한반도의 현상변경을 바라지 않는다는 측면에서 러시아의 기존 극동정책 범주에 속하는 것이었다.

하지만 7월에 들어 일본은 청에 최후통첩을 했고, 7월 25일 풍도해전(豊島海戰)을 통해 청과의 전쟁에 돌입하였다. 이에 러시아는 개전직후부터 강화에 이르기까지 4차례 특별회의를 개최하여 전쟁의 추이에 대응하였다. 그 가운데 특히 청일전쟁의 전세가 결정되어 일본이 여순과 대련을 수중에 넣고 청의 수도를 위협하는 형국이던 1895년 2월 1일 개최된 2차 회의에서는 일본이 조선을 점령할 경우와 요동반도를 점령할 경우를 상정하여 대책이 강구되었는데, 그 내용은 "일본이 조선을 점령할 경우 러시아는 거문도나 영흥만을 차지"하는 등의 비교적 소극적인 대처를 하고, "요동반도를 점령할 경우는 러시아의 이해에 대한 정면 침해로 간주하여 영국을 비롯한 열강과의 (무력이 배제되지 않는)공동간섭"을 한다는 것이었다.[9] 요컨대 특별회의 결정은 만주와 조선에 대한 러시아의 차별적 이해관계가 반영된 것이었다. 러시아는 조선에서는 계속 세력균형을 통한 현상유지를, 만주에서는 절대적 우월권을 도모하고자 하였다. 그리고 이러한 대책이 현실과 결합하여 나온 것이 바로 시모노세키조약 체결 6일 후에 성립된 러시아, 프랑스, 독일의 삼국간섭이었다.

---

8) Maccordock, R. Stanley, *British Far Eastern Policy, 1894~1900*. New York, 1931, p.84.

9) Malozemoff, A. M. *The Russian Far Eastern Policy 1881~1904*. Berkerly, 1958, p.60.

## 4. 아관파천과 러시아－세력균형을 통한 현상유지 3

청일전쟁으로 인해 청은 더 이상 조선에 대한 종주권을 행사할 수 없게 되었다. 일본 역시 삼국간섭 이후 강화된 러시아의 영향력을 축소하고 정치세력의 부식을 기도했지만 명성황후시해(1895. 10)와 아관파천(1896. 2)으로 인해 요원한 상태였다. 영국에 접근하여 러시아를 견제하려는 일본의 시도도 영국의 냉담한 태도로 인해 성과를 내기 어려웠다. 따라서 일본은 조선을 놓고 러시아와 타협을 모색해야 했고, 그 과정에서 나온 것이 1896년 5월의 베베르－고무라 각서, 같은 해 6월의 로바노프－야마가타 의정서, 그리고 1898년 4월의 로젠－니시 협정이었다.

이 3개의 협정이 체결되던 당시 러시아의 대한반도 영향력은 타 제국주의 열강을 압도하고 있었다. 특히 아관파천은 러시아에게 조선에 대한 주도권을 선사하는 사건이었다. 하지만 1896년 러시아황제 니콜라이 2세의 대관식을 계기로 민영환을 대표로 하는 조선사절단이 상트페테르부르크에 파견되었을때 러시아의 반응을 보면 러시아는 이미 확보한 대한반도 영향력의 절대화에 적극적이지 않았던 것으로 보인다. 당시 민영환에게 내려진 훈령은 '조선군의 훈련이 완료될 때까지 러시아군에 의한 국왕경비, 군대와 경찰교육에 필요한 충분한 수의 교관 파견, 3명의 고문관 파견(궁내부 고문, 산업 및 철도기업 관련 고문, 내각 고문), 3백 만 엔의 차관 공여, 양국 간 전신선 연결'[10] 등을 러시아 측과 논의하고 해결하는 것이었다.

하지만 러시아는 대한반도 영향력의 절대화라는 거시적 성과에 주목하기 보다는 아관파천으로 인해 한반도에 형성된 새로운 국제질서, 즉 일

---

10) Меморандум Мин Юнг Хуана от 24 мая(5 июня) 1896г. АВПРИ. ф. "Японский стол", о п.493, д.147, лл.1-4 참조.

본이 쇠퇴하고 러시아가 그 빈자리를 메꾸게 된 상황을 보존하는 데만 관심을 가졌다.[11] 이는 1896년 6월 외상 로바노프가 조선 주재 러시아공사 베베르에게 보낸 비밀서한을 통해 알 수 있다. 서한에 의하면 러시아는 민영환의 5가지 요구에 대해 "조선의 요구를 즉각 이행하는 것이 불가능하다고 판단"하고 있었고, 그 요구 중 "일부는 거절해야만 했"으며, "조선군, 특히 국왕 보호를 위한 조선군의 조직과 관련하여 협상하고, 적절한 재정적 방책을 입안하기 위해 조선의 경제상황을 파악할 대표자를 조속한 시일 내에 조선에 파견한다고 약속"[12]하는 것 외에 다른 조치를 취하지 않았다.

그리고 이러한 세력균형정책이 일본과의 관계에서 나타난 것이 바로 베베르-고무라 각서와 로바노프-야마가타 의정서였다. 양 합의의 본질은 조선에 대한 영향력을 러시아와 일본이 균분한다는 것이었다. 일본의 대한반도 영향력을 제거하면서 자신의 영향력을 극대화할 수 있었던 러시아의 입장에서는 다소 의외의 양보였다.

러시아가 이런 태도를 보인 이유는 무엇일까? 당시 러시아 동아시아 정책의 주요 대상은 조선이 아닌 만주였기 때문이었다. 또 러시아는 공사 중인 시베리아철도가 완성되어 동아시아에서 러시아의 군사적 우위를 확보하는 시점까지 일본과의 직접 충돌을 피한다는 방침을 세우고 있기도 하였다. 그렇기 때문에 러시아가 일본에 일정한 양보를 하면서 조선의 현

---

11) 1896년 체결된 '베베르-고무라 각서'와 '로바노프-야마가타 의정서'는 이러한 러시아의 현상유지 움직임을 보여주는 좋은 예이다.

12) Проект доверительного письма министра иностранных дел поверенному в делах в Сеуле. СПБ., 2.14 мая 1896г. АВПРИ. ф. "секретный архив министра иностранных дел", д.153/159, лл.41-44 참조.

상을 유지하려는 것은 만주에서의 공고화를 위한 당연한 행동이었다.

1897년 2월 고종이 러시아공사관에서 환궁하였다. 한편 러시아는 만주로의 무력진출을 위해 같은 해 12월 여순 항과 대련 항을 강점하였다. 이러한 상황에서 러시아와 일본은 만주와 조선에 대한 영향력을 두고 타협점을 찾고자 했는데, 그 결과가 로젠—니시 협정이었다. 이 협정의 내용은 앞의 2개 합의와 유사하게 조선에서의 현상유지를 추구하면서도, 이전 것과는 확실히 구별되는 부분이 있었다. "대한제국에서 일본의 통상 및 산업기업들이 폭넓게 발전되어있고 이 나라에 거주하는 일본 공민들의 숫자가 상당히 많은 점을 고려하여 러시아제국 정부는 일본과 대한제국 간 통상 및 산업 교류의 발전을 방해하지 않을 것"[13]이라는 조항이 그 것이다. 이는 조선에 대한 일본의 영향력 강화를 용인하는 것으로서, 러시아가 자국의 만주 진출에 대한 일본의 반발을 무마하기 위해 받아들인 것이었다. 하지만 이것이 조선에 대한 정치, 군사적 영향력까지 양보하는 것은 당연히 아니었다.

## 5. 한반도 중립화 및 분할 논의와 러시아—공세적 대응을 통한 현상유지

1900년 봄 산둥성 일대에서 의화단의 봉기가 시작되었다. 부청멸양(扶淸滅洋)을 앞세운 중국인들의 민중운동은 같은 해 6월 톈진과 베이징으로 향했고, 만주를 거쳐 조선에까지 확산될 조짐을 보였다. 이에 고종은 6월 27일 열강 대표를 초치하여 필요한 경우 '행동'을 통해 자신을 도와줄 것을 요청하였다.[14]

---

13) АВПРИ, ф.Секретный архив, оп.467, д.181, лл.81-81об.

14) Б. Д. Пак, 앞의 책, с.326.

이에 러시아공사 겸 총영사 파블로프는 고종의 요청 내용과 함께 의화단 사건이 조선으로 확산될 수 있음을 본국에 타전하였다.[15] 이 보고를 접한 외무대신 람즈도르프는 "이번 폭동이 일본에게 군대를 동원하여 조선을 영구 점령할 수 있는 구실을 제공할 것"[16]이라는 우려 섞인 판단을 하였다. 하지만 만주 쪽을 보는 러시아의 시선은 달랐다. 즉 육군대신 쿠로파트킨은 "만주점령의 호기가 도래했다는 사실에 매우 기뻐하"[17]였고, 러시아는 병력을 만주로 파병하였다.

한편 일본은 러시아의 만주 점령을 일본의 안전에 반드시 필요한 한반도의 독립을 직접적으로 위협하는 행위로 보았다. 따라서 의화단 사건 진압에 일본 군사력을 이용하려는 영국의 의향에 대하여 "일본의 조선 점령에 동의한다면 중국 내 폭동 진압을 위한 일본 군사력 이용의 충분한 대가로 생각할 것"[18]이라고 화답하였다. 요컨대 영국의 지지를 업고 조선에 대한 절대적 우월권을 확보하려는 의도를 보였던 것이다.

이러한 저간의 사정을 접한 고종은 일본의 기도를 저지하고자 법무 및 외부 고문 로랑 크레마지(Laurent Cremazy)의 조언에 따라 조선을 중립국으로 선포하려했[19]지만, 이에 대하여 러시아를 제외하고 일본을 포함한 여타 열강은 냉담한 반응을 보였다. 따라서 향후 조선의 중립화 논의는 자연스럽게 러시아의 주도하에 일본이 대응하는 모습으로 진행된다.

1901년 1월 7일 러시아가 일본 측에 조선의 중립화를 제안하였다. 하

---

15) АВПРИ, ф."Японский стол", оп.493, д.183, л.30.

16) АВПРИ, ф."Японский стол", оп.493, д.183, лл.32-33.

17) С.Ю. Витте, *Воспоминания*, Т.2, с.174.

18) АВПРИ, ф."Японский стол", оп.493, д.183, л.22.

19) 홍순호, 『한국국제관계사이론』(서울: 대왕사, 1993), 360쪽 참조.

지만 조선에 대한 완전한 우월권을 추구하는 일본의 입장에서 조선의 중립화는 전혀 매력적이지 않았다. 따라서 일본 측의 반응은 "만주문제가 완전히 판명될 때까지 제안을 받아들일 수 없다"[20]는 것이었고, 6월로 접어들면서 일본은 아예 러시아의 경쟁자인 영국과의 동맹조약 체결로 관심을 돌려버렸다.

11월에 들어 조선 중립화 논의가 재개되었다. 당시 일본 측 협상당사자인 이토 히로부미는 일본에게 조선에 대한 완전한 영향력이 인정되는 경우에만 러시아의 만주에 대한 (제한적)영향력[21]을 인정할 것이라고 주장했고,[22] 이에 대해 러시아 측 대표인 비테와 람즈도르프는 조선영토를 전략적으로 사용하지 않는다면 조선에 대한 일본의 우월권을 인정하겠다고 답하였다.[23] 이는 조선에 대한 일본의 경제적 이익을 인정했던 1898년 로젠-니시 협정 내용과 동일한 것으로, 일본에 의한 조선의 군사전략적 이용은 용인할 수 없다는 것이었다. 이러한 양측의 확연한 견해 차이로 인해 회담은 결렬되었다.

1902년 1월 런던에서 영일동맹이 체결되었다. 이제 러시아의 강력한 경쟁자로부터 후원을 받게 된 일본은 당연히 조선 중립화 논의와 관련하여 더욱 강경한 모습을 보이게 된다. 하지만 이에 대한 러시아의 대응 역시 강경하였다. 당시 러시아의 대응 중 특이하면서도 강경한 부분은 기존의 일본 측 입장과 마찬가지로 러시아 역시 조선을 더 이상 '중립화(neu-

---

20) АВПРИ, ф."Китайский стол", оп.491, д.30, л.1.

21) 당시 이토 히로부미는 철도경비대를 제외한 만주주둔 러시아군의 철병과 만주 문호개방의 원칙을 주장하였다.

22) С.Ю. Витте, 앞의 책, Т.2, с.223.

23) 신승권, '러-일의 한반도 분할획책', 『한국사』41 (국사편찬위원회), 241쪽.

tralization)'의 대상으로 보지 않는다는 것이었다. 요컨대 향후 러시아의 모든 문서에서 중립화라는 용어가 사라지고, '중립지대(neutral zone)'가 이를 대체하게 되었다. 한반도의 어느 선에서 분할하여 그 이북지역을 일본과의 중립지대로 설정할 것인가의 문제에 관심을 두게 되었다는 의미이다.

이렇듯 러시아의 태도가 강경해진 데는 동청철도의 완공과 여순 점령, 그리고 의화단 사건으로 인한 조속한 만주합병 가능성 등의 요인이 크게 작용하였다. 만주에서의 결정적 우월권을 이미 확보한 러시아의 입장에서 이를 계속 보장받기 위해서 그 배후에 위치한 한반도 문제에서 보다 공세적으로 나오는 것은 당연하였다.

1903년 7월 일본이 재차 조선문제에 대한 회담을 제안하였다. 같은 해 10월 러시아 측이 협상안을 제시했는데, 거기에는 러시아가 생각하는 '중립지대'의 경계가 북위 '39도선'으로 정확하게 규정되어 있었다.[24] 이는 과거 이토 히로부미와의 협상에서 러시아가 제시했던 "러시아 국경을 따라 향후 정확하게 설정되는 경계"에 비하여 매우 공세적인 규정이었으며, 러시아는 이러한 '39도선 이북의 중립지대' 원칙을 협상 내내 계속 고수하였다.

그러자 일본은 1904년 2월 5일 러일회담 결렬을 선언했고, 다음날 러시아 측에 회담 중지와 외교관계 단절을 통보하였다. 이에 대한 2월 8일자 니콜라이 2세의 반응은 다음과 같았다. "일본이 공격을 가하지 않으면 한반도 남쪽 또는 원산 이남 연안에서의 일본군 상륙을 저지하지 않는다.

---

24) АВПРИ, ф."Китайский стол", оп.491, д.42, лл.76-76об.

만약 한반도 서부해안에 상륙하거나 39도선을 넘을 경우 일본의 사격을 기다리지 말고 공격에 나선다."[25] 39도선을 사실상의 경계선으로 설정하고 대처한다는 것이었다. 그리고 결국 러일전쟁이 발발하였다.

## III. 소련의 대한반도정책
   : 세력균형에서 현상타파로

### 1. 제2차 세계대전 전후 처리와 소련—참여를 통한 세력균형

제2차 세계대전 시기 연합국의 전쟁수행과 전후 국제질서 수립을 위한 논의는 전 지구적 차원에서 복잡하게 진행되었다. 61개 국가, 전 인류의 80%에 해당하는 17억 인구가 유럽, 아시아, 아프리카의 여러 지역에서 6년에 걸쳐 동시다발적으로 침략과 반(反)침략전쟁을 수행하는 상황에서 전후 국제질서 재편과정이 순탄치만은 않았으리라는 점은 당연할 것이다.

당시 한반도 문제에 관한 외세의 정책적 주안점은 한반도에 대한 자국의 이익을 확대 및 유지하면서, 타국의 한반도 지배를 봉쇄하는 것이었다.[26] 이를 위해 미국은 지리적, 역사적으로 중국과 소련에 비해 한반도와의 관계에 있어 열세임을 감안하여 이른바 신탁통치를 구상하였다. 해방 후 무정부상태가 될 한반도의 구심점을 미국이 주도하는 강대국들이 장악함으로써, 중국이나 소련이 한반도를 단독으로 장악하는 위험으로부터 벗어나고 동 지역에 대한 미국의 영향력을 최대한 부상시키려는 것이

---

25) АВПРИ, ф."Японский стол", оп.493, д.191, л.261.
26) 김계동, '한반도 분단전쟁에 대한 주변국의 정책', 『한국정치학회보』 35-1, 2001, 346쪽.

었다.

소련 역시 미국과 유사한 목표를 가졌던 것으로 보인다. 당시 미국 까지도 소련의 참여 없는 한반도문제 해결이 불가능하다고 보고 있었고,[27] 1904년 러일전쟁 직전에 러시아가 한반도에 대하여 일정한 이해관계를 가지고 있었음에도, 소련은 일련의 전시 국제회담에서 미국 측이 제안한 다자간 신탁통치를 지지하였다. 하지만 소련이 관심을 가졌던 부분은 신탁통치 자체가 아니라 신탁통치 이후의 독립이었다. 보다 정확히 말하자면, "한국의 독립을 통해 ..... 한반도에 소련의 우호국가가 건설"[28]되는 것이었다.

그렇기 때문에 국제회담 과정에서 미국 측과는 일정하게 결이 다른 행동들을 보여왔다. 일례로 1943년 11월 테헤란회담 당시 스탈린은 카이로회담의 코뮈니케에 반대하지 않는다고 하면서, "특히 독립된 한국이 수립되고, 대만과 만주가 중국에 반환되는데 동의한다"[29]고 말한 바 있으며, 이후 한반도에 대한 신탁통치 실시가 기정사실화되었을 때도 영어 표현인 trusteeship과는 의미가 다른 후견(опека)이라는 용어를 사용하였

---

27) Cordell Hull, *The Memoirs of Cordell Hull* (New York, 1948), Vol.II,, p.1596 참조. 극동에 대한 소련의 권리 인정은 그 지역에 대한 소련의 전통적 이해관계를 고려한 측면 외에도, 전쟁 당시 강력한 관동군을 중소국경에 묶어두었던 데도 기인한다. 즉 이와 관련하여 소련 극동전선 총사령관 바실레프스키는 "심지어 소독전선에서 가장 힘들었던 시기에도 우리는 극동전선에 30~40개 사단을 유지하지 않을 수 없었다."(А. М. Василевский, Дело всей Жизни, М., 1974, с.503.)고 하고 있는데, 이를 바꾸어 말하면 1942년 10월 루즈벨트가 말한 바와 같이 소련이 "모든 힘을 대독투쟁에 투입하면서도, 동시에 만주에 수백만의 일본군을 고착"(T. Bailey, *America Faces Russia*, New York, 1950, p.303.)시킨 결과를 가져왔던 것이다.

28) Корея(Краткая справка), АВПР, ф.0430, оп.2, п.5, д.18, лл.29-30 참조.

29) *Советский Союз на Международных коференциях пкриода Великой Отечественной войны 1941-1945 гг. Тенеранская крнференция, Т. 2 (М. Издательство политической литературы, 1984). с.127.*

다. 이는 미국과 소련 양국의 신탁통치를 이해하는 방식이 애초부터 달랐음을 의미하는 것이다. 후견이라는 용어의 의미는 1945년 12월 모스크바 삼상회의에서 정확하게 규정되는데, 당시 소련 측은 미국식의 신탁통치를 '식민화'라고 규정한 반면 후견을 "국가적 독립을 위한 원조와 협력대책"[30]이라고 함으로써 후견이 신탁통치와 명백히 다른 것임을 알렸다.[31]

어떻든 한반도에 소련의 우호국가가 건설되어야 한다는 소련의 희망과 이를 위해서 미국이 주도하는 신탁통치 구상에 참여해야 한다는 현실적 필요성은 소련으로 하여금 1904년 이전 러시아가 그랬던 것처럼 한반도에서의 세력균형을 통해 자신의 전략적, 경제적 이익을 보호하는 방향으로 나아가게 하였다.

### 2. 한반도의 분할점령과 소련−분할을 통한 세력균형

1945년 8월 9일 소련의 대일전이 시작되었다. 소련이 빠른 속도로 남진하여 한반도 전체를 점령할 가능성이 높아지자, 미국이 자신의 국익을 보호할 수 있는 최선의 대안은 한반도의 분할점령이었다. 따라서 미국은 38도선에 의한 미국과 소련의 세력분할을 제의하였다. 이러한 미국의 제의에는 한반도 전체가 어느 한 강대국에 포함되는 것을 막으려는 목적이

---

30) Б.Н. Славинский, Пакт *о нейтралитете между СССР и Японией. Дипломатическая история 1941-1945 гг.* (М. Новина, 1995), сс.239-240.

31) 신탁통치와 후견의 차별성은 1945년 6~7월 있었던 스탈린과 중국국민당정부 외교부장 송자문의 회담에서 이미 개진된 바 있다. 회담에서 스탈린은 다음과 같이 말하고 있다. "우리는 후견에 대해 영미와 다르게 이해하고 있다. 우리 관점에서 이것은 독립을 향한 단계이며, 영국인의 견지에서는 식민화를 위한 단계이다. …… 트루만의 견해가 어떤지는 모른다. 지금 미국인의 견해는 약간 영국인들과 가까워졌다." *Русско-китайские отношения в XX веке. Документы и материалы*, Т. 4 (М. Памятники исторической мысли, 2000), с.82.

강하게 포함되어 있었다.

한편 소련은 한반도 전체를 점령할 기회를 가졌지만, 당시 소련의 국익은 한반도보다는 외몽골, 만주, 일본을 지향하고 있었다. 요컨대 소련의 목표는 외몽골과 만주에 대한 영향력을 강화하고 일본의 재편에 참여함으로써 1904년 러일전쟁 이전 극동에서 소련이 보유했던 군사적, 경제적 지위를 회복하고 이를 통해 소련에 대한 극동의 군사전략적 위험요인을 제거하는 것이었다. 이러한 측면에서 한반도는 1904년에 일본과 그랬던 것처럼, 미국의 독점적 지배권이 인정되지 않고 소련을 위한 방어적 거점이 형성되는 것으로 만족할 수 있는 지역이었다. 그렇기 때문에 스탈린은 미국의 38도선 분할제안을 받아들였던 것이다. 이렇듯 미국과 소련은 각자가 상대방의 한반도 독점 지배를 방지하고, 세력균형을 위한 분할통치를 하는데 서로의 이해관계가 맞아떨어졌다.

다만 분할선이 왜 38도선이었나에 대해서는 논의의 여지가 있다. 당시 미국의 38도선 분할점령 제안을 소련이 이의 없이 수용한 것에 대해 미국 측은 의외라는 반응을 보였다. 미국의 38도선 분할결정회의에 참여했던 러스크(Dean Rusk)는 다음과 같이 증언하고 있다. "소련이 동의하지 않는다면 미군이 현실적으로 접수할 수 있는 곳보다 [38도선이] 더 북쪽이었음에도 우리는 38도선을 추천하였다. ..... 한반도에서의 우리의 상대적인 군사적 지위를 고려할 때, 소련이 좀 더 남쪽의 선을 주장할지도 모른다고 생각했기 때문에 소련이 38도선을 받아들인 것에 당시 나는 상당히 놀랐다."[32] 미국 측은 소련이 최소한 38도선 이남의 적당한 선을 역제안할 것

---

32) FRUS, Vol. IV, 1945, p.1039 "Draft Memorandum to the Joint Chiefs of Staff"

으로 판단하고 있었다는 이야기이다.

당시 한반도에 대한 '소련의 양보'를 이끈 가장 중요한 요인은 일본 문제였다. 다수의 연구에서 밝혀졌듯이 소련의 대일 전후구상에서 궁극적 목표는 일본을 "평화 애호적이고 책임감 있는" 나라, 즉 소련을 침략할 능력도 의사도 없는 나라로 만드는 것이었고, 전술적으로는 이를 위해 전후 일본의 재편에 참여하여 일본의 재편 방향에 자신의 의도를 담아내는 것이었다. 하지만 1945년 7월 11일 스탈린과 송자문의 모스크바회담 시 스탈린의 언급은 이러한 소련의 의도가 수월하게 달성되지 못할 것이라는 사실을 보여주었다. 스탈린은 전후 미국과 영국의 독일 처리방식과 관련하여 다음과 같이 말하였다. "그들은 단지 정치적 게임, [힘의] 균형을 위해 독일을 유지시키고자 했다. 미국과 영국에 일본을 도우려는 자들이 있다는 데는 의심의 여지가 없다."[33] 소련이 일본의 재편에 적극적으로 참여하지 않는다면 미국과 영국으로 인하여 일본에 대한 자신의 구상이 실현되지 못할 것이라는 일종의 예언이라고 할 수 있다.

소련의 입장에서 이를 타개할 수 있는 가장 효과적인 수단은 군사적 점령이었을 것이다. 군사적 점령의 중요성, 그리고 점령 기간 실제권력이 누구의 손에 주어지느냐의 문제가 가장 중요함[34]을 잘 알고 있던 스탈린으로서는 그렇게 생각하는 것이 당연하였다. 따라서 소련은 한반도의 38도선 분할이 명시된 일반명령 제1호를 양보하듯 받아들이면서, 역으로 미

---

33) АПРФ, ф.45, оп.1, д.322, л.63.

34) 스탈린은 1945년 4월에 이미 "특정지역의 점령자는 누구든지 자신의 사회체제를 강요한다 ..... 그것은 달리 될 수가 없다"고 말함으로써 점령과 권력장악의 중요성을 강조한 바 있다: Jerry Hough, *The Struggle for the Third World*, (Wash.: Brookings Institution, 1986), pp.99.106~107 참조.

국 측에 일본 북해도에 대한 분할점령을 제안했던 것이다.

### 3. 한반도 분단의 고착화와 소련-분단체제를 통한 세력균형

국제정치사적으로 볼 때 강대국이 약소국 문제에 개입하거나 점령하는 경우 개입 당시의 정책과 개입 후의 정책에 차이가 있는 경우가 많다. 제2차 세계대전 이후 한반도 문제 역시 전 세계적 냉전체제를 앞두고 있기 때문에 당연히 그 범주에 속한다.

1945년 12월 모스크바삼상회의에서 한반도 신탁통치가 합의될 때만 해도 미소관계는 갈등의 조짐이 있었지만 협력의 요소가 보다 강하였다. 또한 신탁통치가 실현되건 혹은 실패하여 분할점령이 계속되건 양국은 한반도에서 상대방과의 세력균형을 유지하는데 별다른 어려움이 없을 것으로 생각했을 것이다.

1946년이 되면서 한반도에서 양국은 이전과 다른 상황에 처하게 되었다. 모스크바삼상회의에서 결정된 신탁통치(후견)를 통해 한반도에 임시정부를 수립하고, 궁극적으로는 자국에 우호적인 통일한국을 건설한다는 구상은 한국, 특히 남한 내의 격렬한 반대로 인해 처음부터 난관에 봉착하였다. 또한 유럽에서부터 구체화되고 있던 냉전체제도 통일한국의 건설을 불가능하게 하는 요인으로 작용하였다. 양국은 모스크바삼상회의 결정에 따른 향후의 통일한국 정부가 자국의 세력권에 편입될 수 있을지 의문을 가지게 되었고, 이러한 의문은 이제 최소한 한반도가 상대방 진영에 편입되지 않도록 하는 정책의 모색을 요구하였다.

미소의 대립이 시작되어 세계질서의 미래가 불투명한 상태에서 양국이 취할 수 있는 가장 현실적인 방안은 새로운 시도를 하기 보다는 기존의 "분할"을 통해 세력균형을 유지하는 것이었다. 물론 미소공위의 결렬을 경험한 미국은 한반도 문제를 유엔에 상정하여 국제적 시각에서 한반도 문제를 해결하고자 하였다. 하지만 필자가 보기에 미국이 이것으로 한반도 문제를 해결할 수 있으리라 보았다기보다는, 자신이 주도하는 유엔에서 한반도 문제를 다루도록 함으로써 자국의 이익이 보다 많이 반영되도록 하려는 의도에서 그렇게 한 것으로 여겨진다. 한편 소련은 미국이 남한지역에 세력권을 형성한 것보다 강력한 세력권을 북한지역에 조성하는데 성공했고, 유엔이 미국의 거수기라는 인식을 가지고 있었기 때문에 유엔을 동원한 새로운 방식의 한반도 문제 해결보다는 기존의 분단 상태를 지속하기를 바랐던 것으로 생각된다.

어떻든 이러한 양국의 입장과 태도는 곧 분단의 장기화를 의미하고, 궁극적으로는 분단정부의 수립, 분단국가의 수립을 의미하는 것이었다. 이제 양국은 분할점령 이래 각자의 점령지역에서 끊임없이 도모해왔던 우호체제의 공고화 작업에 박차를 가하게 되고, 그 끝에는 분단정부의 수립이 있었다.

### 4. 한국전쟁과 소련−현상의 타파 혹은 새로운 세력균형의 추구

1950년 1월 30일 스탈린은 당시 북한 주재 소련대사였던 슈티코프에게 전문을 보내 김일성에게 다음과 같이 전하도록 지시하였다.

> 남조선과 관련하여 그가 착수하려는 그러한 대규모 사업에는 많은 준비가 필요하다. 지나치게 큰 위험이 생기지 않도록 조직되어야 한다. 그가 이 문제로 나와 논의하고 싶어 한다면, 나는 그를 맞아들여 논의할 준비를 갖추

겠다. 이 모든 사항을 김일성에게 알리고, 이 문제와 관련하여 내가 그를 도울 준비가 되어 있음을 전하라.[35]

이 전문으로 인해 1950년의 한반도는 다시 한 번 격변에 빠져들게 된다. 전문에는 선제공격을 통해 남한을 무력 통일하고자 하는 김일성의 의지에 스탈린이 동의하는 극적인 상황이 묘사되어 있었기 때문이다. 이전까지 스탈린이 보인 태도를 기억한다면 전문의 내용은 파격적인 것이었다. 이전의 스탈린은 북한의 선제공격 의사에 시종일관 부정적이었다.

스탈린이 어떤 계기로 전쟁에 대한 자신의 입장을 바꿨는지는 아직도 명확하지 않지만, 당시 정황과 관련 문건들에 나와 있는 언급을 통해 이를 유추할 수 있다. 1950년 4월 김일성, 박헌영과 스탈린 간의 회담문을 보자.

스탈린 동지는 김일성에게 국제환경과 국내환경이 모두 조선의 통일에 더욱 적극적인 행동을 취할 수 있도록 바뀌었다고 강조한다. 국제적 여건으로는, 중국공산당이 국민당에 승리를 거둔 덕에 조선에서의 행동개시에 유리한 환경을 만들었다. ...... 중국이 소련과 동맹조약을 체결했기 때문에 미국은 아시아의 공산세력들에 대한 도전을 더 망설일 것이다. ...... 미국 내에서도 타국에 개입하지 말자는 분위기가 주조를 이루고 있다. 소련이 원자폭탄을 보유하고 유럽에서의 위상이 강화됨으로써 이런 불개입의 분위기가 더 심화되고 있다.[36]

35) АПРФ, ф.45, оп.1, д.346, л.70.
36) 「김일성·스탈린 모스크바 비밀회담(모스크바의 새 증언 5)」,서울신문, 1995.05.24.

이 기록에 의하면 북한의 선제공격이 가능한 국제환경 변화의 양상으로 중국혁명의 성공에 의한 중국의 북한 지원 가능성 증가, 중소동맹조약 체결과 소련의 핵 보유에 의한 미국의 개입 가능성 감소 등을 들고 있다. 이와 함께 국내환경의 변화로 1949년 이래 북한 군사력의 대폭 증강과 남한 정권의 불안정한 상황, 그리고 미군의 남한 철수와 애치슨 선언 등을 들 수 있을 것이다.

만약 이러한 국내외적 환경 변화가 스탈린에게 전쟁을 결정하게 하는 직접적 요인이었다면, 스탈린은 전쟁의 기회를 호시탐탐 노리다 주변 상황이 유리해지자 그 기회를 틈타 마침내 북한으로 하여금 전쟁을 도발하게 한 팽창 지향적 전쟁옹호론자가 된다. 그리고 이는 곧 한반도에서의 세력균형이라는 기존의 정책에서 벗어나 현상을 타파하고 새롭게 불균형의 관계를 조성하려는 시도가 된다. 이러한 관점이 과연 당시 소련의 세계전략에 부합하는 것일까? 요컨대 북한의 남한점령이 스탈린의 최종목표였을까?

논의의 범위를 확장해서 당시 소련의 주요 관심사였던 유럽과 중국의 상황을 보자. 우선 유럽 상황이다. 1949년 7월 스탈린은 모스크바를 방문한 유소기에게 "국제혁명의 이익을 위해 우리 두 나라가 일을 나누어 맡아야 한다. 당신들은 동방의 식민지, 반식민지 나라들의 해방에 좀 더 많은 노력을 기울이고 영향력을 발휘해 주기 바란다. 우리는 서방국가와 관련하여 좀 더 많은 일을 할 것이다"[37]고 함으로써 자신은 유럽 문제에 주의를 집중해야 하므로 중국이 동아시아 문제에 보다 많이 개입해 줄 것을

---

37) 師哲, 『師哲回憶录: 在歷史巨人身辺』(北京: 中央文獻出版社, 1991), 412쪽.

요청하였다.

사실 제2차 세계대전을 거치면서 스탈린의 전후 대유럽 구상은 "미영과 협조체제를 유지하고 ..... 유럽 대륙에서 세력균형의 조종자 역할을 하면서 유럽 국가들의 사회주의체제 성립을 장기간에 걸쳐 도모"[38]하는 것이었다. 그렇기 때문에 스탈린은 얄타회담에서 독일의 분할점령과 폴란드의 친소국가화 등 일련의 세력권 확장성과를 거두면서도 새로 해방된 유럽의 국가들에서 민주적 선거절차를 거쳐 독립국가를 건설하는 데 협력한다는 "해방된 유럽에 관한 선언(Declaration on Liberated Europe)"을 받아들였다. 또한 동독과 베를린 일부를 점령한 소련은 얄타합의에 따라 이 지역의 소비에트화를 시도하지 않았다.

하지만 이렇듯 유럽 지역에서 미영과의 협조체제를 유지하려는 스탈린의 구상은 1947년 7월 마셜플랜이 가동하면서 무너지기 시작하고, 이후 유럽에서는 미소의 경쟁이 본격화되었다. 1947년 9월 소련이 마셜플랜에 대응하는 코민포름을 창설하였다. 1948년 6월에는 베를린봉쇄(~1949년 5월)가 있었다. 이에 미국은 봉쇄를 무력화하면서 1949년 4월 북대서양조약기구(NATO)를 창설했고, 같은 해 5월에는 서독 단독정부를 수립하였다.

이와 같이 유럽에서 냉전구조가 심화되던 시기에 나온 것이 바로 전술한 유소기와의 대화에서 나온 스탈린의 말이다. 이러한 상황에서 소련이 유럽에 주의를 집중해야 하는 것은 당연할 것이며, 이를 위해 동아시아에서 소련이 져야 할 부담을 중국에게 넘기는 것 역시 당연할 것이다.

---

38) Mastny Vojitech, *The Cold War and Soviet Insecurity: the Stalin Years*, New York: Oxford University Press, 1996, pp.19-20.

다음으로 중국 상황이다. 소련은 얄타회담과 1945년 8월 14일 체결된 '중소우호동맹조약'의 부속협정을[39] 통해 만주에서 1904년 러일전쟁으로 상실했던 정치, 경제적 지위를 회복하였다. 그리고 소련은 이제 만주에 자신만이 배타적인 권리를 갖는 Soviet Zone을[40] 공고화할 수 있는 기회를 갖게 되었다.[41] 하지만 이 조약은 장개석의 중국과 체결한 것이었다. 따라서 곧이어 진행되는 마오쩌둥의 중국 석권 과정은 스탈린에게 결코 바람직한 것만은 아니었다. 장개석의 패배로 인한 Soviet Zone의 상실 가능성이 크게 다가왔기 때문이었을 것이다.

그런 이유에서인지 국공내전 초기 내전에 대한 소련의 입장은 마오쩌둥에 그다지 우호적이지 않았다. 미국의 내전 개입을 걱정해야 하고 소련의 이해관계를 고려하여 장개석과의 관계를 계속 유지해야 하는 소련의 입장에서 이는 당연했을 것이다. 이와 관련하여 마오쩌둥은 심지어 다음과 같이 술회하고 있다. "스탈린은 중국혁명의 성공을 저지시키기를 원했다. 그는 우리로 하여금 내전을 치러서는 안 되며 장개석과 협조하라고 했다."[42]

---

39) 당시 중국과 소련은 '중국 장춘철로에 관한 협정', '다롄에 관한 협정', '뤼순 항에 관한 협정' 등의 부속협정을 체결하였다.

40) Soviet Zone(Советская зона)은 1945년 12월 30일 스탈린과 장경국간 회담에서 스탈린이 언급한 것이다. 당시 스탈린은 만주와 관련하여 다음과 같이 주장하였다. "소련정부는 미군이 만주로 들어오는 것을 바라지 않는다. 이는 Soviet Zone이다 ..... 만주는 미군에게도, 영국군에게도, 그리고 다른 나라 군대에게도 개방되어서는 안 된다.": АПРФ, ф.45, оп.1, д.322, л.118.

41) 1945년 12월 소련 외무인민위원부에서 스탈린과 몰로토프에게 보낸 보고서에는 다음과 같이 기록되어 있다. "전쟁 전에는 영국과 부분적으로는 일본이 중국의 주인이었다면, 이제는 미국이 주인이 될 것이다. 미국은 중국 북부와 만주로의 진출을 기도하고 있다. 이는 소련에게 가장 심각한 문제 중 하나이다. 우리는 우리 국경에서 일본과 접하는 것을 겨우 면하였다. 이제 우리는 만주가 다른 강대국의 경제적, 정치적 무대가 되는 것을 결코 허용해서는 안 된다." АПРФ, ф.3, оп.86, д.146, лл.24~25.

42) 박명림. 『한국전쟁의 발발과 기원 Ⅰ』 서울: 나남, 1996. 231쪽.

하지만 마오쩌둥의 승리가 확실시되면서 소련은 새로운 중국과 새로운 관계를 맺어야만 하였다. 1948년 5월 스탈린은 다음과 같이 말한다. "우리는 필히 새로운 중국에 모든 가능한 지원을 할 것이다. 중국에서 사회주의가 승리하고 다른 나라들이 동일한 길을 따른다면, 전 세계에서 사회주의의 승리가 확보된 것이라고 생각할 수 있다. …… 그러므로 우리는 중국 공산주의자를 지원하는데 역량을 아끼지 말아야 한다."[43] 마치 기존에 추구했던 서방과의 협력관계를 폐기하고 중국과의 협력을 통해 서방 자본주의에 대항하겠다는 말로 들린다. 그리고 이에 화답하듯 마오쩌둥은 이른바 대소일변도정책을 표방하게 된다.

그러나 새로운 중국은 스탈린에게 여전히 탐탁하지 않은 존재이기도 하였다. 마오쩌둥의 언급으로 되돌아가보자. "혁명이 승리한 이후 스탈린은 이번에는 또 중국이 유고슬라비아와 같이 될 것이고, 나는 제2의 티토가 될 것이라고 의심하였다."[44] 스탈린이 마오쩌둥을 티토와 마찬가지로 소련의 이해에 반할 수 있는 존재로 의심했다는 것이다. 그래서인지 새로운 중국에 대한 스탈린의 태도는 자못 부정적이었다. 1949년 12월 마오쩌둥이 소련을 방문한다. 당시 마오쩌둥의 방문 목적은 중소조약의 개정과 중국에 대한 소련의 군사적, 경제적 지원 문제였다. 그 중 특히 중소조약의 개정은 Soviet Zone인 만주문제와도 직결되어 있었다. 따라서 마오쩌둥은 소련에서 또 한 번의 투쟁을 하지 않으면 안 되었다. 스탈린은 얄타협약을 거론하면서 중소조약에 서명하지 않으려고 했으며, 2달간의 협상

---

43) Sergei Goncharov, John W. Lewis, and Xue Litai, *Uncertain Partners: Stalin, Mao, and the Korean War* (Stanford: Stanford University Press, 1993), p.31.
44) 박명림. 앞의 책. 232쪽.

끝에야 그는 어쩔 수 없이 서명하였다. 또한 스탈린은 대만정벌을 지원해 달라는 마오쩌둥의 요구도 거절하였다. 이 모두는 중국이 독자노선을 걷거나 미국과 협력관계를 가질 경우 소련이 감당해야 할 부담에 대한 우려로 인한 것이었다. 중국에 만주마저 내주어야 하는 상황에서 중국의 독자노선이건 대미 협력관계건 그 결과는 수천 ㎞에 달하는 중소국경에서 자신의 적대자와 얼굴을 마주해야 한다는 것을 의미했기 때문이다.

당시 소련이 처한 상황은 이상과 같았다. 유럽에서는 미국을 중심으로 한 서방국가들과의 대립구조가 심화되면서 이에 수세적으로 대처해나가는 처지였고, 중국에서는 새로운 중국이 만주를 시작으로 소련의 이해관계를 침범해오고 있었다. 따라서 스탈린에게는 중국을 소련에 묶어두고 유럽의 상황을 안정시키는데 효과를 발휘할 묘약이 필요하였다. 그리고 그것이 바로 한국전쟁이었다.

이상의 정황을 뒷받침하는 문서가 있다. 한국전쟁이 한창이던 1950년 8월 27일 스탈린이 체코 당서기인 고트발트에게 보낸 전문이 그것이다. 전문에는 다음과 같이 기록되어 있다.

> 차후 미국이 극동에 얽매이게 되고 중국이 조선의 자유와 자신의 독립성을 위한 투쟁에 참여하게 된다면, 이를 통해 무엇을 얻을 수 있을까?
> 첫째, ..... 미국은 이 (중국과의–필자 첨가) 투쟁으로 녹초가 될 것이다. 둘째, 녹초가 된 미국은 가까운 시일 내에 3차대전을 치를 수 없을 것이다. 3차대전은 상당기간 지연될 것이고, 이는 유럽의 사회주의를 강화하는데 필수적인 시간을 보장한다. 이는 ..... 세계적인 세력균형의 관점에서 우리에게 이익을 줄 것이다.[45]

이 전문에 따른다면, 한국전쟁은 유럽과 중국에서 세력쇠퇴의 위험을 감지한 소련이 유럽에서 세력균형을 회복하고 중국에서 자신에게 우월한 현상의 유지를 위해 감행한 한반도에서의 현상타파 시도가 된다. 요컨대 소련에게 한국전쟁은 전 세계적 수준의 세력균형을 유지하기 위해 감행된 공세적 책략인 것이다.

# IV. 결론을 대신하여 – 한반도 평화와 러시아

과거 러시아/소련은 우리를 두 차례나 전쟁의 비극으로 몰고 갔던, 결코 친근하지만은 않은 이웃이었다. 자신의 국익을 위해 과감히 다른 나라의 안녕에 위해를 가할 수 있는 존재이기도 하였다. 하지만 그 이면에는 제국주의와 냉전이라는 특수한 국제환경이 놓여있던 것도 사실이다. 어느 한 시기 우리 앞에는 제국주의적 팽창과 팽창, 팽창과 반팽창의 주역들이 있었고, 또 어느 시기 우리 앞에는 냉전의 도그마를 생산해내면서 주변에 그것을 강요하는 세력들이 있었다. 그랬기 때문에 우리는 스스로의 의지와는 별개로 결국에는 전화(戰火) 속으로 휘말려 들어갈 수밖에 없었던 것이다.

과거에 비해 대외 영향력이 상대적으로 취약해진 러시아, 그리고 한반도를 둘러싼 국제환경의 다원화를 특징으로 하는 현재 상황에서 러시아는 우리에게 무엇일까? 굳이 과거의 경험에 비추어보자면, 조선과의 교

---

45) РГАСПИ, ф.558, оп.11, д.62, лл.71-72.

류 초기 러시아, 해방 전후의 소련이 떠오른다. 즉 현재 러시아는 위축된 역량으로 인하여 한반도 문제에서 타 강대국들에 비해 한 발짝 물러나 있다. 남북한 모두와 우호관계를 유지하고는 있지만, 한미관계와 북중관계의 틈을 비집고 들어오기에는 그 공간이 너무나 좁기 때문이다. 그렇다고 해서 이러한 (러시아에) 불균형적인 국제관계를 타개할만한 현실적인 능력도 갖추고 있지 못하다. 따라서 러시아는 한반도에 대한 특정 국가(국가들)의 주도를 우려하여 자신이 가지고 있는 제한적 역량이나마 한반도에 투사함으로써 타국의 독주 가능성을 견제하려는 모습을 보이는 존재이다.

그렇다면 이러한 러시아가 한반도 평화 구축에서 어떤 역할을 할 수 있을까? 현재 러시아는 한반도의 평화와 통일을 바라는 것으로 보인다. 러시아는 "한국이 러시아를 비롯한 다른 주변국들에 대해 평화적인 태도를 지닌 단일국가가 되"기를 희망하고 있다고 한다. 이는 한국 주재 러시아대사관에 근무했던 외교관이 언급한 것이므로, 상당한 공신력을 갖고 있다고 판단해도 무방할 듯하다. 이와 함께 다음과 같은 언급도 하고 있다. "한반도에 있어 제반문제에 대한 외교적 조정을 달성", "남북한 상호 간 화해의 과정에 있어서 독립성을 보장. 즉, 외부 압력의 부재"[46] 남북 화해과정에서의 '독립성 보장', '평화를 지향하는 자주적인 단일국가', 분쟁과 갈등이 아닌 '외교를 통한 조정', 참 듣기 좋은 말이다.

하지만 외교적 언사에는 그 전제가 존재하기 마련이다. 설혹 전제가 없다 해도, 그것이 있는지 의심하고 파헤쳐 보는 것이 연구자의 책무이기도 하다. 흥미롭게도 위의 언급들은 낯이 익다. 조선을 앞에 놓고 제국주

---

46) 알렉산드르 미나예프, '한반도 평화 구축을 위한 러시아의 역할', 『평화연구』 11(3) (고려대학교 평화와민주주의연구소, 2003), 125쪽.

의열강이 맺었던 수많은 조약과 협정에서 우리는 '선린관계', '독립 보장', '외교적 조정'을 볼 수 있으며, 1945년 해방 전후 소련의 자료들에서도 한국의 '독립', '우호관계', '긴밀한 관계', 미소의 외교적 '협상' 등을 이야기하고 있다. 하지만 이러한 언사들로 조선의 독립이 유지되지도, 한국의 통일이 성사되지도 못했던 것이 엄연한 사실이다.

왜냐하면 이러한 외교적 언사의 이면에 전제가 깔려있기 때문이다. 예를 들어 이런 것이다. 한반도에 대한 자국의 이익을 확대하고 유지하는데 적합한 '선린관계', 자국의 안보를 위한 실제적이고 믿을만한 보장으로서의 '우호관계', 타국의 일방적인 한반도 지배를 봉쇄하기 위한 한반도 '독립 보장', 한반도가 자국을 향한 공격기지로 변질되지 않을 경우의 '독립', 자국이 반드시 참여하는 가운데서의 '외교적 조정' 등등. 이러한 전제들이 성립되지 않는다면 외교적 언사는 단지 허울에 그치고 만다.

그럼에도 필자는 현재의 러시아가 한반도의 평화, 보다 정확히 말하자면 현상유지를 통한 안정을 바란다는데 추호의 의심도 없다. 전술한 역사적 경험이 말해주듯 러시아는 최소한 자신의 국력이 한반도의 세력구도에서 상당한 영향력을 행사할 정도로 강화되기 전에는 한반도에서의 분쟁 발생 회피에 매우 적극적인 역할을 하고자 할 것이다. 왜냐하면 군사전략적 측면에서 러시아에게 일종의 완충지대 역할을 하는 한반도에서의 분쟁은 남북한을 넘어 여타 강대국의 개입을 촉발시킬 것이며, 그 결과가 어떻게 되건 적절한 군사적 대응을 하기에 벅찬 러시아는 향후 오랜 기간 한반도를 잃어버린 땅으로 간주해야만 할 것이기 때문이다. 그리고 최악의 경우에는 2014년 우크라이나사태 이래 악화되어 있는 서쪽의 대립선과 함께 한반도에 서방과의 관계에서 또 하나의 대립선이 형성될 수도 있다.

경제적 측면에서도 한반도의 평화(안정)는 러시아에게 긴요하다. 러시아는 만성적인 경제 침체와 낙후의 대명사인 시베리아와 극동을 아시아 태평양 경제와의 통합을 통해 변모시키기를 기대하고 있다. 이를 위해서는 자본, 인력, 기술력 등이 동쪽 러시아로 자유롭게 진입할 수 있는 여건이 조성되어야 함은 물론이다. 한반도의 정치적, 군사적 긴장과 분쟁은 이러한 러시아의 의도를 좌절시킬 수 있는 악재이다.

그러므로 한반도에서 분쟁의 위험이 발생할 경우 러시아는 현상유지를 위한 분쟁 방지자 혹은 조정자의 역할을 자처할 가능성이 크며, 이러한 측면에서 현재 러시아는 한반도 평화의 옹호자라고 규정할 수 있다.

오랜 기간에 걸쳐 다양한 유형의 양자관계를 맺고 있는 한 국가의 상대국에 대한 고유한 인식과 정책을 일부 시기만을 끄집어내서 확정적으로 규정해내는 것은 자칫 허황되고 쓸모없는, 심지어는 왜곡을 불러오는 일일 수 있다. 이 글이 가지는 한계이다. 하지만 한러 양국이 국경을 맞댄 이래 지금까지 160여 년 중에서 이 글에서 다루는 50여 년은 과거 러시아 대한반도정책의 대강을 보여주기에 결코 짧지 않은 기간이다. 또한 1860~1904년, 1945~1950년의 두 시기는 그 끝이 러일전쟁과 한국전쟁으로 귀결된다는 측면에서 한반도의 평화를 논하기에 부족함이 없다.

그러나 과거 어느 시기가 현재의 한반도 상황과 그에 대한 러시아의 대응 양태를 분석하고 예측하는데 더 부합하는가의 문제는 남아있다. 아마도 이제까지 있어왔던 양국 간의 수많은 관계 양상 모두를 대상으로 해야만 보다 정확한 분석과 예측이 가능하리라고 생각한다.

# 정전체제 극복과 남북관계 전망[*]

이상철

전쟁기념관 관장

## Ⅰ. 서론

2020년은 6·25전쟁 발발 70주년이 되는 해이다. 70번째 맞이하는 2020년 6월에도 남북관계가 얼마나 험악한 것인가를 보여주는 광경이 재현되었다. 지난 6월 4일 북한 「노동신문」은 김정은 국무위원장 동생이자 조선노동당 제1부부장인 김여정이 직접 나서서 대북 전단살포를 비난

---

[*] 태봉학회 · 한국군사사학회 · 철원역사문화연구소, 『6·25 전쟁 70주년의 역사적 의미와 철원』, 2020.

하고 남북관계 파탄을 경고하는 담화를 발표하였다. 6월 9일에는 모든 남북통신선을 차단하고 대남사업을 대적사업으로 전환하겠다고 공표하였고, 6월 13일에는 조선노동당 통일전선부장이 남북 간에 신뢰가 산산조각 났다며 대화거부를 천명하였다. 특히 6월 16일에는 조선인민군 총참모부가 남북 합의로 비무장화된 지역을 다시 요새화하고 대남 전단살포를 재개하겠다고 예고하는 한편, 남북 교류협력의 상징 남북공동연락사무소를 폭파시키는 충격적인 도발을 감행하였다. 이어 6월 17일에 김여정 부부장의 대한민국 대통령에 대한 험악한 비난과 함께 총참모부의 개성공단과 금강산관광지구에 군부대 전개, 철수 GP에 병력 재배치, 대남 전단살포 재개 등 추가조치를 경고하였다. 이러한 일련의 사태는 일흔 번째 맞는 6·25전쟁이 아직도 끝나지 않았다는 사실을 웅변적으로 보여주는 모습이다.

지난 70년 동안 남북관계는 북한의 군사적 위협과 도발로 인한 무력충돌이 반복되어왔다. 특히 1990년대 이후 북한의 핵과 미사일 개발은 한반도 안보는 물론 동북아 평화에 대한 매우 심각한 위협요소가 되어왔다. 요컨대 한반도에서의 전쟁의 공포와 불안이 70해 동안 우리 곁에 머물러 있는 것이다.

남과 북 간의 군사적 긴장과 위기, 무력충돌, 전쟁 재발 등을 극복하여 한반도에서 일상적인 평화를 누릴 수는 없는가? 한반도에서 항구적인 평화를 정착하기 위해서는 한반도 정전체제를 극복해야 한다. 6·25전쟁 발발 70주년을 맞는 현 시점은 한반도 정전체제를 넘어 핵위협과 전쟁위험이 없는 평화로의 여정, 즉 한반도 평화프로세스가 절실히 요구되는 상황이다.

# II. 한국전쟁과 한반도 정전체제

6·25전쟁은 한반도의 공산화를 목적으로 김일성이 계획하고, 스탈린이 승인한 것을 마오쩌둥이 지원하여 벌어진 전쟁이다. 북한 공산군의 불법적 남침으로 발발하여 3년 동안 지속된 6·25전쟁은 피아에게 수백만 명의 인적피해[1]와 함께 엄청난 경제적·물적 피해를 입혔다.[2] 엄청난 인적 피해를 야기한 6·25전쟁은 인간의 원초적인 삶을 대량으로 파괴한 비인간적인 사건이었을 뿐만 아니라 한민족의 생존을 위협하고 삶의 공동체를 파괴한 반민족적인 사건이었다. 이는 곧 6·25전쟁에 대한 평가를 원인론이나 성격론에 기초하여 정당화하려는 그 어떠한 주장도 설득력이 없음을 의미한다. 그런데 이러한 인적, 물적 피해는 전쟁 당시의 고통으로 끝나지 않은 채 상호간에 쉽게 해소되기 어려운 불신과 적대감을 형성시키는 원인이 되어 왔다. 전후 대결과 충돌을 반복해온 남북한은 서로를 민족공동체의 정당한 일원으로 인정하지 않게 되고 나아가 타도 혹은 전복의 대상으로서 간주하게 되었다. 따라서 평화공존을 달성하고 이를 바탕

---

1) 인명피해 현황을 살펴보면, 국군은 전사 137,899명, 부상 450,7422명, 실종 및 포로 32,838명 등 621,479명의 피해를 당했다. 한국전쟁에 참전한 UN군은 전사 37,902명, 부상 103,460 명 등 151,129명이 피해를 입었다. 또한 공산군측도 북한군은 전사 50만~52만 명, 실종 및 포로 9만8천여 명~12만여 명, 중공군은 전사 148,600명, 부상 798,400명, 실종 및 포로 25,600명 등 전사상 1,646,000명, 실종 및 포로 127,600명 등 1,778,600명이 피해를 입었다. 한편, 민간인 피해로는 남한 주민 100만 명, 북한 주민 150만 명이 사망하였으며, 30만 명의 전쟁미망인, 10만 명의 전쟁고아, 320만 명의 피난민이 발생하였고, 1,000만 명의 이산가족이 초래되었다. 전체적으로 민간인 피해는 280만에서 369만 명에 이른 바, 남북한 전체인구의 10%가 피해를 당한 셈이다.

2) 물적 피해 현황으로 한국은 민간산업부문 832억 원, 사회간접자본 부문 395억 원, 공공 행정기관 380억 원, 교육기관 826억 원, 사회·종교단체 77억 원, 민간가옥 1,613억 원 등 약 4,123억 원의 직접적인 물적 피해를 입었다. 이러한 직접적인 물적 피해는 생산활동을 크게 위축시켜 간접적인 경제 손실도 상당한 정도로 가져다주었다. 일례로 1952년 1인당 국민소득은 60달러로서 1948~49년의 75달러, 1949~50년의 90달러에 비하여 훨씬 낮은 수준으로 떨어졌던 것이다.

으로 분단을 극복하고 통일을 모색 할 수 있는 토대가 거의 형성되어 오지 못하였다.[3]

6·25전쟁은 남한과 북한 사이의 내전이자, 16개 전투부대와 6개 의료지원부대 등 22개 UN군이 파병되어 북한군과 중국군에 맞서 전쟁을 치른 국제전이었다. 전쟁에 참전하고 정전협정을 체결하는데 직접 관여하는 당사자들의 이해관계가 첨예하게 얽혀있는 것이 한반도 문제이다. 남북한의 전쟁이자 유엔군측과 공산군측 간의 국제적 전쟁이라는 이중적 성격은 한반도 문제를 해결하는데 매우 복잡하고 어렵게 하는 요인이 되고 있다. 한편, 한국전쟁이 국제전으로서는 핵무기를 사용하지 않는 등의 무기 사용의 제한성, 전역을 한반도에 국한시키는 지리적 제한성, 유엔군이나 중공군 모두 공식적인 전쟁선포를 하지 않는 등의 법적인 제한성 등으로 인해 제한전에 해당되는 것이었다.[4]

한국전쟁은 초기에는 공방전으로 전개되었으나 1951년 7월 10일부터는 휴전협상과 고지전을 병행하는 양상으로 변화하였다. 1951년 11월 휴전협상에서 정전을 위한 조건인 군사분계선과 비무장지대에 대한 합의가 이루어져 조기 정전에 대한 기대감을 갖게 되었다. 그러나 전쟁포로의 송환문제와 관련하여 포로의 자유의사에 의한 송환원칙을 주장하는 유엔군측 입장과 전원 강제송환을 주장하는 공산군측의 입장이 첨예하게 대립

---

3) 백종천·윤정원 육사교수, "6·25전쟁에 대한 연구-결과와 영향을 중심으로", 「국사관논총」 28집, pp.139~144.
4) 앞의 글, p.145.

하는 바람에 휴전협상은 2년을 끌게 되었다. 결국 1953년 7월 27일 우여 곡절 끝에 유엔군총사령관 마크 W. 클라크 미 육군대장, 중화인민지원군 사령원 팽덕회, 조선인민군 총사령관 김일성이 서명한 「한국 군사정전에 관한 협정」이 체결되어 전쟁의 총성과 포성이 멈추었다.

「한국 군사정전협정」은 전문에서 "한국 충돌을 정지시키기 위하여 최 종적인 평화적 해결이 달성될 때까지 한국에서의 적대행위와 일체의 무 장행동의 완전한 정지를 보장하는 정전을 확립할 목적"임을 밝히고 있다. 제1조는 군사분계선과 비무장지대를 규정하고 있는데, 쌍방 간의 적대행 위와 무장행동의 정지를 위해 양측 군대를 분리시키는 기준선인 군사분 계선(MDL)과 군사분계선으로부터 남측과 북측으로 각각 2㎞씩 간격을 두어 완충구역을 형성하는 비무장지대(DMZ)를 설정하였다. 제2조의 정 화 및 정전의 구체적 조치에 관한 조항은 정전협정의 이행과 준수를 감독 하고 정전협정 위반사건을 협의·처리하는 군사정전위원회의 구성·운영 및 책임·권한, 그리고 정전협정 규정의 이행을 감시·감독·조사하고 이의 결과를 군사정전위원회에 보고하는 중립국감독위원회의 구성·운영과 책 임·권한을 규정하였다. 제3조 전쟁포로에 관한 조치 조항은 전쟁포로의 석방과 송환에 대해 규정하였다. 그리고 제4조 쌍방 관계정부들에의 건의 조항에서는 정전협정의 조인·효력 발생 이후 3개월 내에 한 급 높은 정치 회의를 소집하고 외국군대 철수 및 한국문제의 평화적 해결문제들을 협 의할 것에 합의하였다.

한반도 정전체제는 「한국 군사정전협정」을 이행·준수하기 위한 정전에 관한 원칙과 규범, 군사분계선과 비무장지대로 이루어지는 지리적 규정, 군사정전위원회와 중립국감독위원회로 구성되는 운영체제를 포괄하는 제도적·실제적 규범이다.[5] 6·25전쟁 이후 지속되어 온 한반도 정전체제가 갖는 성격과 특징은 다음과 같이 정리할 수 있겠다.

첫 번째, 「한국 군사정전협정」은 전쟁을 수행 중인, 즉 교전 중인 쌍방 군사령관 사이에 일시적으로 적대행위와 무장행동을 정지하기로 하는 협정으로 순전히 '군사적인 성격'의 합의이다.[6] 따라서 정전협정에는 정치적 성격의 문제나 영토를 의미하는 국경선이나 영해선과 같은 문제는 다루어지지 않는다.

두 번째, 「한국 군사정전협정」은 한국전쟁에 참여한 관계정부의 대표들이 참여하는 정치회담을 개최하여 전쟁책임과 전쟁범죄의 규명, 전쟁 피해 보상 등의 문제를 협의·해결함으로써 전쟁을 완전 종결하여 교전국가들 간의 적대적인 관계를 정상적인 관계로 회복하는 평화조약 또는 평화협정을 체결할 때까지 임시적으로 적용하는 '잠정적 성격'의 협정이다. 정전협정 제4조에 3개월 내에 정치회담을 개최하여 한국문제를 평화적으로 해결할 것을 규정하고 있는데, 거칠게 표현하면 최소 3개월 동안 적용하는 것을 상정한 협정인 것이다. 이런 임시적이고 잠정적이며 과도기적인 정전협정이 70년 가까이 존속해온 것은 대단히 이례적이고 비정상적

---

5) 이상철, 「한반도 정전체제」(한국국방연구원, 2012), p.33.
6) 「한국 군사정전협정」의 전문에는 정전의 "조건과 규정들의 의도는 순전히 군사적 성질에 속하는 것이며, 이는 오직 한국에서의 교전 쌍방에만 적용한다"고 규정하고 있다.

인 현상이라 하겠다.

　세 번째, 한반도 정전체제의 특징으로 진정한 전쟁상태도 아니고 순전한 평화상태도 아닌 매우 불안정적인 상태, 즉 '불안정성'을 들 수 있다. 한반도 정전체제는 한반도 군사질서를 규율하고 있는 법적·실제적 규범으로서 전쟁 재발을 예방하는 기능과 역할을 수행하고 있다. 그러나 1960년대 북한 특수부대의 청와대습격사건, 울진·삼척 무장공비 침투사건, 1970년대 북한군의 판문점 도끼만행사건, 1980년대 미얀마 아웅산묘 폭파 및 KAL기 폭파사건, 1990년대와 2000년대 5차례의 서해 해상도발, 그리고 냉전종식 이후 본격적인 핵·미사일 개발 등으로 인한 남북간 무력충돌과 전쟁 재발의 위험성이 상존해왔다. 또 한편으로 1970년대 7·4공동성명, 1990년대 남북고위급회담, 2000년대 1·2차 남북정상회담과 각 분야별 남북대화, 교류협력도 이루어졌다. 이와 같이 정전체제는 적대·대결과 화해·협력이 병존하는 이중적이고 양면적인 현상을 보여준다. 2000년대 이후 서해 해상에서는 무력충돌이 여러 차례 발생하였는데 동쪽 금강산관광사업과 서쪽 개성공단사업이 이루어졌던 모순적인 광경은 이런 이중성을 적나라하게 보여주는 것이다.[7]

　네 번째, 한반도 정전체제는 '정전협정의 불완전성'으로 인해 북방한계선이 출현하게 되었고,[8] 이는 서해 해상을 남북간 무력충돌이 반복적으로 발생하는 화약고로 만들었다는 것이다. 주지하다시피 쌍방 군대를 분

---

7) 이상철, 앞의 책, pp.34-35.

8) 이상철, 「북방한계선 NLL: 출현·위기·사수」(도서출판 선인, 2012), p.95.

리시키는 기준선으로서 육상에는 군사분계선이 설정되었으나, 해상에서는 양측의 영해에 대한 입장차이로 해상 군사분계선을 설정되지 못한 채 정전협정이 체결되었다. 이러한 불완전성을 극복하기 위해 해상에서도 적대행위와 무장행동을 정지하려는 취지로 유엔군사령관은 1953년 8월 30일 북방한계선(NLL)을 설정하였다. 북한은 암묵적으로 NLL을 인정·준수해오다가 1973년부터 부인하는 입장으로 변하였다. 이후 NLL문제는 서해 무력충돌의 중심에 위치하게 되었다.

다섯 번째, 한반도 정전체제는 '한반도 군사질서' 유지에 있어서 당사자문제를 제기한다. 현재 한반도에서 정전협정의 규정을 적용받고 있는 군사력은 교전 쌍방 군대로서 한국군, 북한군, 주한미군, 그리고 유엔군이다. 특히 북한군과 직접 대치하고 있는 한국군은 정전협정 이행·준수의 직접적인 당사자이다. 한반도 정전체제 하에서는 남북한 군대 간에 적대행위와 무력도발 등 정전협정 위반사건이 발생할 경우 남북한 군대가 아닌 유엔군과 북한군 간에 협의·해결하는 구조가 작동한다. 요컨대 한반도 군사질서가 남북한 군대가 아닌 유엔사-북한군에 의해 주도되는 현상이 유지되고 있다.[9]

여섯 번째, 한반도 정전체제의 극복은 '북한 핵문제를 해결'하는데 필수요소가 되고 있다는 점이다. 냉전 종식 이후 핵개발에 매진해온 북한은 북핵문제 해결의 전제조건으로 미북 평화협정의 체결을 주장하고 있다.[10]

---

9) 이상철, 「한반도 정전체제」(2012), p.34.

즉 정전체제 하에서 적대관계를 유지하고 있는 미국과 북한 간에 관계정상화를 통해 적대관계를 해소하는 조건에서 한반도 비핵화를 추진한다는 기본입장을 견지하고 있는 것이다. 이러한 북한의 견고한 입장으로 인해 한반도 비핵화와 한반도 평화체제는 함께 해결할 수밖에 없는 동전의 양면과 같은 불가분의 관계가 되었다.

이처럼 한반도 정전체제가 불완전성, 불안정성, 비정상성, 이중성 등의 특성과 문제를 지니고 있다. 이에 따라 남북관계와 미북관계에서 적대·대결관계를 극복하고 화해·협력이라는 새로운 관계로 전환시키는 것이 매우 어렵고 복잡한 문제가 되고 있다. 그럼에도 불구하고 그동안 관련 당사국들 사이에 대화를 통한 문제 해결을 지속적으로 시도해온 것도 사실이다.

## III. 한반도 정전체제 극복 노력과 교훈

### • 「한국 군사정전협정」 해소 노력

첫 번째, 1954년 제네바 정치회담을 통해 한국전쟁의 종결문제를 협의하였다.[11] 정전협정 제4조 60항은 한국전쟁을 법적으로 정식 종결시키기 위해 3개월 내에 관련국가들 간에 정치회담을 개최하도록 규정하였다.

---

10) 이상철, "북한의 군사력 증강과 한반도 군비통제의 방향", 2015 북한연구학회 특별학술회의 (2015.12.21.) 발표논문, p.89.

11) 이상철, 「한반도 정전체제」(2012), pp.72-73.

1953년 8월 유엔총회는 정전협정의 이행을 촉구하는 결의안을 채택하였고, 1954년 4월 26일부터 6월 15일까지 한국전쟁과 관련된 19개국 외교부장관들이 소집된 제네바정치회담이 개최되었다. 제네바정치회담에서는 한국전쟁의 종결을 위한 제반 문제들을 협의하였다. 그러나 유엔군측과 공산군측 간의 외국군대 철수 문제 등 제반이슈들에 대한 첨예한 입장차이로 인해 결렬되고 말았다.

두 번째, 1990년대 4자회담을 통한 정전체제의 평화체제로의 전환 시도이다.[12] 1990년대 초 북한은 미·북 평화협정 체결을 목표로 한반도 정전체제의 무력화를 본격화하였다. 1991년부터 1995년 사이 북한은 정전체제의 근간인 군사정전위원회의 중국군·북한군 대표를 철수시키는 한편, 중립국감독위원회의 체코·폴란드 대표를 강제 철수시켜버렸다. 1996년에는 군사분계선과 비무장지대에 관한 「정전협정」 규정을 위반하는 등 정전체제를 무력화하려는 도발적인 행동을 지속하였다. 이에 1996년 한·미 정상은 한반도 평화체제의 수립과 군사적 긴장완화 문제를 협의하기 위한 남·북·미·중 4자회담을 제의하였다. 정전협정의 직접적인 당사자가 참여하는 4자회담은 1997년부터 1999년까지 6차례 개최되어 평화체제와 긴장완화 문제를 협의하였다. 그러나 4자회담은 아무런 성과도 없이 끝나버렸다.

세 번째, 북핵문제의 평화적 해결을 위한 6자회담에서 한반도의 항구

---

12) 앞의 책, pp.188-197.

적인 평화체제 협상을 갖기도 합의하였다.[13] 2000년대에 들어 북한은 북핵문제 해결의 선결조건으로 미·북 평화협정 체결과 미국의 대북적대정책 포기 등 평화체제 수립을 요구하였다. 이러한 북한의 입장을 감안하여 6자회담 「9.19 공동성명」에는 북한의 비핵화와 평화체제 협상을 병행 추진할 것에 합의하였던 것이다. 그러나 2008년 이후 6자회담이 교착상태에 빠진 이후 아무런 진전을 보지 못하였다. 북한은 미북관계 정상화를 위한 평화체제 전환을 북핵 문제해결의 전제조건으로 견지하고 있다.

### · 남북 군사적 신뢰구축과 재래식 군사위협 해소 노력

첫 번째, 1990년대 초 냉전종식의 국제정세 속에서 북한은 국제적 고립과 심각한 경제난 등 체제위기를 극복하기 위해, 한국은 교류협력과 군사적 긴장완화를 추구하기 위해 남북관계의 변화를 모색하였다. 남·북한은 1990년부터 1992년 8차례의 남북고위급회담을 개최하였고, 1992년 2월 정치적 화해, 군사적 불가침, 경제사회적 교류협력을 약속한 「남북기본합의서」를 체결하였다.[14] 특히 대규모 부대이동과 군사연습의 통보 및 통제, DMZ의 평화적 이용, 군인사 교류 및 군사정보 교환, WMD와 공격능력의 제거, 검증문제 등 군사적 신뢰조성과 군축을 실현해나가기로 합의하고, 이를 협의·추진할 기구로서 군사공동위원회의 구성·운영 합의서를 채택하였다. 그러나 「남북기본합의서」는 북한의 핵개발과 남북관계 중

---

13) 6자회담 「9.19공동성명」 제4항에 "직접 관련 당사국들은 적절한 별도 포럼에서 한반도의 항구적 평화체제에 관한 협상을 가질 것이다"라고 규정하였다.
14) Lee Sang-chul, "The Current State and Prospect of Inter-Korean Arms Control", *The 10th ROK-UN Joint Conference on Disarmament and Non-proliferation Issues*(7-8 November 2011, Jeju, Republic of Korea), pp.191-194.

단으로 인해 이행되지 못하고 사문화되어버렸다.

두 번째, 2000년 6월 최초 개최된 남북정상회담에서 통일문제와 인
도적 문제의 해결, 경제사회적 교류협력의 추진 등에 관한 「6.15공동선
언」을 통해 남북관계 개선의 새로운 계기를 마련하였다. 9월 최초의 남북
국방장관회담에서 한국측은 군사적 신뢰구축 및 군비통제 문제를 제의하
였으나, 북한측은 정전체제 해소 문제가 선행되어야 한다면서 협의를 거
부하였다. 1차 국방장관회담에서는 단절된 철도·도로의 연결 및 남북통
행의 군사적 지원 문제를 해결하기 위한 군사실무회담의 개최와 군사통
신선의 개설·운용 등의 성과를 거두었다. 그리고 2007년 2차 정상회담의
「10.4합의」에 따라 11월 개최된 2차 국방장관회담에서는 경협사업의 활
성화를 위한 통행·통신·통관의 해결, 백두산 직항로 개설, 한국전쟁 전사
자 유해 발굴, 서해 공동어로구역 설정 등을 협의·추진하기로 합의하였
다. 그러나 2008년 이후 남북관계는 경색되었고 남북합의는 물거품이 되
어버렸다.[15]

세 번째, 2004년부터 2007년 동안 7차례 남북장성급군사회담에서
는 군사적 긴장완화 및 신뢰구축 분야에 대해 협의하였다. 특히 2004년
서해상 우발적 무력충돌 방지 및 군사분계선 일대의 선전활동 중지에 관
한 「6.4합의」를 채택하고 일부 이행에 들어갔다. 그러나 북한은 2010년
3월 천안함 폭침과 11월 연평도 포격도발을 자행하여 「6.4합의」를 정면

---

15) 이상철, "북한의 군사력 증강과 한반도 군비통제의 방향"(2015), p.86.

위반하였다. 그리고 2000년 이래 40여 차례 개최되었던 군사실무회담에서는 철도·도로 연결 및 통행과 같은 교류협력의 군사적 지원·보장 문제를 해결하고, 군사적 긴장과 충돌 문제 등 긴급한 군사현안에 대해 협의하였다.[16]

이처럼 과거 남북군사회담에서는 군사적 긴장완화와 신뢰구축, 그리고 교류·협력의 군사적 지원 등에 관한 협의들을 진행하여 의미있는 합의사항을 도출하기도 하였다. 그러나 남북관계 부침에 따라 합의사항들은 제대로 이행되지 못하는 등 초보적인 수준의 군사적 신뢰구축도 이루어지 않았다.

### · 한반도 비핵화 해결 노력

첫 번째, 남북간 북핵문제 해결 노력이다. 북한은 1950년대부터 핵연구인력을 양성한 후 1960년대와 70년대에 소련 원자로를 개량하면서 기초역량을 키워오다가 1980년대에 들어 본격적인 핵개발에 나섰다. 북한은 1985년 12월에 가입한 핵비확산조약(NPT)에 따른 18개월 내 IAEA와의 「핵안전협정」(Safeguard Agreement)을 체결해야 하는 의무조항에 대해 주한미군의 핵위협을 빌미삼아 이행하지 않았다.[17] 1991년 9월 미국 정부가 주한미군의 전술핵 철수를 단행하자 북한은 남북회담을 통해 핵무기의 시험·제조·생산·접수·보유·저장·배비·사용을 금지하고, 핵재처리시설과 우라늄농축시설을 보유하지 않기로 약속한 「한반도비핵화공동

---

16) 앞의 글, p.86.

17) 이상철, "한반도 군비통제의 추진방향", 「KAVA 2015」(국방부 군비통제검증단, 2015), p.52.

선언」에 합의하였다. 그리고 핵통제공동위원회를 개최하여 한반도 비핵화에 대한 상호 검증 문제를 협의하였다. 그러나 북한의 핵개발 지속으로 「한반도비핵화공동선언」은 사문화되었다.[18]

두 번째, 북핵문제의 미·북간 해결이다. 북한은 주한미군의 전술핵 위협에 대한 명분이 사라지자 1992년 2월 「핵안전협정」을 체결하여 IAEA 사찰을 받게 되었다. 그런데 1992년부터 1993년 6차례의 IAEA 사찰활동을 통해 북한의 신고내용과 달리 플루토늄(Pu)을 추가적으로 재처리한 의혹이 발견되었다. 이에 따른 IAEA측의 특별사찰 요구에 대해 북한은 강력 반발하면서 1993년 3월 NPT 탈퇴를 선언하고 영변의 핵활동을 재개하면서 한반도 위기가 고조되었다. 이러한 북한의 핵비확산체제에 대한 도전행위에 대처하고 북핵문제를 해결하기 위해 미·북 고위급회담이 개최되었다. 1993년부터 개최된 미북회담을 통해 북한은 NPT 탈퇴를 유보하였고, 1994년 10월 핵시설을 동결하는 대신 200MW 경수로를 제공하는 「제네바 기본합의」(AF; Agreed Framework)를 채택하였다. 이러한 「제네바 기본합의」에 따라 북한의 핵활동을 일시적으로 중지시킨 성과를 거두었다.[19]

세 번째, 북핵문제 해결을 위한 6자회담이다. 북한은 AF에도 불구하고 1990년대 중반부터 우라늄농축프로그램을 비밀리에 추진하였다. 결국 2002년 10월 북한은 우라늄농축프로그램을 시인하여 두 번째 북핵 위

---

18) 앞의 글, pp.52-53.
19) 앞의 글, p.53.

기사태가 발생하였다. 이러한 북핵문제의 평화적 해결을 위한 남·북·미·중·러·일 6자회담이 2003년 8월 출범하였다. 6자회담은 2005년 북한의 모든 핵무기와 현존 핵프로그램의 폐기를 통한 한반도 비핵화에 합의한 「9.19공동성명」을 채택하였다. 그런데 북한은 미국의 BDA은행의 북한 계좌 동결조치에 반발하면서 2006년 10월 1차 핵실험을 감행하였다. 이후 2007년 BDA사태의 해결에 따라 재개된 6자회담에서 한반도비핵화의 초기단계로서 「2.13합의」와 북한 핵시설의 불능화와 핵프로그램의 신고에 관한 「10.3합의」를 채택하였다. 이에 따라 북한의 핵시설 불능화 및 핵프로그램 신고와 함께 미국의 적성국교역법과 테러지원국 해제조치가 취해졌고, 한반도비핵화, 대북경제지원, 미북관계 정상화, 일북관계 정상화, 동북아 평화안보체제 문제를 협의하는 5개 Working Group이 가동되었다. 그러나 2008년 말 6자회담은 검증문제로 교착상태에 빠지게 되었다. 미 오바마 정부 출범 이후 북한은 2010년 5월 2차 핵실험, 2012년 3차 핵실험에 이어 우라늄 농축프로그램인 원심분리기 시설을 공개하고 영변 5MW 원자로를 재가동하는 등 핵개발을 재개하였다.[20] 김정은 집권 이후에는 장거리 탄도미사일과 SLBM 개발에 집중하면서 2013년 3차 핵실험과 함께 핵-경제개발 병진노선을 채택하고 핵보유국 지위를 주장하였다.

이처럼 남·북간 「한반도비핵화공동선언」, 미·북간 「제네바 기본합의」, 6자회담의 「9.19공동성명」 등 양자 및 다자 합의에도 불구하고 북핵문제는 아무런 진전도 보지 못하였다. 특히 김정은 정권은 핵무력·경제

---

20) 앞의 글, p.53.

건설 병진노선을 채택하여 핵·미사일 능력을 고도화하였다. 그동안 북한은 핵위기 조성—양자 및 다자 협의—합의사항 도출—합의 불이행·파기—핵위기 조성 등의 행태를 보여 왔다.

### · 한반도 문제해결의 실패요인 평가 및 교훈

이상에서 개관해봤듯이, 한반도 문제해결 노력은 남북회담을 통해 군사적 긴장완화 및 군비통제 문제를, 남북회담·미북회담·6자회담을 통해 북한 핵문제를, 그리고 4자회담을 통해 정전체제의 평화체제 전환 문제에 대한 협의가 진행된 바 있고, 나름대로 의미 있는 합의도 도출되었다.[21] 그러나 한반도 문제는 어느 한 가지도 제대로 해결되지 못한 채 실패를 거듭해왔는데, 그 원인은 다음과 같이 평가해볼 수 있겠다.

첫째, 한반도 문제 해결에 실패하였던 근본적인 원인은 상호 신뢰의 부재와 정치적 의지의 부족이라 하겠다.[22] 남북 및 미북 관계는 6·25전쟁에 이어 70년 가까이 지속되어온 정전체제 하에서 상호 정치적 불신과 군사적 대결상태를 심화시켜 왔다. 이러한 상호 불신·대결·적대관계를 해소하려는 신뢰조성 과정 없이는 한반도 문제를 해결해 나가기 어렵다.

둘째, 남북한 간의 상호 위협인식에 대한 비대칭적인 차이와 그에 따른 문제해결 접근방식에 대한 입장차이가 문제해결을 어렵게 만들고 있

---

21) 앞의 글, p.54.
22) 이상철, "북한의 군사력 증강과 한반도 군비통제의 방향"(2015), p.89.

다.[23] 한국은 북한의 핵·미사일 등 비대칭 전력과 대규모 재래식 전력을 가장 큰 위협으로 인식하는 반면, 북한은 주한미군, 한미연합연습, 미국 핵위협을 가장 두려운 요소로 보고 있다. 따라서 한국은 남북회담을 통해 북핵문제 해결과 재래식 군비통제를 추구해왔다. 반면, 북한은 미북협상을 통해 한반도 비핵화 문제와 미북 평화협정 등 체제안전보장 문제를 연계한 포괄적인 해결방식을 선호해왔다. 서로가 다르게 인식하고 있는 가장 큰 위협요소들을 모두 함께 포괄적으로 해결할 수 있는 접근법이 요구된다.

셋째, 한반도 문제는 남북 당사자 문제이자 국제문제가 얽혀 있는 이중적 성격을 지니고 있어 그 해결이 쉽지 않다는 것이다.[24] 한반도 주변 4강대국의 전략적 역학구도, 북한의 경직되고 완고한 입장과 태도, 한국의 안보태세 확립 필요성 등 각국의 이해관계가 다를 수밖에 없는 국제정치 환경에서 한반도 비핵화, 평화체제, 남북 군비통제의 추진은 남북 당사자와 관련 당사국들 간의 이해와 협력을 통해 해결할 수밖에 없는 어려운 문제이다.

넷째, 남북·미북·남북미중·남북미중일러 사이에 풀어야 할 한반도 문제에 대한 전략적 수준의 포괄적인 접근전략(Grand Strategy)이 부재한 상태에서 그때그때 제기되는 각각의 전술적 수준의 주제들에 대해 단편적

---

23) 앞의 글, pp.89-90.
24) 앞의 글, p.90.

이고 임기응변식 협의를 진행해온 문제점을 노정해왔다는 점이다.[25] 북
핵문제, 재래식 위협감소, 정전체제 전환 등은 서로 직·간접적으로 연계
되어 있어 각기 개별적으로 분리 접근해서는 해결하기 어려운 과제들이
다. 또한 이러한 이슈들이 시간이 갈수록 더욱 복잡하게 얽히고 한 번에
문제를 해결할 수 없는 단계까지 나아가버린 현실을 직시해야 한다. 결국
한반도 문제의 해결을 위해서는 포괄적이고 단계적인 접근전략이 현실적
이라 하겠다.


# IV. 한반도 평화프로세스

### · 한반도 문제해결의 접근전략

한반도의 항구적인 평화 정착은 한민족 모두의 바램이자 비전이다. 한
반도 평화의 비전은 굳건한 힘을 바탕으로 실현해나가야 한다. 압도적인
억제력을 바탕으로 한반도의 비핵화와 평화체제를 구축해야 한다는 것이
다. 억제력을 강화·유지하는 것과 함께 평화를 만들고 정착시켜 나가는
국가안보 전략이 요구된다. 달리 말하면 억제와 개입의 2-트랙 전략이 필
요하다.

우선 억제전략(Deterrence Strategy)은 북한 및 주변국 위협이 존재하
는 한 필수적인 요소이다. 우리의 현재적·잠재적 안보위협은 북한의 핵·

---

25) 앞의 글, p.90.

미사일 및 재래식 군사력과 주변국의 군사위협이다. 이러한 위협에 대응하고 대처하여 평화를 지키는(peace keeping) 억제력은 우리 국방력과 한미동맹으로 이루어진다. 그동안 우리 억제태세는 국력의 신장에 비례하여 증강되고 첨단화되어왔다. 그러나 전시 작전통제권의 전환에 소극적인 태도에서 보듯이 자신의 국방을 한미동맹에 의존하는 현상이 지속되어왔다. 국방개혁의 방향은 4차 산업혁명 시대를 선도하는 첨단전력을 개발하여 자체 방위산업역량을 축적하고, 북한 핵·미사일 위협에 대응할 수 있는 핵심전력과 전략자산을 조기에 확보하며, 우리 군사안보전략의 대상을 북한을 넘어 주변국까지 포함하는 전략적 군대로 전환하는데 초점을 두어야 한다. 이러한 국방개혁을 통해 한국군이 주도하는 한미연합 방위태세로 변환시키는 전작권 전환을 추진함으로써 한국군 자체의 억제력과 자율성을 확고하게 구축해야 한다. 이러한 강력한 억제전략을 통해 한국 자신의 국방은 한국군 스스로 책임지는 책임국방을 실현해야 한다. 그런데 이러한 억제전략은 치명적인 한계가 있다. 기본적으로 상대방의 변화하는 위협에 대응해야하기 때문에 수세적인 접근법이고, 상대방에게 역대응을 유발시키는 과정이 반복하게 됨으로써 위협 자체가 줄어들거나 없어지지 않고 오히려 위협이 지속적으로 증대되어 가는 문제를 안고 있다. 요컨대 억제전략의 문제점은 안보딜레마(security dilemma)가 초래된다는 것이다.

이러한 억제전략의 한계를 극복하는 접근이 개입전략(Engagement Strategy)을 병행하는 것이다. 개입전략은 평화를 만드는(peace making) 접근전략으로서 상대방이 어떻게 나오든 무시·방치하거나 상대방에 대해 압박·봉쇄·제재로 일관하는 일방적 대응전략과는 달리, 상대방에 대해 끊임없이 관여·개입하여 위협 자체를 완화·제거하는 전략을 말한다. 현재 최우선적으로 해결해야 할 한반도의 최대 위협은 북한의 핵·미사일위협, 대규모 재래식 군사위협, 그리고 불안정한 정전체제를 들 수 있다. 북한의 핵·미사일을 동결·해체·폐기하는 한반도 비핵화, 남북간 군사적 긴장 완화 및 무력충돌 방지, 전쟁위험성 제거 등 상호 재래식 위협감소를 위한 남북 군비통제, 그리고 정전체제 하의 불신·대결의 적대관계를 화해·협력의 평화공존관계로 전환하는 정전체제의 평화체제로의 전환 등은 개입전략을 통해 해결해야 하는 필수요소들이다.

그동안 한반도 문제해결의 실패원인을 고려할 때, 한반도의 항구적인 평화정착을 실현하기 위해서는 포괄적이고 단계적인 접근전략이 필요하다. 요컨대 한반도 평화프로세스는 한반도 비핵화−한반도 평화체제−남북 군비통제 3개 축을 하나의 패키지로 연계한 포괄적인 접근이 필요하다. 그리고 70년 가까이 아주 복잡하게 얽혀옴으로써 일거에 해결하기 어렵기 때문에 실현가능한 조치부터 단계적으로 접근하는 것이 현실적인 해결책이다.

### • 한반도 정전체제 극복과 남북관계

한반도 평화의 비전을 실현하는데 있어서 가장 중대하고 결정적인 과제이자 난제는 무력충돌과 전쟁 위험성의 근원인 북한의 핵위협 및 대규모 재래식 군사위협을 제거하는 문제이다. 북한의 핵문제 해결과 재래식 군사위협을 제거하는 군비통제 과정을 거치지 않고는 항구적인 평화정착은 물론 평화통일로 나아가기 어려운 것이 현실이다. 그런데 북핵문제 해결을 통한 한반도 비핵화 문제와 군사적 긴장완화와 재래식 군사력 감축 등 남북 군비통제 문제는 한반도 정전체제의 평화체제 전환 문제와 함께 연계하여 풀어나가야 한다.[26] 국제법적 차원과 현실적인 차원에서 볼 때 상호 연계되어 있는 문제들을 포괄적으로 함께 해결해 나가지 않는다면 그 실현을 기대하기 어렵기 때문이다.

국제법적 차원에서 볼 때, 「한국 군사정전협정」이 존재하는 상태의 한반도 정전체제는 6·25전쟁이 종결되지 않은 상태, 즉 참전 당사국 간에 적대관계가 지속되는 상태를 의미한다.[27] 정전협정을 평화협정으로 대체하는 것은 한국전쟁을 법적으로 공식 종결하고, 쌍방 관계가 군사적 긴장·대결의 적대적인 관계에서 평화공존의 정상적인 관계로 전환시키는 것이다.

남북한은 1992년 「남북기본합의서」 제5조에 "현 정전상태를 남북 사이의 공고한 평화상태로 전환시키기 위하여 공동으로 노력하며, 이러한 평화상태가 이룩될 때까지 현 군사정전협정을 준수한다"고 합의한 바 있다. 여기에서 '공고한 평화상태'란 군사적 신뢰구축과 긴장완화, 운용적·구조적 군비통제를 통한 상호 무력충돌이나 전면전쟁의 위험성 해소 등 실질적인 평화상태가 이룩되고, 이러한 평화상태가 법적·제도적으로 보장되는 상태를 의미한다 하겠다. 공고한 평화상태가 정착되려면 반드시

---

26) 이상철, "북한의 군사력 증강과 한반도 군비통제 방향"(2015), p.90.
27) 앞의 글, pp.90-91.

상호 군사위협을 감소·해소시키는 군비통제의 추진이 요구된다.

그리고 2005년 6자회담의 「9.19공동성명」은 북한의 모든 핵무기와 현존 핵프로그램의 폐기를 통한 북한 비핵화를 달성하기 위해 정치·외교·경제분야 등 포괄적 접근방식을 적용하였다. 특히, 「9.19공동성명」 제4조에 "직접 관련 당사국들은 적절한 별도 포럼에서 한반도의 영구적 평화체제에 관한 협상을 가질 것이다"고 합의하였다. 6자회담과는 별도로 정전협정의 직접 관련 당사국들 간에 평화체제 협상을 진행하기로 합의한 것이다. 이는 6자회담의 북핵문제 해결과 4자회담의 평화체제 협상이 병행 추진되어야 한다는 뜻이다. 따라서 북한 비핵화의 달성과 한반도 평화체제의 구축은 상호 연계되어 병행하여 해결할 수밖에 없게 되었다.

한편 현실적 측면에서 볼 때, 북핵문제와 평화체제 협상이 진행되더라도 남·북한 간에 군사적 신뢰구축과 긴장완화 등 실질적이고 공고한 평화가 조성되지 않은 상태에서는 평화협정 체결이 어려울 것이다.[28] 왜냐하면 한반도 평화체제는 법적 측면에서 정전협정의 평화협정으로의 전환과 함께 현실적 측면에서의 군비통제를 통한 실질적인 평화상태가 함께 이루어지는 상태를 의미하기 때문이다. 평화체제 협상은 비핵화 협상과 남북군비통제 협상을 촉진하고 견인하는 작용을 할 것이다.

결국 한반도에서 무력충돌과 전쟁의 위험성을 해소하여 항구적인 평

---

28) 앞의 글, pp.91-92.

화를 정착시키려면 한반도 비핵화, 평화체제, 남북 군비통제라는 3개 축을 하나의 패키지로 연계하여 동시에 병행 추진하되, 단계적으로 실현시켜 나가는 접근전략이 요구된다.

1단계에서는 북핵문제에서 최우선적으로 해결해야 할 분야에 초점을 맞춘다. 즉 한반도 비핵화 분야는 '현재핵 동결 조치'로서 현재 북한의 핵능력을 계속 증대시키는 핵물질 생산시설인 5MW 원자로와 원심분리기의 가동을 멈추는 조치를 실현한다.[29] 한반도 평화체제 분야는 '정치적 종전선언'으로서 적대행위를 중지하고 신뢰관계를 증진해나가며 평화체제 협상을 진행할 것을 약속하는 등 북한의 비핵화조치를 견인하는 조치이다. 남북 군비통제 분야는 '군사적 긴장완화 및 신뢰구축' 조치로서 DMZ와 NLL 일대에서의 긴장을 완화시키고 우발적 무력충돌과 전쟁으로 비화되기 않도록 하고 상호 군사적 신뢰를 조성·증진해나가는 것이다.

2단계에서는 북핵문제의 진전에 맞춰 한 단계 더 나아가는 데 초점을 맞춘다. 한반도 비핵화 분야는 '미래핵 해체 조치'로서, 북한이 현재핵 동결 이후 다시 핵개발을 재개할 수 없도록 영변핵단지 등 핵개발 시설과 장비를 제거하는 조치들이다.[30] 한반도 평화체제 분야는 '평화체제 협상 진행'단계로서 북한의 비핵화 조치에 상응하여 대북제재 일부해제 및 경제협력, 외교적 관계 증진, 군사적 신뢰구축 등을 포함하여 본격적으로 대

---

29) '현재핵 동결 조치'란 핵물질 축출 등 핵능력을 계속 증대시키고 있는 현재의 핵 개발·생산 활동을 중지·통제·차단하는 개념이다.

30) '미래핵 해체 조치'란 현재핵 동결 조치 이후 단계에서 북한이 또다시 핵활동을 재개할 수 없도록 핵 개발·생산시설과 관련장치를 완전 해체함으로써 핵개발 재개 가능성을 원천 차단하는 개념이다.

북협상을 진행하는 것이다. 남북 군비통제 분야는 '운용적 군비통제' 조치로서 DMZ 내의 GP 철수, DMZ와 NLL일대 군사훈련의 조정통제 등을 통해 상호 재래식 군사위협을 완화·감소시키는 조치이다.

3단계는 북핵문제 최종 해결과 평화협정이 이루어지는 최종단계이다. 한반도 비핵화 분야는 '과거핵 폐기 조치'로서 북한이 기존에 축출한 핵물질(nuclear materials)과 제조한 핵무기(nuclear devices), 핵무기 제조 과학·기술자 문제를 최종적으로 제거·폐기·해소하는 조치이다.[31] 한반도 평화체제 분야는 '한반도 평화협정 체결을 통한 평화체제로의 전환'으로서 북한의 최종적인 과거핵 폐기와 동시에 관련당사국 간 법적·정치적 종전과 평화협정을 체결하여 정상적인 관계를 수립하는 조치이다. 남북 군비통제 분야는 '구조적 군비통제'로서 비핵화 및 평화체제 협상의 진전에 따라 상호 전쟁위협을 현저히 감소시킬 수 있는 여건과 환경이 조성되면 북한의 120만에 달하는 재래식 병력과 장비의 감축 등을 통해 남북 간의 군사적 안정성과 군사균형을 유지하고 재래식 전쟁의 위험성을 제거하는 조치이다.

이와 같이 한반도의 비핵화-평화체제-군비통제가 하나의 패키지로서 동시에 추진하는 포괄적 접근전략과 이를 단계적으로 해결해나가는 단계적 접근방식이 가장 바람직하고 현실적인 방안이라 판단된다. 지난 2018년 한반도에서는 이러한 접근법이 현실화될 수 있다는 사실을 보여

---

31) '과거핵 폐기 조치'란 기존의 개발.보유하고 있는 핵물질(Pu, HEU 등)과 핵장치(핵탄두, 핵폭탄 등 핵무기), 그리고 핵프로그램을 완전 폐기.해체.반출.포기하는 개념이다.

주었다. 2017년 북한의 핵실험과 ICBM·SLBM 등 탄도미사일 개발과 이에 대한 한미의 군사적 대응으로 무력충돌과 전쟁의 위험성이 고조되었었다. 그러나 2018년 평창 동계올림픽에 북한이 참가하는 계기로 남북특사 교환이 이루어지고 4월 27일 남북정상의 판문점선언이 도출되는 등 한반도 문제해결의 돌파구가 마련되었다. 한국의 중재로 6월 12일에는 최초로 미북정상의 만남이 이루어지고 싱가폴합의가 채택되었다. 이어 9월 19일 남북정상의 평양합의와 국방장관 간의 군사합의가 이루어졌다. 이러한 합의에 따라 북한은 핵·미사일 실험유예, 풍계리 핵실험장 폭파, 동창리 미사일엔진실험장 해체 등의 비핵화조치를 추진하였고, 남북 군사당국은 DMZ내 11개 GP 시범철거 및 화살머리고지 일대 전사자유해 발굴, JSA 비무장화, 한강하구 공동조사, 지·해·공 완충구역 설정·운영 등 군사적 신뢰조치를 추진하였다. 남·북·미 3자 정상간 한반도의 비핵화와 평화체제, 남북 군비통제를 함께 포괄적 추진해야 한다는 공감대가 형성되어 의미있는 합의가 만들어지고 실현되기 시작한 것이다.

그러나 2019년 2월 28월 2차 하노이 북미 정상회담이 결렬되는 상황이 발생한 이후 북한은 미국의 '선 비핵화 후 보상'이라는 기존입장에 변화가 없는 점을 들어 '새로운 길'을 갈 것임을 경고하였고, 6월 30일 남·북·미 3자 정상회동과 10월 5일 북미 스웨덴 실무협상이 결렬되는 과정을 겪게 되었다. 북한 김정은 위원장은 10월 금강산관광지구 남측시설을 철거하라는 지시와 함께 11월에는 서해도서지역 해안포 사격을 지시하는 등의 강경한 대남 경고메시지를 보냈다. 결국 북한은 12월말 당앙위 전원회의를 통해 핵억제력 증강과 자력갱생을 통한 '정면돌파 전략'을 결정하여 새로운 길로 갈 것임을 천명하였다.

　금년 2020년 6월 4일 김여정 제1부부장에 의한 탈북자단체의 대북 전단살포를 비난하는 담화를 발표한 이후 북한은 내부 군중집회를 대대적으로 개최하여 대남적대감을 고취하였다. 그리고 대남조치로서 6월 9일 남북 통신선 차단 및 대남사업의 대적사업으로 전환, 6월 16일 북한군 총참모부의 기존 남북합의로 비무장화된 지역(개성공단, 금강산관광지구)의 요새화 및 대남 전단살포 경고에 이어 6월 16일에는 남북정상합의의 상징인 개성공단내 남북공동연락사무소를 공개적으로 폭파시켜버렸다. 6월 17일 김여정 부부장, 총참모부 대변인, 통일전선부장 등의 명의로 추가적인 대남군사조치를 예고하고 대남전단 제작, 확성기 재설치 등 긴장이 고조되다가 6월 23일 김정은에 의해 대남 군사행동계획이 유예되었다. 한반도 정세에서 2018년 남북 및 북미 정상합의가 무산되거나 2017년 무력충돌과 전쟁 위험성이 고조되었던 상황으로 회귀될 수 있는 엄중한 상황이 발생한 것이다.

　북한의 불만요소는 미국과 한국 정부가 정상합의의 이행을 제대로 하지 않고 있다는데 있다. 북미 정상회담에서 합의한 ① 기존의 적대관계인 북한과 미국이 새로운 관계로 진전시켜 나가고, ② 한반도 정전체제를 항구적인 평화체제로 구축하며, ③ 한반도의 완전한 비핵화를 실현하고, ④ 한국전쟁 당시 전사한 미군유해의 송환 등이 제대로 이행되지 않고 있다는 불만인 것이다. 이러한 현상은 북미 간에 한반도 비핵화와 평화체제 문제가 동시에 진전되지 않는 상황에서는 9.19 남북군사합의와 같은 남북 군비통제도 원만히 추진될 수 없다는 사실을 다시 한 번 환기시켜주고 있다.

# V. 결 론

한국정부는 2018년 남북관계와 미북관계의 변화를 동시에 이끌어내는데 결정적 역할을 하였었다. 그런데 2019년 들어 하노이 2차 미북 정상회담에서 노딜의 결과가 나온 이래 미·북간 대화가 교착·중단됨으로써 남북관계도 단절되었다. 최근 북한이 보여주고 있는 행태는 이미 쌓여왔던 불만을 내외부로 과격하게 표출하고 있다고 본다. 곧 현재의 한반도 정세는 남북관계가 북미관계에 종속되어 있는 상황을 보여주고 있다. 북한은 2018년 6월 12일 북미 정상합의에 대한 미국의 소극적 이행태도를 비난해왔다. 북미관계가 교착됨에 따라 남북관계도 악화되는 결과가 초래되고 있는 것이다. 이와 같은 북미관계의 교착상태는 그동안 심화되어 온 상호 불신과 적대 관계에서 비롯되고 있다. 한반도 문제의 출발은 한·미와 북한과의 상호 신뢰의 증진에 있다는 사실을 직시할 필요가 있다. 이처럼 한반도 문제는 일거에 진전시키기 어려운 난제인 바, 장기적이고 포괄적이며 단계적으로 접근해야 하는 인내가 요구된다.

결론적으로 한반도 문제의 해결은 주요 당사자인 남·북·미 간의 대화·협력 과정이 필수적으로 요구된다. 특히 한반도 문제의 직접 당사자로서 우리의 주도적인 역할은 무엇보다 중요하다. 남북관계와 미북관계의 조화로운 진전을 통해 한반도 평화 프로세스의 추동력과 역동성을 되찾고 진전을 이루어나가야 한다. 우리가 보다 창의적인 방안을 구상하여 적극적으로 실행해나감으로써 한반도의 비핵화–평화체제–군비통제가 되돌릴 수 없는 진전단계를 만들어야 한다. 우리의 운명을 남에게 의존할 수는 없지 않는가?

# 태봉학회 소식

## 1. 「후백제-태봉 역사벨트 구축 공동세미나」에 초청 학회로 참여

주관: 전북연구원 전북학연구센터, 강원연구원 강원학연구센터

일시: 2020년 4월 24일

장소: 전북연구원 컨퍼런스 홀

| 시간 | | 일정 | 비고 |
|---|---|---|---|
| 13:30~14:00 | '30 | 등록 및 접수 | |
| 14:00~14:30 | '30 | <세미나 발표 1><br>한국사에서 후삼국시대의 위상<br>- 송화섭(중앙대) | 사회 :<br>김동영(전북연구원) |
| 14:30~15:00 | '30 | <세미나 발표 2><br>후삼국시대 태봉-후백제 역사벨트 구축<br>- 박정민(전북연구원) | |
| 14:30~15:00 | '30 | <세미나 발표 2><br>후삼국시대 태봉-후백제 역사벨트 구축<br>- 박정민(전북연구원) | |
| 15:00~15:30 | '30 | <세미나 발표 3><br>철원군의 태봉관련 선양사업 추진 상황<br>- 김은주(철원군청) | |
| 15:30~15:45 | '15 | 휴식 및 장내정리 | |
| 15:45~17:45 | '120 | <종합토론>(전문가)<br>김병석(강원도 도의원), 유영심(강원연구원)<br>이상균(강릉원주대), 정광민(문화관광연구원)<br>정호윤(전북 도의원), 진정환(국립광주박물관) | 좌장 :<br>조인성(경희대) |

## 2. 6·25전쟁 70주년 기념 학술회의 「6·25전쟁 70주년의 역사적 의미와 철원」 개최

주최·주관 : 태봉학회, 한국군사사학회, 철원역사문화연구소

후원 : 강원서부보훈지청, 철원군

일시 : 2020년 7월 14일

장소 : 고석정 한탄리버스파호텔 대연회장

| 시 간 | 행 사 내 용(주제발표) | 비 고(토 론) |
|---|---|---|
| 10:00~10:30 | 등 록 | |
| 10:30~10:50 | 국민의례<br>개회사 : 조인성 태봉학회 회장<br>축  사 : 이현종 철원군수<br>격려사 : 문경훈 철원군의회의장 | 진행 :<br>김영규(태봉학회 사무국장) |
| 10:50~12:00 | **제1부 6·25전쟁과 철원 Ⅰ**<br>발표1 : 철원의 역사상 지정학적 의미<br>이재범(경기대 명예교수)<br>발표2 : 백마고지전투의 전략적 의의 재조명<br>나종남(육군사관학교 교수) | 진행 :<br>이재(국방문화재연구원장)<br>토론 :<br>조인성(태봉학회장/경희대 교수)<br>양영조(군사편찬연구소 전쟁사부장) |
| 12:00~13:30 | 오 찬 | |
| 13:30~15:20 | **제2부 6·25전쟁과 철원 Ⅱ**<br>발표3 : 중공군의 최후 공세와 화살머리고지 전투<br>박동찬(군사편찬연구소 책임연구원)<br>발표4 : 북한의 전쟁문학과 기억의 방식<br>한승대(동국대 연구교수)<br>발표5 : 6·25전쟁과 철원지역민들의 삶<br>김영규(철원역사문화연구소장) | 진행 :<br>신복룡(건국대 명예교수)<br>토론 :<br>김규빈(전남대 안보학 교수)<br>신영덕(공군사관학교 명예교수)<br>김선호(군사편찬연구소 연구원) |

| 15:20~15:30 | 중간 휴식 | |
|---|---|---|
| 15:30~17:50 | **제3부 정전체제의 변화와 극복**<br>발표6 : 6·25전쟁 영현 교환과<br>DMZ 유해 발굴<br>조성훈(국방부 군사편찬연구소장)<br>발표7 : 정전체제 극복과 남북관계 전망<br>이상철(전쟁기념관장)<br>발표8 : 중국군 완전 철군과 한반도 정전체제<br>한상준(아주대 교수)<br>발표9 : 북·러 관계의 역사적 고찰과 한반도 평화<br>이재훈(한국외대 연구교수) | 진행 :<br>최영진(중앙대 교수)<br>토론 :<br>남상호(국방부 유해발굴감식단)<br>김진호(단국대 교수)<br>김보영(인천가톨릭대 외래교수)<br>이영형(중앙아시아 개발협력연구소 이사장) |
| 17:50~18:00 | 질의 응답 및 폐회 | |

## 3. 2020년 태봉학술회의 「후삼국시대의 개막」 개최

주최·주관 : ㈜강원일보, 태봉학회, 신라사학회

일시 : 2020년 11월 20일

장소 : 고석정 한탄리버스파호텔 임꺽정홀


□ 제1부 개회식(11:00~12:00)　　　　사회 : 김영규(태봉학회)

　11:00~11:05 개회 및 국민의례

　11:05~11:10 개회사 (태봉학회 회장)

　11:10~11:15 축 사 (강원일보 사장)

　11:15~11:20 환영사 (철원군수)

　11:20~11:25 격려사 (철원군의회 의장)

11:25~11:30 장내 정리

11:30~12:00 기조발제 '후삼국시대사에 대한 인식' 조인성(경희대)

□ 점심식사(12:00~13:30)

□ 제2부 주제발표(13:30~15:30)　　사회 : 신선혜(호남대)

제1주제(13:30~14:00) '신라 효공왕대의 사회 분열과 호족' 전덕재(단국대)

제2주제(14:00~14:30) '견훤 세력의 등장과 후백제의 건국' 진정환(국립제주박물관)

제3주제(14:30~15:00) '궁예의 세력 기반 확립과 후고구려의 건국' 송은일(전남대)

제4주제(15:00~15:30) '후삼국의 개막과 사상계의 동향' 장일규(국민대)

□ 휴식(15:30~15:45)

□ 제3부 논평 및 토론(15:45~17:30)　좌장 : 김용선(한림대)

신호철(충북대), 이재범(경기대), 박남수(동국대), 정재윤(공주대),
신성재(해군사관학교), 홍성익(강원대)


4. 제 3회 강원학대회 제 5 분과 「태봉-후백제 역사벨트 구축」 협력기관
　으로 참여

주관·주최 : 강원연구원 강원학연구센터 외

후원 : 강원도 외

장소 : 온라인 화상회의

| 분과 5 태봉 후백제 역사벨트 구축 공동 세미나 | |
|---|---|
| | 좌장 : 김용선 한림대학교 사학과 명예교수 |
| 태봉과 후백제 불교문화의<br>공통점과 차이점 | 발표 : 진정환 국립제주박물관 학예연구실장<br>토론 : 이현수 불교문화재연구소 팀장<br>　　　정성권 단국대학교 사학과 초빙교수 |
| 태봉국과 후백제의 대외관계 비교 | 발표 : 신호철 충북대 역사교육과 명예교수<br>토론 : 송화섭 중앙대학교 다빈치교양대학 교수<br>　　　조인성 경희대학교 사학과 교수 |
| 고려 개국지(KOREA의 시작)으로서의<br>철원의 위상 | 발표 : 유재춘 강원대학교 사학과 교수<br>토론 : 이재범 경기대학교 사학과 명예교수<br>　　　조경철 연세대학교 사학과 객원교수 |
| 태봉-후백제 역사벨트 역사문화콘텐츠<br>활용방안 | 발표 : 김영규 태봉학회 사무국장<br>토론 : 김동영 전북연구원 전북학연구센터장<br>　　　유승각 강원연구원 부연구위원 |

엮은이 | 태봉학회 · 한국군사사학회 · 철원군

펴낸이 | 최병식

펴낸날 | 2020년 12월 30일

펴낸곳 | 주류성출판사

주소 | 서울특별시 서초구 강남대로 435(서초동 1305-5) 주류성빌딩 15층

전화 | 02-3481-1024(대표전화)   팩스 | 02-3482-0656

홈페이지 | www.juluesung.co.kr


값 22,000원


잘못된 책은 교환해 드립니다.


ISBN  978-89-6246-436-8  94910

ISBN  978-89-6246-415-3  94910(세트)

# 6·25 전쟁과
# 철원

## THE KOREAN WAR
## AND CHEORWON